다부동지구 전선

제10연대 | 제11연대

유학산 837
가산 901고지
다부동 ↓
674고지
천생산
← 팔공산
← 옥골
← 해평

제12연대　　　　　　　제13연대
　　　　　　　　　(8월 25일 제15연대로 개칭)

유학산 정상　　수암산
839고지　　　518고지　328고지
　　　　　　　　　　　↓
　　　　　　　　　　　　　　369고지

　　　　　　　인동
　　　　　　　↓

　　　　　　　　　　　　　　　　　다식동 →
　　　　　　　　　　　　　　　　　짓골나루 ↘

　　　　　　　　　　　　　　　　　　　강정나루
　　　　　　　　　　　　　　　　　　　　↘

2009년 8월 1일 숭선교(강정-해평)에서 촬영

6 · 25전쟁사

낙동강

제5권

6 · 25전쟁사

낙동강

제5권

피로 물든 낙동강 – 이 강에 조국의 운명이

낙동강 제5권

목차

제8장 낙동강이 우리를 살릴 것이다

제1절 대한민국의 영토

1. 부산이 함락되는 것은 시간 문제다 11
   마산 서쪽에 나타난 적 2개 사단 11 · 부산에 누가 먼저 오느냐? 12
   낙동강을 건너라 14 · 급박한 전황 16

2. 낙동강 방어선 19
   낙동강 19 · 대한민국의 영토는? 21 · 데이비드슨라인 - 제2의 국경선 24
   대한민국 정부는 부산으로 이동하라 26 · 제주도는 제2의 대만이 될 것인가? 29

3. 낙동강에 조국의 운명이 30
   부대 전진(轉進) 30 · 미 제25사단 장정(長征) 33 · 병력 전개 40
   피 · 아군의 전력 균형 41 · 적이 승리할 수 있는 기회는 사라졌다 44
   김일성은 멍청했다 46

제2절 전투력 증강

1. UN군 증원 50
   미 지상군 증원 50 · UN군 참전 54

2. 국군 보충 56
   징병제도 56 · 편성관구 신병 모집 62 · 일선 사단의 현지 모병 64
   교육 실상 66 · 장교의 충원 71

3. 후방지원 71
   국군의 군수지원 71 · 미군의 군수지원 80
   일본을 경제대국으로 만들어 준 김일성 83 · 후방전선 안정화 88

4. 정치와 경제 상황 90
   정치적 상황 90 · 경제적 상황 94

5. 피난민 대책 97
   나의 피난기 - 낙동강 짓골나루는 생지옥 97 · 피난민 분산 수용 102
   피난민 구호 104 · 피난민 통제 106

6. 8월 15일까지 부산을 해방하라 109
   북한군 진출선 109 • 차단된 북한군 보급선 112
   "밥 좀 주세요" - 하루 한 끼 먹고 싸우는 혁명전사 114
   8월 15일까지 부산을 해방하라 118

제3절 어린 중학생들의 분기

1. 학도병 – 필사즉생(必死則生) 120
   천군만마의 원군 120 • 대구 학도병훈련소 123
   모병관의 독려에 호응 – 전라남북도 지역 127 • 학도호국단이 주도 127
   배속장교의 권유 130 • 교장 · 교감선생님 말씀에 감동받아 133
   제1유격대대 136 • 학도유격 제1대대 136 • 태백중학교 학도특공대 137
   인천학도의용대 138

2. 보호받아야 할 아동이 총을 들었다 139
   학도소년병 139 • 소년병 지원 사례 – 시대적인 소명 의식 142
   강제로 끌려간 소년병 149 • 아동은 보호받아야 한다 154

3. 학도의용군 156
   군번을 받기 전의 학도병 156 • 학도의용군 158
   김석원 장군을 따라간 학도의용대 161 • 여수 · 순천 지역 학도의용군 172
   재일학도의용군 173

4. 학도호국단 175
   반탁운동과 학생총연맹 175 • 학도호국단 176 • 당시 중학생의 의식과 긍지 178

제9장 낙동강방어전

제1절 동부 방면 방어전

1. 포항 부근 전투 – 제3사단 183
   피 · 아군의 상황 183 • 학도의용대의 사투 185
   장사동 철수작전 – 송아지도 함께 187 • 포항 탈환작전 – 민 부대 197
   포항 지역 공방전 199

2. 기계 · 안강 지역 전투 – 수도사단 202
   기계 전투 202 • 기계 탈환전 206 • 안강 전투 208

3. 미군 특수임무부대 213
   브래들리특수임무부대 213 • 잭슨특수임무부대 216
   처치특수임무부대와 데이비드슨특수임무부대 219

4. 보현산 부근 전투 – 제8사단 220
   의성 지역 전투 – 제8사단 220 • 보현산 북한군 유격대 226
   공병의 분전 – 제1201건설공병단 229 • 하룻강아지가 범을 잡았다 230
   입암 탈환작전 – 제18연대 · 기갑연대 236 • 보현산 주저항선 238
   봉화봉 혈전 – 새로운 적 제15사단 240

제2절 중부 방면 방어전

1. 안계·군위 부근 전투 – 제6사단 247
   안계 지역 전투 247 • 매봉산 지역 전투 253 • 조림산 지역 전투 256
   지뢰사고 – 연대장과 대대장 폭사 260

2. 낙정 전투 – 제12연대 261
   제1사단의 전진 261 • 낙정 도하 저지전 – 살육전의 서막 263
   낙동강에 오리알 떨어진다 266

3. 해평 지역 전투 – 제11연대 268
   비등산(245고지) 전투 – 처음으로 치른 육박전 268
   하도봉(225고지) 공방전 271 • 해평천 전투 – 주먹밥수류탄 274
   이제는 전차가 두렵지 않다 276
   대장님 예! 인민군이 나오라 캅니다 – 병사의 기지 280 • 다부동으로 전진 282

4. 석적 지역 전투 – 제13연대 285
   비산나루 도하 저지전 – 제2대대 265
   홀소나루 도하 저지전 – 제3대대 286 • 말구리나루의 수중가도 287
   하의산 혈전 – 무모한 명령의 대가는? 289 • 154고지 공방전 – 제3대대 293
   대전차특공대 297 • 대전차특공대의 진실은? 300
   369고지 살육전 – 제12연대 제2대대 305 • 제1사단 낙동강을 떠나다 309

5. 북한군은 어디로 도하했는가? 310
   적 제15사단 310 • 적 제3사단 315 • 적 제105기갑사단 317
   약목 부근으로 진출한 적 319

제3절 서부 방면 방어전

1. 왜관 지역 전투 – 미 제1기병사단 323
   대구에 가장 가까이 온 적 323 · 금무봉(268고지) 전투 324 · 금무봉 탈환 326
   적 제3사단은 궤멸했는가? 328 · 용포교 혈전 – 적 제10사단 궤멸 330
   작오산(鵲烏山) 전투 334

2. 창녕 부근 전투(제1차) – 미 제24사단 339
   낙동강돌출부 – 여자의 가슴 339 · 북한군 최정예 제4사단 342
   미 제34연대 반격 346 · 미 제24사단 반격 349
   미 제8군의 반격 – 미 제9연대 투입 351
   영산을 적의 수중에 – 미 제27연대 투입 354
   클로버고지와 오봉리능선 반격전 359
   오봉리능선 탈환 – 적 제4사단의 패주 368

3. 마산 부근 방어전 371
   마산의 위기 – 시간과의 싸움 371 · 괘방산 전투 – 미 제19연대 375
   진동리 전투 – 미 제27연대 379 · 진동리 전투 – 한국 해병대 383

4. 킨 작전 – 킨특수임무부대 386
   워커 사령관의 구상 386 · 공격 여건 390 · 괘방산 반격전 – 미 제35연대 392
   진동리 혈전 – 미 제5연대전투단, 미 제5해병연대 392
   포병의 묘지 봉암리 계곡 397 · 사천 전투 – 미 제5해병연대 403
   킨특수임무부대 해체 405

5. 서남부 산악전 – 미 제25사단 406
   산악 방어선 편성 406 · 십이당산 전투 – 미 제35연대 407
   열아홉 번 주인을 바꾼 전투산 – 미 제24연대 408

인명 색인 411

제8장
낙동강이 우리를 살릴 것이다

낙동강

이은상

보아라 신라 가야 빛나는 역사
흐르는 듯 잠겨 있는 기나긴 강물
잊지 마라 예서 자란 사나이들아
이 강물 네 혈관에 피가 된 줄을
오 낙동강 오 낙동강
끊임없이 흐르는 전통의 낙동강

산돌아 들을 누벼 일천삼백리
굽이굽이 여흘여흘 이 강위에서
조국을 구하려는 정의의 칼로
반역의 무리들을 무찔렀나니
오 낙동강 오 낙동강
소리치며 흐르는 승리의 낙동강

두 언덕 고을고을 정든 내 고장
불타고 다 깨어진 쓸쓸한 폐허
돌아오는 아침 햇빛 가슴에 안고
나아가 네 힘으로 다시 세우라
오 낙동강 오 낙동강
늠실늠실 흐르는 희망의 낙동강

※ 출전마다 가사가 다른 것을 발견하였다. 원전을 확인할 수 없어 내용에 착오가 있을 수 있는 점 양해바란다.

제1절 대한민국의 영토

1. 부산이 함락되는 것은 시간 문제다

마산 서쪽에 나타난 적 2개 사단

7월 31일 진주가 함락되고 북쪽 김천과 서쪽 산제리(山祭里-합천군 묘산면)에 적의 압력이 가해지고 있을 때 미 제8군사령부는 포로 심문과 무전통신 도청으로 결정적인 정보를 입수하고

"북한군 제4사단이 안의와 거창 지역에서 대구 좌 측방을 공격하고,

제6사단이 마산을 거쳐 부산으로 진격하여 아군 후방 병참선을 차단하려고 기도하고 있다."

는 결론을 내리기에 이르렀다.

7월 초순 이후 행방을 알 수 없었던 북한군 제6사단 위치를 처음 확인하는 동시에 호남 방면으로 진출한 적이 북한군 1개 사단이 아니라 2개 사단이라는 사실을 알고 미 제8군은 물론 도쿄나 워싱턴도 놀랐다.

미 공간사는

"이 정보가 미국의 전쟁지도 방침을 변경했다."

고 기술하였다.주)　　　　　　　　　　일본 육전사연구보급회 『한국전쟁』 [2] p57

　UN군은 최초 블루하트라는 이름의 인천상륙작전계획(7월 22일경 상륙 예정)을 세우고 미 제1기병사단을 상륙부대로 대기시켰다가 대전이 위협을 받자 이 계획을 중지하고 제1기병사단을 포항으로 상륙시켜 대전지구로 투입할 수밖에 없었다.

　7월 23일 새로운 상륙작전계획인 크로마이트계획을 세웠다. 이 계획은 미국 본토에서 증원되는 미 제1해병사단과 미 제2사단을 9월 중순에 인천이나 군산 또는 동해안 주문진으로 상륙하는 계획이었다.

　UN군총사령부는 마산의 위기를 구하기 위하여 크로마이트계획에 의한 상륙부대를 부산 방어에 사용하기로 하고, 북부 일본에 주둔하고 있는 미 제7사단과 유럽으로 증파할 예정인 미 제3사단까지 한국전에 투입하기로 함으로써 유럽에 증파할 부대는 새로 동원해야만 하게 되었다.

　워커 장군은 북한군 최강 제6사단이 마산으로 진출을 시도하자
　"마산 지역 방어의 성패가 이 전쟁의 운명을 좌우한다."
는 확신을 가졌고, 또
　"미봉책으로는 이 위기에 맞설 수 없다."
고 판단하여 미 제25사단을 마산 정면에 전용하는 한편 전 전선을 낙동강 선으로 이동하기로 결심하였다.주)　　　일본 육전사연구보급회 『한국전쟁』 [2] p58

부산에 누가 먼저 오느냐?

　7월 30일 UN군 주력이 김천에서 영덕에 걸친 선에서 격전을 치르고 있을 때, 호남 방면을 석권한 적의 대부대가 진주를 위협하였고, 진주가 위급해지자 부산 서쪽 관문인 마산 방어가 화급을 다투게 되었다.

　마산은 부산 서쪽 45km 지점에 있는 인구 15만을 가진 항구도시로 서부

경남과 호남지방에서 부산으로 통하는 관문이다. 적이 진주를 점령함으로써 이 적이 부산에 가장 가까이 접근해 있었다.

이때는 미 본토에서 오는 증원부대가 부산에 도착하기 직전이었다.

7월 31일 미 제5연대 전투단과 미 제2사단 제9연대,

8월 2일 미 제1해병여단,

8월 3일 미 제8072중전차대대(뒤에 제89전차대대로 개편),

8월 5일 미 제2사단 제23연대,

8월 7일 미 3개 중전차대대가

각각 부산에 도착하기로 되어 있었다.

서남부전선이 생각지도 않게 급박한 위기 국면을 맞으면서 내일이라도 당장 북한군이 부산으로 쇄도해 온다면 미 본토에서 오는 증원부대가 상륙할 항구를 잃게 된다. 아니 증원부대가 올 필요도 없게 된다.

'북한군이 부산을 점령하는 것이 빠른가, 증원군이 부산에 상륙하는 것이 빠른가?' 하는 시간과의 싸움이 시작되었다.

미 『해병전사』는 이렇게 기록했다.

태평양을 횡단하는 길고 지루한 항해 도중에 미 제1해병여단(잠정)의 수송선단 소속 선박마다 한국전쟁 상황을 기록하는 지도가 비치되어 있었다.

라디오 보도에 따라서 지도상에는 상세한 상황이 기입되어 갔다.

항해도상에 홍색과 청색으로 구분 표시되는 피·아의 전선은 날마다 남하하는 정세였다. 이리하여 배가 태평양 한가운데까지 왔을 때

"이 수송선단이 부산에 입항할 무렵까지는 UN군은 이미 바다로 밀려나고만 뒤일 것이다."

라는 것이 병원선실(兵員船室)의 지배적인 관측이 되었고 그 여부를 둘러싸고 자

못 진지한 토론까지 벌어졌다.

　이러한 가운데 다시 며칠이 지나자 이제는 이와 같은 예측에 희망을 거는 사람마저 없게 되었다. 왜냐하면 7월 말에 접어들자 UN군이 확보하는 지역은 한반도 동·남단 한구석의 80 120평방km의 조그만한 지역에 불과하게 되었기 때문이다. (국방부『한국전쟁사』제2권 p769)

전선에서 싸우고 있던 한·미 군인들은 대부분 미국이 좀더 과감한 조치를 단행하지 않는 한 부산이 함락되는 것은 시간 문제라고 생각했다.
　이 긴박성을 깨달은 워커 장군은 7월 30일 밤에 왜관에 집결한 제8군의 유일한 예비대인 제27연대(미카엘리스 대령)를 마산으로 투입하고, 이어서 31일 상륙예정인 미 제5연대전투단을 마산에 증원키로 했다.

미 공간사는 이 시간과의 싸움을 다음과 같이 묘사했다.
　"북한군 제6사단이 목포·여수를 경유하여 진격해 온 것은 호남 지역을 우회하며 전투부대의 보급 문제를 각 항구마다에서 해결하기 위한 수법이라는 정보를 입수하였을 때 워커 장군은 '만일 북한의 제6사단이 호남의 항구들을 점령하는 우회공격을 선택하지 않고 모든 전력을 집중하여 부산으로 쇄도해 왔었다면 아마 나는 이 적을 저지하기 위한 병력을 투입시킬 시간적인 여유조차 갖지 못했을 것이다.'" (일본 육전사연구보급회『한국전쟁』2 p51, 52)

낙동강을 건너라
미 제8군사령관 워커 중장은 명령을 내렸다.
"UN군 부대는 8월 1일까지 현 전선에서 철수하여 낙동강을 건너라."
워커 미 제8군사령관은 6·25 개전 초 북한군 정도는 미군 1개 사단(제24

사단)을 국도에 투입하여 금강선에서 일단 정지시킨 후 1~2개 사단을 추가로 투입하여 분쇄할 수 있을 것으로 판단했었다.

그러나 북한군은 훈련이 잘 되어 있었고, 최신 장비를 가진데다가 전투기술이 어느 나라 군대에도 못지않게 뛰어난 것에 놀랐다. 특히 대전 전투에서 보여준 저들의 전투력에 충격을 받았고, 진주, 안동, 영덕의 조기 실함은 그를 당혹스럽게 했다. 아군의 연결되지 않는 전선을 파고드는 저들의 정규, 비정규 작전에 휘말려 아군은 언제 어디에서 섬멸적인 타격을 받고 붕괴될지 알 수가 없었다.

워커 사령관은 전열을 정비하고 반격으로 전환할 수 있는 기지로 낙동강을 결정하였다.

7월 26일 워커 장군은 UN군총사령부 참모장 아몬드 소장에게

"8군사령부는 부산으로 이동하고 병력은 낙동강으로 철수시키겠다."

고 알렸고 아몬드 소장은 맥아더 원수에게 보고했다.

맥아더 원수는 다음날 대구에 와서 워커 장군을 만나고

"한국판 던커크는 있을 수 없다."

고 의미심장한 한마디를 남기고 떠났다.

워커 장군은 맥아더의 사수 의지를 확인하고는 한때 흔들렸던 마음을 가다듬고 29일 미 제25사단지휘소가 있는 상주로 가서 후퇴 준비에 들떠 있는 장병에게 비장한 훈시를 했다.

"여기에는 던커크(Dankirk)의 재판도 있을 수 없고, 바탄(Bataan)의 재판 또한 있을 수 없다. 부산으로 후퇴한다는 것은 바로 사상 최대의 살육을 의미하게 될 것이기 때문에 우리는 끝까지 싸워야만 된다."

는 내용의 저 유명한 '전선사수훈령'을 내렸다.

▶ 제4장 제5절 「4. 고수냐 죽음이냐」 참조

워커는 이 비장한 사수훈령을 내린 지 이틀 만에 그 스스로 이를 번복하고 미 제25사단을 상주에서 철수하여 낙동강 남부로 이동 명령을 내리는 한편 그가 맥아더 사령관에게 건의했던 원래의 구상대로 반격으로 전환할 수 있는 새로운 방어선을 구상하고 낙동강의 동남안(東南岸, 북 남, 서 동)으로 UN군의 전 부대를 이동시켰다.

북한군은 그동안 소련이 제공해 준 전차를 앞세우고 각종 포 지원을 받으면서 효율적인 전술과 전법을 구사했다. 비교적 양호한 접근로를 따라 정면에서 아군을 압박하면서 정면 접근로 좌·우측 산간도로나 소로를 이용하여 후방을 차단하거나 포위 공격하는 전법을 사용하여 아군을 곤경에 몰아넣었고, 병력이 부족한 아군으로서는 거점방식의 방어선을 유지하면서 지연전을 통한 철수작전으로 일관할 수밖에 없었다.

거점방어선은 토막방어선이었다. 계속 밀리면서 급편한 방어선에서는 좌우에 누가 있는지를 몰랐고, 후방의 안전이 보장되지 않아 철수한 부대가 적군진지로 들어가는 일이 비일비재하였다. 그래서 후방으로 안전하게 철수해 가는 것이 작전의 주가 됐었다.

북한군의 우회침투와 포위전술의 효용성을 감소시키기 위해서 연결된 방어선 형성이 요구됐고, 위급한 마산지구의 방어병력을 확보하고 기동에 비대를 보유하기 위하여도 전선을 축소 조정하는 것이 필요했다.

이러한 현실적인 요구와 지형적인 특수성을 고려하여 낙동강 방어선을 형성하는 것이 필요하다고 워커 장군은 판단했던 것이다.

급박한 전황

7월 말 전황은 매우 절박한 지경에 이르러 있었다.

대전에서 가히 괴멸당하다시피 한 미 제24사단은 7월 22일 영동에서 전선을 미 제1기병사단에 인계하고 제2선으로 물러났다.

7월 5일 스미스대대가 오산 전투에 참전한 이래 17일 동안 무려 160km를 후퇴하였고, 사단 병력의 30%가 넘는 손실을 입었다. 실종자만 2,400여 명에 이르렀고, 파괴되거나 잃어버린 장비는 1개 사단을 무장시킬 만큼의 양이었다. 그런데도 전황이 급박하여 미 제24사단은 하루도 쉬지 못하고 24일 진주로 이동하여 전선에 투입되어야만 했다.

미 제24사단을 대신하여 북한군 남진을 저지해야 할 미 제1기병사단전력도 미 제24사단 수준을 넘지 못하였다. 병사들 훈련은 만족할 만한 것이 못 되었고, 장교와 하사관들은 전문적인 직업성은 있었으나 직업적인 긍지는 그렇게 대단한 수준이 아니었다. 간부나 병사들 모두 무엇 때문에 싸워서 죽어야 하는지를 알지 못했고, 알려고도 하지 않았다. 태평양 너머 워싱턴에 있는 펜타곤에서는 전선의 어려움을 해결하기 보다는 세계전략에서 한국전의 위치를 분석하는데 더 시간을 소비하고 있었다.

이러한 모든 상황적인 요인들은 전선에서 전투력을 강하게 유지하는데 부정적인 요소로 작용할 수밖에 없었다.

한강 방어선 이래 경부축선 저지전을 미군에게 맡기고 중부전선과 동부전선을 맡은 국군 사정은 더 형편이 어려웠다. 대전이 적의 수중에 들어갔을 때 사단 병력 수준은 3,000~3,500명에 불과하였고 공용화기는 전 군에 야포 10문과 각 사단에 조준경도 없는 81mm박격포 10여 문씩 밖에 가지고 있지 않았다. 말이 사단이지 실상은 연대 수준이었다.

식사는 소금기가 곁들인 주먹밥이 고작이었고, 그것마저 얻어먹는 날은 운이 좋은 날로 치부됐다. 위생처리가 잘 된 C-레이션을 까먹는 미군들은 파리가 더덕더덕 붙어서 빨아먹고 있고 때로는 개미나 곤충이 섞여있는 주먹밥을 아무렇지도 않게 먹고도 끄떡도 하지 않으면서 그거라도 배부르게 먹었으면 하는 국군 병사들을 신기한 눈으로 바라보았다.

7월 말경에 이르러 신병을 보충하여 사단 병력이 5,000~8,000명 수준으로 늘어났으나 장비와 보급 사정은 크게 나아진 것이 없었다.

이와 같은 상황에서 전선이 안정되지 않은 채 후퇴만을 일삼아 온 전선에 새로운 어떤 전기가 마련되어야만 했었다.

UN군총사령관을 대신하여 한국에서 작전을 책임지고 있는 미 제8군사령관 워커 중장은 맥아더 원수의 작전구상을 현실적으로 구체화시키기 위해서나 지상에서 전세를 역전시키기 위해서는 전선을 안정시켜야 할 책임이 있었다.

워커 장군은 이를 위해서 두 가지 문제를 해결해야만 했다.

첫째는 계속 밀어닥치는 북한군보다 많은 병력 확보가 필요했고,

둘째는 계속적으로 밀리기만 해온 아군의 후퇴심리를 방어심리로, 그리고 공격심리로 바꾸어 놓아야만 했다.

아군병사들이 가진 후퇴심리를 공격심리로 바꾸기 위해서는 그들에게 전선에서의 승리를 안겨주어야 했고, 그러기 위해서는 국지적이건 총체적이건 간에 우세한 병력을 확보하지 않으면 안 되었다.

그러나 느닷없이 아군의 서남쪽 마산과 창녕 방면으로 들이닥친 적 주력부대 제4사단과 제6사단 출현은 이러한 워커 장군의 구상을 완전히 뒤엎고 새로운 고민거리를 제공해 주었다.

적 2개 사단을 막기 위해서는 최소한 아군도 2개 사단이 있어야 하는데 적의 진격 속도에 맞추어 당장에 증원 가능한 병력이 없었다.

결국 워커 장군은 전선을 축소 조정하여 병력을 절약하고 가용병력을 마련하기로 결정하였던 것이다.

부산교두보(釜山橋頭堡) 또는 워커라인(Walker Line)이라고도 부르는 낙동강 방어선은 이렇게 하여 구상되었다.

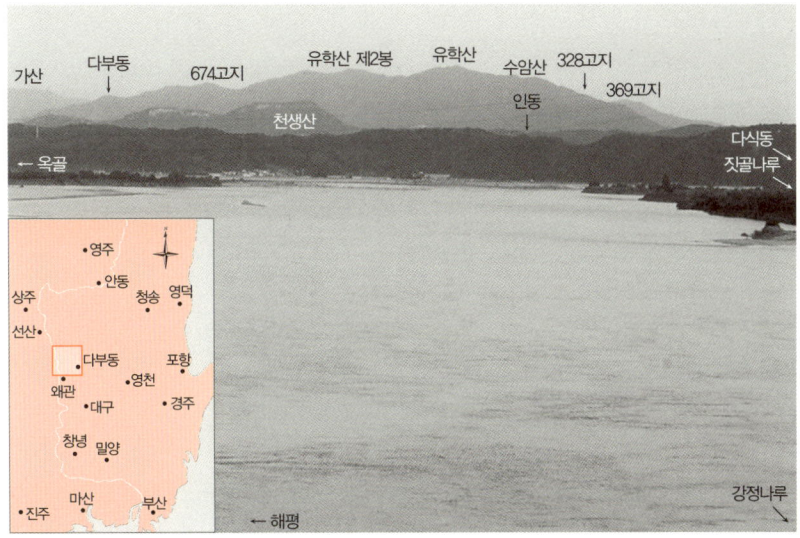

다부동 전선 : 2009년 8월 1일 승선교(강정~해평)에서 촬영 (↓은 산 너머를 가리킨다.)

2. 낙동강 방어선

낙동강

낙동강은 태백산에서 발원하여 경상남북도를 세로로 질러 남해로 들어가는 영남의 대동맥이다.

우리나라에서 압록강 다음으로 긴 강이고 길이는 525km이다.

태백산에서 발원하여 남으로 흐르던 강은 안동에서 방향을 서쪽으로 틀어 흐르고, 상주 부근에서 다시 남쪽으로 방향을 돌려 남지까지 멀리 흘러간다. 남지(南旨-창녕군 남지읍)에서 삼랑진(三浪津-밀양군 삼랑진읍)까지 동으로 흐르고 다시 남쪽으로 방향을 돌려서 부산 서쪽을 통하여 남해에 이른다. 마치 'ㄷ' 자의 오른쪽으로 그어진 두 가로획의 끝을 이어서 위 획은 위로, 아래 획은 아래로 각각 그은 형상이다.

강 중간지점 왜관(倭館-칠곡군 왜관읍)을 기점으로 북쪽은 국군이 맡았는데 이 지역은 강 전체 폭에 비해 모래밭이 많고 물 흐르는 폭은 좁다. 또 수심이 얕아서 갈수기는 물론 여름철에도 도섭이 가능한 곳이 많은 것이 큰 강이면서도 가지고 있는 특색이다. 방어선으로 선정된 북쪽 낙정까지는 강폭은 400m에 이르는 곳도 있으나 유수 폭은 100m 미만이고 수심이 얕은데다가 물길이 느려서 천연장애물로서의 기능은 약한 편이다.

반면 미군이 맡은 왜관 남쪽은 강폭이 400~800m에 이르고 물 흐르는 폭만도 200~400m에 이르며 수심도 2m 안팎으로 깊다.

강이 긴 만큼 유역에는 비옥한 넓은 평야가 형성되어 있고, 당시 남한인구의 1/3에 해당하는 사람이 이 강에 의지하여 살고 있었다. 그래서 영남의 젖줄이라고 했고, 곧 생명선이었다.

한강의 기능을 잘 살렸다면 남쪽 끝자락에 있는 낙동강이 고생을 하지 않아도 되었을 것인데……. 인간의 무지가 화를 더 키우고 말았다.

낙동강 방어선은 낙동(洛東-상주군 낙동면, 25번 국도 洛丹橋 북안, 왜관에서 약 40km 북쪽)을 낙동강 북쪽 한계선으로 하여 동쪽으로 의성~청송~영덕을 잇는 산악지역을 북쪽 방어선으로 하고, 그 남쪽은 낙동강을 따라 남지까지 이어지고 남지에서 함안~진동리(鎭東里-창원시 진동면)를 거쳐 진해만에 이르는 선을 서쪽 방어선으로 형성했다.

미 제8군은 7월 17일, 최후저지선을 낙동강~영덕선으로 결심하였다. 금강선이 돌파된 후 북한군을 어디서 저지할 수 있는가를 검토하고, 미 증원군 도착, 국군 재편성, 보급품 양륙, 해·공군 지원 능력과 효과에 이르

기까지 종합적으로 고려하여 내린 결심이었다.주)

일본 육전사연구보급회 『한국전쟁』 [I] p251

정일권 장군은 다음과 같이 회고했다.

"워커 장군이 먼저(7월 18일 대전에서 가진 작전 회의에서)

'대전을 20일까지 지키고 나서 금강과 소백산맥 다음 방어선을 어디로 할 것인가? 두 분의 의견을 알고 싶소.'

하고 딘 장군과 내게 메모지 한 장씩을 내밀었다.

나는 생각할 것도 없이 漢字(한자)로 '洛東江(낙동강)'이라고 적었다. 워커, 딘 두 장군도 'NAKTONG RIVER'였다. 워커 장군이 내가 쓴 漢字를 가리키며 어떻게 읽느냐고 물었다.

'아니, 실수했군요.'

나는 다시 'NAKTONG RIVER'로 고쳐 주었다.

'중국 문자는 간단해서 좋군요. 석자면 충분하니……'

워커 중장은 웃고 나서 다시 말을 이었다.

'실은 제너럴 맥아더의 의향이 처음부터 이 낙동강이었습니다. 북괴군 지휘관들은 현대전술의 가나다도 모르는 풋내기가 아닌가, 병참보급의 중요성도 모르고 다짜고짜로 대가리만 처박아 오는데 놈들은 머지않아 지쳐 버릴 테니 낙동강까지 끌어당겨 한 방 먹여버리자고 하더군요.'"(『정일권회고록』 p178)

대한민국의 영토는?

낙동강 방어선은 북쪽 동서 약 80km, 서쪽 남북 약 160km로 직사각형의 모양을 하고 있고, 2/3에 해당하는 서쪽전선이 낙동강이라는 천연장애물로 형성되어 방어에 절대 유리한 조건을 갖추고 있다.

이 방어선 안쪽(동남쪽)이 대한민국으로 남아 있었다.

면적은 경상북도의 1/3, 경상남도의 1/3 정도로 전체 면적은 충청남도 정도의 크기를 유지하고 있었다.

이것이 대한민국의 영토였다. 그래서

"대한민국의 영토는 경상도의 동남부와 그 부속 도서로 한다."

라고 헌법상 영토규정을 바꿔야 했고, 그나마 얼마동안 유지할 수 있을까를 걱정해야 했다. 대한민국은 이 좁은 땅을 8월 1일부터 9월 28일까지 2개월 동안 영토로 보존했고, 그 안에서 주권을 행사했다.

이 국경선(?)을 지키기 위하여 왜관을 기점으로 남쪽의 서남부전선은 미군이, 북쪽의 서북부전선은 국군이 담당했다.

세계 최강국 미국은 막강한 국력과 1,200만 명이라는 병력으로 세계 패권을 노리는 만만치 않은 국력과 전투력을 가진 독일과는 유럽전선에서, 일본과는 태평양전선에서 싸워 이김으로써 세계 초강국임을 재확인하였음에도 불구하고 보잘것없는 극동의 조막손만한 북한으로부터 이 손바닥만 한 땅덩어리를 지키기 위하여 안간힘을 쏟고 있었다.

국군이 담당한 북부는 이제까지와 별다름이 없는 산악 지형이므로 낫고 못하고를 따질만한 특수 조건은 없다. 낙동에서 왜관에 이르는 낙동강선은 낙동강이라는 절대 유리한 방어지형을 가지고 있으나 도습이 가능한 곳이 많아서 언제라도 방심하면 적이 도하할 수 있는 취약성을 가지고 있어 절대적으로 유리한 조건은 못 되었다. 결과적으로 불과 10여 일 후에 왜관 북쪽 낙동강선은 허무하게 무너지고 말았다.

왜관 이남의 낙동강은 강폭이 넓고, 수심이 깊고, 수량이 많아서 견고한 천연요새로서의 역할을 충분히 할 수 있는 곳이고, 해냈다.

남지 이남 남부선은 산악지형을 이용하여야 하므로 피아간 어느 한쪽에

좋고 나쁘고를 따질 수 없어 전략에 맡길 수밖에 없는 곳이다.

북한군은 반드시 이 선을 건너야 전쟁 목적을 달성할 수 있고 우리는 이 선을 지켜야 국가를 구할 수 있다. 서로 이 선에 사활을 걸어야 했다.

워커 장군은

"이 선의 후퇴는 사상 최대의 대학살을 의미할 것이다. 낙동강을 고수하던지 아니면 죽던지 양자택일을 하라."

고 휘하 장병들에게 다그치면서 불퇴전의 결의를 다졌다.

반면에 김일성은

"고양이 얼굴만 한 땅에 버티고 있는 괴뢰군을 8월 15일까지 부산 앞바다로 몰아넣어라."고 다그쳤다.

한편 정일권 장군은

'물러설 수 없는 마지막 생명선' 이라고 했고,주) 『정일권회고록』 p174

이승만 대통령은 사태가 낙동강까지 철수하지 않을 수 없을 만큼 절박해 있음을 말하고 부산으로 옮길 것을 간청했을 때

"낙동강까지 밀리면 우리에게 남는 것은 바다뿐이구먼……." 주)

하며 폐부를 찌르는 신음을 토했다. 『정일권회고록』 p179

낙동강을 따라 방어선이 연결되자 북한군 점령지역과 아군 방어지역이 명백하게 구분되어 아군은 공중공격의 효과가 증대된 반면에 북한군이 처한 입장은 어려워졌다. 그동안 피아의 식별이 곤란하여 미 항공기 오폭으로 인한 피해가 적지 않았는데 공중에서 식별이 가능한 낙동강을 따라 방어선이 형성되고, 아군과 적군이 확연히 구분되면서 오폭이 사라진 것은 말할 것도 없고 상대적으로 적은 위축될 수밖에 없었다.

적이 연결된 아군 방어선을 뚫기 위해서는 지금까지와는 달리 우회와 포위가 불가능하므로 더 많은 병력과 탄약이 필요했고, 전선이 연결됨으로써

피난민 유입이 차단되어 피난민을 가장한 게릴라나 편의대 침투가 불가능해졌다. 적은 정면 돌파와 공격밖에는 길이 없게 되었고, 아군에게는 절대로 유리한 입장이 되었다.

대한민국 제일의 장수는 한강을 버렸는데 미합중국 제일의 장수는 낙동강을 지켜줄 것인가?

맥아더 원수는 이렇게 결의를 표명했다.(워커와 정일권 두 장군에게)

"나는 여기 낙동강라인에 역사적인 이미지를 남기고자 합니다. 즉 공산군을 막아낸 방어전 라인으로서가 아니라 데모크라시의 결집력으로써 공산침략군을 섬멸해 나가는 반공 스타트라인으로서 역사에 장식하려는 것입니다. 왜냐하면 스탈린은 지금 세계적화를 노리고 있습니다. 그 첫 시도가 이 6·25이며, 북괴군은 스탈린의 용병인 것입니다." 주) 『정일권회고록』 p192

우리는 낙동강이 아니라 맥아더에게 국운을 맡겨야 한다.

데이비드슨라인 – 제2의 국경선

낙동강 방어선을 설정하기 전에 맥아더 사령관은 최악의 사태에 대비하여 부산을 중심으로 상륙거점을 좀 넓게 확보할 수 있도록 예비방어선을 설정하라고 미 제8군사령부에 지시하였다.

미 제8군사령부는 공병참모 데이비드슨(Garrison H. Davidson) 준장에게 지시하여 울산 동북쪽 17km 지점에 있는 서동리(瑞洞里-경주시 陽南面-경상남북도의 경계지점 동쪽 끝)에서 경상남북도의 경계를 따라 서쪽으로 가다가 밀양 북쪽 유천(楡川-청도군 청도읍 楡湖里-경부선 철도역)~무안리(武安里-밀양군 무안면) 능선을 거쳐서 마산 동북쪽 고지로 이어지는 약 90km 선에 방어진지를 구축하였고, 이 선을 구축한 공병참모의 이름을 따서

'Davidson Line(데이비드슨라인)'

이라고 이름을 붙였다.

이 방어선에는 10m 간격으로 개인호와 기관총진지를 파고 조명지뢰를 묻었는데 이 공사에 현지주민을 동원하여 호 1개당 500원씩을 지급하였다. 동원된 주민 중에는

"우리가 살길은 이것뿐인데 돈이 무슨 필요가 있는가?"

라고 하면서 자원하고 나서는 바람에 예정일자보다 앞당겨 공사를 끝냈다고 한다.주)

안용현 『한국전쟁비사』 2 p108

이 방어선은 낙동강의 방어 이점을 스스로 포기했다는 점과 차후 공세를 위한 병력 기동 공간이 좁고 기동방어를 위한 예비대 활용에 제한을 받아 오히려 방어가 더 어렵다는 작전상의 이유로 워커 장군은 심각하게 고려하지 않았다. 그러나 최악의 경우에는 어쩔 수 없이 고려할 수밖에 없는 방어선 중의 하나임에는 틀림없었다.

정일권 장군은 그의 회고록(p189, 190)에서 다음과 같이 술회했다.

"…… 낙동강 주저항선을 편성하면서 별개의 방어선 하나가 더 고려되어 있었던 사실을 여기서 밝혀두고 싶다.

'데이비드슨라인(Davidson Line)'이다. 미 제8군 공병참모 데이비드슨 준장의 이름을 딴 것인데, 맥아더 장군이 워커 장군에게 비밀스럽게 지령한 예비 제2방어선이다.

여러 날 뒤에야 나도 알게 된 일이며 워커 장군의 설명으로는

- 주정항선이 무너져 대구를 잃었을 때에 대비하는 최종 방어라인이며,

- 미 제8군이 어쩔 수 없이 철수해야 할 때 부산항을 유지하기 위한 방어라인이라는 것이었다.

이 설명을 들으면서 나는 가슴 한 구석으로 좀 섭섭함을 느끼지 않을 수가 없

었다.

'역시 우리 입장과 다르구나!' 하는 섭섭함이었다.

우리 국군은 더 물러설 곳이 없어 낙동강을 최후 생명선으로 각오하고 있는데 지원군 입장에서는 최악의 경우에 빠져나갈 준비부터 하는구나 하는 비감(悲感)스러운 느낌을 어쩔 수 없었다.

이 같은 나의 낌새를 눈치 챘는지 장군은 곧

'제너럴 J. 맥아더 장군의 지령을 받고 즉시 참모를 시켜 검토해 봤는데 작전상으로는 기동 공간이 비좁아서 그다지 활용 가치가 없다고 Tokyo GHQ(UN군총사령부)에 의견을 보냈습니다. 그리고 이 같은 제2라인이 무슨 필요가 있겠어요? 주저항선만이 오직 결전방어의 생명선으로 각오 해야지요.'

하고 나를 위로하듯 덧붙였다."

대한민국 정부는 부산으로 이동하라

1950년 8월 4일 낙동강 방어선이 형성되면서 한국 정부 및 미 제8군사령부와 외국 사절들이 머물고 있는 대구는 전선에서 너무 가까운 거리에 있기 때문에 언제 적에게 점령당할지 모르는 위험을 안고 있었고 북한군의 집요한 낙동강 방어선 돌파시도가 대구의 위기를 가속하고 있었다.

7월 28일 미 제8군사령관 워커 장군은 주한 미국대사 무초에게

'대구와 마산의 상황이 급박하여 한국정부가 대구보다는 안전한 후방지역으로 이동해야 할 때가 올 것'

이라고 시사한 바 있었다.

맥아더 사령관도 이러한 위험 속에 한국정부와 외국사절들이 대구에 계속 머무르고 있는 것을 걱정하고 무초 대사로 하여금 이승만 대통령에게 대구를 떠나도록 설득하라고 말한 바 있었다.

무초 대사는 한국민의 사기와 심리적 요인을 감안하여 군사적 상황이 허용한다면 대구 철수를 8월 15일 이후로 연기해 줄 것을 요청하였다. 최소한 8월 15일까지 대구를 사수하여 광복절 기념식을 대구에서 갖는 것은 한국민 사기에 중요한 의미를 갖고 있었다. 무초의 요청이 받아들여져 한국정부는 광복 5주년 기념식을 대구에서 가질 수 있었다.

8월 14일 워커 장군은 다시 한국정부가 안전한 지역으로 옮겨야 한다고 주장하였고, 맥아더 원수도 이에 동의하였다. 무초 대사는 워커 장군의 주장이 현실적이라고 판단하고 8월 16일 미 국무부에 전문으로 보고하는 동시에 이승만 대통령을 방문하여 한국정부 이동을 요청하였다.

무초 대사의 요청을 받은 이승만 대통령은 끝까지 대구에 남아서 싸우겠다고 하면서 무초의 요청을 거부했다. 무초 대사는

"한국정부가 존속해야 하고 대통령이 시가에서 적과 싸울 수는 없다."
면서 재차 이동을 요청하자

"다른 사람이 대통령이 될 수 있다면 대통령직을 즉각 사임하고서라도 대구에서 싸우겠다."
고 침통한 말을 했다.

8월 17일 정부이동 문제를 결정하기 위한 임시국무회의가 열렸다. 신성모 국무총리서리 겸 국방부장관과 조병옥 내무부장관 등 전 국무위원이 정부이동을 찬성하였고, 이승만 대통령도 이를 받아들여 같은 날 부산으로 이동했다. 정부는 18일 부산으로의 천도를 발표하기로 하였다.

워커 장군은 무초 대사를 통하여 왜관 지역 전세가 극히 불리함을 들어 지체 없이 이동해 줄 것을 다시 요청하였고, 무초는 이 사실을 신성모 국무총리서리와 조병옥 내무부장관에 전달했다. 장관들은 전투지역에서 책임 있는 군 사령관 요청에 따르는 것이 좋다고 하는 내무부장관 주장에 따라

이미 부산에 가 있는 대통령과는 상의 없이 만장일치로 이동을 결정하였다. 한국정부는 17일 저녁 정부이동을 공식 발표하고 18일 부산으로 이동하였고 이와 함께 UN한국위원단, 미국 대사관을 비롯한 외국사절이 대부분 부산으로 떠났다. 대구시내에는 정부 이동을 알리는 국무회의와 도지사명의 전단이 뿌려졌다.

부산에 가 있던 이승만 대통령은 갑작스러운 정부이동 소식에 불만을 품고 18일 대구로 와서 자신의 동의 없이 결정된 정부이동에 불만을 표시했으나 이미 시작된 이동은 그대로 진행될 수밖에 없었다.

이승만 대통령은 정부의 부산 이동에 대하여 담화를 발표하였다.
"연합군사령부로서는 대규모 작전이 가일층 필요하게 된 것이오. 그러기 위하여 대구시는 일반 행정보다도 작전상 필요한 군·경이나 교통기관을 완비하는 장소로 정해 놓고 일선에 대결할 확고한 근본 방침을 세우게 되었으므로 직접 작전에 관계없는 모든 행정기구는 환도하기까지 잠시 자리를 부산으로 옮겨 달라는 요청이 있게 된 것이다. …… 오늘 우리 한국정부가 부산으로 옮겨가는 것은 작전상의 중요한 이유로 긴급히 연락을 취하게 되었으며, 더욱 수백만 전재동포를 위한 구호물자와 파괴된 도시들의 재건 계획에 대한 진행 등 허다한 사무 처리에 있어 막대한 편리가 있을 것이므로 이러한 사무운영상의 관계로 정부기관을 수일 내로 부산으로 임시 천도하기로 작정한 것이다." (전쟁기념사업회 『한국전쟁사』 제3권 p509)

경북지사는 다음과 같은 요지의 성명서를 발표하였다.
적에게 대구가 점령될 위험이 있으니 시민은 즉각 피난 갈 것을 바란다.
이 성명은 대구시민에게 두려움을 주었고, 대구시내는 큰 혼란에 휩싸였다. 수많은 사람들이 대구를 빠져나가기 위하여 도로를 메웠고, 미 제8군은 도시를 유지하고 공군기지와 철도수송수단을 유지하기 위하여 온 힘을 기울여야 했다.주)
전쟁기념사업회 『한국전쟁사』 제3권 p510

미 제8군사령부도 안전한 후방지역으로 이동할 필요성이 제기되었다.

미 제8군사령부가 대구에 설치될 당시 전선은 금강~소백산선을 유지하고 있었으나 그 후 전선이 급속도로 남하하여 지금은 대구 북방 불과 20km 앞에 전선이 형성되어 있고, 낙동강 방어선의 안전을 장담할 수 없는 상황이 되자 맥아더와 참모들은 미 제8군사령부가 보다 안전한 곳으로 옮길 것을 원하고 있었다. 만일 북한군이 갑자기 대구를 돌파할 경우 워커 장군과 그 참모들은 대구를 빠져나간다고 해도 전열이 흐트러지고 통신 기능이 마비되어 얼마 동안 작전을 지휘할 수가 없게 될 것이다.

미 제8군사령관 워커 중장은 대구 잔류를 고집했다. 그도 한때 그의 사령부를 부산으로 옮기고자 했었다. 그러나 낙동강 방어선이 형성된 마당에서 주한미군최고사령관이 대구를 떠날 경우 국군과 한국민의 사기가 떨어질 것을 염려했고, 더욱 그의 낙동강 방어선 고수의지가 대구에 남아있기를 고집하게 하였다. 적의 공세에 맞서 적극적인 방어를 추구하던 시기에 전쟁지휘부가 이동하면 전쟁지휘의 효율성이 떨어져 더 큰 위험이 초래될지도 모른다는 생각에서 대구에 남기로 결정하였다.

제주도는 제2의 대만이 될 것인가?

우리는 또 하나의 사실을 짚고 넘어가야 한다.

미국은 만약의 사태에 대비하여 철수 계획을 세워 놓았다는 사실이다.

철수지역으로는 필리핀, 사모아, 피지 등 남양군도와 하와이, 홋카이도(北海道) 등을 고려했으나 마지막 후보지역으로 제주도, 일본 류큐열도와

대만 등으로 설정해 놓고 있었다.주) 　　전쟁기념사업회 『한국전쟁사』 제3권 p303

　최악의 경우 대한민국은 제주도에 가서 제2의 대만을 만들거나 아니면 인접 어느 나라에 가서 망명정부를 만들 수밖에 없었다.

　이러한 사태로의 진전을 막는 길은 낙동강 방어선을 지키는 것밖에 다른 도리가 없었다.

3. 낙동강에 조국의 운명이……

부대 전진(轉進)

　미 제8군사령관 워커 장군의 명령에 따라 한·미연합은 8월 1일부터 낙동강을 건너기 시작했다.

　동쪽 영덕·강구선에는 8월 4일 현재 제3사단이 적 제5사단 및 제766부대와 격전을 벌이고 있고, 굳이 낙동강 방어선이라는 선을 그어 구획할 수 없는 지형 조건이므로 현 전선을 그대로 유지하였다.

　그 좌측 수도사단과 제8사단은 8월 1일 안동에서 철수하여 청송~구미동~상아동선에 포진했다.

　그 서쪽 제1사단과 제6사단은 함창에서 8월 1일부터 3일 사이에 23번 국도를 따라 낙동에서 낙동강을 도하하여 낙동강 동안에 포진하였다.

　이때 국군의 전선은 선전을 하고 있었고, 대부분의 사단들이

　"이제 버틸만 한데 왜 자꾸 후퇴만 하느냐?"

고 반론을 제기하기에 이른 시기였다. 대부분 적을 저지하면서 여유 있게 철수했다. 다만 안동에서 수도사단과 제8사단이 철수 과정에서 어려움을 겪었고, 또 많은 희생을 냈는데 그것은 작전상 문제 이전에 철수 시기 및

낙동강 방어선으로 이동하는 제1사단 장병들

방법 등 전략상의 문제였던 만큼 성질을 달리한다.

이와는 달리 미군 철수는 좀 심각한 상태에서 이루어졌다.

미 제24사단 제34연대는 7월 30일 거창을 떠나서 합천과 낙동강 연안을 감제 할 수 있는 낙동강 서쪽 산제리에 배치되어 있었고, 제21연대는 산제리 후방에 있었다. 제21연대 C중대와 박격포중대 1개 소대는 영덕에 있었는데 미 제25사단이 이동할 무렵에 복귀하였고 제3대대는 제1기병사단에 배속되어 있었다.

미 제24사단에 배속된 국군 제17연대는 미 제34연대가 배치된 산제리 북방고지에 배치되어 있었다.

8월 2일 09시 45분에 철수명령을 받은 제34연대는 낙동강을 도하하여 영산(靈山, 창녕~마산 간 5번 국도변) 방면으로 이동했다. 이때 미 제21연대와 국군 제17연대는 적 정찰대의 공격을 받고 있었다.

8월 3일 미 제21연대 철수는 순조롭게 진행되어 후미부대가 용포교(龍浦橋, 고령~대구 간 국도상에 있는 낙동강교)를 통과한 것은 00시 45분이었다.

국군 제17연대는 미 제21연대 철수를 엄호한 다음에 06시 30분에 용포교를 통하여 낙동강을 건넜다.

미 제3야전공병대대는 미 제24사단 전 병력이 철수한 것을 확인하고 그날 자정에 용포교를 폭파했다. 이 공병대대는 그 전날 밤에 용포교 하류에 있는 적포교(赤布橋 - 합천~창녕 간 국도상에 있는 낙동강 다리)를 폭파했다.

미 제19연대는 미 제25사단에 배속되어 진주~마산 간 국도에서 전투 중에 있다가 8월 3일 미 제25사단 제35연대와 교대하고 북상하여 창녕에 있는 미 제24사단본부로 복귀하였다.

미 제1기병사단은 8월 1일까지 김천을 고수하고 있으면서 미 제25사단 철수를 엄호한 뒤에 제5기병연대를 엄호부대로 삼고 8월 3일 밤에 왜관으로 철수했다.

왜관에는 철교와 인도교가 있는데 미 제1기병사단 후미가 통과 완료 하는 순간에 폭파하도록 계획되었다. 미 제1기병사단장 게이 소장은

"다리 파괴를 명할 수 있는 것은 사단장뿐이다." 주)

라고 못을 박아 놓고 상황을 주시하고 있었다. 황혼이 질 무렵부터 강북 쪽에는 수천 명의 피난민들이 다리를 건너기 위하여 몰려들었고, 그리고는 미군부대의 꼬리를 물고 다리를 건너왔다. 일본 육전사연구보급회 「한국전쟁」 [2] p75

게이 사단장은 후미부대를 대안으로 돌려보내서 피난민을 해산시키라고 명령했다. 후미부대가 군중을 해산시키고 돌아서면 다시 달라붙어서 따라왔다. 이렇게 수없이 반복하는 과정에서 날이 어두워졌다.

곤경에 처한 게이 사단장은 어쩔 수 없이 중대한 결심을 하고 폭파명령을 내렸다. 다리 폭파와 함께 많은 피난민이 죽었다.

게이 사단장의 폭파 시기에 대한 판단은 그의 생애 중에서 가장 어려웠던 판단의 하나였다고 했다. 주) 일본 육전사연구보급회 「한국전쟁」 [2] p76

미 제25사단 장정(長征)

7월 31일 미 제25사단은 미 제8군으로부터 상주에서 김천 후방(동쪽 6km 지점)으로 전진하여 방어진지를 구축하라는 명령을 받았다. 이때 적은 북쪽 경부국도와 서남쪽 지례(3번 국도 거창 방면)를 따라 김천으로 진격하고 있었으므로 대구 정면의 방어력을 증강하고자 취한 조치였다. 워커 사령관이 상주에 있는 미 제25사단을 찾아가서

'고수냐, 죽음이냐(Stand or Die)?'

로 표현되는 전선사수훈령을 내린지 이틀만이다.

미 제25사단은 8월 1일 새벽에 기동하여 김천 동쪽에 집결하였다.

이날 15시에

"미 제25사단은 신속히 삼랑진으로 이동하여 서쪽으로부터의 적 진격을 저지하고 서 측방을 향하여 역습을 준비하라."

는 미 제8군사령관의 명령을 받았다. 이때 미 제8군은 전군을 낙동강 방어선으로 철수하라는 명령을 함께 내렸다.^{주)}　　국방부 『한국전쟁사』 개정판 제2권 p555

마산 정면에 미 제19연대와 제27연대밖에 없었으므로 적 제6사단의 동진(東進)을 저지할 수 없을 것이라고 판단하고 미 제25사단을 삼랑진(三浪津) 부근에 투입하여 낙동강을 이용하여 적의 진격을 저지하고 본국에서 오는 증원부대를 투입하여 역습을 감행할 구상을 하고 있었다.

삼랑진은 마산 동쪽 약 40km 지점에 있고, 경부선에서 경전선 철도가 갈라지는 중요한 역이다. 낙동강 동북안(東北岸)에 있으며, 이곳에서 부산까지는 약 40km 거리로 마산에서 부산까지의 중간지점이다. 이곳에서 적을 저지하겠다고 생각했다면 미 제8군사령부가 얼마나 위기를 느꼈고, 또 적을 얼마나 과대평가했는가를 짐작하고도 남는다.

미 제25사단은 8월 1일 저녁 무렵 삼랑진을 향하여 이동을 개시했다.

2일 새벽 제8군사령부는 제25사단 목적지를 마산으로 변경하였다.

그동안 미 제24사단이 진주에서 마산 길목 중암리(中岩里-진주~마산 간 1004번 지방도의 중간지점)와 진동리(鎭東里-마산 서쪽, 진주~마산 간 2번 국도변)를 확보할 가능성이 보였고, 미 제25사단이 도착할 때까지 미 제24사단의 방어를 확실히 하기 위하여 7월 31일 부산에 상륙한 미 제5연대전투단(Godwin L. Ordway 대령)을 투입했었다.

그리고 부산 길목 삼랑진에 미 제25사단을 투입하여 제2전선을 편성하기로 구상한 것인데 마산 서쪽의 상황이 미 제25사단까지 마산에 투입하지 않으면 안 되게 악화되어 간 것이다.

미 제25사단은 상주에서 왜관까지 병력은 도보로 행군하고, 보급품과 장비는 차량으로 이동했으며, 왜관에서 마산까지는 철도로 수송했다.

미 제25사단 이동에는 다음과 같은 문제가 제기됐다.

첫째, 적이 미 제25사단 이동을 탐지하여 김천을 공격한다면 북방전선이 붕괴될 수 있기 때문에 제25사단은 이동할 수 없게 될 수도 있다.

둘째, 제25사단 철수로와 미 제1기병사단 주 보급로가 같은 도로이기 때문에 교통 문제를 어떻게 조정할 것인가?

셋째, 같은 시간대에 동해안(영덕 방면)에서 산제리로 이동하고 있는 미 제21연대(C중대)와 행군 교차를 어떻게 정리할 것인가?

넷째, 철도수단을 어떻게 확보하느냐?

첫째 문제는 기도비닉(企圖秘匿)에 노력하고, 김천을 방어하고 있는 미 제1기병사단이 경계를 철저히 하면서 이동을 엄호하게 하였다. 적 제3사단은 7월 31일 무모한 주간 공격을 하다가 공지 협동공격에 걸려 큰 타격을 입었고, 미 제25사단과 접촉한 적 제15사단도 미군포화에 막대한 피해를 입었다. 그래서인지 미 제25사단 이동 중에 공격은 없었다.

둘째와 셋째 문제는 미 제25사단에 도로사용 우선권을 주었다. 그리고 미 제8군사령부의 한가한 장교를 모두 동원하여 교통통제반을 편성하고 상당한 권한을 부여하여 교통통제를 시켰다.

넷째 철도수송문제는 비상수단을 강구하였다. 당시 철도는 군 보급품과 부상자 및 피난민 수송으로 철도 수요가 포화 상태에 이르렀고, 그 무렵 미 제21연대가 영덕에서 산제리로, 제17연대가 안동에서 진주로 이동하였기 때문에 그 수송을 위하여 철도는 계속 사용하고 있었다.

미 제8군사령부 수송부는 대구에 있는 모든 열차를 왜관으로 보내고 다른 수송은 모두 취소하였다.

미 제25사단은 왜관에서 마지막 승차와 적재가 끝난 것이 2일 07시였고, 2일 09시 15분부터 3일 19시 30분까지 마산역에 도착하였다.

미 제25사단은 36시간 동안에 240km를 이동한 기록을 세웠다.

워커 중장은 "유사 이래 초유의 이 기동이 부산을 구했다."고 자주 자랑을 했다고 한다.주)

일본 육전사연구보급회 「한국전쟁」 [2] p60

미 제25사단장 킨 소장은 3일부터 남강 남안에 주둔하고 있는 모든 부대를 통합지휘하기 시작했다.

미 제25사단 기동은 최대의 이동작전이다. 상주에서 왜관에 이르는 도로와 왜관에서 마산에 이르는 철도는 3일간 차량과 열차로 이어졌을 것이고, 그 혼잡과 번거로움은 상상하고도 남음이 있을 줄 안다.

미 제25사단 제27연대는 이보다 앞선 30일 미 제24사단에 배속되어 진주로 이동했다. 1개 연대가 미리 이동한 것이 큰 짐을 덜어주었다.

미 제27연대 이동도 대장정이었다. 7월 21일 안동을 출발하여 상주~김천을 거쳐 황간까지 1주야에 장장 180km를 강행군했다. 지쳐서 전투력을 거의 상실한 연대는 황간에서 29일 새벽에 김천으로 철수했고, 다시 왜관으로 이동하였다가 30일 진주로 이동하는 강행군을 계속했다.

미 제25사단 기동은 사실 제2차 세계대전 중에도 보지 못한 전사상(戰史上) 초유의 가장 빠른 기동으로 평가되고 북한군의 허를 완전히 찌른 작전으로 기록되었다.

기동이 성공한 이면에는 UN공군과 한국 경찰 그리고 경비대대의 헌신적 노력이 있었다. 그 결과 끊임없이 철도파괴를 노리는 북한군 게릴라의 기도를 저지하고 철도수송을 성공적으로 마칠 수 있게 하였다.

이 성공적인 기동이 마침내 북한군으로 하여금
'승리의 기회를 상실케 했다.' 고 평가하였다.

미 제25사단 이동 병력과 중장비의 규모 추정

병력	약 1만 1,000명*			
중장비	105mm곡사포	36문(6개 포대)	155mm곡사포	12문(2개 포대)
	중(中)전차	21대(1개 중대)	자주고사포	12문(?)
	4.2인치 박격포	24문(연대당 12문)	차 량	약 4,000대*

※ 자료 : 사단 편제에서 30% 감소 편제를 감안하여 계산하였다. ▶ 제8권 「미군 사단편제표」 참조

* 8월 4일 현재 낙동강전선에 전개한 미 제25사단 병력 16,928명에 배속된 미 제5연대전투단 3,793명과 미리 이동한 제27연대 2,300명(다부동 전투에 참가한 병력)을 차감하였고, 차량은 미 제24사단이 한국에 도착할 때 보유한 대수를 기준으로 하고 먼저 이동한 제27연대분으로 1,000대(추정)를 차감했다.

미 제25사단 이동에 대한 시간 계산의 문제점

인용문헌은 미 제25사단은 36시간 동안에 240km를 이동한 기록을 세웠다고 기술했다. 첫 번째 열차 도착시각 2일 09시 15분부터 마지막 열차 도착시각 3일 19시 30분간의 시차 34시간 15분을 기동시간으로 본 것 같다.

여기에 첫 번째 열차 출발시간을 가산해야 한다.

열차 기동 시간은 38시간이 된다.

마지막 승차와 적재가 끝난 후에 첫 번째 열차가 출발한 것으로 본 것 같다. 첫 번째 열차 도착시각이 2일 09시 15분이니까 기동시간은 2시간 15분이다. 시속 약 100km(거리 약 200km)이므로 적정하다.

제25사단은 1일 저녁(19시로 계산)에 삼랑진으로 이동하라는 명령을 받고 기동했다. 그리고 3일 19시 30분에 마지막 열차가 마산역에 도착했다. 육로와 철도로 이동한 시간은 48시간 30분이 된다.

인용문헌은 상주에서 왜관까지 도보로 이동했다고 기술했다. 차량이동이 옳을 것이다. 미군 사단은 전 병력을 수송할 수 있는 기동력을 보유하고 있다. 상주에서 왜관까지 육로거리는 70km다. 무더운 날씨에 중무장한 부대가 70km를 도보로 이동하였다고는 보기 어렵다. 도보로 이동할 경우 시속 4km로 행군하면 18시간이 걸린다. 단독 무장으로 강행군을 해야 가능하다.

선두 도착시각은 2일 13시가 된다.

미 제25사단 이동병력은 1만 1,000명이다.(앞 표 참조) 개인간 거리 2m를 유지할 경우 행군 대열은 22km다. 선두와 후미의 시차는 5시간 30분이 되므로 마지막 도착시각은 2일 18시 30분이다. 산술적인 계산이다.

승차와 적재가 끝난 2일 07시보다 9시간 30분이 늦다.

차량으로 이동할 경우 시속 40km로 주행할 때 70km는 약 1시간 40분이 소요된다. 비포장도로에 트럭 한대가 겨우 지나갈 수 있는 도로사정과 중장비와 전차, 포차 등을 고려하면 2시간은 잡아야 한다.

보유 차량을 4,000대(앞 표 참조)로 보고 차간 거리 40m(차체 길이 포함)를 유지할 경우 차량행렬은 160km다. 70km(1,750대) 도로를 두 번 메우고(140km-3,500대)도 20km(차량 500대)가 남는다. 선두차량은 2시간 후에 도착하고 두 번째

1,750대의 선두차량은 그로부터 2시간 후에, 마지막 500대의 선두는 또 2시간 후에, 마지막 차량은 그 40분 후에 도착한다. 차량이동에 소요되는 시간은 6시간 40분이다.

2일 01시 40분에 마지막 차량이 도착한다. 산술적인 계산이다.

이렇게 볼 경우 5시간 동안에 승차와 적재를 완료할 수 있을까? 수송할 열차가 대기하고 있는 상태에서는 가능할 것이다.

문제는 승차와 적재가 끝난 후에 첫 열차가 출발했는가 하는 것이다.

11,000명을 열차로 이동할 경우 객차(당시 정원 88명) 12량을 연결한 열차 10개가 필요하다. 왜관역은 그때나 지금이나 승강장(platform)이 3개이다. 동시에 3개 열차밖에 승차할 수가 없다. 상행선은 후속차량의 진입 때문에 이용할 수가 없고 또 왜관역에서는 열차의 포화상태로 입환(入換-선로를 바꾸는 것)을 할 수가 없어 북쪽 약목역에서 회차해야 한다. 결국 나머지 열차는 왜관과 약목 사이의 선로에서 대기해야 한다.

차량이 4,000대다. 화차 1량에 트럭 2대를 실을 수 있다. 화차 2,000량이 필요하고 50량을 연결할 때 화물열차가 40개다. 이 역시 북쪽선로에서 기다려야 한다. 대기열차가 약목역까지 뻗쳤을 것이다.

포병 3개 대대에 48문의 포가 있다. 화차 1량에 포 1문을 싣는다. 또 다른 1개 화물열차가 필요하다. 전차 기타 중장비가 또 1개 열차.

50개가 넘는 열차가 동시에 사람이 타고 물건을 싣고 하는 것이 불가능하므로 결국 승차와 적재가 끝나는 대로 순차적으로 출발하였다고 봐야 하고, 첫 번째 열차의 출발시간도 훨씬 앞당겨져야 한다.

첫 번째 열차의 도착과 마지막 열차의 도착 시차가 34시간 30분이 생긴 것은 그 때문일 것이다. 출발시각도 그 만큼의 시차가 있었다고 봐야 하므로 마지막 열차 출발시각은 3일 17시 30분이 된다.

승차 완료하고 34시간을 왜관역에서 기다리지는 않았을 것이다.

차량이 육로로 이동할 경우 대구~마산간 5번국도를 이용해야 하는데 미 제24사단과 제1기병사단이 전개하고 있어 2개사단 만으로도 포화상태가 되어 불가능하고 대구~부산 간 국도는 미 제8군의 유일한 후방통로가 되어 이용할 수가 없다. 열차이동이 유일한 방법이다.

거리 계산에도 착오가 있다.

왜관~마산 철도거리는 131km, 상주~왜관 육로거리는 67km다. 합계 198km사 되므로 이동거리 240km는 더 길게 계산되어 있다.

주요 부대의 전선 기동 상황

낙동강 방어선을 형성하면서 좁은 땅덩어리에서 전사에 유례를 찾아볼 수 없을 정도로 대규모 부대가 상상을 초월할 만큼 빈번하게 전선에서 전선으로 장거리 이동을 하여 전사가들을 놀라게 했다.

연대급 이상 부대 기동 상황
(기동 거리 100km 이상)

날짜	부대	이름	이동 구간	거리	수단	소요시간
7. 21.	미25사단	27연대	안동-황간	180km	차량	24시간
7. 24.	미24사단	19연대	김천-진주	150km	차량	12시간
7. 24.		21연대	김천-영덕	210km	차량	27시간
7. 26.		34연대	군위-거창	168km	차량	24시간
7. 26.	미24사단	사령부	김천-합천	120km	차량	24시간
7. 29.		21연대	영덕-합천	200km	차량·철도	12시간
7. 29.	국군	17연대	포항-합천	155km	차량·철도	12시간
7. 30.	미25사단	27연대	황간-마산	248km	차량	24시간
8. 1.	미25사단	(-27연대)	상주-마산	240km	차량·철도	36시간
8. 30.	미25사단	27연대	다부동-마산	150km	차량·철도	24시간

※ 자료 : 전쟁기념사업회『한국전쟁사』제3권 (p502, 503)
미 제27연대는 연대 전투기록에 따랐다.
제1절 3.「미 제25사단 장정」, 제4장 제5절「2. 김천부근 지연전」, 제9장 제4절「4. 주전장 다부동」참조

병력 전개

낙동강 방어선은 8월 1일부터 4일까지 형성됐고 북부전선 동해안에서부터 서부전선 남해안까지 서남 방향으로 다음과 같이 부대를 배치했다.

낙동강 방어선에 전개된 피아의 부대와 병력
(8월 4일 현재)

	아군부대	부대장	병력(명)	적군부대	부대장	병력(명)
영덕, 강구 방면 16km구간	제3사단	김석원 준장	6,469	제5사단	마상철 소장	약 7,500
청송~구미리 24km구간	수도사단	백인엽 대령	5,778	제12사단	최충국 소장	약 6,000
구미리~상하리 20km구간	제8사단	최덕신 대령	8,154	제8사단	오백룡 소장	약 8,000
상하리~낙정리 26km구간	제6사단	김종오 준장	6,570	제1사단 제13사단	홍 림 소장 제21연대	약 5,000 (3,000)
낙정리~왜관 42km구간	제1사단	백선엽 준장	7,660	제13사단 제15사단 제3사단 제105기갑사단 전차	최용진 소장 박성철 소장 이영호 소장 류경수 소장	약 13,000 약 6,000 약 6,000 약 4,000 약 40대
왜관~현풍 35km구간	미 제1기병사단	게이 소장	10,276	제3사단 제10사단	이영호 소장 이방남 소장	약 (1,000) 약 11,000
현풍~남지 40km구간	미 제24사단 제17연대	처치 소장 김희준 대령	9,685 1,762	제4사단	이권무 소장	약 7,000
남지~진동리 37km구간	미 제25사단 제5연대 국군 민 부대 국군 해병대	킨 소장 오드웨이 대령 민기식 대령 김성은 중령	16,928 (3,793)	제6사단 제206기계화보병연대 제105기갑사단	방호산 소장 전 차	약 7,500 (1,500) 약 25대
전선배치병력계			73,282명			약 81,000명
예비 전력(다음 참조)						약 29,500명
전투 병력		합계	73,282명			약 110,500명

┃ 북한군의 예비전력

제2사단 최현 소장   병력 약 7,500명

        춘천, 진천 전투에서 궤멸적인 타격을 받고 김천에서 재편성

        8월 30일 창녕 대안에 진출

제7사단 이익성(李益成) 소장   병력 약 1만 1,000명

        38경비 제7여단이 승격한 사단. 대전에서 편성

        8월 1일 대전 출발, 전주-남원-함양을 거쳐 8월 15일 진주에 진출

제9사단 박효삼(朴孝三) 소장   병력 약 1만 1,000명

        38경비 제3연단이 승격한 사단. 후방지역에서 편성

        8월 25일 낙동강돌출부 서안에 진출

자료 : 제8권 「낙동강 방어선에 전개된 피아 전력(8월 4일 현재)」 참조

피·아군의 전력 균형

낙동강 방어선이 형성되면서 전투지경선(戰鬪地境線)이 확실해졌다. 이와 함께 북한군도 왜관 이동을 제2군단 6개 사단이 맡고, 왜관 이남 미군 전선은 제1군단 4개 사단이 맡는 형상을 만들었다.

전선에 투입된 병력은 수적인 면에서 여전히 북한군이 우위를 차지하였고, 미군의 각종 포와 전차가 들어와서 장비와 화력면에서는 대등한 상태까지 이르렀으며 제공권은 완전히 아군이 장악하고 있었다.

UN군총사령부는 개전 이래 북한군 손실을 3만 1,000명 정도로 보았고, 의용군 등으로 보충된 것을 감안하여 전선에 전개된 북한군 지상병력을 10만 명은 훨씬 넘는 것으로 판단하였고, 장비면에서도 실제보다 더 많이 보유하고 있을 것으로 판단하고 있었다.

이때 낙동강 방어선에 배치된 북한군 병력은 약 8만 5,000명이었으므로

UN총사령부 판단이 많이 부풀려졌음을 알 수 있다.

　장비는 개전 초에 북한군이 보유한 수의 1/3 수준으로 감소된 것으로 확인했다. 실지로 8월 5일 낙동강 서안에 도착한 적 제4사단이 가지고 있는 야포가 12문(개전 초 제3, 제4사단 보유 야포 96문)에 불과하였고, 제105기갑사단은 개전 초에 전차를 150대 가졌으나 40대밖에 남지 않은 것이 이를 증명한다.

　낙동강 방어선이 형성된 시점까지 북한군 병력 손실은 약 5만 8,000명으로 확인했다. 그러나 미 육군부 발표는 약 3만 7,500명으로, 맥아더사령부는 약 3만 1,000명으로 추산하였는데 이는 미군측이 국군의 전투 능력과 전과를 믿지 않으려는 데서 기인한 것이며, 이 2만 명 이상의 손실 병력차이가 미군이 북한군을 과대평가하게 한 원인으로 작용한 것 같다.

　북한군은 8월 4일 현재 10개 사단(약 8만 5,000명)을 전선에 전개하고, 일선 사단을 후속하여 8월 중에 전선에 합류한 사단이 3개 사단으로 그 병력 규모는 약 2만 9,500명에 이른다. 이 후속 병력을 8월 4일 현재 전선에 배치된 병력과 합하면 약 11만 4,500명이 되어 총 전투병력은 이때까지도 북한군이 절대 우위를 확보하고 있었다.

　북한군은 6·25남침 당시 38선에 전개된 7개 보병사단과 1개 기갑여단 그리고 3개 38경비여단을 합한 총 병력 11만 1,000명이었는데 이를 완전히 채웠다. 5만 8,000명의 손실을 보충할 정도로 북쪽에 남아있는 어린 아이까지 모조리 쓸어 왔고, 남침 후 인민의용군이라는 이름으로 남쪽의 청소년을 무자비하게 끌고 간 증거이다.

　제7, 제9, 제10사단은 새로 편성한 사단으로 대부분 신병이거나 남침 후 소위 의용군을 모집하여 숫자만 채운 사단에 불과한데다가 훈련도 제대로 안 되어 얼마만큼의 전투력을 가졌는지는 의문이 있고, 낙동강 방어선 형성 시점에서 제10사단이 대전에서 무주로 이동 중에 있다는 것과 제7, 제9사단은 편성 중이라는 정보만 가지고 있었을 뿐이었다.

미군 손실은 전사 1,884명, 전상 2,695명, 실종 523명, 포로 901명, 계 6,003명이고, 국군 손실은 약 7만 명이었다.주) 일본 육전사연구보급회 『한국전쟁』 [2] p82
국군의 손실은 대부분 한강 이북에서 입은 손실이다.

8월 4일 현재 한국전에 투입된 미 지상군 병력 현황은 다음과 같다.

제8군 사령부	제1 기병사단	제2사단 제9연대	제24사단	제25사단	부산기지 사령부	제1 해병여단	합계
2,933	10,276	4,922	9,685 (14,540)*	16,928 (12,073)*	5,171	4,713	54,628

자료 : 일본 육전사연구보급회 『한국전쟁』 [2] p82 (　)안은 국방부 『한국전쟁사』 제2권 p784

* 제5연대전투단(3,793명)과 제89전차대대(1,062명) 병력을, 자료문헌은 미 제25사단에, 국방부 『한국전쟁사』는 미 제24사단에 포함시켰다. 제5연대전투단은 초기에 미 제24사단에 배속되었다가 낙동강 방어선이 형성되면서 미 제25사단으로 옮겼고, 제89전차대대는 A중대가 미 제5연대전투단에 배속되어 함께 미 제24사단에 배속되었다가 미 제25사단으로 옮겼고, 주력은 처음부터 미 제25사단에 배속되었다.
위 표는 미 제5연대전투단과 제89전차대대 병력을 미 제25사단에 포함했다.
자료 문헌은 합계를 55.080으로 기록하였다.

미 지상군 병력은 한국에 도착해 있는(전투에 참가한 부대는 전투 손실을 뺀) 병력으로 이 가운데 전투 병력은 4만 6,524명(8군사령부, 부산기지사령부 제외)이었고 8월 4일 현재 낙동강전선에 전개한 병력은 3만 6,889명이었다.

제2사단 제9연대(4,922명)와 제1해병여단(4,713명)은 8월 4일 현재 낙동강 방어선에는 투입되지 않았다.

적이 승리할 수 있는 기회는 사라졌다

UN군총사령관 맥아더 원수는 7월 하순에 다음과 같은 보고서를 미 합동참모본부에 제출했다.㈜

국방부 『한국전쟁사』 제2권 p765

"한국에서 미 제8군의 전투 전개는 완료되었으며 전쟁 초기 단계는 이미 끝났다. 이와 더불어 적이 승리할 수 있는 기회는 사라졌다. 적이 승리할 수 있는 기회는 전적으로 그 기동 속도에 따라서 좌우된다. 적으로서는 한강을 넘어선 이상 그 기동 속도에 의하여 전 한국을 석권할 수가 있었던 것이다. 적은 병력과 장비면에서 압도적인 우세에 의하여 한때는 한국군의 저항을 물리쳤다.

그러나 연합군 지상부대들이 축차적인 지연 행동에서 보여준 기술과 용감성은 공중과 해상에서 제공되는 완전무결한 협동과 지원을 받게 됨으로써 적에게 저들이 원하지 않는 전투전개를 강요하고 많은 출혈을 필요로 하는 전면공격을 감행하지 않을 수 없게 만들었다.

적의 병참지원활동은 혼란에 빠지고 따라서 그 전진은 지연되었다. 우리는 군사기지 확보에 소요되는 충분한 시간을 얻을 수 있게 되었다.

이제는 전쟁은 우리가 결정하는 방법 여하에 따라서 진행되도록 되었다.

피아의 전투력은 우열의 차가 비록 심하였으나 우리의 병력 손실은 비교적 경미한 편이었다. 아군 병력은 계속적으로 증가되는 반면에 적 병력은 감소 일로를 거듭하게 될 것이다. 적의 병참선은 불안전하다.

적은 승리할 수 있는 기회를 가졌으나 이것을 이용하는데 실패하였다.

우리는 이제 힘에 의존하면서 한국에 머물고 있으며 신의 가호를 받아서 이 신생공화국의 헌법상의 권위가 회복될 때까지 머물러 있게 될 것이다."

북한군은 압도적으로 우세한 장비와 병력을 가지고 아무런 준비가 없는 우리에게 승리할 수 있는 절호의 기회를 가졌었으나 다음과 같은 원인으로 그 기회를 놓치고 말았다.

첫째, 북한군은 서울을 점령한 후 승리감에 도취하여 3일이라는 귀중한 시간을 서울에서 허비했다. 그 결과 국군에게는 한강선에서 저항할 수 있는 시간을 벌어 주었고, 미국에게는 한국을 지원하는데 필요한 시간 여유를 만들어 주었다.

둘째, 북한군은 주공 방면에 전력을 집중 투입하지 아니하고 여러 방면에서 동시에 같은 힘으로 우리 전 전선을 압박하여 전력을 분산했다.

만약에 북한군이 동해안 통로에 공격력을 집중하여 기동 속도를 가속했다면 보다 쉽게 포항을 점령할 수 있었고, 부산을 점령하는 것도 그들의 계획대로 순조롭게 이루어졌을 수 있다.

다른 하나는 저들 최정예사단인 제4사단과 제6사단을 경부축선에 집중 투입하였다면 낙동강 방어선이 형성되기 전에 대구로 진격할 수 있었을 것이다. 이 두 사단을 호남 방면으로 우회시킴으로써 전력을 분산하고 시간을 낭비하는 과오를 범했다.

또 적 제6사단이 목포와 여수에서 군수물자를 조달하느라고 2일간을 허비했다. 그대로 기동 속도를 유지하고 마산을 공격했다면 역시 낙동강 방어선 형성 전에 마산을 점령하고 부산을 위협할 수 있었을 것이다.

적 2개 사단이 호남 방면으로 우회하게 한 것은 우리 군 수뇌부의 전략이 한 몫을 했다. 군 수뇌부는 북한군 전력이 경부축선으로 집중되는 것을 막기 위하여 호남지구에 서해안지구전투사령부를 설치하고, 명목뿐인 제5사단과 제7사단을 창설하여 허세의 부대를 존치함으로써 적으로 하여금 호남 쪽을 경시할 수 없게 만들어 적 주력사단을 유도하였다.

셋째, 북한군은 항공력이 없고 전투력은 오직 지상군에 의존하였기 때문에 제공권을 장악한 UN공군에 의하여 부대기동이 제약을 받았고, 병참선이 집중공격을 받아 병참보급이 마비됐다.

넷째, 미국과 UN의 신속한 대응이다. 6월 26일 미군 전투부대 파견과 함께 '국군 지원을 위해서 해·공군을 사용하라.'는 트루먼 대통령의 지시가 있었고, 6월 30일 미 해군에 의한 북한해안봉쇄조치가 허용되었다. 당초 북한은 병참선이 길어질 경우에 대비하여 해상수송계획을 세웠으나 미 해군이 해상을 봉쇄하여 불가능하게 되자 취약한 육로수송에 의존할 수밖에 없었고, UN군의 제공권 장악으로 이마저 타격을 입어 병참수송이 마비 상태에 빠지고 말았다.

또 미 지상군 선발대가 7월 1일 한국에 도착하여 5일 전선에 투입된 것을 비롯하여 7월 4일까지 1개 사단이 한국에 도착할 정도로 신속한 파병이 결정적인 계기를 마련하였다.

미국의 이와 같은 신속한 대응을 북한군은 저들 작전계획에서 고려하지 않았던 것이다.

김일성은 멍청했다

"미제 침략자들이 제 놈들의 본토에서 대병력을 끌어오자면 배에 태워 바다로 수송하며 조선에 도착하여 인원과 무기를 부리고 부대들을 전투에 투입시키기까지 약 한 달 내지 한 달 반의 시일이 요구되었다. 김일성 원수께서 내놓으신 전략적 방침은 미제 침략자들이 제 놈의 본토에서 대병력을 끌어오기 전에 일본에 있는 4개 사단을 끌어들인다 하여도 높은 기동력과 연속적인 타격을 가한다면 능히 적들을 격멸 소탕할 수 있다는 것을 과학적으로 타산하신 데 기초하여 세워진 것으로서 미제 침략군의 탱크, 포 및 기타 최신무기로 증강된 보병사단들을 미국 본토로부터 끌어들이기 전에 높은 기동력과 연속적인 타격으로써 적의 기본집단을 격멸 소탕하고 남반부를 해방한 다음에 삼면이 바다로 둘러싸인 우리나라의 해안에 병력을 기동성 있게 배치함으로써 미제 침략군의 상륙을 모조리 물리치고 전쟁의 종국적인 승리를 이룩할 수 있게 하는 유일하게 정당한 전략적 방침이었다."

김일성은 '미국은 개입하지 않을 것'이라고 판단하였고, 개입하더라도 그 이전에 전쟁을 끝낼 수 있을 것이라고 판단하고 전쟁을 일으켰다. 이것은 미국이 참전했기 때문에 결과적으로 드러난 오판이 아니라 출발부터 일체의 정치적 수단이 차단된 속에서 시작된 원천적 오판이었다.

김일성은 전쟁이 끝났을 때 이러한 그의 생각을 인민군들 앞에서 숨기지 않고 피력했다.

"지난 전쟁 시기에 만약에 미제와 그 추종국가 군대가 아니라 리승만 괴뢰군만을 상대하여 싸웠다면 우리는 벌써 그를 소멸하고 조국의 통일을 이룩하였을 것입니다."

그는 또 1950년 7월 27일 기자회견에서

'외국의 무장간섭이 없었다면 조선에서의 전쟁은 벌써 종식되었을 것'

이라고 말하였다.

결국 김일성은 '미국은 개입하지 않을 것'이라고 판단했고, 개입하더라도 미 본토에서 한반도에 개입하는 데까지 들어가는 1개월 반이라는 시간을 고려하여 전쟁을 시작하였다.

그러나 미국은 6·25남침이 시작하자마자 긴박하게 대응하였다.

미국과 UN은 전쟁이 일어난 지 닷새 만에 한국에 대한 원조의 제공과 참전 의사를 공개적으로 발표하였고, 6월 29일 해질 무렵에 B-26경폭격기 18대가 평양비행장을 폭격하여 지상과 공중에서 26대의 전투기를 파괴하였으며, 7월 1일에는 미 지상군이 부산에 상륙하였다.

북한자료에 따르면 6월 29일 미군 폭격기 27대가 평양에 내습하여 폭격과 소사를 하였다. 미군폭격기가 수도평양을 대규모로 공격하였다는 것은 이제 한국전쟁에 미국의 전면 개입은 피할 수 없는 사태가 되었다는 점을 분명하게 보여주는 것이다.

7월 1일 북한은 미국 참전을 격렬하게 비난하는 외무상 박헌영의 성명이 발표되었다.

"미 제국주의자들의 지시에 의하여 우리나라에서 동족상쟁을 폭발시킨 남조선 괴뢰도당…… 리승만 정부는 자기의 미국상전의 지시에 의하여 6월 25일 조선에서 동족상쟁의 내란을 도발하였다. 미 제국주의자들은 이 전쟁을 도발하면서 무력간섭의 방법으로 조선민주주의인민공화국을 궤멸시키고 전 조선을 자기수중에 틀어쥐려고 계획한 것이다. 조선에서의 동족상쟁의 내란은 또한…… 동방 인민들의 민족해방운동을 질식시키기 위하여 미 제국주의자들에게 필요한 것이었다."

김일성은 그의 입장에서 전쟁의 명분으로 내세운 '전쟁발발의 주체'를

'이승만과 그의 군대'

로 규정하였다. 그러나 미국이 개입한 7월 1일 이후

'미 제국주의자들의 도발',

'만고역적 리승만 도당이 우리조국을 식민지화하려는 미 제국주의자들의 조종 하에서 도발한 모험적 전쟁',

'리승만 괴뢰정부는 미국 상전의 지시에 의하여 6월 25일 조선에서 동족상잔의 내란을 도발하였다.'

는 표현으로 침략 주체를 미 제국주의자들로 바꾸었고, 그 후 지금까지 주장해 오는 저들의 공식입장이면서 상투적인 표현이다.

인용문헌 : 박명림 『한국 1950 전쟁과 평화』 p107~110

김일성은 남침 명분으로

"38선에서 국군이 북침을 했기 때문에 반공격전을 전재했다."

고 평양방송을 통하여 제일성을 토했었다.

실지로 미국이 개입하지 않았으면 더 말이 필요 없고, 만약에 개입하되 1개월 반이라는 시간을 소요했다면 어떻게 되었을까? 관심거리다.

미군의 참전은 빨랐다.

7월 1일 미 지상군 제1진이 부산에 도착한 것을 비롯하여

미 제24사단이 7월 8일까지 전 사단이 전선에 전개했고,

미 제25사단은 7월 15일까지 전 사단이 한국에 도착했으며,

미 제1기병사단은 7월 22일까지 전 사단이 전선에 투입되었다.

미 제29연대도 7월 23일 미 제24사단에 배속되어 전선에 투입되었다.

김일성이 예상한 것보다 최소한 한 달 빨리 미군 완전편성 3개 사단 규모가 참전한 것이다. 뿐만 아니라 미 해·공군에 의한 해상봉쇄와 제공권 장악 그리고 공중공격은 지상군 참전 이상의 효과를 가져왔다.

그런데도 저들은 한 달여 만에 낙동강까지 밀고 왔다. 미군 부원이 없었다면 그 한 달에 부산을 점령하는 것은 그리 어렵지 않았을 것이다.

김일성의 한국 침공은 55일 작전이다. 8월 15일까지 부산을 해방하고 부산에서 8·15경축행사를 갖는 것. 미군이 오지 않았으면 그가 구상한 대로, 아니면 더 빨리 그가 말하는 남조선 해방은 가능했을 것이다.

김일성은 미국과 UN이 손발 묶어 놓고 구경만 하고 있을 것이라고 생각하고 제 입맛대로 되기를 바라며 전쟁을 시작했다. 그러한 그의 원천적인 오판이 그를 파멸로 이끌었다. 그는 멍청했다. 아주 멍청했다.

제2절 전투력 증강

1. UN군 증원

미 지상군 증원

7월 중에 참전한 미 제24, 제25, 제1기병 등 3개 사단 이후에 한국에 도착한 증원부대는 다음과 같다.

▍7월 31일

제5연대전투단

3개 대대로 완전 편성된 연대전투단이다. 제89전차대대 A중대와 제555야전포병대대 배속. 전차중대는 M-26 퍼싱 중형(中型)전차 14대*를 보유하였다. 하와이에서 7월 23일 출발하였고, 도착 후 제24사단에 배속되었다가 낙동강 방어선이 편성되면서 제25사단에 배속되었다.

일본인 2세가 가장 많고, 제2차대전 중 이탈리아 전선에서 공훈을 세운 제442부대와 제100대대전투단에서 싸운 고참병이 포함되어 있다. 평소에 보·전·포·공병이 협동훈련을 계속해 왔기 때문에 병과(兵科) 간에 단결심이 강한 정예부대다.

> * 국방부 『한국전쟁사』 제3권은 M-4A-3 셔먼전차 13대(p29), M-26 퍼싱 중형전차(p316). 일본 육전사연구보급회 『한국전쟁』 ②는 M-26 퍼싱 중형전차(p81)로 기술.

제2사단사령부와 제9연대

제9연대는 3개 대대로 완전 편성된 연대전투단이다. 제15야전포병대대(105mm)가 배속되어 있다. 미국 타코마에서 7월 17일 출발하였고, 대구 남쪽 경산에서 예비대로 있었다. 사단사령부도 함께 왔다.

제9연대는 미 육군 중 가장 역사가 깊은 연대의 하나이고, 1900년에 북청사변에 참가하였기 때문에 '만주부대' 라는 별명이 붙었다.

8월 2일

미 임시 제1해병여단

여단사령부와 제5해병연대, 제1해병항공단 산하의 제33해병항공대, 1개 경포병대대와 전차중대, 4.2인치 박격포중대, 공병대와 상륙지원조, 수송, 의무, 통신, 병기, 헌병 등으로 구성되어 있고, 정찰기 8대와 시콜스키 헬리콥터 4대를 보유한 강력한 전투여단이다.

제5해병연대는 3개 보병대대로 편성되었고, 1개 대대는 2개 소총중대로 편성되었으며, 해병항공대는 2개 전투기대대와 1개 야간전투기대대로 편성되었다.

7월 7일 미국 캘리포니아 펜들턴기지에서 편성하고 7월 14일 샌디에이고에서 출발하여 8월 2일[주]* 부산에 도착했다.   일본 육전사연구보급회 『한국전쟁』 ② p81

도착한 지상 병력은 4,713명이었고, 이와는 따로 항공대 소속 인원이 1,350명이 있다.[주]   전쟁기념사업회 『한국전쟁사』 제4권 p35

부산에 도착한 미 제5해병연대

마산에서 예비대로 있다가 8월 6일 함안 전선에 투입됐다.

* 국방부 『한국전쟁사』 제3권(p29)은 8월 3일 도착으로 기술

8월 3일

제89전차대대 주력

M-4A-3전차 50대 보유. 이 전차는 태평양 지역에 배치되어 있는 M-4A-1 전차를 회수하여 일본에서 75mm포를 76mm로 개조하고 이름을 M-4A-3로 바꾼 중형(中型) 전차다. 요코하마에서 출발하였고, 한국 도착 후 제25사단에 편입되었다.

원래 부대 이름인 제8072전차대대를 한국 도착 후에 바꾸었다.

8월 5일

제2사단 제23연대

3개 대대로 완전편성된 연대전투단이다. 미국 다코마에서 7월 22일 출발. 경산에서 예비대로 있다가 8월 16일 현풍지구전선에 투입되었다.

8월 7일

제6전차대대

전차학교 교도대대로 편성. M-46 패턴전차(重型)를 보유. 샌프란시스코에서 7월 23일 출발. 군 예비로 있다가 제24사단에 배속되었다.

제70전차대대

보병학교 교도대대로 편성되었고, M-4셔먼전차(中型)*와 M-26퍼싱전차로 장비하였으며 7월 23일 샌프란시스코에서 출발하였다. 군 예비로 있다가 8월 12일 제1기병사단에 배속되었다.

> * 국방부 『한국전쟁사』 제3권은 M-4셔밀전차(p29), M-4A-3셔먼전차(p316)로 기술. 셔밀은 셔먼의 오식으로 보인다.

제73전차대대

제1기병사단이 편성한 전차부대다. M-26퍼싱전차로 장비하였다. 7월 23일 샌프란시스코에서 출발하였고. 경주 및 대구 북방 전투지원과 병참선 엄호임무를 띠었다.

8월 16일

제72전차대대
제2사단이 편성한 부대. M-26퍼싱전차로 장비.

8월 19일

제2사단 제38연대   8월 24일 도착하여 사단 주력과 합류.

자료 : 국방부 『한국전쟁사』 제3권 p29, 일본 육전사연구보급회 『한국전쟁』 [2] p81, 82

낙동강방어전에 참가한 전차

낙동강방어 전투 기간 중에 증원된 전차 부대는 5개 전차대대다.

제6전차대대는 M-46(重型) 패튼(Patton) 전차를 보유하였고, 나머지 4개 대대는 M-26 퍼싱(Pershing) 전차와 M-4A-3 셔먼(Sherman) 전차(이상 中型)를 골고루 가지고 있었다. (국방부 『한국전쟁사』 제3권 p316)

같은 문헌은 M-4를 M-4A-3과 같은 형으로 기술하였다. 뒤의 형은 일본에서 M-4A-1을 개조한 것이고, 앞의 것은 미국에서 직접 수송해 온 것인데 같은 형인지 의문이 간다.

대대가 보유한 전차는 평균 69대다. TE는 중대당 20대, 대대는 80대다.

이 외에 4개 연대가 수색정찰용으로 전차소대를 보유하였다. 총 30대다.

이보다 앞선 1950년 7월 4일 미 제24사단에 소속한 M-24경전차 1개 소대(5대)가 도착하여 천안 전투에 투입되었고, 그 다음 1950년 7월 19일 M-26퍼싱전차 3대가 진주에 있는 미 제19연대를 지원하기 위하여 도착했다. 이 전차는 도쿄의 군수창고에 있는 것을 긴급 수리하면서 일제 고품(古品) 팬벨트(Fan belt)를 사용한 까닭에 엔진과열이 잦아서 장거리 주행이 불가능하여 포 구실밖에는 못하였다. 앉은뱅이 포탑이라고 했다.(제5장 제5절 8.「앉은뱅이 포탑 M-26전차」 참조)

UN군 참전

7월 31일까지 미 지상군 외에 UN군 참전 현황은 다음과 같다.

미국 6월 27일, 미 제7함대 출동, 미 극동공군 제5공군 출격.

호주 7월 2일, 호주 수상은 6월 30일 공군 제공을 성명하고 이날 F-51 전투기 출격. 1개 사단의 지상군을 파견할 뜻을 명백히 했다.

7월 7일, 6월 28일 일본 해역에 있는 호주 해군을 미 해군 지휘하에 둘 것을 제의하고 이날 한국에 도착했다.

영국 7월 7일, 애틀리 수상이 6월 28일 일본 해역에 있는 영국 해군을 미 해군 지휘하에 둘 것을 성명(聲明). 홍콩에 기지를 둔 극동함대(항공모함 1척, 순양함 2척, 구축함 2척, 후리케이트 3척) 이날 한국 해역에 도착.

7월 26일, 항공모함 2척과 비행정 파견 결정.

지상군 1개 여단(3,500~4,000명) 파견 발표.

화란(和蘭-네덜란드)

7월 15일, 후리케이트함을 미 해군 지휘하에 두기 위하여 7월 3일 오클랜드 항을 출발하여 이날 한국에 도착.

뉴질랜드 7월 26일, 브란트 수상 지상군(포병) 파견 언명.

7월 19일, 후리케이트 2척 파견.

7월 28일, 수송함대 파견.

캐나다 7월 30일, 의용군 모집 개시.

프랑스 7월 29일, 스루뿌함 1척 파견.

지상부대 파견 능력 없음을 성명.

자료 : 국방부 『한국전쟁사』 제2권 p465

워커 장군은 낙동강 방어선을 편성하면서 3가지에 중점을 두었다.

하나는 그동안 전투병력 부족으로 예비대를 두지 못하여 융통성 있게 전선을 조정할 수 없었던 어려움을 감안하여 앞으로의 전투에서는 꼭 필요한 예비대를 확보해야겠다는 결심을 굳히고 경부선상 중심지인 경산과 밀양에 최소한도의 예비대를 주둔시키기로 결정한 후 7월 31일 도착한 미 제2사단 제9연대를 경산에, 8월 5일 도착예정인 동 제23연대를 밀양에 주둔시켰다.

두 번째는 대전 전투에서 막대한 손실을 입은 미 제24사단에 병력과 장비를 보충하고, 새로 투입된 미 제25사단 전투능력을 확보하는 것인데 이는 순조롭게 잘 진행되었다.

마지막으로 해체된 국군 3개 사단을 다시 편성하여 전력을 강화하는 것이었다. 이를 위하여 병력 충원이 급선무였는데 그동안 무질서한 후퇴와 긴박한 전황에 쫓기어 신병 모집과 훈련은 생각할 여유가 없었다.

2. 국군 보충

징병제도

6·25남침을 당했을 때 국군 병력은 육군 94,974명, 해군 7,715명, 공군 1,897명, 해병대 1,166명으로 총계 10만 5,752명이었고, 이 병력은 모두 지원병제에 의하여 편성된 숫자이다.

1949년 8월 6일 의무병 제도를 기초로 한 병역법(법률 제41호, 전문 8장 81조)이 제정 공포되었고, 다음해 2월 1일 병역법 시행령이 공포되었다. 이 시행령은 사단장이 사단 관할지역 안의 병원(兵員)을 징집 또는 소집하여 사단 병력을 충원하는 사단관구제(師團管區制)를 채택하였다.

병역법은 헌법이 규정한 국민개병주의에 입각하여 대한민국 남자는 병역의무를 수행하도록 하고 매년 20세가 되면 징병검사를 받도록 하였다. 이와 함께 지원병제를 병행하여 여자도 지원에 의하여 현역으로 복무할 수 있도록 하였고, 학교에 재학하는 자는 26세까지 징집을 연기할 수 있도록 하는 한편 중학생 이상은 군사 훈련을 받도록 하였다.

병역법에 의한 병무행정을 관장하기 위하여 국방부에 병무국을 두고 서울특별시와 각 도에 병사구사령부를 설치하였다.

1950년 1월 6일부터 10일간 처음으로 징병검사를 실시하였다.

이때 우리나라의 보유 병력은 10만 명이었다. 이 병력 규모는 미국과 협의한 상한선으로 더 이상 병력을 보유할 수 없었다. 의무병제 법제화에 불구하고 10만 명을 넘는 병력을 보유하기 위한 징병검사는 필요가 없었으므로 이후 징병검사가 보류되면서 군 예산절감을 이유로 1950년 3월 15일 병사구사령부를 해체하였다.주) 전쟁기념사업회 『한국전쟁사』 제3권 p514

결국 이렇게 병무행정 부재상황에서 6·25남침을 당했다.

원래 육군은 신병을 모집하고 훈련하는 것을 각 연대가 담당하였다. 각기 그 연대가 필요로 하는 병원(兵員)은 연대가 모병하여 충원하였다.

1950년 6월 10일, 병역법시행에 따라 육군 신병교육기관으로 서빙고에 있는 구 제9연대 병사에 육군신병교육대를 발족했다. 이 신병교육대는 온양에 있던 청년방위대 방위사관양성기관인 방위훈련학교가 사관양성을 마치게 되자 이를 옮겨서 설치하였고 서울지구에서 징병해당자 2,400명을 소집해 놓고 있었는데* 6·25남침을 당하자 장정들을 수원으로 이동하여 6월 28일 훈련대를 편성하고 교육 준비에 착수하였는데 다시 전선이 남하함에 따라 7월 3일 대전으로 이동하여 2주간 도수훈련을 실시하였고, 또 왜관으로 이동하여 제대로 된 교육은 물론 사격훈련도 실시하지 못한 채 8월 초에 의성에 있는 제1군단에 인계하였다.

이것이 6·25남침 이후 최초의 신병보충이다.주) 국방부 『한국전쟁사』 제3권 p308

* 의무병제 병역법에 의하여 징병검사를 받은 징병 제1기로 보인다. 이들은 6·25 개전 전에 소집된 장정이다. 6·25남침 후에 징병 제1기 해당자를 또 소집했다.(다음 황경진 증언 참조)

> 국방부 『한국전쟁사』 개정판 제2권(p702)은 8월 1일 제6사단이 용기동으로 이동하여 신병 1,250명을 보충받았고, 제8사단이 7월 30일 의성 부근에서 신병 1,200명을 모집하였다고 기술(같은 p642). 이 신병이 각각 2,400명 중의 일부로 보인다.

6·25남침 이후 신병모집에 대한 문헌의 기록은 다음과 같다.

육군본부가 발간한 『학도의용군』(p55)은 다음과 같이 기술했다.

"응급조치로 정부는 1950년 7월 중순부터 병력 동원이 가능한 지역인 전라남북도와 경상남북도에 병사구사령부*를 재설치하고 병력충원업무를 추진하였다.(p55) 그런데 호남 일대도 순식간에 적에게 유린되고 영남 지역도 적의 침공을 받게 되자 충원가능지역은 경남·북의 2개 도에도 미흡한 형편이었다. …… 정부는 1950년 7월부터 제2국민병(병역의 하나로서 만 17세부터 만 40세까지의 남자가 대상이 됨)을 소집하기로 결정하였다. …… 소집절차의 미비 등으로 가두소집이나 강제모병도 부득이 하였다."

> * 전라남북도와 경상남북도에 편성관구가 설치되어 모병 업무를 담당하고 있었다. 그때 병사구사령부는 없었다. 편성관구의 착오로 보인다.

국방부 『한국전쟁사』 제3권(p308)은 이렇게 기술했다.

"대구에 창설된 육군본부직할 육군 제1훈련소는 그 중 대표적인 신병교육기관이었다. 제1훈련소는 처음 제25연대 일부 병력으로 7월 11일 대구에서 교육연대로 발족하여 17일 경북편성관구에 예속되었다. 그 뒤 제7교육대로 개칭되었고, 다시 8월 1일 육군중앙훈련소로 개칭되었다가 14일에야 비로소 육군본부직할 육군 제1훈련소로 확정된 것이다."

이와 같은 일련의 과정으로 보면 7월 중에 신병을 많이 모집하여 훈련을 시켰을 것이 분명한데 그럼에도 불구하고 7월 11일부터 8월 14일까지 신병을 모집하고 훈련을 실시한 기록이나 증언이 없어 얼마의 인원이 어떤 방법으로 교육을 받고 사단에 보충되었는지는 알 길이 없다.

1950년 7월 초, 경상북도 지역에서는 의무병제의 병역법에 의하여 징병검사를 받은 장정을 소집하였다. 징병1기생이다.* 주) 국방부 『다부동전투』 p213

> * "이날 징병1기로 1850년 8월 25일 제8중대에 보충된 千日煥(천일환) 이병(징집1기, 1931년생, 경북 달성. 하사 제대)은 정상을 탈취한 후 ……"라고 하여 기록상으로 확인되는 징병1기 해당자다. 전입일자가 다음 황경진 증언보다 약 10일 이상 늦는데 지역에 따라 징집일이 다르거나 교육기간, 사단 배치일자 등에서 차이가 날 수 있다.

이것이 6·25 이후의 첫 공식적인 모병으로 보인다.

7월 중순에 들면서 강제모병이 이루어졌다. 경찰관과 청년방위대원(방위군이라고 불렀다)이 가두나 피난지에서 젊은 사람들을 강제로 징집했다. 모병대상은 만 18세 이상 30세까지였는데 이것은 공공연히 알려진 사실이고 체험자들의 증언이 일치한다. 근거를 확인할 길은 없다.

모병된 장정들을 어디서 어떻게 교육을 시켰는지 확인되지 않는다.

7월 중의 모병은 손실 병력을 보충하는데 급급하여 단위부대별로 또는 병과별로 모병관을 대구나 피난지에 파견하여 제각기 필요한 인원을 모병하였고, 또 훈련도 제각각 실시하여 체계적이지 못하였다.

8월 14일 육군중앙훈련소가 육군제1훈련소로 개편되고, 다음 날 구포에 제3훈련소가 설치되면서 신병교육이 체계를 갖춘 것으로 보인다.

훈련소 산하에 편성된 교육대에서 짧은 기간(10일)이지만 체계적인 교육을 받았고, 수료와 동시에 군번과 계급(이등병)을 부여하였다. 그 전에는 자체 모병뿐만 아니라 교육기관에서 교육을 받고 사단에 배치된 경우에도 배치된 후에 부대에서 군번(연대군번)과 계급을 부여하였다.

제1, 제3훈련소가 설치된 뒤에도 신편사단(제7사단)과 병과(포병, 위생병 등) 학교의 경우에는 현지모병으로 병력을 충원한 예가 있다.

❚ 징병 제1기생 징집 – 황경진 씨 증언(전 감사원 국장)

황경진(黃慶塡) 씨는 경북 선산군 무을면(舞乙面)에 거주하면서 김천농림중학교 제6학년에 재학 중이었다. 학교가 휴학하여 집에 와 있던 중 7월 초에 소집영장을 받고 구미역에 집결한 후 대구로 가서 남산국민학교에 있는 교육대에 입대했다. 입대일을 7월 19일로 기억하고 있다. 1주일간 교육을 받은 후 그는 일부와 함께 다시 대구 삼덕국민학교로 이동하여 약 1주일간 교육을 더 받고 대기하다가 일부는 수도사단으로 먼저 가고, 나머지는 제1사단으로 갔다.

제1사단에 간 날짜는 정확하게 기억하지 못한다. 대구에서 기차를 타고 영천을 거쳐(대구선) 중앙선으로 북상하여 군위 부근 어느 역(우보역으로 보임)에서 하차한 후 다시 육로로 트럭을 타고 남하하여 장천(오상중학교)에 있는 제1사단사령부로 갔고, 며칠 있다가 인동 장씨 서원(동락서원–구미대교 동안)에 있는 제13연대 제1대대 제4중대에 배치되었다.

제13연대가 동락서원에 있은 때는 석적 전투 기간인 8월 2일부터 12일까지이고, 제1사단이 학도병 500명을 보충 받은 날은 8월 3일이다. 또 삼덕국민학교는 학도병훈련소였다. 남산국민학교에서 교육을 받은 후 학생들만 따로 삼덕국민학교로 이동하여 다른 학도병들과 함께 교육을 더 받고, 제1사단으로 간 것으로 보인다. 제1사단으로 간 경로가 다음에 기술한 학도병 500명의 경로와 같다.

▶ 다음 「손한종 씨 증언」 참조

황경진은 8월 6일부로 계급과 군번을 받았다. 육군 이등병에 군번은 2704870. 앞의 숫자 270은 제15연대 군번이다.* 제13연대는 8월 25일 제15연대로 개칭되었으므로 제15연대로 개칭된 후에 명령을 내리면서 8월 6일로 소급한 것으로 보인다. 제11연대로 간 학도병은 8월 20일에 8월 8일로 소급해서 군번(230-제11연대 군번)과 계급을 받았다. ▶ 제8권 「각군 계급과 육군 군번」 참조

7월에 입대한 신병 교육에 대한 증언이다.

* 계급과 군번은 연대별로 부여했다. 그래서 연대별로 날짜가 다를 수 있다.

자원 입대 - 박한진 씨 증언(대령 예편)

박한진씨는 강원도 김화 출신이다. 6·25남침을 당하자 부산으로 피난하여 어느 수용소에서 지내던 중 8월 17일 지원하여 입대했다. 어느 중사가 데려온 허름한 차림의 청년 4~5명과 함께 트럭을 타고 부산진국민학교로 갔다. 그 곳에는 500여 명이 모여 있었다.

운동장에서 군복과 내의를 갈아입고 비가 오는 가운데 행군으로 범일동에 있는 천일(天一)고무공장(교육대로 보인다. 그때 교육대는 모두 공장이었다)으로 갔다. 비에 옷이 다 젖었으나 갈아입을 옷이 따로 없어 입은 채로 말렸다. 소대가 편성되고 내무반이 배정되었는데 20평 남짓한 창고에 1개 소대가 들어가서 새우잠을 자면서 5일간 훈련을 받았다.

"첫날은 도수(徒手), 각개(各個) 및 집체(集體)훈련, 2일째는 엠원(M1)소총 기계훈련, 오후에는 사격자세 및 조준 등 사격술 예비훈련, 3일째는 300미터 실탄사격, 4일째는 각개 전투훈련, 5일째는 집총집체훈련과 분대 전투훈련을 함으로써 훈련의 전 과정을 마쳤다."

5일간 훈련에서 무엇인지 알아듣는 사람은 없었다고 했다. 특히 사격장에서는 실탄 장진을 못해서 조교가 일일이 장진해 주어야만 했다.

"이때 훈련받고 나간 병사들은 고참병이 실탄을 장진해 줘야만 사격을 할 수가 있었다. M1소총은 장진한 8발을 다 쏘고 나면 다시 장진을 해야 하는데 이 병

사들은 8발을 다 쏘고 실탄이 나가지 않으니까 총이 고장 났다고 바꿔 달라고 한 경우가 적지 않았다."

이렇게 훈련을 마친 500명이 무개화차를 타고 전방으로 갔다고 했다.
"이튿날 아침은 5시에 기상했다. 모두 개인 소지품을 가지고 나오라 해서 공장 마당에 정렬하였다. 한 사람씩 호명하여 주먹밥 다섯 개를 손에 쥐어주고 전속부대별로 정렬시켰다. 반 이상이 일자무식이고 99%가 소학교(초등학교) 출신 이하이다. 어느 부대로 가는지 알아듣지도 못하고 호명할 때 불러주는 군번은 그게 무엇인지도 모른다. 겨우 자기 이름만 듣고 뛰어나가서 앞사람 따라 일선으로 간 이들은 그 후 부대 배치를 받은 후 군번을 댈 수 없어 그 부대에서 새로운 군번을 받아 군대 생활을 하게 되었고, 그리하여 육군의 군번 순 명단에는 군번만 받고 행방불명된 사람이 무더기로 생겼다."
박한진 외 나머지는 모두 강제모병으로 입대한 사람들이라고 했다.

박한진 『근초록』

편성관구 신병 모집

▎제5, 제7사단 신병 모집

7월 7일 광주에 제5사단, 전주에 제7사단을 재편성하고, 부산에 제9사단을 창설하였으며, 이어서 영남(후에 경북과 경남으로 분리), 전북, 전남의 3개 편성관구를 설치하여 이들 사단을 지휘 감독하면서 후방지역에 대한 작전과 함께 신병을 모집하여 훈련하도록 하였다.

7월 13일 현재 제5사단과 제7사단의 병력 현황은 다음과 같다.

제7사단		제5사단	
제3연대	2,500명	제15연대	800명
제9연대	3,600명	제26연대	1,000명
전선 출동	1개 중대	전선 출동	1개 대대(750명)

　총 병력 규모는 약 9,000명에 이르는데 일선에서 후퇴한 병력과 병원에서 퇴원한 병력이 20%에 불과하고, 대부분 각 지역(시·군)으로 모병관을 파견하여 모집한 신병이라고 했다. 약 7,000여 명의 신병을 모집했다.

　제5사단 제26연대의 경우 연대장 이백우 중령(전 육본인사국차장)이 광주 지방에서 중학생 1,000명을 모집하였다고 했다.　▶ 제5장 제5절 「1. 전력정비」 참조

제30연대

　육군보병학교 참모장 김용주 중령은 독자적으로 7월 17일 남원군청에 지휘소를 차리고 가칭 제30연대를 창설한 후 군내 각 면에 장교 1명씩을 파송하여 1,500여 명의 장정을 모집하였다.

　7월 21일 남원이 위기를 맞자 진주로 이동하였고, 7월 26일 채병덕 소장의 명령을 받아 하동전선에 출전했다가 많은 피해를 입고 27일 진주로 돌아와 분산된 병력을 수습한 후 구포로 이동하여 28일 구포국민학교에서 제2유격대를 편성하였고, 부산에서 이북 출신 장정 1개 중대를 추가 모집하여 1개 대대 규모로 완전 편성한 후 영천으로 가서 8월 13일 보현산 지구 전투에 참가하였다.　▶ 제5장 제5절 「3. 전주·남원 부근 전투」 참조

오덕준부대

　경남편성관구사령관(제9사단장 겸직) 이종찬 대령은 육군본부로부터 보병 1개 대대를 남원에 급파하라는 명령을 받았다.

제9사단 참모장 오덕준 대령은 7월 17일 제8교육대로 개칭된 제25연대 정예 병력과 병원에서 퇴원한 자 그리고 학도병 중에서 650명을 선발하고, 다시 마산으로 가서 제9교육대로 개칭된 전 제27연대에서 병력을 보충하여 약 1,000명 규모의 병력을 이끌고 22일 열차 편으로 진주를 거쳐 23일 남원으로 진출하였다. ▶ 제5장 제5절 「3. 전주·남원 부근 전투」 참조

신병으로 모집한 병력이 얼마인지는 정확히 알려지지 않았다.
이렇게 편성관구에서 모집한 신병은 총 약 10,000 명이 넘는다.

일선 사단의 현지 모병
국방부 『한국전쟁사』가 기술한 단위부대별 신병보충 현황을 정리해 본다.

▌제3사단 제23연대(영덕-강구 부근 전투)
"7월 4일 평해에서 철수한 제23연대를 영해로 수용한 사단은 신병으로서 울진 이래의 병력 손실을 보충하는 한편……"
이라고 하여(개정판 제2권 p582) 제3사단이 신병을 보충한 것으로 기록하였으나 어떤 방법으로 얼마의 병력을 보충하였는지는 확인되지 않는다.

7월 20일경 대구역전에서 모 대위가 신병 300명을 모집한 증언이 있다.
▶ 제3절 1. 「배속장교의 권유」, 임종은 증언 참조

▌제17연대
"옹진에서 철수하여 대전에 집결하였을 때 모집한 신병 2,000명을 오산 전투 이래 계속 확보하고 있었던 때문에……" (개정판 2권 p437)

제17연대는 옹진에서 철수하여 대전에 집결한 후 "29~30일에는 신병 5,000명을 모집하여…… 이 무렵 제1, 제2대대 병력이 집결 완료됨으로써

6월 30일 연대의 총병력을 2,180명으로 81%선(부상자 9,362명 제외)을 유지하고 장비는…… 신병에게까지 지급하여 건제부대를 유지하는데 손색이 없었다."(개정판 제1권 p491)

모집한 신병은 5,000명인가? 2,000명인가? 집결완료 병력이 2,180명이면 모자라는 병력은 500여 명에 불과하다. 모집한 신병을 어떻게 관리했는지에 대한 기록이 없다.

▶ 제1장 제3절 1. 「제17연대 대전에 집결」* 참조

▌제6사단(제7연대 옥녀봉 전투 7월 22일)

"대전에서 지원병으로 편성된 학도의용군 제1진 180명이 (7월) 21일 하오에 점촌으로 남하하여 곧 제7연대 제2대대에 소속되어 참전하였는 바 이는 개전 이래 최초로 충당된 신병*이자 애국청년학도의 의거였던 것이다."(개정판 제2권 p682)

충주 전투 기간 중(7월 7일~9일) "사단에서는 이 같은 점을 감안하여 김종운 중위를 모병관으로 임명함과 아울러 4명의 하사관을 대동시켜 모병활동을 전개한 바 있었는데 여기에서 모집한 병력은…… 증평으로 이동하여 후에 청주의 신병교육대로 흡수되고 말았으니 이 전투에는 가담치 못하였다."(개정판 제2권 p206, 207)

8월 23일 영천에서 학도병 60명을 모집한 증언이 있다.

▶ 제3절 1. 「배속장교의 권유」 임일제 증언 참조

* 앞에서 본 제17연대에서 먼저 신병을 모집하였으므로 개전 이래 최초로 충당된 신병은 아니다. 다음에 보는 제8사단도 7월 5일 이전에 신병을 모집한 기록이 있다.

▌제8사단

"제천에서 인솔 남하한 500명의 청년방위대원과 학생 중에서 250명을

뽑아 연대와 사단사령부 후방요원으로 충원하였다."(개정판 제2권 p161)

제8사단이 제천에서 철수한 날은 7월 5일 02시다.

7월 말경 영천에서 학도병 100여 명이 입대한 증언이 있다.

➡ 제3절 2.「소년병 지원 사례」신문현 증언 참조

❙ 제1사단(8월 13일부터 동월 23일까지 다부동 전투)

당시 제1사단장 백선엽 장군은 『군과 나』에서 이렇게 회고했다.

"328고지를 빼앗겼다는 급보를 듣고 현장으로 급행했다. 13연대병사들은 동남쪽 소학산(巢鶴山) 쪽으로 후퇴하고 있었다. …… 또 이들과 함께 대대병력이 가세하여 공격에 가담하는 것이 목격됐다. 예비 병력이 없던 터라 나는 의아하게 생각돼 '저 역습부대는 어느 대대냐?'고 물었다. 최 대령(제13연대장 최영희 대령)은 멋쩍은 표정으로 '사실은 상부에 보고 없이 인사계를 대구에 파견하여 독자적으로 모병했다.'는 것이었다."

당시 1개 대대 규모는 500~600명 수준이었다.

이상 단위 부대가 현지 입대시켰거나 보충 받은 신병은 8,000명 규모다. 단위부대 모병 상황은 각 사단의 해당 전투에 소개되어 있다.

교육 실상

부산에 편성한 제25연대 일부 병력으로 7월 11일 대구에서 교육연대를 발족하여 17일 경북편성관구에 예속하였고, 그 뒤에 제7교육대로 개편되었으며, 8월 1일 육군중앙훈련소로 개칭되었다가 14일에야 비로소 육군본부직할의 제1훈련소로 확정되었다.

이로부터 체계적인 신병훈련을 실시하였고, 계속하여 훈련소 4개가 설

치되었다.㈜ 국방부 『한국전쟁사』 제3권 p308

7월 17일 호남지방에 편성되었던 제5사단(광주)이 전남편성관구에, 제7사단(전주)이 전북편성관구에 폐합되었고,

제7사단 예하의 제3연대를 제1교육대, 제9연대를 제2교육대로,

제5사단 예하의 제15연대를 제5교육대, 제26연대를 제3교육대로
각각 개편하였다.

부산에 있는 제9사단은 영남편성관구예하에 편성된 사단이다. 같은 날 영남편성관구는 경북과 경남편성관구로 분리되었고, 사단 폐합조치에 따라 제9사단도 경남편성관구에 흡수되는 동시에 예하

제25연대는 제8교육대로, 제27연대는 제9교육대로
각각 개편되었다.

같은 날 제25연대가 제 8교육대로 개편되면서 일부 병력으로 교육연대를 발족하여 경북편성관구에 예속하였다가 후에 제7교육대로 개편하였다. 이때 경북 지역에는 신병을 모집·훈련하는 후방사단이 없었으므로 부산의 제25연대가 그 역할을 한 것으로 보인다.

이와 같이 7월 17일 교육대가 많이 생겼는데도 얼마의 신병을 모집하여 어떤 방법으로 교육하였는지에 대한 기록이 없고 8월 14일 육군제1훈련소가 설치된 후에 훈련소 정원과 교육기간에 대한 기록이 나온다.

7월 중에 모병한 신병 교육에 대한 기록은 없다. 다만 7월 중순에 대구에 설치한 학도병훈련소에서 자원입대한 학생들 1,500여 명을 대상으로 2주일간 교육시킨 후 사단에 충원한 증언이 있을 뿐이다.

학도병훈련소는 앞에 든 국방부『한국전쟁사』(제3권 p308)에서 기술한

"제25연대 일부 병력으로 7월 11일 대구에서 교육연대로 발족하여 17일 경북편성관구에 예속되었다."

이렇게 훈련받고 나가서 싸웠다.

의 교육연대에서 설치한 것으로 보인다.

8월 중에 실시한 교육 예에 따라 교육 실태를 짚어 본다.

제1훈련소 산하에 9개 교육대를 두고 훈련을 시켰다. 대구시내 대부분의 공장과 일부 학교가 교육대로 사용되었다.

입소와 동시에 작업복과 작업모, 훈련화가 지급되었다. 군복은 정복과 정모, 작업복과 작업모로 나눈다. 뒤의 것은 전투복과 전투모라고도 한다.

영내에서 며칠 동안 집총한 자세로 '차려', '열중쉬어', '앞에총', '우로 어깨총', '우향우', '좌향좌', '뒤로돌아', '앞으로가' 같은 기본 훈련과 함께 분대 전투훈련을 시켰다.

　예를 들면 '1번 위치 10보전 분대 길이로 벌려', '분대능형으로 벌려' 등 생소한 구령과 뭔지도 모르는 행동을 조교의 구령에 따라 조교가 시키는 동작을 반복했다. 분대전투 전개방법인 것 같은데 실제 전투에서 그렇게 동작을 했는지는 지금도 의문이 있다.

　기본 병기는 일제 99식 소총과 일제 38식 소총이었고, 총기취급훈련은 받지 않았다. 이렇게 기본훈련을 며칠 받은 후 교외 들판으로 데리고 가서 각개 전투훈련을 시켰다. 당시 대구시내는 10분 정도만 걸어가면 들판이었다. 전방에 공격 목표를 정해 놓고 진격하면서 각개약진, 포복, 논두렁이나 언덕에 기대고 은폐·차폐하는 요령, 최종목표를 점령하는 등 시늉을 다 해서 며칠 훈련을 받았다. 마지막 날 앞산에 있는 사격장에 가서 M1소총으로 실탄사격을 했다. 조교가 장진해 놓은 소총으로 한 사람이 1클립(Clip-8발)씩 쏘았다. 훈련은 일제 99식 소총으로 하고 실탄사격은 M1소총으로 하여 교육과 실전에 괴리 현상을 빚을 수밖에 없었다. M1소총 분해결합은 고사하고 실탄을 장진하는 방법도 모르고 전선에 나갔다.

　농촌 출신이 대부분인 신병들이 무엇을 배우고 제대로 이해했겠는가?

　이렇게 훈련 받은 신병들은 절대 수가 모자라는 기존사단에 배치되었다.

　이들이 일선에 나가서 얼마나 기여했을까?

　초기에는 분대장의 짐밖에는 되지 않았다. 그 무렵 사단에는 M1소총이 100% 지급되었다. M1소총은 반자동식이다. 실탄 한 클립을 장진하고, 방아쇠 몇 번만 당기면 한 클립 다 쏘고 노리쇠가 열리면서 빈 클립이 댕그랑 튀어나간다. 아무리 손가락을 당겨도 꼼짝 않는다. 어김없는 고장이다.

　"분대장님 총이 고장 났습니다."

하고 뛰어 왔다. 속된 말로 환장할 지경이다. 옆 돌아볼 새가 없는 분대장

이 말할 겨를도 없고 쳐다볼 여가도 없다. 들고 온 총에 분대장 탄띠에서 실탄을 꺼내 장진 해 주고는

"빨리 가서 쏴!"

신병이 반이 넘는 판국에 손가락만 당기면 나가는 총을, 그것도 정조준해서 1발 필살로 쏘는 것이 아니라 무턱대로 당기는데 한 클립 쏘는데 몇 초가 걸리겠는가?

실탄을 장진해야 노리쇠가 닫히고 격발이 되는 이치를 ……!

인생은 실습이 없다고 했지만 병사들은 목숨을 걸고 실습하면서 익혀 갔다. 그렇게 그들은 정병(精兵)으로 자랐다.

8월 말 현재 대구 제1훈련소에는 9개 교육대(9개 대대)가 있었던 것으로 기억한다. 나는 8월 21일 제7교육대(군번 015)에 입대하여 5일 정도 훈련받다가 새로 설치한 제10교육대로 옮겨서 나머지(5일) 교육을 마쳤다.

대구에서 1일 평균 1,000여 명씩 신병을 배출했다. 한 교육대에서 110명씩 배출했다는 계산인데 내가 나올 때는 170명 정도였다. 그때가 8월 30일이었으니까 신병교육이 피크에 오른 시기로 보이고 그 만큼 인원도 늘어났을 것이다.

▶ 제11장 제절 「3. 국군 전투력 증강」 참조

전사는 오산과 천안 전투에 참가한 미 제24사단 병사들을 군복 입은 민간이이라고 평했다.

이때 우리 신병들이 바로 군복 입은 농민이었다.

이들은 우리가 북진을 할 때까지 실전을 통하여 정예군으로 성장했고, 말만 들어도 소름이 돋는 팔로군이라 부르던 중공군을 만났을 때는 오히려 그들이 소름을 돋도록 만들었다.

장교의 충원

간부 충원은 사병보다 더 시급했고, 문제가 많았다. 7월 8일 육군사관학교를 폐교했다가 8월 10일 대구에서 개교했으나 제 기능을 살리지 못하고 15일 동래로 이전하여 육군종합학교로 개편했다. 이러는 동안 낙동강 전투까지 단 1명의 장교도 보충하지 못하여 대부분 중·상사가 소대장을 맡았고, 심지어 상사가 중대장을 맡은 일도 흔히 있었다.

육군사관학교 마지막 졸업생인 제10기(생도 1기)는 육군사관학교가 폐교된 뒤인 7월 10일과 15일 두 차례에 걸쳐 184명이 대전에서 임관했다. 이들이 개전 이후 처음으로 배출된 간부로, 개전 초에 희생된 많은 소대장의 공백을 메워 크게 이바지한 사람들이다. 이후 3개월이 넘도록 간부 충원이 이루어지지 않았다.

생도 제2기는 입교한 지 25일 만에 6·25남침을 당하여 1기와 같이 생도 신분으로 전투에 참가하였고, 생존자 175명이 동래에서 개교한 육군종합학교에 입교하여 종합학교 제1기와 제2기로 임관하게 된다.

육군종합학교 제1기생 123명이 6주간 교육을 마치고 10월 15일 신임 소위로 임관하여 소대장 요원으로 각 사단에 보내졌다. 그 후 10월 23일 제2기 125명이 임관하였다.

▶ 제11장 제1절 「3. 국군 전투력 증강」 참조

3. 후방지원

국군의 군수지원

| 열악한 군수실태

6·25남침 이전 국군에 대한 보급은 식량을 제외하고 총포, 탄약, 차량,

유류 등 물자 대부분을 미군 지원에 의존하고 있었다.

개전 당시 국군이 보유하고 있던 장비와 물자는 1949년 6월까지 한국에서 철수한 미군이 주고 간 것을 물려받아 사용했는데 그 양이 5만 명 수준 병력을 유지할 수 있는 정도에 불과했다. 이 외에 미국으로부터 8,700만 달러의 군사지원을 받았고, 1950년 1월 26일 '한·미군사원조협정'을 체결하여 지속적으로 군사원조를 받을 수 있는 토대를 마련하였는데 이는 미국이 극동방위권에서 한국을 제외한 대가로 나온

'우는 아이에게 사탕 물려주는 눈가림 정책'

에 불과했고, 그나마 그 지원도 기존 장비의 유지 관리를 위한 정비 및 수리 품목을 위주로 제공하도록 되어 있었다.

이 협정에 의하여 1,200만 불이 배당되었으나 1950년 3월 15일 의회에서 승인된 것은 1,097만 불이었고, 그나마 전쟁 전에 한국에 제공된 것은 1,000불 미만이고, 35만 불 상당의 부속 장비(통신선과 야전전화기)가 수송 중에 전쟁이 일어났다.주)

국방부 『한국전쟁사』 제1권 p761

6·25남침 당시 국군은 육군 94,974명, 해군 7,715명, 공군 1,897명, 해병대 1,166명 계 105,752명의 병력을 유지하고 있었다. 그러나 전투를 효과적으로 수행할 수 있는 충분한 장비와 물자는 가지고 있지 못했을 뿐만 아니라 평상시 수준 보급업무를 제외하고는 전쟁을 대비한 비상계획은 전연 없는 상태였다. 이러한 상황에서 갑자기 전쟁을 맞이하여 전쟁초기에 계획성 없이 물자를 소진시켰고 급하게 후퇴하는 과정에서 많은 물자를 버리게 되어 보급상황은 극도로 어려운 상황을 맞았다.

한 예로 6월 27일 서울 외곽 창동 지구 전투에 재고 장비와 물자를 집중 투입하였는데 이때 예비용으로 가지고 있던 소총, 기관총, 박격포는 전량을 불출하였다. UN군 지원이 이루어지지 않았던 7월 초까지 후퇴하는 과

정에서 많은 총포를 망실하여 보병 대대의 경우 소총이 평균 300정, 기관총은 평균 65정에 불과하였고, 대전차포와 유탄포는 제6사단과 제8사단에만 도합 30문 정도가 남아있을 뿐이었다.

제1사단은 서울이 함락된 뒤에도 이를 모른 채 봉일천에서 적을 저지하고 있다가 퇴로가 막힌 뒤에 철수했다. 행주나루까지 왔으나 모여든 장병들로 나루터는 아수라장이 되어 사람도 건너기가 어려운 판에 장비나 차량을 도하시킬 방법이 없었다. 행주나루까지 끌고 온 150여 대의 차량과 함께 중장비와 야포는 모두 버려야 했다.

가뜩이나 열악한 국군의 병참보급은 6월 28일 새벽 한강교 조기폭파로 군수물자를 대부분 강북에 두고 나와서 치명적인 타격을 입었다.

예고 없이 한강교를 폭파하여 재고 탄약의 80%를 두고 나와 극심한 탄약 부족의 어려움을 겪어야 했고, 서울, 인천, 옹진, 강릉 등지에 보관되어 있던 대부분의 피복과 많은 양의 양곡은 많은 수송차량과 함께 버려두고 후퇴했다. 이렇게 두고 온 총포류와 장비 그리고 피복과 차량 등은 모두 북한군 수중에 들어갔다.

양곡은 서울, 대전, 광주 보급창과 옹진, 강릉의 야전 창고에 보관되어 있었는데 서울의 경우 95%, 옹진과 강릉의 경우 100%를 버렸고, 전체보관 양곡은 백미 66%, 정맥(보리쌀) 57%를 초전에 상실했다.

우리는 이렇게 상실한 장비와 물자를 독자적으로 보충할 힘이 없었다.

▎병참지원

트루먼 대통령이 6·25남침 소식을 듣고 제일 먼저 취한 조치는
"서울과 김포 지역의 손실을 막기 위하여 탄약과 장비를 보급하라."
는 것이었다. 이어서 29일 국군을 위한 보급과 수송기관을 유지하기 위하

여 맥아더 사령관에게 주한 미군을 지휘할 권한을 부여하였고, 동시에 국군에 필요한 탄약과 보급품을 한국정부에 보내줄 것을 지시했다.

맥아더는 국군에 대한 보급수송 임무를 미 극동공군에게 부여했다.

6월 28일 119톤의 탄약과 통신기재를 포함한 군수물자 200톤이 공수로 지원됐고, 7월 1일까지 일본 다치카와(立川)에 있는 미 공군기지의 C-54수송기는 매일 150톤의 탄약과 군수물자를 수송하였다.

7월 1일 미 극동군총사령부는 미 제8군에 주한 미군과 UN군에 대한 군수지원 책임을 부여하는 군수지원체제를 확립하였고, 국군에 대한 보급문제 해결도 함께 시도했다. 이렇게 하여 같은 날 수원비행장에 탄약과 통신기재가 공수되었고, 7월 3일 대전비행장에 M1소총 990정이 공수되었으며, 이후 계속해서 많은 물자와 장비가 공급되었다.

7월 1일 미 육군해상수송단 소속 키트리(Sergeant Keatly)호가 105mm M-2 곡사포 12문과 탄약 1,636톤을 싣고 일본 요코하마(橫濱)를 떠나 부산항에 도착한 것을 비롯하여 부산항에는 매일 평균 20척의 선박이 도착하여 1,660톤의 물자를 양륙하였고, 7월 31일까지 양륙한 총량은 30만 9,000톤에 이르렀다.

낙동강 방어선이 형성되기까지 병참활동과 보급지원 실태를 보자.

6월 25일 서울지구보급창은 용산역에 보급소를 설치하고 일선부대에 피복과 식량, 연료 등을 보급했었다.

28일 새벽 한강교 조기폭파로 차량중대 보유차량 48대를 모두 버리고 도강하여 전투부대에 대한 급식과 탄약 운반 등 당장의 병참물자 수송에 큰 타격을 받았다.

서울지구보급창이 가지고 있는 보급물자 중 가장 긴급한 작업복과 내의,

군화 등은 100% 후송하였으나 인천보급창에서는 수송수단이 확보되지 않아 많은 보급물자를 두고 나와서 어려움을 겪었다.

7월 5일 서울보급창을 김천으로 옮기고 대전역 주변에 보급소를 만들어 본격적으로 보급활동을 시작하였으나 충분한 보급물량이 확보되지 않아 보급이 원활하게 이루어지지 않다가 군 지휘부가 대구로 옮겨간 뒤에야 본격적인 보급체계가 가동되었다.

부산에 군수기지를 두고 미국에서 지원받은 물자를 분류하여 대구와 경주에 있는 전방보급소에 보냈고, 전방보급소는 각 군단으로 보내져서 군단~사단~연대~대대로 이어지는 병참보급계통 체제를 확립했다.

부산에 육군피복창을 창설하고 피복생산에 주력하였다. 그러나 피복의 경우 약 70%는 미국의 군사원조에 의존하였다.

군량은 남침 당시 각 지구보급창에 보관된 수량이 쌀 22만 400가마니, 보리쌀 2만 2,795가마니가 있었는데 후퇴하면서 14만 3,243가마니(약 60%)를 후송하지 못하여 어려움을 겪다가 다시 조달하여 57만 3,847가마니를 확보함으로써 1950년도분 주식용은 비축할 수 있었다.

이와 같은 노력에도 불구하고 낙동강 방어선 전투가 시작된 8월 초까지도 국군의 무기와 장비는 충분하지 못했다.

8월 9일 무초 주한 미국대사는 미 국무부에 전문을 보내어 전투 손실과 무기 부족으로 국군의 강화가 상당히 지연되고 있다고 지적하면서 가능한 한 모든 수단을 빨리 취해 줄 것을 요청하였고, 이에 대하여 미 국무부는 8월 11일 주한 미국대사관에 전문을 보내어

"국방부와 상의하여 모든 수단을 동원하여 추가적인 무기지원을 가능한 한 빨리 해 줄 것."

이라고 밝혔다.

8월 중순 들어 장비 및 물자 지원이 증대되면서 8월 15일 군 병참보급체계를 획기적으로 개선하였다. 종래의 인천 및 부산지구보급창을 개편하여 부산기지보급창을 창설하였고, 서울 및 대전지구보급창을 개편하여 군병참집적소와 군병참보급소 등을 창설하였다. 이를 토대로 9월 들어서면서 UN군의 계획적인 군수지원에 힘입어 총반격작전을 뒷받침할 수 있는 충분한 비축량을 확보할 수 있게 되었다.

국군은 양곡을 제외하고 상당량의 피복류와 총포, 탄약, 차량, 유류 등의 대부분을 UN군으로부터 지원받아 부족함이 없이 전투를 수행하였다.

▎병장기의 보급

국군은 1947년 7월 미군이 철수하면서 이양 받은 총포, 차량, 통신기기, 공병자재 및 해방 후 일본군이 두고 간 병기류로 무장하고 있었다.

6·25남침을 당하자 부평 병기창고에 보관된 총포(G.M.C 2대분)를 군 직할정비중대에 인계하여 보관토록 하였는데, 한강교가 조기 폭파되는 바람에 모두 버리고 나왔다.

7월 3일 미국으로부터 최초로 지원받은 M1소총 990정이 대전비행장에 공수되었다. 병기대대에서 인수하여 각 사단에 보급했다.

6일 105mm곡사포와 57mm대전차포 등 중화기가 도착하여 포병부대에 지급됐다.

10일 제2차로 M1소총 590정과 60mm박격포 6문이 들어왔다.

이렇게 7월 중순까지 아쉬운 대로 전투장비가 보충 내지 정비되었다.

6·25남침 당시 각 사단이 보유한 차량은 1,566대였었다. 1개 사단의 T/E가 377대였는데 평균 196대를 보유하였고, 육군본부 직할부대가 약 1,200대, 창고중대가 가지고 있는 재고차량이 약 1,600대였다. 총계 약

4,300여 대 중 2,500여 대(58%)가 한강을 도하하지 못했다.

낙동강 방어선에 이르기까지 국군은 차량에 관한 한 미군의 지원을 받지 못하고 민간차량을 증발하여 사용해야 하는 어려움을 겪었다.

9월 16일 일본산 도요타(豊田) 차가 들어와서 각 사단에 보급되었다.

탄약은 6월 28일 수원비행장에 공수된 것을 비롯하여 선박으로 부산항에 입항하여 보급이 원활하게 이루어졌다.

물자 동원

한국정부는 독자적인 물자동원 방안을 강구했다.

1950년 7월 16일 대통령 긴급명령 제3호

'철도운송화물 특별조치령'

을 공포하여 화물수송을 위하여 계엄사령관의 지시 혹은 군의 요구가 있을 때에는 교통부장관은 일반화물에 대하여 하적, 이적, 수용 등 필요한 조치를 할 수 있고, 국방부장관은 군수품에 한하여 군사상 필요하다고 인정할 때에는 철도화물을 수용할 수 있으며, 농림부장관은 양정(糧政) 상 필요하다고 인정될 때 철도화물 중 양곡을 수용할 수 있도록 하였다.

1950년 7월 18일 이승만 대통령은 계엄령포고와 관련한 담화문에서

'군수품의 징발과 징용에 관한 징발법'

이 제정되지 않은 상태에서 물자를 징발하거나 징용할 때에는 계엄사령관이나 또는 계엄사령관이 임명한 징발 또는 징용관이 징발·징용장을 교부하고 징발 또는 징용된 물품에 대한 보상 내용을 명시하는 등 합법적 조치를 취할 것을 명령하였다.

1950년 7월 26일 대통령 긴급명령 제6호

'징발에 관한 특별조치령'

을 공포하고 전쟁으로 인한 비상사태 하에서 군 작전상 필요한 군수물자, 시설 또는 인적자원을 징발 또는 징용함을 목적으로 하는 법적 토대를 마련하였다. 이 긴급명령에서 징발대상물은 식량, 식료품 및 음료수, 수송기관 및 그 부속품, 의료기구 및 의료약품, 통신기기 및 그 부속품, 연료, 보도선전에 요하는 물자 또는 시설, 건물 및 토지, 기타 군 작전상 필요한 물자와 시설 및 마필(馬匹) 등으로 정하였다.

7월 26일 국방부는 국방부령 임시 제1호

'징발에 관한 특별조치령 시행 규칙'

을 제정 공포하였다. 이 규칙은 연대장 또는 그 이상의 독립단대장은 징발영장을 발행하여 필요한 물자를 징발할 수 있고, 긴급사태시는 먼저 징발하고 사후에 소정의 징발영장을 발부할 수 있게 하였다.

8월 21일 징발보상 문제를 해결하기 위하여 대통령령 제381호

'징발보상령'

을 공포하여 징발한 물자에 대한 보상방안을 마련하였다.

공병자재

서울에서 철수한 후 수원비행장에서 대전차지뢰 M-7 96개를 미군으로부터 지원받았고, 6월 30일과 7월 1일 다시 908개를 지원받아 7월 4일 제7사단을 비롯한 한강전선에서 적과 대치하고 있는 사단 공병대와 제1공병단, 육군공병학교에 지뢰 300개, 폭약 1만 1,430개, 도폭색(導爆索) 기타 500개를 보급하였다.

7월 8일 미 제24사단이 한국전선에 투입되면서부터 미군에 의한 공병자재지원이 활발해졌다.

통신지원

육군본부가 수원에 있을 당시 통신장비 현황은 1개 사단이 1개 대대의 규정 장비에도 못 미치는 형편이었다. 육군본부가 대전으로 이동한 다음에 통신공창중대 정비공장에서 정비한 기재와 재고 기재로 우선 급한 제1군단에 보급하였고, 낙동강 방어선이 형성될 무렵에 미 제520통신기지창이 부산에 분창을 설치하고 영동, 안동, 포항 등지에 전방보급소를 설치하여 부산에서 오는 장비를 필요에 따라 효과적으로 공급하였다.

7월 4일 미 제71통신근무대대 선발대(장교 4명, 사병 19명)가 들어와서 한국의 전신전화망인 묵덴케이블[1]을 유지 운영하였고, 이어서 일본과 한국 간 통신유지를 위하여 7월 중에 제304통신작전대대 등이 부산에 들어와 통신지원을 했다.

묵덴케이블은 부산~서울~평양 간 주도로 1m 지하에 묻혀 있었다. 원래 일본이 설치했던 것을 한국 체신부가 운영하였다.[2]

---

[1] 묵덴케이블은 4회선 선로 10조가 들어있는 통신선이다. 1조는 4회선으로 두 쌍의 선을 서로 꼬아 놓았다.

[2] 제71통신대대의 스트라일리 대위와 미 제8군 통신참모 피처 대령은 후일 다음과 같은 일화를 들려주었다.
"서울 북쪽에서 케이블을 개통하기 위하여 한국 체신부 직원들과 함께 나가다가 북한군과 마주쳤다. 북한군이 미군을 보고 '왜 적군이 있는가?'라고 하면서 붙들려고 하자 체신부 직원이 '아니오, 이 미군은 우리의 포로요. 그들을 이용해서 수리 중이오.'라고 대답해서 위기를 넘겼다고 말하면서 '체신부 직원들은 양쪽에 충성하는 것 같지 않았으며 충성의 대상은 오직 케이블인 것 같았다.'고 덧붙였다." (안용현 『한국전쟁비사』 2권 p121)

수송지원

철도수송본부는 7월 16일 대전에서 부산으로 이동하여 부산의 4개 부두와 적기(赤崎) 방면으로 양륙되는 군수물자를 수송했다.

7월 20일 부산에 연합군수송사령부를 설치하여 한·미군의 수송업무를 일원화하였고, 대구에는 지구수송본부를 두어 포항, 경주, 영천지구에 대한 수송을 조정하였다.

부산지구에서는 하루 평균 700량의 차량에 20,000톤의 물자를 수송했고, 이를 위하여 하루 평균 60개 열차를 운행해야 했으며, 부산~대구 간에는 하루에 30~50개 열차를 배당했다. 이 구간에 양산 토탄산(吐呑山)을 근거지로 삼고 있는 유격대에 의하여 원동역(院洞驛)이 13차례나 습격을 받는 어려움을 겪으면서도 수송 업무를 차질 없이 수행했다.

적 유격대는 안동~포항, 영천~경주, 부산~삼랑진, 청도~대구 간에 있는 철도 교량과 터널을 파괴하고자 집요하게 기도했으나 우리 경비부대의 반격으로 실패했다. 특히 청도~대구 간 성현(聖峴)터널(상행선 2,323m 하행선 2,530m)은 북한 유격대 제766부대가 현지 공산 세력과 합류하여 폭파하도록 지령을 받고 침투하였는데 기계 전투에서 수도사단에 섬멸됨으로써 그 기도가 좌절되었다.

군수물자 수송에 헌신한 철도종사원들은 8월 10일 미 제8군사령관의 감사장을 받았고, 8월 22일에는 이승만 대통령의 치하 서한을 받았다.

미군의 군수지원

군수지원사령부

6월 30일 헌트(Lewis A. Hunt) 중령이 군수지원사령부를 설치하기 위하여 선발대를 이끌고 한국에 왔고, 다음날 미 극동군총사령부는 미 제8군사령부에 주한 UN군의 군수지원책임을 부여하였다. 국군도 UN군의 일원으로 미군으로부터 군수지원을 받게 되어 보급 문제가 해결되었다.

7월 4일 미 극동군총사령부 명령에 따라 가빈(Crump Garvin) 준장이 참모요원을 데리고 부산에 와서 부산기지사령부를 설치하였고, 7월 13일 미 제8군사령부가 이를 재편성하여 부산군수지원사령부라고 명칭을 바꾸었는데 이것이 후일 제2군수사령부가 됐다.

군수물자조달은 주로 일본에서 이루어졌지만 일본에 없는 것은 태평양지역이나 미국 본토에서 조달했고, 공중수송과 해상수송을 통하여 부산항에 양륙하였다.

전쟁 초기 대부분의 군수물자는 일본에 있는 재고품으로 충당했다. 가장 시급했던 것은 북한군 T-34전차를 파괴할 수 있는 대전차지뢰였다. 대전차지뢰는 재고량이 부족하여 7월 6일부터 일본에서 생산을 개시하여 7월 18일 제1차로 3,000개를 선박으로 수송하여 부산항에 양륙했다.

탄약은 대부분 일본에 비축되어 있는 것으로 충당했으나 조명탄 같은 특수한 것은 새로 제조해서 공급했다.

특히 중화력은 M-4A-1중(中)전차에 장치되어 있는 75mm포를 76mm로 개조하여 M-4A-3으로 이름을 바꾸었고, 105mm곡사포는 험준한 산봉우리가 많은 한국 지형에 맞게 앙각(仰角)을 67도로 개량하였으며, M-15A-1반궤도차량에 장치하고 있는 37mm포는 40mm포로 바꾸어 이름을 M-19라고 개칭하여 공급했다.

차량은 7월부터 8월까지 사이에 월 평균 4,000대가 전선에 보내졌다.

비상식량인 휴대식량은 일본에 재고가 조금밖에 없었으므로 미 본토에서 C, B 레이션(ration)을 급송했다.

해상 수송

1947년에 미 해군부에 군 해상수송단을 두었고, 서태평양지구수송단사령부(MSTS)를 일본 도쿄에 설치하였다.

6·25전쟁이 일어나자 일본선박과 일본인 선원으로 조직된 일본 해상통제기관(SCAJ)이 수송선 12척과 LST 30척을 가지고 한국으로 보내지는 병력과 물자수송을 담당하였다.

7월 10일 군 해상수송단은 수송선 70척을 확보하고 그 중 52척을 한국전선에 할당하였다. 부산항에는 하루 평균 20척의 선박이 입항하였는데, 7월 말까지 230척이 입항하고, 214척이 출항하는 성시를 이루었다.

이 기간 동안 부산항에는 해상으로 수송한 병력 4만 2,581명과 차량 9,454대 그리고 8만 8,000여 톤의 보급품을 양륙하였다.

해상수송은 일본에서 이루어졌고, 수송에 소요된 시간은 요코하마~사세보 간이 30시간, 사세보~부산 간은 53시간이 걸렸다.

병력과 병참물자가 부산항으로 쇄도하자 김일성은 부산항을 봉쇄하기 위하여 스탈린에게 잠수함을 달라고 요구했다.

미국의 적극적인 태도에 겁을 먹은 스탈린은

"그렇게 되면 전면 전쟁의 우려가 있다."

고 거절했다.

항공 수송

6·25전쟁 초기부터 항공 수송은 활발했다. 6월 25일 현재 미 극동군이 보유한 쌍발수송기가 60대였는데 그 후 250대로 늘어났다. C-75 및 C-94 수송기를 동원하여 한국에서 긴급히 요구하는 병력과 3.5인치 로켓포 900문 및 5인치 신형 로켓탄 등 보급 물자를 3개 경로를 통하여 미국에서 수송하였다.

일본에 도착한 병력과 물자는 일본 아시야(芦屋), 이타쓰케, 브래디

수송 경로	거리	소요 시간
워싱턴 타코마 ~ 알래스카 ~ 도쿄까지	5,688마일	30~33시간
샌프란시스코 ~ 호놀룰루 ~ 도쿄까지	6,718마일	34시간
캘리포니아 ~ 괌 ~ 도쿄까지	8,000마일	40여 시간

(Brady)에서 부산으로 공수했고, 부산에서는 기차로 부산~대구~김천, 부산~경주~안동, 부산~마산으로 수송했다.

<small>6. 후방지원 참고문헌 : 국방부 『한국전쟁사』 제3권 「가. 한미연합군의 후방 상황」(p31)
전쟁기념사업회 『한국전쟁사』 제3권 「2. 물자동원과 보급」(p522)
안용현 『한국전쟁비사』 2 「나. 유엔군의 보급 상황」(p116)</small>

일본을 경제대국으로 만들어 준 김일성

참 나라의 팔자가 기구했다. 남의 나라를 빼앗아 그렇게 못 살게 굴던 그 일본. 패전의 폐허에서 허덕이던 그들이 우리가 전쟁의 참화를 입고 처참한 나락으로 떨어져 몸부림치고 있을 때 우리를 발판으로 되살아났다. 운명의 장난이라고 해도 이건 아니다.

만약에 우리가 되살아나지 못했다면 어떻게 되었을까?

우리는 일본의 경제적 식민지로 살아야 했을 것이다.

미국은 국군의 장비 증강과 보충을 위하여 일본과 6만 8,000대의 차량생산 계약을 체결하였고, 제2차 세계대전 때 미군이 사용했던 105mm곡사포 재정비 계약을 체결하였다. 이렇게 하여 일본은 한국전쟁에 필요한 군수품 생산기지 및 병참기지가 됐다.^{주)} <small>안용현 『한국전쟁비사』 2 p118</small>

1945년 8월 15일 종전이 됐을 때 일본은 폐허 속에 있었다. 전쟁에 시달려 경제는 궁핍했고, 재정은 고갈됐으며, 국민은 도탄에 빠져 있었다.

1950년부터 1953년까지 미군이 발주한 군수 물자의 물량은

1951년 5억 7,500만 달러

1952년 8억 3,200만 달러

1953년 8억 900만 달러

도합 22억 1,600만 달러에 이르렀다.주) 이병완 『끝나지 않은 전쟁』 p172

종전 후 그때까지 생긴 무역 적자 20억 불을 메우고도 남았다. 6·25전쟁이 일어난 그 해 일본의 산업생산 증가율은 46%에 이르렀고, 1936년 생산지수를 100으로 볼 때 1950년 1월에 87이었던 것이 9월에 100.7이었고, 11월에 114.8로 비약했다.주) 안용현 『한국전쟁비사』 2 p119

일본은 주일미군의 한국파병으로 생긴 방위력 공백을 메우기 위하여 자위대의 전신인 경찰예비대를 창설하여 무력을 가지는 기회를 잡았다.

무엇보다도 일본의 위상을 높여주고 일본인의 자존심을 살려준 획기적인 사건이 있었다.

일본 천황 히로히토(裕仁)가 되살아난 것이다.

히로히토는 독일의 히틀러, 이태리의 무솔리니와 함께 지구상의 3대 악인 중 한 사람으로 종전 후에 당연히 전쟁범죄자로서 단죄를 받았어야 하나 그는

'일본 군부의 희생양'

으로 조작되어 죄를 면하고 44년 동안 권좌에 있으면서 세계의 지도자로 추앙받는 인물로 둔갑했다.

1945년 8월 종전 후 히로히토는 진주만 공격의 책임을 물어 천황을 전범으로 처리할 가능성이 높았다.

소련은 천황을 전범으로 처리하여 일본 천황제의 폐지를 바랬고,

오스트레일리아는 '오스트레일리아 전쟁 포로'를 일괄 처형한 유일한 사람으로 히로히토를 지목하였고, 그가 수만 명의 전쟁포로를 제네바협정을 위반해 가면서까지 학대한 장본인으로 생각하고 있었다.

미국 여론은 전쟁 중 일본공습 때 생포된 미군 조종사 8명을 처형한 사실에 비추어 천황에게도 이에 상응한 처벌을 해야 한다고 했다.

미국의 상·하 양원은

"히로히토는 전쟁의 주범으로 처리되어야 한다는 것이 미국의 정책이다."
라고 결정하였다.

국제전범재판소(도쿄재판이라고도 한다)에서 일한 많은 미국, 영국연방, 중국의 조사담당관들은 히로히토는 전범으로 기소되어야 한다고 믿었다.

갖은 학대와 궁핍한 생활을 경험한 연합국 포로들도 같은 생각이었다.

중국은 수백만 명의 목숨을 앗아간 일본의 만행에 분노하면서 천황에게 그 책임을 묻고 있었다.

중국의 비극은 이렇게 시작됐다.

1931년 9월 만주를 점령한 일본군 육군장교들이 조작한 조그마한 폭동사건이 유조구(柳條溝)철도폭파 사건을 유발했고, 이 사건은 일본군에 의한 상해 포위로 이어졌으며, 급기야 1937년에 중국점령으로 발전하여 악명 높은 남경대학살을 일으켰다. 또 만주의 일본군 캠프(제731부대)에서는 중국인을 대상으로 인간 생체실험이 자행되었다.

아이젠하워 원수는 3부(국무, 육군, 해군부)조정위원회가 작성한

"히로히토를 사면해서는 안 되며 연합군총사령부는 워싱턴에 있는 공무원들이 히로히토 기소문제를 결정할 수 있도록 필요한 자료를 보내라."
는 지침서를 맥아더 원수에게 하달했다.주) 　　　유경찬 역 『히로히토』 p26, 27

제2차 세계대전 중 일본 수상을 지냈고, 전쟁광이라고까지 일컬어졌던 도조 히데키(東條英機)는 A급 전범자로 분류되어 재판을 받으면서

"일본에서 천황이 모르는 것은 하나도 없다. 일본 국민 누구도 천황이 시키지 않은 일을 하는 사람은 없다." 주)　　　　　　　앞 『히로히토』 4 p7, 8

고 진술하여 궁극적인 결정권이 천황에게 있음을 시사했다.

일본 천황 히로히토는 1945년 9월 27일 맥아더를 방문한 자리에서

"장군은 연합국을 대표하는 사람으로 일본이 전쟁 중에 저지른 정치적, 군사적 책임을 판단할 텐데, 제가 그 책임들을 모두 지기 위해 이렇게 왔습니다."

라고 말했다.^{주)}　　　　　　　　　　　　　　　　　　　앞 「히로히토」 4 p22

이러한 대다수의 국제적인 여론과 관심 그리고 책임 있는 사람의 의견에도 불구하고 히로히토는 일본인의 염원대로 면죄부(免罪符)를 받았다.

일본은 연합국에 항복하는 조건으로 오직 천황제의 존속과 천황의 안전만을 보장받고자 했었다. 이러한 결과는 공산주의자의 위협을 내세워 히로히토에게 면죄부를 주고자 했던 맥아더의 월권이 적극적으로 작용했기 때문이라고 했다. 그리고

"히로히토는 평화주의자였으며 위압적인 참모들에게 포위된 포로에 불과했다."

는 조작된 견해에 바탕을 두고 공식적인 면제부의 이유로 내세웠다.

워싱턴 정가를 비롯한 세계 여론이 그를 특A급 전범자로 단두대에 세워야 한다고 주장하면서 여론이 들끓었고, 맥아더의 처사를 비난하는 여론이 비등한 가운데 귀추가 주목되었다. 맥아더나 히로히토 모두 마음이 편치 않았다. 그때 그야말로 천우신조로 김일성이 그를 도왔다. 6·25전쟁을 일으킨 것이다. 모든 것을 전쟁이 삼켜 버리고 말았다.

전쟁으로 망한 나라가 전쟁으로 일어났다. 기이하게도 우리를 그렇게도 못살게 굴던 그들이 또 우리를 밟고 일어났다.

이제는 그 죗값을 받는가 보다 했는데,

그들의 손아귀에서 벗어난 지 5년, 이제는 좀 살만한가? 했는데,

어쩌다가 '우리 민족끼리' 싸움질을 하여 저들에게 부를 안겨주었으니 이 보다 더 아이러니컬한 일이 또 있겠는가?

세계 일등 경제대국이 된 일본 경제의 기틀은 이렇게 만들어졌다.

일본인들은 천우신조(天佑神助)라고 하였고, 신무천황(神武天皇-일본 초대 임금) 이래의 기적이라고 일컬었다.

천우신조

일본사람들은 일본은 신이 세운 나라이기 때문에 신국(神國-かみのくに)이라고 했고, 항상 신이 돕는다고 알고 있다. 어릴 적부터 그렇게 가르쳤다.

천황을 현인신(顯人神-あらひとかみ)이라 하고 전쟁에서나 어려운 일이 닥쳤을 때는 언제나 신이 도와준다는 신념을 가지고 있었다.

그들 시조 신무천황의 조상은 우주를 창조한

아마테라스오오미카미(天造大神-あまてらすおおかみ)이고 그 이하

아마노오시호미미노미코토(天忍穗耳尊-あまのおしほみみのみこと)

니니기노미코토(瓊瓊杵尊-ににぎのみこと)

히코호호데미노미코토(彦火火出見尊-ひこほほでみのみこと)

우가야후키아헤스노미코토(鸕鶿草葺不合尊-うがやふきあへずのみこと)

이렇게 존귀한 신 넷을 거쳐서 그들의 1대 천황 진무덴노(神武天皇-じんむてんのう)가 기원(紀元)을 열었다고 하면서 신비스러운 설화를 조작하여 사실로 믿게 가르쳤다. 이로부터 당시 천황 쇼와(昭和-しょうわ)까지 124대가 소위 만세일계(萬世一系)로 이어져 왔다고 자랑하고 있다.

1274년 고려 충렬왕 때 원나라가 합포(合浦-마산)에 정동행성(征東行省)을 두고 여몽연합군을 형성하여 일본정벌에 나섰다. 이때 지휘한 고려의 장수는 중군장(中軍將) 김방경(金方慶)이었다. 2만 5천명의 연합군은 대마도를 친 다음 본토

로 향하던 중 풍랑을 만나 실패하고 돌아왔다.

1281년에 김방경이 고려군 도원수가 되어 원의 '혼도 다구'와 함께 연합군 10만 명을 거느리고 제2차 일본 정벌에 나섰다. 일본 하카다(博多)에 이르러 상륙하려는 순간에 태풍을 만나 싸우지도 못하고 큰 손해만 입고 돌아왔다.

일본은 "가미카제(神風-かみかぜ)"가 불어 적을 물리쳤다고 하면서 '가미카제'의 대표적인 사례로 역사를 서술한다.

이에서 유래하여 태평양전쟁 중에 비행기를 몰고 적함을 들이받는 가미카제 특공대가 탄생한 것이다. 미군이 제일 무서워한 것이 이 가미카제특공대였다.

후방전선 안정화

북한군에 의한 6·25 기습 남침을 당하자 대통령 긴급명령 제1호
'비상사태 하의 범죄 처벌에 관한 특별조치령'
을 공포하여 적에게 정보를 제공하거나 또는 안내하는 행위. 적에게 무기, 식량, 유류, 연료 기타 물품을 제공하여 적을 방조하는 행위 등에 대하여 사형, 무기 또는 10년 이상의 유기징역에 처할 수 있도록 하였다.

7월 8일에는 무력 침략에 대응하기 위한 군사상의 필요와 공공의 안녕질서 유지를 목적으로 전라남북도를 제외한 남한 전 지역에 육해공군총사령관 정일권 소장 명의로 계엄령을 선포하고 국민들로 하여금 유언비어에 동요하지 말고 생활필수품의 은닉이나 매점매석, 직장 무단이탈, 유언비어 유포, 모략에 의한 민심을 동요케 하는 등 군 작전을 방해하거나 질서를 문란하게 하는 행동을 하지 말도록 촉구하였다.

전쟁수행 과정에서 후방전선을 안정시키는 것은 정치적, 사회적 안정을 도모하고 군사상 필요한 인적·물적 자원 동원에 유리한 조건을 조성하며, 특히 적 게릴라에 의한 후방교란을 막을 수가 있다.

북한 게릴라는 다음과 같은 형태로 이루어졌다.

1948년 여·순 반란사건 이후 지리산과 보현산을 근거로 활동하고 있던 토착 공비,

6·25남침 전 태백산맥을 타고 침투한 북한 인민유격대,

6·25남침과 함께 동해상으로 상륙한 북한군 제766부대, 제402, 제100게릴라대대 등 북한에서 교육을 받고 침투한 집단 게릴라,

남침한 북한군 각 사단에서 운용하고 있는 편의대

이들 게릴라 수는 약 3만 명 정도로 추산되었고, 그 가운데 핵심 전력은 약 5,000명 규모로 판단되었다.

북한 게릴라의 주된 활동 목표는 다음과 같았다.

(1) 전선에서 정보수집, 통신망절단, 보급소·후방기관·지휘소 등 습격, 북한군의 포 사격 관측, 요인 습격, 테러행위 등 전선 활동

(2) 미군 고용인이나 피난민을 가장하여 진지 내에 들어가서 행하는 통신망 절단과 무선중계소 습격

(3) 남한 주요 기관이나 단체에 침투하여 정보 활동

(4) 미군지휘소 등에 대한 북한군의 사격 관측 및 유도

(5) 피난민을 가장하여 후방지휘소 습격

(6) 보급선 습격

(7) 제2전선 결성(대도시에서 철도와 항만노조의 반전파업을 선동하였으나 실패했다.)

게릴라 활동에 대한 대책

UN군은 주로 주민 소개 및 피난민 통제, 고용인에 대한 감시경계와 철도 및 도로, 전선 같은 길다란 경호 대상을 담당했고,

한국정부는 주민을 조직해서 전력화하고, UN군의 원조를 받아서 피난민을 수용하고 구호했으며, 방역에 힘썼다.

경찰은 치안을 강화하고 게릴라 색출에 노력했다.

경찰은 게릴라 토벌을 위해 경박격포 이하의 장비를 갖춘 500명 규모의 경찰대대를 편성하고 게릴라치안 전담부대로 활용했는데 8월 초순에 대구에만도 6개 대대가 있었고 9월 초순에는 14개 대대가 활동했다.

1950년 8월 초순부터 9월 중순까지 낙동강방어 전투에서 경찰이 사살하거나 체포한 게릴라는 4,000여 명으로 하루 평균 100명을 토벌했다.

이외에 '비상시 향토방위령'에 의한 주민방위조직의 운영을 들 수 있다. 이것은 14세 이상 50세까지의 부락주민이 향토방위대를 조직하고 부락을 방위하면서 게릴라나 불순세력이 발견될 경우 경찰에 알리도록 하여 적군이나 게릴라의 침투에 대비했다.

참고문헌 : 전쟁기념사업회 『한국전쟁사』 제3권 「3. 후방전선의 안정화」(p525)

4. 정치와 경제 상황

정치적 상황

6·25남침 직전 1950년 5월 30일 실시한 국회의원 선거에서 이승만 대통령을 지지하는 정파나 반대하는 정파는 모두 패배하고 무소속이 전체 의석의 60%에 이르는 126석을 차지했다. 국회에서 간접선거에 의하여 선출된 이승만 대통령으로서는 그 입지가 대단히 불안정해졌다.

이러한 상황 아래서 전쟁을 치러야 하는 대통령으로서는 국회에 의존하기보다는 국민의 지지를 바탕으로 전쟁을 수행하고자 노력하였다. 그러나 서울을 일찍 포기한 것과 전쟁준비 소홀에 대하여 국민의 비판을 의식하지 않을 수 없었다. 이를 무마하기 위하여 7월 8일 계엄령이 선포된 후 발표한 특별 담화에서

"정부가 서울을 떠나 피난하고 국군이 패하여 공산군이 입성한 데 대한 정부 공격과 비난을 자제하여 줄 것."

을 호소하고

"정부가 군사적 준비를 소홀히 해서 패배한 것이 아니다."

라고 주장하면서

"외국 구제 물자가 곧 도착할 것이니 국민들은 안심하라."

등의 말로 정부의 지도력을 확보하려고 애를 썼다.

8월 15일 광복절 경축사에서는

"얼마 안 되어서 적군은 패망하고 남북이 국민정부 밑에서 통일을 완수할 것임에 우리가 오늘 잠시 동안 곤란한 경우에 처한 것을 별로 염려할 것이 없는 줄로 압니다. 공산군의 난리를 만나서 얼마동안 곤욕을 보는 것은 우리뿐만 아니라 세계 모든 나라가 다소간 당하는 것인데……"

라고 하면서 국민을 무마하려고 노력했다.

이승만 대통령은 이와 같이 국민을 상대로 한 설득에 노력하는 한편 자신의 리더십을 강화하기 위하여 전시내각을 보강하였다.

7월 15일 내무부장관에 조병옥, 공보처장에 김활란을 임명하였다.

조병옥은 제2대 국회의원선거(5·30선거) 때 서울 성북구에서 조소앙에게 패하였다. 6·25남침으로 대전에 피난한 후 민주국민당, 국민회, 부인회, 대한청년회 등 우익단체를 모아 '구국총연맹'을 결성하고 위원장이 되어 대전, 대구, 부산 등지를 돌아다니면서 시국강연을 하고 있었다.

이승만 대통령은 친미보수적인 조병옥을 포용하여 미국의 지원과 전시

하에서 우익진영의 단결을 도모하고자 내무부장관에 기용했다.

조병옥은 내무부장관에 임명된 후 경찰력을 증강하여 후방 치안유지와 게릴라 소탕에 크게 기여했다. 그러나 군대 무기도 부족한 상황에서 경찰의 무장을 갖추기가 어려운 상황이었으므로 미 제8군사령부와 직접교섭을 하는 등 돌출 행동을 하여 신성모 국방부장관과 갈등을 빚었고, 8월 18일 정부를 부산으로 이동할 때에는 대통령과 상의 없이 독단적으로 정부이동을 주장하여 국무회의에서 만장일치로 결정함으로써 정부 내의 불협화음을 야기하였다.

조병옥 내무와 신성모 국방의 갈등은 그 후에도 계속되었고, 급기야 두 사람은 동시에 퇴진하는 운명을 맞게 된다.

이승만 대통령 리더십은 낙동강방어기간 동안 상당히 공고하게 유지되었다. 미국과 UN의 지지를 도출해 냈고 이들로부터 직접적인 군사적 지원을 받아냄으로써 초기 패전에도 불구하고 국민들의 지지를 확보할 수 있었고 미국정부도 이승만 대통령을 확고하게 지지하고 있었다.

정부와 국회와의 관계는 전쟁이라는 특수 상황에서 전반적으로는 협조 관계를 유지하고 있었으나 국회가 이승만 대통령을 보는 시각은 부정적이어서 갈등과 대립 양상을 표출하고 있었다. 제2대 국회 개원시 이승만 대통령은 자신을 지지하는 오하영 의원을 국회의장에 당선시키고자 하였으나 지지 세력의 열세로 오히려 반대파인 신익희 의원이 당선되었고, 부의장에는 장택상, 조봉암 의원 등 반 이승만 계가 당선되었다. 이는 국회가 이승만을 길들이겠다는 의미로 받아들여지는 상황이다.

그럼에도 국회는 이승만 행정부에 협조하는 입장을 취했다.

7월 4일 이승만 대통령이 난국에 임하는 국민의 자세를 촉구하자 이에 부응하여 국회도 정·부의장과 국회의원 7명으로 비상위원회를 구성하고 정치공작 및 외교, 군사, 식량, 정보 등 각 분야에 걸친 긴급조치를 촉구하였다.

7월 27일 대구에서 130명의 의원이 출석하여 임시국회를 개최하고
개전 이래 정부가 취한 긴급 명령, 긴급재정 처분 등을 승인하였고,
전시내각 및 외교진의 강화를 건의하였으며,
UN군총사령관 및 UN한국위원단에 계속적인 지원을 요청하였고,
일선군경 및 UN군 장병에게 감사 메시지를 보내는 등
20여 개의 주요 안건을 처리하였다.

또 국회는 9월 1일 부산에서 속개하여 다음날 UN과 맥아더 원수에게 총공격을 요청하는 결의문을 통과시킨 후 이를 9월 6일 맥아더 원수에게 직접 전달하였고, 장택상 부의장과 김동성, 황성수 두 의원을 국회사절단으로 선임하여 국민외교를 전개하였다.

반면에 9월 6일 국회는 신성모 국방부장관과 조병옥 내무부장관에 대한 파면을 요청하는 것을 주요골자로 하는 '대통령에게 요청하는 결의안'을 전격 가결하여 국회와 정부 간에 갈등을 표출하기도 하였다.

신성모 국방부장관에 대해서는
6·25남침 직전 대부분의 장병들을 외출시켜 전쟁에 대비하지 못하였고, 개전 초기 의정부를 탈환했다고 허위선전을 하였으며,
서울 시민과 정부 주요기관이 피난하기 전에 한강교를 폭파하여 질서 있는 피난을 하지 못하도록 한 책임을 물어 파면을 요청하였다.

조병옥 내무부장관에 대하여는
지하공산주의 활동 혐의로 김준태 의원을 회기 중에 체포한 후 국회의 석방요구결의안을 무시하였고,
국회를 비난하였다는 점을 들어 파면을 요청하였다.

두 장관에 대한 파면안은 부결될 것이라는 이승만 대통령의 기대와는 달

리 압도적으로 통과되었다.

주한 미국대사관은 한국정부 내에 행정부와 국회 간 정치적 알력이 일어나자 파면이 결의된 두 장관이 "일을 잘 한다."고 판단하고 대내적 정쟁이 전쟁에 미칠 심각한 대외적 영향을 국회지도자들에게 사적으로 알리고 행정부와 국회 간의 첨예한 대립이 밖으로 알려지지 않도록 필요한 조치를 취할 것을 당부했다. 미 국무부도 국가적 단결이 전쟁 수행에 지극히 중요한 시점에서 지도층 분열과 정치적 책략에 대해 우려를 표시하고 무초 대사로 하여금 정치적 갈등을 해소하기 위하여 이승만 대통령과 시민 및 국회지도자들에게 한국의 분열과 파벌주의가 UN의 지원에 악영향을 미칠 것이라고 경고하게 하여 타협을 촉구하였다.

이렇게 사태가 진전하자 신익희 의장과 장택상 부의장 등 국회지도자들은 이승만 대통령이 국회에 직접 출석하여 두 장관의 해임을 거부하되 화해적인 연설을 하고 네 명의 의원을 UN총회 대표단으로 임명하면 분쟁을 자제하겠다고 타협안을 냈고, 이승만 대통령이 이 타협안을 받아들임으로써 정부와 국회의 갈등은 해소되었다.

이와 같이 정치적 갈등으로 정쟁이 표출되기는 하였으나 전쟁이라는 위기 상황에서 대부분의 국민들은 이승만 대통령 정부를 따르는 가운데 전쟁 위기를 극복하고자 노력하였다.

경제적 상황

전선이 남쪽으로 후퇴하면서 많은 국민들이 남쪽으로 피난을 갔다. 금융질서가 문란하고, 물자가 부족하여 매점매석에 암거래가 횡횡하였으며 물가는 청정부지로 치솟았다. 돈을 주고도 물건을 살 수 없었다.

정부는 경제 질서를 회복하고자 안간힘을 쏟았다.

1950년 6월 28일 대통령 긴급명령 제2호

'금융기관 예금 등 지불에 관한 특별조치령'

을 공포하여 정부는

금융기관 예금이나 기타 자금지급을 제한할 수 있게 하였고,

일정액을 초과하여 지급하고자 할 경우에는 재무부장관이나 그가 지정하는 자의 승인을 받도록 하였다.

예금지급은 한 세대 당 1주일에 당시 화폐로 1만원, 1개월에 3만원 이내로 제한하여 일시적인 예금 인출을 억제하였다.

공공예금과 법인 등 단체예금은 봉급, 임금, 여비 등 인건비에 한하여 6월 28일부터 현금으로 입금된 예금과 국고수표로 입금된 예금에 대하여 전액 지급하도록 하였다.

7월 19일 대통령 긴급명령 제4호

'금융기관 예금대불에 관한 특별조치령'

을 공포하고 전재(戰災) 지역에서 오는 피난민에게 금융기관이 예금을 대불(代拂)하도록 하였다.

예금지급 제한으로 현금보관이 성행하자 7월 25일 재무부령 제1호

'금융기관 예금 등 지불에 관한 특별조치령 시행규칙'

을 제정하여 1세대당 예금인출 한도를 1주일에 2만 원, 한 달에 7만 원까지로 상향 조정하였다.

전쟁으로 인하여 세입원은 상실하였고 재정지출은 급격히 팽창하여 재정적자가 불가피하게 되자 그 적자를 한국은행의 차입금으로 매울 수밖에 없었는데 이로 인하여 통화가 팽창하고 물가가 폭등했다.

1950년 7월 26일

'UN군 경비지출에 관한 한·미 협정'

을 체결하고 UN군 전비를 한국은행이 UN군에 대한 대여 형식으로 조달하게 하여 더욱 통화가 팽창하고 인플레이션이 심화되었다. 이 협정은 한국과 한국수역에서 UN군 활동에 소요되는 경비를 UN군 회원국 지상군사령관이 요구하는 규모, 형태, 시간과 장소에 한국화폐와 신용으로 제공하도록 하였고, 이 경비는 대부분 한국은행으로부터 차입하는 형식으로 충당하였다.

이 협정은 전황이 긴급하고 전쟁이 곧 끝날 것이라는 자신감 때문에 대여금 규모, 상환일자 및 상환율 등을 정하지 아니하여 전쟁기간 중 UN군에 지불한 대여금은 막대하게 늘어났다.

한국은행이 발족한지 2주일 만에 전쟁이 일어났고, 한국은행은 7월 피난지 대구에서 한국은행권을 발행하여 새로 발행한 1,000원 권과 100원 권을 조선은행권과 함께 유통시켰다.

북한은 서울 점령 후 저들 인민화폐를 강제로 유통시키는 한편 조선은행권 1,000원 권 및 100원 권을 발행하여 살포함으로써 점령지역 경제를 교란하였고, 한국은행에서 약탈한 막대한 조선은행권을 공작금으로 사용하고자 워커라인지역 안으로 반입하여 경제 질서를 교란하였다.

이와 같은 북한군의 경제교란행위를 봉쇄하고 통화를 회수하여 물가를 억제하고자 8월 28일 대통령 긴급명령 제10호 '조선은행권의 유통 및 교환에 관한 건'을 공포하여 통화교환조치를 단행하는 한편 필요한 지역에서 조선은행권의 유통을 금지하거나 제한할 수 있게 하였다.

제1차 통화교환은 9월 15일부터 낙동강 방어선 지역 안에서 신·구 은행권을 같은 가치로 무제한 교환하였다. 통화회수는 국민 각자의 자발적인 예금에 기대하고 아무런 제한을 가하지 않았다.

제2차 통화교환은 수복 후인 10월 25일부터 서울, 경기, 강원 일대에서 실시하였다. 생산 활동이 회복될 때까지 시중의 부동구매력을 회수하고 인플레이션에 따른 국민생활의 위협을 제거하고자 세대당 2만 원까지는 현금으로 교환하고 나머지는 금융기관에 예치하게 하였다.

통화교환조치는 1953년 1월 16일까지 5차례에 걸쳐 실시하였는데 조선은행권 교환대상액 771억 원의 93%에 해당하는 719억 원을 교환하였고, 158억 원의 예금을 흡수하여 막대한 전비지출로 인한 인플레이션의 일부를 감소시키는 효과를 거두었다.

낙동강 방어선 시기의 경제상황은 금융질서 혼란, 전비조달에 따른 재정적자 누증, 산업생산력 저하에 따른 물자부족과 극심한 인플레이션의 지속을 특징으로 들 수 있다.

「4. 정치와 경제상황」 참고문헌 : 전쟁기념사업회 『한국전쟁사』 제3권 제11장 제3절 「낙동강방어시의 정치 · 경제상황」(p528)

5. 피난민 대책

나의 피난기 – 낙동강 짓골나루는 생지옥

내 경험을 통하여 피난 생활의 단면을 소개한다.

나는 선산군 고아면 문성동에 살았다. 구미역에서 북쪽 선산 방향 5km, 낙동강 서쪽 3km지점이다.

7월 30일경에 소개령이 내려서 피난을 떠났다. 11식구 중 53세이신 아버지는 젊은 사람들 짐 된다고 일가 어른 몇 분과 함께 남으시고 10식구가 떠났다. 만삭인 둘째 형수도 함께 피난을 갔다. 소와 자전거가 있어 기동력이 좋은 편이었다. 자전거에 형수를 태웠다.

짓골나루 주변 낙동강 양안이 피난민으로 메어져 그 넓은 백사장에 빈곳이 없었다. 배를 타는 것이 더 큰 전쟁이었다. 배가 도착하면 수백 명이 몰려들어 서로 먼저 타겠다고 난리를 쳤고, 일단의 젊은 사람들은 떼를 지어 뱃길을 막고 자기 가족을 태웠다. 하다 못한 젊은 사람들은 물이 가슴팍에 차는 곳까지 들어가서 기다렸다가 오는 배를 타고 와서 자기 가족을 태웠다. 또 많은 사람들이 타고 간 배에서 내리지 않고 다시 돌아와서 나머지 가족을 태웠다. 이렇게 타고 오는 사람들로 해서 배가 돌아와도 탈 자리가 없었다.

이들은 자기 가족을 태우기 위하여 다른 사람이 뱃전에 달라붙으면 발길로 걷어차서 내몰아 힘없는 사람은 물속에 곤두박질치기가 예사였다.

갓을 쓰고 두루마기를 입고 봇짐을 등에 진 늙은이가 배에 오르다가 걷어차여 물속에 거꾸로 처박혔다. 뒤로 벌렁 자빠지면서 머리가 물속에 처박혔고 이어서 다리가 물 위로 솟구쳤다가 가라앉았다. 순간 '저 노인 죽었구나?' 하고 마음 졸이고 있는데 한참 후에 물 위로 갓이 솟아오르더니 다시 뱃전에 매달렸다. 가히 초능력이었다. 가족이 없는지 혼자서 사생결단을

강을 건너는 피난민. 낙동강 중류에는 이렇게 강을 건널 수 있는 곳이 많이 있다.

하고 있었다.

　이웃 마을 아버지 친구분이 뗏목으로 강을 건너다가 빠져 죽었는데 강둑에 가매장해 놓았다가 피난 갔다 와서 장례를 치렀다.

　강을 건넌 후에도 난리는 계속 됐다. 한 가족이 함께 건너가지 못해 강을 건넌 사람은 배가 닿으면 목청껏 가족을 불러야 했고, 먼저 왔는지 나중에 오는지 알 수가 없었으니 밤새도록 가족 이름을 부르는 고함소리가 그치지 않았다.

　우리 동네는 류(柳)가 집성촌이고, 나를 기준으로 모두 8촌 이내 친척이었다. 고조의 종손인 3종형님의 아들이 선산경찰서 경찰관으로 있으면서 그 곳에 나와 있었는데 이 사람이 우리를 경찰가족으로 하여 쉽게 배를 탈 수가 있었다.

　짓골나루는 선산군 강동 4개면과 인근 의성, 군위 지역의 농산물을 구미역(경부선)으로 수송하는 통로가 되어 우마차를 운반할 수 있는 큰 배가 있었다. 구루마(소달구지의 일본말)배라고 불렀다. 그래서 구미-선산 간 국도(3등도로)에서 이 나루로 큰 길이 나 있다.

　도선장에는 피난민이 길 양쪽에 두줄로 끝이 안 보이게 늘어서서 순서를 기다렸고, 구루마배 두 척으로 건너는데 한 번에 줄 선 사람은 앞에 말한 사연으로 10명도 못 탔다. 줄은 좀처럼 줄지 않았다.

　우리 가족은 두 번에 나누어 어두워질 무렵에 강을 건너서 쉽게 합류하였다. 낙동강 흙탕물로 저녁밥을 지어 먹고, 백사장에서 홑이불을 덮고 밤을 새웠다.

　다음 날 아침 일찍 길을 떠났다. 강둑을 따라 하류로 가는데 강가의 넓은 백사장에서 뿜어내는 열기가 용광로와 다를 바 없었다. 만삭의 형수에 보조를 맞추다보니 걸음은 지지부진하여 한나절을 넘기고서야 강가를 벗어났고 다시 얼마를 더 가다가 옥계국민학교에서 밤을 새웠다.

다음날 다시 길을 떠나 정오 무렵에 산등성이를 돌아 산길로 들어섰을 때 천지를 진동하는 폭음이 울렸다. 그리고 얼마를 가다가 마주 오는 국군과 마주쳤다. '가까운 곳에서 전쟁이 붙었구나!' 하고 걸음을 재촉했다.

낙동강방선 전투가 임박해지자 피난민을 해산시키기 위하여 전폭기가 강물에 네이팜탄을 투하한 것이다. 강변 백사장을 메웠던 수만 명의 피난민이 혼비백산하여 흩어졌다.

그날이 8월 2일경이고, 내가 만난 군인은 그 곳이 천생산북록으로 옥계동 부근이니까 제1사단 제13연대였을 것이다. 8월 3일 낙동강 방어선이 형성되었고, 그날 저녁에 낙동강 연안 전투가 벌어졌다.

낙동강 백사장에는 피난민이 버린 자루가 허옇게 널려 있었다. 덜 중한 물건은 다 버린 것이다. 보리쌀자루가 많이 버려져 있었다. 우리 동네에 굶는 날이 먹는 날보다 많은 집이 있었다. 그 집 형제가 4명인데 마지막까지 강가에 남아 있다가 버려진 보리쌀을 질수 있는 데까지 지고 가서 피난생활 중에 가장 배불리 먹은 집이 되었다.

우리는 그날 천생산 남록에 있는 산비탈에 자리를 잡았다.

선산군 장천면 신장리다.

며칠 지난 후 8월 5일 둘째형수가 산비탈에서 조카를 순산했다.

1주일쯤 더 있다가 어머니와 산모인 둘째형수 내외 그리고 막내 동생은 그곳에 남고, 나머지 여섯 식구는 다시 길을 떠났다.

10여일 후에 영천군 화산면 냇가에 이르렀는데 입구에 면 이름이 적힌 팻말이 붙어 있었다. 행정구역단의로 피난민을 수용하고 있었던 것이다. 개울가에 움막을 만들고 살림을 차렸다. 비가 오는 날이 많았는데 그때는 옷을 입은 채로 비를 다 맞으며 밤을 새워야 했다.

우리 집은 농사를 많이 짓는 편이라 쌀을 많이 가지고 와서 밥은 굶지 않았다. 반찬이 떨어져서 소금물을 간으로 하여 밥을 먹었다.

어느 날 부인들을 따라 간장 동냥을 나섰다. 몇 동네를 돌며 여러 집을 다녔는데 종일 커피잔에 반 정도를 얻어왔다.

길가에 청년방위대초소가 있었고, 방위대원 두 사람이 상주하고 있었다. 그들이 하는 일은 젊은 사람 찾아서 입대시키는 일이었다.

어느 날(8월 17일) 셋째형님이 방위군에게 붙들려 입대했고, 다음날 이른 아침에 큰 형님이 붙들려 가서 내가 대신 입대하였다.

두 사람이 입대하여 4식구로 준 남은 가족은 며칠 후 청도로 가서 한달 가까이 더 피난생활을 하다가 9월 말경에 집으로 돌아왔다. 두 아들이 함께 오지 않은 것을 보신 아버지가 많이 상심해 하셨다고 뒤에 들었다.

천생산 산비탈에 남아 있던 어머니 일행은 1주일쯤 더 있다가 집으로 돌아왔다. 다행인 것은 그곳이 치열한 낙동강 방어선 전투 기간이었는데도 작전지역에서 벗어나 있어 아무런 위험부담 없이 평촌나루(짓골하류 약 1km 지점)에서 도섭으로 강을 건너 쉽게 돌아왔다.

둘째 형님은 깊은 산속에 숨어서 지냈고, 형수는 아기를 안고 새벽에 집을 나가 '새터골'이라고 하는 곳에 있는 우리 밭 방천에 있는 버드나무와 아카시아 숲 속에 숨어서 종일 있다가 어두워진 뒤에 돌아왔다.

둘째 형님은 1952년 27살에 입대하여 1953년 7월 14일 전사했다.

신작로에 한약방하는 사람이 안동네에 순사 아버지가 있다고 인민군에게 고자질 했다. 자신이 어려움을 겪게 되자 그렇게 해법을 찾은 것이다.

어느 날 동네 어른들이 재당숙집 감나무 그늘에 모여 있는데 인민군이 들어닥치더니 갑자기 3종형님 가슴팍에 삐죽한 총검을 들이대며

"순사아버지가 누구얏?"

하고 소리를 질렀다. 짓골나루에서 우리의 도하를 도와준 그 경찰관 아버지다. 갑자기 당한 일에 그 형님(60대 초반)은 얼굴이 새파랗게 질려 말도 못하고 벌벌 떨고 있었다. 아버지가 인민군을 붙들고

"순사아버지가 죽을 작정을 안 한 이상 어찌 여기 남아 있겠소. 순사아버지는 피난가고 없소. 무엇을 원하는지 말로 합시다."

라고 사정하여 옆으로 비켜 세웠다. 그러자 다른 어른들이 끼어들어 대화를 하는 사이 아버지는 그 형님에게 "소 주게."라고 언질을 주어 소를 주고 위기를 넘겼다.

순사아버지는 공포의 나날을 보냈다. 인민군이 또 오지 않을까, 오금을 저렸고, 무슨 일은 당할지 몰라 불안 속에 지냈다. 날이 갈수록 쇠약해지더니 얼마 더 못 살고 세상을 떠났다.

키가 크고 건장하며 힘이 센 분이었다. 동네에서 농사도 제일 많이 지었고, 남이 따라갈 수가 없게 일을 잘한 분이다. 달밤에 논을 갈았다고 화제를 남긴 분이다. 장수할 거라고 평판이 있던 분인데 일찍 세상을 떠났다.

피난민 분산 수용

전쟁 초기 정부는 피난민에 대하여 관심을 가질 여유가 없었다.

7월에 들어서면서 피난민들이 대전으로 모여들었다.

7월 10일 정부는 다음과 같은 대책을 마련하였다.

사회부 : 필요한 장소에 피난민수용소를 설치하고 사상이 온건한 피난민에게 피난민증명서를 교부·수용하며, 사상을 항상 심사·감시할 것.

농림부 : 피난민에게 필요한 양곡을 신속히 공급하고 양곡 대금을 즉시 지불하기 어려울 때에는 최대한 유예시킬 것.

국방부·내무부 : 불순분자를 색출하기 위하여 피난민을 조사하고, 피난

민증명서교부에 협력하며, 승차, 수송 중의 질서를 유지하고 불온자의 침입을 방지하기 위하여 항상 주재·경비할 것.

교통부 : 피난민 수송 요구가 있을 때는 피난민증명서 소지자에 한하여 무상수송하도록 할 것.

보건부 : 환자는 의료기관을 동원하여 무료 시료할 것.

이러한 대책과 함께 피난민을 분산수용하였으나 전선이 남쪽으로 밀리면서 부산에 80만 명, 대구에 40만 명이 몰린 것을 비롯하여 많은 피난민이 낙동강 방어선 쪽으로 몰려들어 심각한 혼란이 일어났다.

8월 4일, 정부는 '피난민 수용에 관한 임시조치법'을 제정하여 다음과 같은 조치를 취하였고, 8월 1일부터 소급 적용하였다.

(1) 사회부장관은 주택 여관, 요정, 기타 수용이 가능한 귀속재산[*1] 임차인에게 피난민 수와 피난기일을 지정하여 수용명령을 내릴 수 있다.

(2) 수용명령을 받은 임차인은 피난민으로부터 임대료를 받을 수 없다.

(3) 관재청장[*2]은 피난민 수용으로 영업상 지장이 있는 귀속 재산에 대해서 임대료를 경감 또는 면제할 수 있다.

(4) 수용명령을 위반한 자는 귀속 재산 임대 계약을 취소할 수 있다.

낙동강변 피난민 수용지

* 1 광복전 일본인 소유의 재산으로 국가에 귀속된 재산.
* 2 귀속재산 처리 업무를 관장하던 중앙관서. 재무부 외청이었다.

9월 8일 이 임시조치법을 일부 개정하여 귀속재산만으로 피난민 수용이 충족되지 않을 경우 사회부장관은 주택과 여관 및 요정 등에도 피난민 수용을 명할 수 있게 하였고, 정당한 이유 없이 명령을 거부하거나 기피할 때는 100만 원 이하의 벌금이나 구류 또는 과료에 차하도록 하였다.

그러나 낙동강방어작전 기간 중에는 수용시설이 절대 부족하여 많은 피난민을 야산이나 하천변에 수용하였다. 피난민들을 정해진 장소에 행정구역 단위로 수용함으로써 행정력이 기능을 발휘하여 구호와 방역과 의료혜택을 받을 수 있었고, 피난민 이동시 질서를 유지할 수 있었다.

피난민을 효과적으로 통제함으로써 군 작전상 장애를 제거하였고, 북한 공작에 의한 피난민의 소요 내지는 폭도화를 막을 수 있었다. 실지로 낙동강방어작전 기간 중 피난민에 의한 소요나 혼란이 전연 없었던 것은 이와 같은 피난민 대책이 효과를 낸 것으로 판단된다.

피난민 구호

피난민 구호도 피난민 전쟁 초기에는 아무런 대책이 없었다.

앞에서 본 바와 같이 피난민을 수용하고 피난민 증명을 발급한 후 피난민증명서 소지자에게 1일 2홉의 양곡을 지급하는 계획이 마련되었고, 그 후 미국정부에서 제공한 담요, 옷 등 생활필수품과 의약품이 피난민에게 지급되었고, 정부양곡을 방출하여 얼마동안 식량문제는 심각하지 않았다. 피난민에게 제공되는 구호품은 국군 수송수단이 수송하였다.

전쟁이 장기화하면서 물자부족 현상이 심화되자 강력한 피난민 구호 대책이 요구되었다. 정부는 8월 29일 '피난민구호중앙위원회'를 설치하고 광범위한 구호대책을 마련하여 피난민 구호에 적극적으로 대처했다.

그 결과 다음해 1·4후퇴를 맞이하고도 별 혼란 없이 넘길 수 있었다.

피난민 구호에는 UN에 의한 민간인 구호가 큰 몫을 했다.

UN은 6월 27일 UN 안전보장이사회 결의 S/1511와 7월 7일 같은 결의 S/1588에 의하여 UN회원국들로부터 한국을 지원하기 위한 식량, 의류 기타 원조금품을 접수하기 시작하였고, 7월 13일 UN사무총장은 UN군총사령부 요청에 의하여 회원국에 한국에 대한 원조를 호소하였다.

7월 28일 애치슨 미 국무부장관은 UN군총사령부가 한국인 구호와 지원을 요구하는 전문을 UN주재 미국대표부에 보냈고, 7월 31일 UN안전보장이사회는 '한국 민간인의 구호에 관한 결의안' SC/1657을 채택하여 UN군총사령부로 하여금 한국민간인에 대한 구호와 급양을 집행하도록 하고 UN사무총장은 이 구제와 급양에 필요한 모든 원조를 제공하도록 하는 지원체제를 마련하였다.

8월 14일, UN경제사회이사회는 '한국구호에 대한 결의안' 제323호를 채택하였고, UN군총사령부는 한국민간인 구호를 위하여 UN에

3,400만 불에 해당하는 원조 요구를 비롯하여

의료보급물자와 공공보건단체파견, 보건·위생 전문가 4명 파견, 곡물, 설탕, 식염, 일반 보급품을 요청하였다.

9월 중순 UN군총사령부는 UN에 한국민간인에게 줄 구호품으로 식량과 물자를 요청하였다. 특히 UN군총사령부는 9월 중순 이후 한국정부가 UN군 관할지역 주민들에게 최소한의 식량도 제공하지 못할 것으로 판단하고 제4차 작전보고서에서

9월에 쌀 15,000톤, 보리 5,000톤,

10월에 쌀 20,000톤, 보리 10,000톤을 보내줄 것을 요구하였고
겨울철을 대비하여 식량, 의류, 모포, 의약품 등의 공급도 요청하였다.

1950년 UN이 한국에 보내준 주요 구호물자 현황은 다음과 같다.
이들 구호물자는 10월 이후 한국에 도착하였다.

분류	품목	수량	품목	수량
식료품류	쌀	22,484톤	보리쌀	5,389톤
	밀가루	8,799톤	건우유	1,342드럼
	건우유	2,707톤	소 금	3,000톤
연료류	유연탄	4,343톤	분 탄	9,900톤
	목 탄	1,000톤		
의약품류	디디티액	93드럼	디디티분말	220대(袋)
	천연두약	127,500정	파상풍약	2,250정
	기 타	417개	기 타	250파운드
기타잡품	모 포	1,958표(俵)	의 류	918표
	의 류	119,993파운드	신 발	91,685파운드
	비 누	105,859파운드		

자료 : 전쟁기념사업회 『한국전쟁사』 제3권 p539

피난민 통제

피난민 통제는 앞에서 말한 바와 같이 피난민을 분산 수용하면서 피난민 증명서를 발급하는 것으로 1차적인 통제가 이루어졌다.

피난민을 통제하지 못할 경우

피난민이 전투지역으로 몰려들어 군 작전에 큰 장애가 될 수 있고,

이들이 도로로 이동할 경우 병력 이동이나 보급품 수송에도 어려움이 있음은 물론 교통이 마비되어 혼란이 일어난다.

적이 피난민을 선동하여 사회적 불안을 조성할 수 있고,

피난민을 가장한 게릴라 침투가 용이하게 된다.

이러한 예는 미 제1기병사단 정면 영동전선에서와 미 제24사단 전투지

역인 영산지구에서 게릴라와 편의대에 의한 기습을 들 수 있다.

피난민에 대하여는 피난민증명을 발급하였고, 이동시 군경이 인솔하였으며, 사상이 불온한 자가 피난민 대열에 끼지 못하도록 관찰했다.

7월 말까지 매일 25,000여 명의 피난민이 미군 방어선 안으로 들어왔고, 이 피난민 대열에 적 게릴라가 끼여 침투하였다.

미 제8군은 적 게릴라가 침투하는 것을 방지하기 위하여 미군 각 사단에 200~300명 수준의 한국경찰을 배속시켜 피난민 이동을 통제하였다. 배속된 한국경찰은 피난민을 먼저 연대 수용소에 수용한 후 신체와 소지품을 검사하고 신문을 거쳐 지정된 경로를 따라 주간에만 이동하도록 하였다. 이들 피난민은 한국정부가 부산, 대구 주변에 마련한 60여 개소의 수용소로 이동하였다. 이와 함께 미 제8군은 낙동강 방어선 전투 기간 중 작전지역 안에 있는 주민들을 소개시키거나 작전지역으로 들어오는 피난민을 막는 등 강력하게 통제하였다.

미 제24사단은 오산 전투 이후 전투지역에서 민간인 복장을 한 게릴라전에 곤욕을 치른 경험이 있어 8월 낙동강전선에서는 진지점령에 앞서 강안으로부터 8km 이내에 거주하는 주민을 강제로 소개시켰다. 이렇게 하여 30여 만 명의 피난민을 부산으로 호송했고, 적의 8월 공세 때는 적 게릴라가 피난민대열에 끼어 침투하는 것을 방지하기 위하여 낙동강 서안에서 동안으로 도강을 시도하는 10만여 명의 피난민을 강을 건너지 못하도록 포병탄막을 형성하여 저지하였다.

마산 지역에서는 게릴라의 근거를 제거하기 위하여 대대적으로 주민을 퇴거시켜 시민 12만여 명을 열차와 자동차 그리고 해군 상륙용 주정을 이용하여 부산과 거제도 등지로 소개시켰다.

미군이 민간인 복장을 한 사람이라도 밤에 이동하는 사람은 누구라도 사살한다는 원칙을 세운 이후 적 게릴라의 침투가 현저히 줄어들었다. 이와 같은 피난민통제는 낙동강방어 전투 전 기간을 통하여 이루어졌고, 작전지역뿐만 아니라 후방지역에서도 실시되었다. 피난민이 주요도로로 이동하는 것을 통제하였고, 부산과 대구 등 도시로 집중하는 것을 막았으며 부산과 대구시내에 있는 피난민은 인근 지방으로 이동시켰다.

국회는 9월 12일 '피난민 수용대책에 관한 건의안'을 채택하였다.

"현재의 피난민 수용 상황은 5열침투방지라는 이유로 전선 상황에 따라 빈번히 이동하지 않으면 안 될 일선 근접 일정 지역에 한하여 피난민 통행을 허용하고 그 외의 지역에 대하여는 통행을 금지함으로써 협소한 지역에 수십만 피난민이 산야 또는 노변에 운집 노숙하고 있어 죽음을 기다리고 있는 형편인 바 이들 피난민들을 일선에서 비교적 원거리 지역으로 분산수용 또는 각자 연고지로 수용하도록 조치할 것이며, 5열침투방지책으로는 피난민증서 발급 등의 방법을 강구할 것을 건의한다."

낙동강방어작전 시기의 피난민통제는 전반적으로 피난민대열에 적 게릴라의 침투를 막고 피난민으로 인하여 야기되는 군사작전상의 장애를 제거하는데 도움을 주었지만 다른 한편으로는 군 작전 위주로 무리하게 통제하여 피난민에게 필요 이상의 불편을 주었고, 때에 따라서는 인명 피해를 낳기도 하였다.

「5. 피난민대책」 참고문헌 : 전쟁기념사업회 『한국전쟁사』 제3권 「낙동강방어시기의 피난민대책」(p535)

6. 8월 15일까지 부산을 해방하라

북한군 진출선

북한군 제4차 작전기는 7월 21일부터 8월 20일까지이다. 남해 진해만 서쪽 끝에 있는 진동리에서 수직으로 낙동강 중류의 왜관을 잇는 낙동강선과 왜관에서 동쪽으로 의성을 거쳐서 포항에 이르는 수평선까지 진출하는 것이다.

적은 제3차 작전기까지
중부 방면은 경부축선인 김천~대구 방향을 주공으로 하고,
　　　　　　상주~낙동~다부동~대구 방향(25번 국도)을 조공으로,
중동부 방면은 안동~의성~영천 방향(중앙선)으로,
동해안 방면은 영덕~포항(7번 국도)으로,
서남부 방면은 남쪽 진주~마산 방면과 북쪽 고령~창녕 방면으로
5개 통로를 통하여 총공세를 취했다.

적 제1사단은 38선에서 우리 제1사단 제13연대 정면 고랑포 방면으로 침공하였고, 서울~수원~충주~수안보로 남진했다. 7월 13일 연풍에서 우리 제6사단과 마주친 이래 8월 1일까지 문경~영강을 거쳐 함창 북방에 이르기까지 적 제13사단과 합세하여 격전을 벌였고, 사단장이 부상하고 사단 손실이 커서 함창에서 재편성 중에 있었다.

적 제2사단은 38선에서 제6사단 정면 춘천을 공격하였고, 진천~청주~보은을 거쳐 7월 25일 적 제3사단과 협동하여 영동을 점령하였다. 그러나 춘천과 진천 전투에서 입은 손실이 커서 김천에서 정비 중에 있었고, 제7사단과 함께 홍천 전투에서의 패전 책임으로 사단장이 바뀌었다.

적 제3사단은 남침 당시 우리 제7사단 정면 포천으로 진격하여 제4사단

과 함께 서울을 점령하였고, 7월 20일 대전을 점령한 후 계속 남진하여 7월 25일 제2사단과 함께 영동을 거쳐 8월 2일 김천에 진출했다.

적 제4사단은 38선에서 동두천으로 진격하여 적 제3사단과 함께 서울을 점령하였고, 전의 전투 후 공주로 우회하여 금산~진안을 거쳐 7월 27일 안의, 29일 거창을 점령하고 8월 3일 합천에 진출했다.

적 제3사단과 제4사단은 서울주공부대로 서울을 점령한 사단이다. 이번에는 대구 점령의 사명을 띠고 제3사단은 김천에서 경부축선 주공을 맡았고, 제4사단은 고령 방면에서 낙동강을 도하하여 32km 거리밖에 안 되는 대구 서측방으로의 진격을 목표로 하고 있었다.

적 제5사단은 강릉을 점령하고 삼척, 울진을 거쳐 일찌감치 포항을 위협한 사단이다. 제766부대와 함께 미리 침투한 인민유격대와 합세하여 후방을 교란하고 게릴라전을 벌이면서 무인지경을 달려왔으나 우리 제3사단과 미군의 해상, 공중 입체 작전에 걸려 고전을 면치 못하고 있다. 7월 17일 영덕을 공격하여 낙동강 방어선이 형성된 8월 4일까지도 일진일퇴의 공방전을 치열하게 전개하다가 8월 8일 강구를 점령했다.

적 제6사단은 전투경험이 많은 중공군 출신이 주축을 이룬 사단으로 개전 당시 서울 점령 조공을 맡아 개성지구를 공격한 사단이다. 우리 제1사단의 저항에 막혀 적 제3사단과 제4사단이 서울을 점령한 6월 28일까지도 봉일천에서 발이 묶이는 바람에 서울 점령이라는 영예는 못 가졌지만 여전히 북한군 최강 전력을 자랑하고 있는 사단이다.

적 제6사단은 7월 8일 천안 점령 후 그 행방이 알려지지 않아 UN군에게 수수께끼를 안겨주었었다. 저들은 방향을 서남으로 돌려 7월 20일 대전이 함락되던 날 전주를 점령했고, 목포와 여수에서 보급을 받은 후에 25일 하동을 점령하고, 31일 진주에 돌입했다.

적 제4사단과 함께 적 제6사단이 서남방으로 깊숙이 우회하여 진주~마산을 거쳐 부산을 위협하고 있는 사실을 7월 31일까지 알지 못했다.

적 제6사단장 방호산 소장은

"UN군 사기는 완전히 저상되었다. 우리 사단에 부여된 임무는 진주와 마산을 해방시킴으로써 적의 숨통을 틀어막은 다음 섬멸하는데 있다."

고 다그치면서 이렇게 호언했다.

"남조선 국민을 북조선 공산주의자들의 손으로 해방시킨다."

적 제8사단은 6·25남침 직후 38경비 제1여단이 승격한 사단이다. 예비사단으로 춘천, 홍천을 점령할 때까지 적 제2사단과 적 제12사단을 따라 오다가 적 제12사단 전력이 약화되자 일선으로 나서 원주를 점령하고, 적 제12사단과 함께 평창을 거쳐 제천에서부터 같은 이름의 우리 제8사단 정면으로 진출하여 단양~영월~죽령~풍기를 거쳐 7월 24일 영주를 점령하고, 8월 1일 적 제12사단과 함께 안동에 진출했다.

적 제12사단은 개전 당시 적 제7사단으로 홍천에 진격한 사단이다. 홍천에서 제6사단에 대패하여 사단장과 군단장이 동시에 바뀌고 사단 이름이 제12사단으로 바뀌는 수모를 겪었다. 이 패전으로 전투력을 상실하여 그 뒤를 따라오던 적 제8사단이 원주에서부터 전선에 투입되었고, 적 제12사단은 적 제8사단과 함께 8월 1일 안동을 점령했다.

동해안에서 포항 점령 임무를 띠고 공격 중인 적 제5사단이 제3사단의 저지와 미군의 해상 및 공중공격에 타격을 받고 진격이 부진하자

적 제2군단장 김무정은 제12사단장에게

"안동을 점령한 후 동진하여 7월 26일까지 제5사단과 협공으로 포항을 점령하라."

고 명령을 내렸다. 그러나 적 제12사단은 제8사단의 강력한 저항과 공중공

격에 막혀 8월 1일에야 안동을 점령하였다.

적 제13사단은 예비대로 있다가 7월 25일 함창 전투에 투입된 사단이다. 건제를 유지하고 있었으며 적 제1사단이 우리 제1사단과 제6사단의 저지에 막히자 일선에 투입되었다. 제1사단과 제6사단이 낙동강 방어선 편성을 위하여 낙동강 남안 낙정으로 이동한 후 상주에 진출했다.

적 제15사단은 예비사단으로 있으면서 개전 초에는 적 제12사단을 따라 춘천~홍천~장호원을 거쳐 남진했고, 음성에서 전투에 투입됐다. 동락(同樂-충주시 薪尼面)에서 우리 제6사단에, 금곡리에서 우리 제17연대에 연대 병력이 섬멸되는 피해를 입고 사단 전투력을 상실하였다. 단양을 거쳐 화령장에서 우리 제1사단의 저항을 받다가 제1사단이 낙동강 방어선 편성을 위하여 낙동강 남안 낙정으로 이동한 후 상주에 진출했다.

제105기갑사단은 개전 당시 주력 2개 전차연대가 제3, 제4사단을 지원하면서 의정부 방면으로, 1개 전차연대는 문산 방면으로 진격했다. 낙동강 전선에서는 저들 제6사단과 제13사단을 집중 지원했다. 남침 초에 150대이던 전차가 40대밖에 남지 않았다.

적 제7사단과 제9사단은 38경비 제7여단과 제3여단이 각각 승격한 사단으로 예비사단으로 있다가 제7사단은 대전에 와 있고, 제9사단은 후방지역에 있었다.

제10사단은 군 예비사단으로 대전을 거쳐 무주로 이동 중에 있었다.

차단된 북한군 보급선

북한군은 8월 15일까지 부산 점령을 목표로 50일 작전 계획을 세웠다. 이에 맞추어 탄약, 유류 등 보급품을 비축했고, 특히 식량은 곡창지대인 남한에서 현지 조달하기로 계획을 세웠다. 그러나 미군이 조기에 참전했고 제공권과 제해권을 상실하면서 계획에 차질을 빚게 되었다.

낙동강 방어선이 형성될 무렵 북한군 병참기지는 만주와 소련의 블라디보스토크(Vladivostok)에 있었다.

한국 도로망은 서울을 중심으로 부채살처럼 뻗어 있어 모든 교통은 서울을 통과해야만 한다. 만주에서 수송되는 보급품은 평양을 거쳐 서울을 통과해야 하고, 블라디보스토크에서 해상으로 청진이나 원산항에 양륙된 보급품도 서울을 거쳐야만 각 사단으로 보급할 수 있다.

서울에서 왜관까지의 병참선 길이만도 300km가 넘었다.

북한군은 이러한 사정을 고려하여 해상수송을 계획하였던 것인데 제해권을 상실하여 부득이 취약한 육상수송에 의존할 수밖에 없었다.

미 공군은 이러한 북한군 수송을 그대로 놓아두지 않았다. 미 제5공군은 7월 한 달 동안 2,500대가 출격하여 서울 이남의 교량 280개소와 차량 1,435대를 파괴함으로써 수송수단의 발목을 완전히 잘라버렸다.

낙동강 방어선이 형성된 무렵에는 열차와 자동차 등에 의한 보급기동수송수단은 완전히 두절되고 말았다. 뿐만 아니라 평양조차장(操車場)과 병기창, 원산제유소(製油所), 흥남합섬화학공장, 나진부두, 성진제철소, 진남포 알루미늄공장 등 북한 군수생산 중추 기능이 미군 전략폭격기의 폭격으로 마비 상태에 빠져 전선 전력을 보충할 길이 없어졌다.

북한군은 서울시민을 동원하여 한강다리를 보수하고, 야간에 열차와 자동차를 이용하여 군수품과 전차 등 중장비를 수송했다. 열차와 자동차는 주간에는 터널 속이나 은밀한 곳에 숨어 있다가 야간에만 운행했다.

북한군은 전시동원령을 내리고 노무자 30여 만 명을 동원하여 파괴된 도로와 교량을 보수하고, 보급품 및 부상자를 수송하였는데 1인당 보급품 20kg을 지고 하룻밤에 20~24km의 거리를 걸어서 1일 평균 약 400톤 이상의 보급품을 전선으로 운반했다. 1개 사단 1일 수요 약 15톤을 감안하면 이러한 방법으로도 경량품 조달에는 충분했다고 보인다.

    8월 중순에는 전차 20대와 전차병 200명이 전선에 도착하였다.

    북한군의 이러한 군수품 조달능력을 보고 워커도 경탄했다고 한다.

    북한군은 김천 직지사에서 보급사단을 창설하였다. 사단장에 총좌 이성근(李成根)을 임명하고, 남한에서 모집한 공산분자 10,000명이 넘는 병력을 확보했다. 보급사단은 경부선 전의(全義)~전동(全東) 사이에 있는 2개 철도 터널을 보급창고로 삼아 서울에서 수송된 보급품을 저장해 두었다가 동원된 노무자를 이용하여 전선으로 운반했다.주)   국방부 「한국전쟁사」 제3권 p38

    미 공군은 북한군의 이러한 보급품 야간수송을 저지하기 위하여 야간폭격을 감행했으나 완전히 저지하지는 못했다.

    "밥 좀 주세요." – 하루 한 끼 먹고 싸우는 혁명전사

    낙동강 방어선이 형성된 즈음에 포로가 된 북한군 병사들의 첫 마디다.

    북한군 식량보급은 다른 보급과는 달리 현지 조달 계획이었기 때문에 비축량이 없었고, 현지 조달은 생각지 않은 어려움에 부닥쳤다.

    먼저 공공용 식량을 획득하는 방법인데 초기에 불의의 기습을 받은 개성, 춘천, 강릉 등 일부지역과 한강교의 조기폭파로 미처 후송하지 못한 서울에서 일부 비축미를 확보할 수 있었을 뿐 그 외 지역 비축미는 모두 후송한 상태였으므로 저들이 계획한 현지조달은 불가능했다.

    남한 각 가정은 8월에 들어서면 시기적으로 식량이 부족하여 어려움을 겪는 때인데다가 있는 사람들은 피난하면서 식량을 숨겨두어 저들이 원하는 대로 모아지지 않았다. 저들은 인민위원회를 통하여 협박과 회유로 식량 수집에 애를 썼으나 소기의 성과를 거두지 못했고,

"식량을 제공하면 토지를 무상으로 주겠다."

는 감언으로 유도했어도 효과가 없었고 오히려 주민들은 있는 식량마저도 깊이 숨기는 현상이 일어났다.

대부분의 작전지역이 절량 농가가 많은 산악 지대여서 식량을 입수하기가 더 어려웠고, 식량을 운반하던 동원된 주민들은 저들의 약탈 행위에 분노하여 보급품을 지고 집단으로 탈출하는 사태까지 벌어졌다.

8월 들어 북한군의 식량 사정은 극도로 악화되었다. 결국 북한군은 각 사단에 공급하는 식량을 1/3로 줄이는 비상수단을 강구했다.

북한군은 섭씨 30도가 넘는 혹서와 강행군으로 인한 체력 저하에 식량난으로 인한 영양실조까지 겹쳐 전력은 급격히 약화됐다.

정일권 장군은 그의 『회고록』에 이렇게 기술했다.

"각 사단마다 포로 사냥이 한창이었는데, 잡아놓고 보면 하나같이

'밥 좀 주세요.'

라고 애원하고, 먹여주면 눈물 흘리며 고마워하는 것이었다. 덕분에 묻는 말에 고분고분 대답해 적정 수집에 큰 도움이 되었다.

7월 29일자 나의 '진중일기(陣中日記)'를 보니 이 같은 구절이 적혀 있다.

'포로 직접 심문하다. 15세 어린 소년병. 말라붙은 입술을 혀끝으로 핥으며 자주 군침을 삼키기에 배고파서 그러느냐 물었더니 고개를 끄덕이었다. 건빵 한 봉지를 주었더니 손에 꼭 쥐고 눈물 흘리며 정신없이 먹었다.'

이 날은 낙동강공방전이 불붙기 7일 전이었다. 착검한 소련제 장총보다 키가 작은 어린 소년병이었다. 황해도의 谷山이 고향인데,

'너처럼 어린놈이 어째 군인으로 나왔느냐?'

물었더니 집 앞에서 놀고 있는데 인민군 트럭이 갑자기 오더니 대여섯 명의 친

구들과 함께 싣고 가 버렸다는 것이다.

청년들은 남침 전에, 어른들은 전쟁이 시작된 뒤에 모두 인민군에게 끌려가 부락에는 할아버지들과 어린이들만 남아있었다고 한다. 소년병의 소속은 제15사단이었다. 묻는 말에 또박또박 대답했다.

몇 가지를 적어 보면

'미군 제트기가 가장 겁나고, 다음으로 무서운 것은 인민군 독전대였다.

3일 전부터 갑자기 식량이 줄어 항상 배고팠다.

소총 실탄과 수류탄도 조금밖에 안 주게 되었다.

전차도 거의 없어지고 남아있는 것도 휘발유가 모자라서 잘 움직이지 못하고 있다는 소문을 들었다.

샤쓰나 양말은 신품을 받아본 일이 없다.

매일 호주머니 검사를 하는데, 국방군의 귀순 삐라를 갖고 있으면 독전대가 그 자리에서 쏴 죽이고 만다.

낙동강만 건너가면 대구와 부산은 식은 죽 먹기로 간단히 해치울 수 있다고 귀가 따갑도록 선전하고 있으나 병사들은 누구 하나 믿지 않고 있다.'

고 하는 여러 가지였다. ……

어린 눈에 비친 거짓 없는 북괴군의 실상이라고 보았다." (p184, 185)

맥아더 원수는 워커 장군에게

"북괴군은 반드시 지쳐버리고 말 것이다." 주) 　『정일권회고록』 p186

라고 말했고, 워커 장군은 낙동강 결전은 결국

'보급의 싸움'으로 낙착될 것이라고 굳게 믿고 있었다. 주) 　앞 같은 p185

북한군은 지칠 대로 지쳤다. 손실된 병력과 병장기의 보충은 고사하고 기본적인 보급마저 차질을 빚어 전력을 회복하는 것은 불가능했다.

미 극동군총사령부에서 포로 2,000명을 대상으로 심문한 결과 나타난 의견을 종합하면

(1) 북한군 보급 조직을 파괴한 최대 효과는 공중 공격이었다.

(2) 연료와 탄약보급이 극도로 악화되어 철저한 절약과 전리품을 이용하여 겨우 전선을 유지하였다.

(3) 전선으로 가는 보급품의 반수는 도중에서 파괴당했다.

(4) 야간수송에 의존한 결과 1일 수송거리는 54km를 넘지 못했고, 철도와 도로의 파괴로 수송이 1~2일 지연됐다.

(5) 식량 부족은 사기 저하의 주원인이 되었다.

이러한 심문 결과 나타난 사기 저하 원인을 통계로 보면 다음과 같다.

순위	원인	선택 인원	비율
1	식량 부족	176명	21.4%
2	항공기 공격	148명	17.9%
3	훈련 부족	93명	11.3%
4	장비 부족	81명	9.8%
5	휴식 부족	68명	8.2%
6	협박적인 지휘	52명	6.3%
7	부상자 치료가 없다	51명	6.2%
8	전쟁 목적 불명	40명	4.9%
9	포격 위협	39명	4.7%
10	도망병의 누적	28명	3.3%
11	장교의 학대	13명	1.6%
12	교대와 휴일이 없다	12명	1.5%
13	의복 불량	10명	1.2%
14	기타	14명	1.7%
	계	825명	100.0%

자료 : 일본 육전사연구보급회 『한국전쟁』 [2] p116

8월 15일까지 부산을 해방하라

"8월 15일까지 부산을 점령해야 한다. …… UN군에게 숨 돌릴 틈을 주지 말고 낙동강을 도하하여 대구와 부산을 점령하라."

7월 20일경 북한 수괴 김일성이 수안보에 있는 전선사령부에 나타나 전선사령관 김책을 다그친 독전 목소리다.[주1]

미국에서는 7월 20일 대전 전투 직후부터

"다음에는 어디에서 저지할 것인가?"

"어느 전선이 최후저지선인가?"

하는 논의가 시끄럽게 일어나고 있었다.

매스컴은 미국 일류 관측 기사나 해설을 게재하였는데 그 중에서도 〈타임〉지는 'Last Ditch Stand(절대사수의지)'를 발표할 정도였다.

"최악의 경우에는 낙동강선을 최후의 방어선으로 하고 부산교두보만은 반드시 확보한다."[주2]   1, 2. 일본 육전사연구보급회 『한국전쟁』 [2] p117, 118

북한군이 이러한 기사를 문자 그대로 순수하게 받아들였다면 UN군의 기도를 알 수 있었을 것인데

'백전백승의 강철의 령장(領將)이시며, 위대한 군사 전략가이신 경애하는 수령님 김일성동지' 께서도 현명한 영도력을 발휘하지 못하시고, 미 본국으로부터 증원부대가 부산에 도착하는 것을 보고서야 비로소 수안보에 나타나셔서 발을 구르셨지만 돌이킬 수는 없었다.(북한식 표현을 따랐다.)

김일성 독전에 의해서 북한군은 추격의 여세를 몰아 부산을 목표로 공격을 개시했다. 이것이 8월 공세라고 일컫는 저들의 제4차 작전이다.

북한군 전선사령관 김책은 북한군 제1군단 4개 사단을 미 제8군 정면 왜관 이남에, 제2군단 6개 사단을 국군 정면인 왜관 이동에 배치했다.

각 사단의 임무는 다음과 같이 추측된다.[주] 일본 육전사연구보급회 『한국전쟁』 [2] p118, 119

■ 제1군단(김웅 중장)

제6사단	진주에서 마산~삼랑진을 거쳐 부산 점령
제4사단	합천에서 낙동강을 도하하여 영산을 거쳐 밀양을 점령하고 부산~대구 간 도로를 차단
제3사단	왜관 남쪽에서 낙동강 도하, 제10사단과 함께 대구 공격
제10사단	왜관 북쪽에서 낙동강 도하, 제3사단과 함께 대구 공격

■ 제2군단(김무정 중장)

제1사단	군위 점령. 제13사단 좌측방으로 진출하여 대구 공격
제15사단	선산 부근에서 낙동강 도하. 유학산을 거쳐 대구공격
제13사단	낙동 부근에서 낙동강 도하. 다부동 경유 대구 공격
제8사단	영천으로 진출하여 경주 또는 대구 공격 준비
제12사단	포항으로 진출하여 경주 경유, 부산 공격 준비
제5사단	영덕 탈취 후 포항으로 진출하여 제12사단과 합류

제3절 어린 중학생들의 분기

1. 학도병 – 필사즉생(必死則生)

천군만마의 원군

6·25남침을 당하자 많은 중학생이 학도병으로 지원하여 참전했다.

6·25남침 당시에 육군본부 작전국장이었고, 합동참모회의 의장을 역임한 장창국 장군은 『육사졸업생들』에서

"나라가 위태로울 때 학생들이 가만히 앉아있으면 그 민족은 망한다."

는 금언이 있다고 기술했다.[주]   장창국 『육사졸업생들』 연재 제205회 83. 7. 1

우리 학생들은 가만히 앉아 있지 않았다. 서 있지도 않았다.

전쟁이 일어나자 각급 학교 학생들은 교복을 입고 교모를 쓴 채 전장으로 달려갔다. 계급도 군번도 없이 오직 구국일념으로 펜 대신 총을 잡고 전선에서 적과 싸웠다.

6·25남침을 당하자 교장선생님은 예외 없이 구국충정의 훈화를 하셨다.

국가가 처한 위기 상황과 국가와 민족을 위하여 학생이 무엇을 어떻게 해야 할 것인가?에 대하여 분노에 찬 절규를 토로했고, 학생들이 궐기할 것

을 통절하게 호소했다. 학생들은 문을 닫은 학교를 떠나야 했고, 그리고 많은 학생들은 피난을 갔다. 교장선생님의 말씀은 가슴 한가운데 여운으로 남아있었다. 생애 마지막 들은 말씀처럼 뇌리에 스몄다.

아직도 대한민국이 살아있는 지역 학생들은 휴교 중에 비상소집으로 학교에 모여 학도병으로 지원했고 피난 간 학생들은 교장선생님의 말씀을 되새기며 무거운 마음을 떨쳐내지 못하고 기회를 보다가 피난지에서 이심전심으로 의기투합하여 집단으로 지원했다.

38선에서 낙동강까지, 그 강마저도 반 토막만 남은 남쪽까지 밀렸다. 더이상 물러날 곳도, 피할 곳도 없었다. 이제 남은 길은 죽는 길 밖에 없다고 모두 생각했다.

"그냥 앉아서 죽으나 총을 들고 싸우다 죽으나 죽는 것은 마찬가지."
라고 모두 생각했다.

"학생은 뭔가 달라야 한다. 의롭게 싸우다가 죽자."
고 자문자답하면서 군문으로 달려갔다.

살기 위해 발버둥치지 않았다. 오히려 죽기 위해 몸부림쳤다.
그래서 나라를 구했다. 충무공의 필사즉생(必死則生) 정신이다.

그러면서도 그들은 학생인 사실을 애써 강조했다. 학도병전사자의 배낭에는 그때 인기가 있었던 안현필 선생의 『영문법실력기초』라던가 박한식 선생의 『수학의 삼위일체』 같은 참고서가 들어 있어 보는 이의 눈시울을 적시었다.

이렇게 지원한 학도병이 얼마나 될까?

"문교부 통계에 따르면 6·25 때 학생 신분으로 참전한 학도병은 총 5만명에 이른다고 했다. 이 가운데 나이가 어려 계급이나 군번을 받지 못한 의용군은 3,000여 명이나 되었고, 학도병으로 숨진 사람은 7,000명으로 추계

했다."주)   장창국 『육사졸업생들』이 인용한 병무청 「병무행정사」 상권 p278

이 5만 명은 학도병과 학도의용군 등 학생참전자 전체로 보인다.

문교부(현 교육과학기술부)는 이러한 학도병 관련 자료가 없다고 했다.

『학도호국단10년지』(중앙학도호국단 발행)는 1951년 4월 현재 대한학도의용대의 대원수를 27만 5,200명으로, 이를 통한 출정학도 수를 2만 7,700명으로 그리고 6·25전쟁 기간 중 전몰학도 수를 1,394명이라고 밝혔다.

『6·25와 학도병』(남상선, 김만규 저)은 "대한학도의용대를 통해 실전에 참전한 수가 2만 7,700명에 이르렀고, 20만의 대원을 보유해서 후방선무공작 지원 기타의 보국에 공헌한 바 컸다."고 기술하였다.

학도의용대원 수 27만 5,000명과 약 20만 명은 근사치로 볼 수 있다.

전몰학도 수는 전쟁기념관 동판에 새겨진 학도전몰자 1,976명보다 적고, 6·25참전소년병전우회가 확인한 소년병 전사자 2,268명보다 적다.

6·25참전 소년병은 대부분이 학생이다.

1950년 중학교 이상 학교의 학생 수는 39만 1,009명*이었다.주)

전체 중학생의 70%가 학도의용대로 활동했고, 남자 학생 33만 9,694명의 8%가 학도병으로 참전했다는 계산이다.

                                                  『학도호국단10년지』 p359

* 1951년 학생 수는 285,789명으로 전년보다 105,220명(27%)이 감소했다. 입대, 피난, 미복교, 학업 포기 등의 요인으로 1/3 가까이 감소했다.

학생 참전자 2만 7,700명은 1951년 6월 말 현재 총 병력은 27만 3,266명주)의 10%다. 두 달 동안 병력이 늘어난 것을 감안하면 그 비율은 더 높아진다. 학생참전자 수가 좀 많다는 생각이 든다. 결국 학도호국단지가 말한 실전 참가자 2만 7,700명은 정규군만이 아닌 학도의용군으로 참전한 학생이 포함된 수로 보아야 할 것 같다.

                                             안용현 『한국전쟁비사』 제5권 p505

1951년 2월 28일 대통령의 복교령주)이 내린 후 학도병 입대는 없었고, 병역법에 의하여 재학 중에는 징병적령자도 입영하지 않았기 때문에 학생 참전자는 더 이상 늘어나지 않았다. 전쟁기념사업회 『한국전쟁사』 제3권 p519

전사자 수가 적게 기록된 것은 6·25전쟁 중 국군 전체 전사자를 제대로 파악하지 못하고 있는 상황에서 학도병 전사자가 제대로 파악되었을 것이라고 기대하기는 어렵다.

▶ 다음 「3. 학도의용군」 참조

대구 학도병훈련소

대구에는 7월 중순경 대구농림중학교(현 대구자연과학고등학교)와 그 동쪽 인근 동도국민학교(당시 경산군 경산면 범어동), 서쪽 인근 삼덕국민학교에 학도병훈련소를 설치하고 지원한 학생들을 대상으로 교육을 시켰다.

위 세 학교는 대구농림중학교를 중심으로 동·서 각각 도보로 10분 거리에 있었다.

훈련소에는 '제7학도병 간부교육대' *라는 간판이 붙어 있었다고 했다.

> * 다음 증언자 손한종(孫漢鍾)은 「다부동전투참전기」에서 '제7학도병간부교육대'라고 했고, 경주중학교 5학년에 입대한 김삼수(金三洙)는 '제25연대 학도연대'라고 기억했다.(다음 증언 참조)
> 7월 11일 제25연대의 일부 병력으로 대구에서 교육연대를 발족하여 17일 경북편성관구에 예속시켰고, 그 뒤 제7교육대로 개칭되었다(앞 「징병제도」 참조)고 한 기록이 있는 것과 연관하면 제7교육대로 정식으로 발족하기 전에 교육연대가 학도병 훈련을 목적으로 제7학도병간부교육대라는 명칭을 썼다가 학도병훈련을 마친 후에 제7교육대로 개칭한 것으로 볼 수 있다.

7월 12일부터 15일까지 사이에

경북 지역에서 경북중학교, 대구상업중학교, 대구농림중학교 등 20개 학교,

전북 지역에서 군산중학교, 전주중학교, 군산상업중학교,
경남 지역에서 경남공업중학교, 충북에서 영동농업중학교,
서울 동국대학교 학생들이 지원했는데 그 수가 약 2,000명이었다.
대구농림중학교에 약 1,000명, 동도국민학교에 약 500명,
삼덕국민학교에 약 500명*을 수용하여 교육을 받았다.

> * 삼덕국민학교에 수용된 학도병은 다른 교육기관에서 교육을 받은 학생들을 다시 모아 교육을 시킨 것으로 보인다.(앞 「황경진 증언」 참조)

학도병훈련소는 학생자치로 운영하였고, 전국학생총연맹 경북지부장인 대구대학 4학년 이상발(李相撥)이 대대장을 맡고, 대학생이 중대장, 중학교 6학년이 소대장을 맡았다.

교육을 마치면 학생들로만 부대를 편성하여 대대장, 중대장, 소대장도 학생으로 임명한다고 했다는 것이다. 처음에는 순수한 학도의용군으로 독립부대를 편성하여 필요한 임무에 투입하였다가 위급한 상황만 넘기면 모두 학교로 돌아가게 할 생각으로 그러한 구상을 했던 것 같다.

그러나 전선 사정이 이를 용납하지 않았다.

각 사단에 전투병력 충원이 시급하고, 교육받은 신병이 2천 명이나 있었다. 당장 급한 사단에 병력을 충원하지 않을 수 없었다. 결국 그들 2,000명은 필요한 사단으로 가야 했고, 사단에서 정규군으로 입대했다. 학도의용군이 아닌 학도병이 된 것이다.

학도병 대대장 이상발은 현역 대대장 한신 소령과 맞먹는 위치에서 학도병을 지휘했다고 한다. 그는 안강 전투에 참가하여 전사했다. 대대장은 고사하고 육군이등병 계급장도 달아보지 못했다.

2주간 교육을 받고, 제1차로 안강 전투에 500여 명이 출정했고, 중간에

학도병훈련소로 들어가는 학생들(당시 대구농림중학교 정문). 지금은 아파트가 들어서 흔적을 찾을 수 없다.

약 1,000여 명이 또 빠져 나갔는데 어디로 갔는지는 알 수가 없다고 했다. 마지막으로 500여 명은 대구농림중학교에 모여서 1주일간 중화기교육을 더 받고 8월 3일 제1사단으로 가서 낙동강전선에 투입됐다.

학생을 상대로 집단 교육을 시킨 것은 이것이 처음이고 마지막이다.

8월 중순부터 대구 제1훈련소 산하에 교육대가 설치되어 학생지원자와 강제 모집한 장정을 한 교육대에 수용하였고, 내부에서 학생들로만 1개 초대(哨隊-소대 규모)를 편성하여 교육은 따로 받았다. 학도병 수가 전체 교육생의 10~15% 수준으로 기억한다. 한 교육대에 하루에 들어오는 인원이 200명 안팎이었으니까 학생은 30명 정도로 보면 될 것이다.

참고문헌 : 손한종 『소년학도병 다부동 전투참전기』(미 발행). 당시의 사항을 잘 정리하여 기록으로 남겼다.

손한종 증언(경북중학교 제4학년 16세 입대) – 서울특별시 과장 역임

손한종은 7월 15일 동급생 박창동과 함께 동도국민학교에 입대한 선배를 면회 갔다가 마치 중학교를 옮겨다 놓은 것 같은 분위기에 휩쓸려 그 자리에서 지원했다. 나이가 어리다고 받아주지 않았고, 계속 간청하자 부모 동의를 얻어 오라고 했다. 집으로 돌아왔으나 차마 부모에게 말을 꺼내지 못하고 고민하다가 다시 가서 졸랐다. 나중에는 장교를 붙들고 받아주지 않으면 돌아가지 않겠다고 떼를 써서 허락을 받았다.

학도병 2,000명 중 마지막으로 500명(앞 「대구학도병훈련소」 참조)이 8월 3일 대구역에서 기차를 타고 영천을 거쳐서 우보역(友保-군위군 우보면-의성 남쪽)에 내린 후 육로로 군위를 거쳐 제1사단사령부가 있는 오상중학교(구미시 장천면)로 갔다. 이동거리를 계산하면 다음과 같다.

대구~영천 – 동쪽으로 약 30km - 대구선
영천~우보 – 북쪽으로 40여 km - 중앙선
우보~효령~장천 – 남서쪽으로 약 27km – 도로*

대구에서 육로로 바로 가면 약 30km인데 약 3배를 우회했다.

* 이동경로가 앞 황경진 씨의 경우와 같다. 철도로 수송할 경우 대구에서 제1사단으로 가는 코스다. 당시 철도가 있는 곳은 최대한 철도를 이용했다.

그는 300명 속에 끼어 그날 제11연대 제3대대에 배치되어 낙동강전선에서 첫날을 맞았다. 당시 1개 대대는 약 500명 안팎이었는데 300명이 신병이어서 제3대대를 신병대대라고 불렀다.주) 국방부 「한국전쟁사」 제3권 p136

8월 3일은 낙동강 방어선이 완성된 날이고 이날 낙동강 연안에서 첫 전투가 벌어졌다. 그리고 많은 어린 학생이 죽었다.

모병관의 독려에 호응 – 전라남북도 지역

앞에서 본 편성관구의 모병현황을 보면 광주 주둔 제26연대는 모병관을 각 지역에 파견하여 신병을 모집하였는데 모병한 신병 1,000명은 모두 학생지원자라고 밝혔고, 다른 연대의 모병 과정에서도 많은 학생이 지원하였다고 기록하여 학도병지원이 많았음을 시사하고 있다.

월간조선 2004년 12월호에 의하면 6·25전쟁 중 학도병전사자를 가장 많이 낸 학교는 군산중학교이고 전사자 수는 63명이라고 했다. 당시에 학도병으로 참전한 최영구(崔榮九, 72세 당시 4학년)의 증언에 의하면

"소령 모병관이 사병 몇 명을 데리고 군산에 왔습니다. 7월 10일 학생들을 군산국민학교에 모아놓고 "18세 이상은 지원 입대."하라고 독려했습니다. 그때 군산중학교 전교생이 2,500명가량 되었는데 4학년 이상을 위주로 거의 500명 정도가 입대했을 겁니다. 신체검사도 없었고, 18세가 되지 않은 사람도 많았어요."

지원한 학생들은 기차로 전주~남원~진주~마산을 거쳐 부산 동래여자중학교에서 며칠을 묵다가 대부분 교육도 없이 학생복 차림으로 일선 각 사단에 배치되었고, 일부는 그 자리에서 교육대를 창설하였다고 했다.

월간조선은 군산중학교 외에 군산상업중학교 45명, 전북 순창농림중학교 37명의 전사자를 냈다고 보도하였다. 이로 미루어 보면 전라북도내의 각 중학교에서 학생들이 많이 지원하였음을 짐작할 수가 있다.

학도호국단이 주도

▎경주중학교 – 김삼수 증언. 제5학년 17세 입대

1950년 7월 15일 경주시내 중학생들이 학도호국단 소집통지를 받고 정해진 시간에 대부분 경주역으로 집합했고, 일부는 학교에 모여서 역으로

갔다. 경주중학교 학생 약 200여 명, 경주 문화중학교 학생과 경주공업중학교 학생을 합한 93명 계 약 300명이었다.

학도호국단 간부가 인솔하여 열차를 타고 대구로 이동하였다. 대구역에서 경주중학교 학생 200명은 당일 대구시 신천동에 있는 잠업시험장으로 가서 신체검사를 받고 인근 동도국민학교로 갔다. 함께 모인 학생은 약 600명이었는데 제25연대 학도연대라는 이름으로 1주일간 교육을 받았다. 이곳이 앞에 말한 학도병훈련소다.

1주일 교육이 끝난 후 대부분은 일선 사단으로 갔고, 마지막으로 일부 학생들이 대구상업중학교로 이동하여 포병요원으로 다시 1주일간 포병교육을 받았다.* 그때 그곳에 포병 제16대대가 주둔하고 있었다. 교육이 끝난 8월 2일 정식으로 입대하여 약 30여 명은 포병 제16대대에 남고 나머지는 각 포병대대에 배치되었다.

* 앞 손한종 『다부동전투참전기』에는 동도국민학교에 수용된 인원을 약 500명이라고 했는데 김삼수는 600명이라고 했다. 기억의 차이로 보인다. 학도병 중 일부가 1주일 교육을 받고 포병요원으로 차출되어 간 것으로 보인다.
손한종 씨가 말한 어디로 갔는지 모르는 1,000여 명 중에 일부로 보인다.

▎경주공업중학교와 문화중학교 – 김태득(金台得) 증언. 문화중학교 제5학년 17세 입대

경주에서 온 학생 중 위 경주중학교 학생을 제외한 나머지 문화중학교와 경주공업중학교 학생 93명은 대구역에서 어떤 군인을 따라 당일 대구 계성중학교에 주둔하고 있는 부대로 가서 부대를 편성하였다.

오후 늦은 시간에 모 소령이 인솔하여 열차를 타고 김천으로 이동했다. 열차 안에서 군복과 카빈 소총을 지급했고, 모자는 학생 모자를 그대로 썼

다. 편지지와 봉투를 주면서 부모님께 편지를 쓰라고 했고, 편지와 함께 손톱과 발톱을 깎아서 봉투에 넣은 후 학생복과 함께 포장하여 주소를 쓰라고 했다. 그때서야 입대한다는 것을 알았고, 어떤 학생은 통곡하기도 했다. 처음에 경주에서 출발할 때는 학도호국단 훈련이나 아니면 군사지원업무에 동원되는 줄 알았다고 했다.

김천에 열차가 도착했을 때 포성이 들려왔고, 역 주변에 수많은 피난민과 군인들이 들끓는 것을 보고 전황이 심상치 않음을 느꼈다. 상황이 좋지 않아 하차하지 못하고 그대로 문경으로 이동하여 밤중에 내렸다. 문경 어느 학교에서 1박을 하고 다음 날인 16일 상주로 이동하였다.

상주향교에서 '헌국대(獻國隊-HID)'라는 특수부대를 창설하고 인솔해 간 소령이 첩보교육을 1주일간 시켰다. 6학년 학생 20여 명이 간부후보생 요원으로 차출되어 가고, 나머지는 철수하는 제1사단을 따라 선산군 장천면에 있는 오상중학교로 이동한 후 군위중학교에서 온 학도병 12명과 함께 120명이 8월 4일 입대하여 사단 수색중대를 편성하였다.

▎안성농업중학교 – 임종은(林鍾垠) 증언. 제3학년 14세 입대

학교가 정상수업을 하고 있을 때다. 안성농업중학교에서는 학도호국단 학생단장이 전교생을 강당에 모아놓고,

"이대로 있다가는 개죽음을 당할 텐데! 내려가야 하지 않겠느냐?"

고 제의 겸 권유하였다. 이에 호응하여 학생총연맹에 가입하였던 학생 170여 명이 따로 학교에 모여 출정식을 갖고 부산을 향하여 출발하였다.

제3학년이던 임종은은 이 대열에 끼어 도보로 철길을 따라 대전까지 갔다. 그동안 많은 학생들이 더위와 피로에 지치고 먹지 못하여 이탈하였는데, 이때 학생단장도 대전에서 헤어졌다. 7월 20일, 일행이 대구역 광장에

도착하였다. 남은 사람은 50여 명이었다.

대구역 광장에는 제3사단에서 나온 대위가 모병을 하고 있었다. 사람이 많이 모여 있었고, 중학생들이 많았다.

'개죽음을 하느니 차라리 군대에 가서 적과 싸우다 죽자.'

고 의기투합하고 4학년생 4명과 함께 모병관을 찾아가서 입대 의사를 밝혔다.

그 자리에서 신체 결격 여부만 확인하고 트럭을 타고 영천 근교로 가서 10일간 기초교육을 받고 8월 초에 포항으로 가서 학생 300여 명으로 학도의용대대를 편성하여 기계, 안강, 포항 전투에 참가하였다.

이때까지 그들은 군복이 지급되지 않아 학생복 차림이었다.

배속장교의 권유

| 경남공업중학교 - 김복룡(金福龍) 증언. 제5학년 17세 입대

부산에서는 휴교 중인 학교에서 학생들을 소집하여 학교장과 배속장교가 지원을 권유하였고, 권유를 받은 학생들이 많이 지원했는데 이들은 매일 도청에 모여 군 트럭을 타고 제23연대에 가서 입대하였다.

7월 13일부터 30일까지 중학교 5학년 이상의 학생들이 매일 그렇게 입대했다. 학생만으로 'S부대'를 편성하여 15일간 야간특수훈련을 받은 후 대구 남산 부근에 있는 제일여자중학교로 이동하였다. 특수 목적을 가지고 훈련한 것으로 보였는데 보충대로 이름이 바뀐 후 며칠 있다가 포항, 안강, 다부동 등지의 전선으로 충원되었다. 김복룡은 다부동지구에 있는 제1사단 제11연대 제1대대로 갔다.

▎군위농업중학교 - 안봉근(安奉根) 증언. 제2학년 14세 입대

군위농업중학교(경상북도 군위군) 학도호국단 간부들이 1950년 8월 3일경 소집되어 학교에 집합했다. 배속장교가 전황의 위급함을 알리고,

"조국을 구하기 위하여 학생들이 나가서 싸워야 하지 않겠느냐?"

고 하면서 학도병으로 지원할 것을 권유하였고, 지원을 희망하는 학생은 부모의 허락을 받아오라고 하였다. 소집된 학생이 약 100여 명이었는데 12명이 지원을 했다. 부모가 허락하지 않은 학생도 몇 사람 있었다. 당시 군위농업중학교는 광복 후에 신설된 학교라 4학년이 제일 위 학년이었고, 12명은 모두 학도호국단 대대장, 중대장, 소대장 등 간부였다. 2학년으로 지원한 학생은 안봉근, 권도문, 김상향 등 5명이었다.

8월 5일, 학교에서 성대한 환송식을 열었고, 연도에서 많은 학부모와 주민들이 열렬히 환송해 주는 가운데 트럭을 타고 인근 선산군 장천면 오상중학교에 주둔하고 있던 제1사단으로 갔다. 여기서 경주에서 온 학생 등 120명이 함께 입대하여 사단 수색중대를 창설하였다.

▎대구 계성중학교 - 윤한수(尹漢壽) 증언. 제4학년 15세 입대

대구 계성중학교는 50년 7월 중순경 휴교 중에 학생들을 소집했다. 5학년 이상만 소집을 했는데 4학년 이하의 학생도 더러 보였다.

배속장교가 학도병 지원을 권유했고, 특히 고급학년은 장교로 지원하라고 권유한 후 일단 집으로 모두 돌려보냈다.

제4학년 윤한수는 집에 와서 생각하면서 시간을 보내는데 각 학교가 모두 같은 방법으로 지원을 권유했기 때문에 시내에 거주하고 있는 학생들은 모두 어수선한 분위기에서 어떻게 하는 것이 좋은지 고민하고 있었다. 분위기의 중압감에 싸여 지원하자는 사람이 많이 있었으나 피해보자는 사람

도 있었다. 그때 방위군이라고 불리는 청년방위대원들이 동네에 다니면서 젊은 사람들을 강제로 모집해 갈 때였으므로 자고 나면

"어느 집 누가 붙잡혀 갔다."

는 말이 나돌아 인심이 흉흉했다. 친구 셋이 만나서 상의했다. 어차피 붙들려 갈 바엔 지원하는 것이 낫지 않겠느냐고 의견을 모으고 경북여자중학교에 있는 포병교육대에 가서 지원의사를 밝혔다. 많은 학생들이 와 있었다. 학교장 추천서를 받아오라고 해서 추천서를 받아가지고 다시 갔다. 8월 14일 정식으로 입대했다.

10일간 교육을 받고 당시 영천군 신림면에 있는 포병 제17대대에 배치되었다. 포병 제17대대는 제1사단에 배속되어 있었다.

▎안동농림중학교 – 임일재(林一宰) 증언. 제4학년 16세 입대

안동농림중학교의 경우 1950년 6월 28일경 전교생을 대강당에 모아놓고 배속장교 박종수 선생님께서

"붓을 총으로 바꾸어 쥐고 우리 모두 나라를 지키는 역군이 되자!"

고 열변을 토하는데 자극을 받아 7월 10일경 1차로 120여 명의 학생이 학도병으로 지원하였다. 이러한 예가 있었기에 나머지 학생들은 비록 개별적으로 피난을 갔지만 배속장교 선생님의 말씀이 항상 마음속에 새겨있어 피난지에서 많은 학생들이 지원한 동기가 되었다.

안동농림중학교 학생들은 영천군 신령면의 어느 냇가에서 피난을 하고 있었는데 제6사단에서 학도병을 모집한다는 가두방송을 하였다.

안동농림중학교 4학년 임일재는 이 방송을 듣고 지원을 결심했다. 그러나 독자인 데다가 나이가 어려 부모에게는 알리지 못하고 6촌 동생(같은 학교 제3학년 임갑재 – 전사)과 함께 8월 23일 모병소가 있는 영천군 화산면사무

소까지 8km를 걸어가서 지원했다. 그 지역에서 피난생활을 하던 예천농업학교 학생 60여 명이 함께 지원하여 제6사단사령부가 있는 신령국민학교로 가서 1주일간 훈련을 받고 사단 수색중대에 배치되었다.

교장·교감선생님 말씀에 감동받아

▎영천 신령중학교 – 하명윤(河命潤) 증언. 제3학년 17세 입대

영천군에 있는 시골학교인 신령중학교의 경우는 휴교 상태인 8월 초 학생들이 궁금하여 학교에 찾아갔는데 같은 생각을 하고 온 학생이 수십 명이었다. 마침 학교에 나와 계시던 교감선생님(김영조)이 학생들을 모아놓고 일장훈시를 했다.

"지금 북한 공산군이 쳐들어와서 국가가 누란의 위기에 처하여 있으니 조국을 구하기 위해서는 여러 학생들이 용감하게 펜을 총칼로 대신하여 구국의 길로 나서야 한다."

그날 모였던 학생들은 교감선생님 말씀에 감동을 받고 많이 지원했다.

이들은 8월 8일 군용트럭을 타고 영천 금호국민학교로 갔다. 그곳에서 다른 학교에서 온 학생들과 합류하여 1박하고 다음 날 대구 계성중학교로 이동하여 임시 부대를 편성하였다. 지원한 학생이 많아 대구, 경북 지역 학생들이 총집결해 있는 것 같았다. 밀양 북부국민학교로 이동하여 육본본부 학도유격 제2대대를 편성하여 2개월간 유격훈련을 받은 후 10월 초순경에 배를 타고 동해안으로 가서 울진에 상륙하였다.

▎서귀포농업중학교 – 월간조선 2004년 12월호

서귀포농업중학교 학생으로 지원 입대한 양정보 씨의 증언에 의하면 7월 어느 날 교장선생님이 전교생을 운동장에 모아놓고 분노에 찬 울음 섞

인 목소리로 이렇게 외쳤다고 한다.

"이제 조국의 생명은 위태롭다. 위태로운 조국의 운명을 구하는 힘은 오직 피 끓는 젊은 학도에게 있으니 학생제군들이어 용약 지원하라."

이 한마디에 학생들이 앞을 다투어 지원했다고 했다. 이 학교도 전국 다섯 번째로 많은 45명의 전사자를 낸 학교이다.(앞 월간조선)

서울학도포병대대

서울중학교 제3학년으로 입대한 함경호(咸景浩) 씨 증언에 의하면 6·25가 난 다음날 교장선생님이 전교생을 모아놓고 훈화를 하셨다.

"영국의 한 고등학교에서 있었던 일이다. 주말에 생물채집을 나갔던 생물 선생님이 들어오자 학생 한 명이 달려와 전쟁이 일어났다고 말했다. 그러자 선생님은 아무 말 없이 곤충채집통을 둘러맨 채로 모병소로 가서 학생들과 나란히 차례를 기다렸다."

"우리 젊은이들이 이 어려운 시기를 맞아 모두 궐기해야 한다."[주]1

교장선생님 말씀에 감명을 받은 학생들이 그 후에 많이 지원했다.

서울 지역에서 가장 전사자를 많이 낸 것으로 알려진 용산중학교(35명 전사)와 서울중학교(30명 전사)의 경우 북진 중 용산중학교에 주둔하고 있던 제18포병대대에서 신병을 모집하였다. 이때 18세 이상이라고 나이를 제한하였는데 어린 학생들이 나이를 올려 많이 지원했다.

지원한 학생은 용산중학교 100명을 비롯하여 경기상업, 서울공업, 한양공업, 경기중학, 경동중학, 배재중학, 대광중학 등 30여 개 학교에서 총 350명이었으며, 이들은 1950년 11월 26일 덕천(德川-평안남도)에서 중공군에 포위되어 130명이 전사했다.[주]2

1, 2. 《월간조선》 2004년 12월호

학생들로만 편성되었으므로 서울학도포병대대라고 불렀다.

제18포병대대는 북진 중 무학여자중학교에 머물면서 학도포병의용대를 모집하였고, 그 책임을 최철 대위가 맡았다.

개전 초 6개 포병대대였던 것이 9월 10일 10개 포병대대주)로 늘어나면서 포병요원이 절대 부족하였던 것이다.

국방부 『한국전쟁사』 제3권 p311

최철 대위는 앞으로 전쟁은 3~4개월이면 끝난다고 하면서 학생 신분으로 참전해 줄 것을 요청했다. 이때 지원한 학생은 대학생이 몇 사람 있었고 나머지는 중학교 3학년 이상이었는데 5·6학년에 17~18세가 주류를 이루었다. 17세 이하의 어린 학생도 상당수 있었다.

10월 18일부터 20일까지 용산중학교에서 간단한 면접을 거쳐 최종 선발한 인원은 341명이고, 18일과 20일 두 차례 출발하여 평양 광성중학교에서 중대를 임시편성하고 학생자치로 운용했다.주)

육군본부 『학도의용군』 p199, 200

이들 서울 학도포병대도 처음에는 순수한 학도의용군으로 출발하였으나 전쟁이 장기화하면서 정규군으로 편입하여 학도병이 되었다.

▌임상빈·이춘길 증언 – 배재중학교 제4학년 16세 입대

서울 배재중학교 제4학년 임상빈(任尙彬)과 이춘길(李春吉)은 동갑에 제4학년 동급생이었다. 용산중학교에서 포병을 모집한다는 소식을 듣고 함께 지원했다. 부모동의서, 학업증명서, 성적증명서 등 필요한 서류를 제출했다. 이때는 마구잡이로 입대시키지는 않았다.

신체검사와 면접을 보고 즉석에서 합격, 불합격 판정을 했다. 임상빈과 이춘길이 앞뒤에 서서 신체검사를 받았는데 앞선 임상빈은 합격판정을 받아나갔고, 이춘길의 차례가 왔다. 군의관이 노려보더니 씩 웃으며

"너 가서 엄마 젖 좀 더 먹고 오지."

하고 불합격 판정을 했다. 이춘길은 주저앉아서 엉엉 울었다. 이때 앞서 합

격 판정을 받고 나가던 임상빈이 되돌아와서 시험관에게

"같이 합격시켜주지 않으면 나도 안 가겠다."

고 버텼다. 좀 높아 보이는 장교가 사연을 듣고는 합격시켜 주었다.

처음 지원했을 때 학생들로만 대대를 편성하고 학생 중에서 대대장, 중대장, 소대장을 임명하여 학도포병대대를 만들었다. 그리고 얼마 후에 모조리 이등병 계급장을 달았다. 이것이 앞에서 본 서울학도포병대대다.

제1유격대대 – 국방부 「한국전쟁사」 제3권 p63   ▶ 제9장 제1절 「4. 보현산 부근 전투」 참조

정진 소령은 육군본부 작전국장 강문봉 대령으로부터 예비군을 편성하라는 지시를 받고 대구지구방위군지대에서 방위군요원과 학도지원병 200명을 인수하여 대구북국민학교에서 제1유격대대를 편성하였다.

학도유격 제1대대   ▶ 제10장 제1절 4. 「장사동 상륙작전」 참조

국방부 정훈국 소속 대적공격대장(對敵攻擊隊長)이라는 직책에 있는 이명흠(李明欽-宗勳으로 개명) 대위가 대구에서 학도의용군 560명을 모집하고 밀양으로 가서 그곳에서 유격활동을 하고 있는 학생과 장정 160명을 규합하여 772명으로 8월 27일 육군본부 직할 학도제1유격대대를 편성하였다.

학도유격 제1대대는 뒤에 정규군으로 입대하여 11월 말경 제2사단 제32연대에 편입되었다. 정규군으로 입대한 시기는 알 수 없다.

제2사단은 7월 21일 해편되었다가 11월 11일 재편성되었다.

학도유격 제1대대와 함께 학도유격 제2대대(앞 하명윤 증언)는 다 같이 학도의용군으로 출정하였다가 학도병으로 입대한 케이스이고, 또 앞에서 본 제1유격대대* 학도지원병 200명도 학도의용군으로 출정하였다가 학도병으로 입대한 케이스이다.

* 유격대대의 명칭을 사용한 부대는 제1유격대대, 제2유격대대, 학도유격 제1대대, 학도유격 제2대대가 있다. 학도유격 제1대대를 독립 제1유격대대라고 한 문헌이 있다.(제10장 제1절 4.「장사동 상륙작전」「학도유격 제1대대」* 참조)
　독립 제1유격대대와 제2유격대대가 따로 있다. 유격대대의 혼동을 피하기 위하여 이 책에서는 제1, 재2격대대, 학도유격제1대대, 학도유격제2대대라고 표기했다.

태백중학교 학도특공대 – 정연복 엮음 「학도병들의 잃어버린 세월」

태백공업중학교 학생의 지원은 좀 색다르다.

1951년 1월 4일 탄광촌에 북한군이 침입했다는 소식이 들려오자 1월 8일 지역 청장년들이 태백공업중학교 교정에 모여 지역방위에 관하여 논의하게 되었는데 방학 중이었음에도 불구하고 많은 학생들이 자리를 함께 하였다.

이 자리에서 학생들은

"우리 고장은 우리가 지키자."

고 결의하고 다음날 124명이 운동장에 모여 박효칠 선생님 인솔 하에 추위와 눈보라 속을 걸어서 14일 경북 봉화군 춘양에 있는 제3사단 제23연대를 찾아갔다. 도중에 삼척공업중학교 학생 2명과 수원 대동중학교 학생 1명이 합류하여 127명으로 늘었다.

연대장을 만나 입대의사를 밝혔더니 나이가 어리다는 이유로 입대를 허락하지 않았다. 그러나 학생들은 의지를 굽히지 않고 간청하여 가입대의 허락을 받고, 학생들로만 독립된 1개 중대의 특공대를 편성하여 학도의용군으로 실전에 참가하다가 그해 6월 1일 군번과 계급을 부여받고 입대식을 치른 뒤 정규군이 되었다. 정규군이 된 후에도 독립된 특공대의 편제를 끝까지 유지했다.

1학년 7명, 2학년 33명, 3학년 64명, 4학년 22명 그리고 선생님 한 분이다. 이들 중 17세 이하의 소년병이 21명이었고, 18명이 전사했다.

인천학도의용대 – 《월간조선》 2001년 7월호, 이경종 씨 증언

1950년 6월 26일 저녁, 인천 지역 학생총연맹 출신 학생들과 학도호국단 간부 약 40명이 이계송(李啓松) 씨 집에 모여 '전 인천학도의용대'를 조직하고 이계송 씨를 의용대장으로 선출하였다.

이계송 씨는 전국학생총연맹 경기도지부 위원장을 지냈고 당시 고려대학교 2학년에 재학 중이었다.

학도의용대는 다음 날 해군 인천헌병대에 가서 총기를 지원받아 무장을 하고 인천시내 치안을 담당하였다.

7월 4일 인천이 북한군에 점령되자 학도의용대는 뿔뿔이 흩어져서 3개월간 피난생활에 들어갔다가 9월 15일 인천상륙작전이 성공하여 인천이 수복되자 모두 복귀했다. 인천으로 돌아온 학도의용대원들은 다시 이계송 씨를 중심으로 모여들었고, 이들 학생을 규합하여 '대한학도의용대 경기도본부'를 발족하여 인천 제1공회당에서 발대식을 가졌다. 참가 학생이 약 3,000명 정도 되었고, 연대장에 이계송 씨, 부연대장이 정대연(鄭大衍) 씨를 선출했으며 각 지역에 지대와 분대를 두고 치안유지, 부역자색출, 피난민 안내와 현역병 입대를 안내하는 일을 맡았다.

중공군 개입으로 전선이 다시 남하하게 되자 학도의용대원들은 1950년 12월 18일 축현국민학교에 집결하여

'현역병 입대를 위한 참전발대식'

을 가진 후 남행길에 나섰다. 참가학생이 약 2,000명이었고 여학생 70여 명이 포함되어 있었다.

그날 오후에 출발하여 도보로 안양을 거쳐 수원에 이른 후 수원에서 화

훈련을 마치고 전선으로 떠나는 학도병

물차 지붕에 타고 마산으로 갔다. 여기서 며칠 묶는 동안 해병대 신병모집에 600여 명이 지원하여 입대(제6기)하였고, 나머지 약 1,300여 명은 부산으로 가서 이듬해 1월 10일 육군 제2훈련소에 입대하였다.

2. 보호받아야 할 아동이 총을 들었다.

학도소년병

6·25전쟁 중에 17세 이하의 소년 참전자가 2만 명을 넘었다.

소년참전자는 대부분 학생들로서 상급학생들이 지원하는데 충동받아 따라 입대한 사람들이고, 강제로 소집된 소년들도 일부 있었다.

아동복지법은 17세 이하의 어린 사람을 아동으로 규정하여 정상적으로 성장하도록 국가가 관심을 가지고 보호하도록 규정하였고, 특히 재난과 위험으로부터 우선적으로 보호하도록 되어 있다.

보호받아야 할 소년들이 총을 들고 전장에 나갔다. 그때 나라 형편이 숨쉴 여유만 있었어도 어린 것들에게 총을 들려 죽음의 길로 일컬어지는 전장에 내보내는 일은 없었을 것이다. 아쉬움이 한으로 남는다.

이들은 학도병 지원 예에서 본 바와 같이 18세* 이상 학생만 지원하라고 권유했고, 실제로 당시 병력충원이 다급했음에도 불구하고 18세 이상 30세까지의 장정을 강제로 모병하였음에도 불구하고 어린 나이를 생각하지 않고 입대한 장한 어린이들이다.

> * 18세 이상을 지원 대상으로 또는 징집대상으로 한 근거는 확인되지 않는다. 당시 실제상황이 그랬고, 참전자들의 증언이 일치한다. 또 6·25남침 이전에 18세에 입대한 예가 있고, 6·25전쟁에 참전한 미군 중에도 18세에 입대한 사람이 있는 것을 보면 아동(17세 이하)의 범주를 벗어난 사람은 본인 의사에 의하여 입대가 가능했던 것으로 보인다. 다시 말하면 18세는 군에 가도 되는 나이로 인식되었던 것 같다.

그들은 그렇게 참전하여 많이 죽었고, 살아남은 사람도 어린 나이에 4년 이상을 복무한 뒤라 대부분은 학업을 계속하지 못하고 좌절감을 되새기며 어렵게 생을 산 정신적 불구자가 되었다. 누구 한 사람 알아주지 않는 허무감 속에서 역사의 뒤안길로 사라져가고 있다.

2004년 국가보훈처가 국회(장윤석 의원)에 제출한 자료에 의하면 참전 소년병 중 생존자를 1만 1,060명으로 확인했다.

6·25참전소년병전우회가 확인한 전사자가 2,268명이고, 참전유공자로 등록한 후에 줄어든 사람(사망 추정)이 약 2,700여 명(2004년 이후 사망자 1,474명)으로 이들을 합하면 1만 6,028명이다. 제대 후 참전유공자 등록 전에 사망한 사람을 고려하면 2만 정도는 된다고 보인다.

소년 참전자를 2만 명으로 볼 경우 장창국 장군이 말한 학생 참전자 5만 명의 40%에 해당하고, 『학도호국단10년지』에 기록된 학도병 2만 7,700명의 80%로 학도병 대부분이 소년학생이라는 결과로 이끌어진다.

앞 '천군만마의 원군 학도병'에서 본 바와 같이 학도병이 전체 학생 수나 전체 병력 수에 비하여 많이 계산된 것으로 생각되는 것과 함께 참전소년병 수도 실제보다 많이 계산되었다는 의문을 갖지 않을 수 없다. 정규군으로 입대한 소년병 외에 학도의용군 또는 특수조건에 의하여 참전한 사람이 포함된 것으로 보인다.

2008년 9월 2일 국가보훈처가 국회(김소남 의원)에 제출한 자료에서 '17세 이하의 나이로 6·25전쟁 기간 중에 군번을 받고 참전한 소년병' 중 생존자를 4,748명(남자 4,662명, 여자 86명)으로 확인했다.

국가보훈처가 생존자로 확인한 1만 1,060명의 43%이다. 같은 비율로 계산하면 소년참전자를 2만 명으로 볼 때 정규군으로 참전한 소년병은 8,600명이 된다. 실제와 근접한 수가 아닌가 싶다.

정규군으로 참전한 소년병이 얼마인지는 육군본부 병적기록에 의하여 확인이 가능하지만 어떤 이유에서인지 확인해 주지 않았다.

이들이 어린 나이에 구국전선에 뛰어들어 조국수호의 일익을 담당한 공은 길이 새겨져야 하고, 자라나는 청소년들에게 귀감으로 삼아야 할 것이다. 그럼에도 불구하고 그 수조차 파악되지 않을 정도로 국가와 사회는 무관심했고, 그들의 존재조차도 알려지지 않은 채 가장 소외된 계층으로 인생의 뒤안길에 묻혀 쓸쓸히 지내다가 사라져가고 있다.

장창국 장군은 앞에 말한 『육사졸업생들』에서 "나이가 어려 계급이나 군번을 받지 못한 의용군은 3,000명이나 되었다."고 했다.

나이가 어려 계급이나 군번을 받지 못했다고 하는 것은 사실과 다르다.

위에 서술한 바와 같이 나이가 어린 학생, 즉 17세 미만의 소년들도 처음부터 정규군으로 입대하여 군번과 계급을 받고 참전하였다. 그때는 나이를 상관하지 않고 지원한 학생은 모두 정규군으로 입대시켰고, 일부는 강제로 모집하여 입대시킨 경우도 적지 않았는데 심지어는 강제 징집한 사람 가운데 나이가 어리다고 귀가시키기 위하여 따로 분류해 놓았다가 다시 합류시켜 입영시킨 사례까지 있었다.

▶ 다음 「소년병 지원 사례」 참조

소년병 지원 사례 - 시대적인 소명 의식

앞 학도병에서 증언한 사람들은 모두 소년병이다. 그들은 상급학생들과 함께 학도병으로 집단 지원한 사람들이므로 학도병에서 기술하였다.

개별적으로 지원하여 입대한 소년병 입대 실례를 따로 기술해 본다.

▎저자 류형석(柳亨錫) - 대구농림중학교 제2학년 16세 입대

저자는 7월 5일 휴교 조치로[공식명칭-조기무기방학(早期無期放學)] 농촌 집(당시 선산군 고아면 문성동)에 와 있었다. 학교는 폐쇄되어 병영으로 바뀌었는데 이 학교가 앞에 말한 학도병훈련소다.

7월 말경에 피난을 갔는데 38선에서 400백 km나 떨어져 있는 낙동강가에 사는 사람이 낙동강을 건너서 피난을 갔으니 그 참담한 심정은 말로 표현할 수 없었다. 한마디로 끝장이라는 생각이 들었다.

낙동강을 건넌 다음, 다음날(8월 2일경) 천생산(天生山, 406.8m-선산군 장천면 신장동) 북쪽으로 이어진 산비탈을 남쪽으로 내려가다가 반대편에서 오는 병력과 마주쳤는데 이상하게도

"나도 군에 가서 싸워야지!"

하는 충동을 느꼈다.

다시 10여 일 후 영천군 신령 부근에서 일단의 부대가 산비탈에 휴식을 하고 있는데 학생 모자를 쓰고 총을 든 사람이 많이 섞여 있었다.

이를 보는 순간 군에 가고 싶은 생각이 강렬하게 치솟았다.

피난을 가면서도 "다시 집에 돌아갈 수 있을까?" 하는 회의를 품고 있었고 '모두 죽을 수도 있구나!' 하는 생각까지 하고 있었다.

"죽을 바에야 군에 가서 싸우다가 죽는 게 낫지."

나만의 생각이 아니었다. 대부분의 학생들이 품고 있던 생각이었다.

내 머리 속에는 학생 모자를 쓴 군인이 사라지지 않았다.

피난 나온 지 한 달쯤 될 무렵 우리는 영천군 화산면 어느 냇가에서 피난생활을 하고 있었다. 선산군 사람들은 그곳에 다 모여 있었다.

어느 날 이른 아침에 30세 된 맏형님이 방위군에게 붙들려 갔다. 형수가 알려 주면서 걱정을 했다. 나는 순간 '이때다!' 하고 곧장 방위군초소로 달려갔다. 아무도 없었다. 한참 있으니까 어깨에 38식 소총을 멘 방위군이 10여 명의 장정을 이끌고 나타났다.

우리가 있던 피난민수용지역에는 방위군이라고 불리는 청년방위대가 초소를 마련하고 2명이 상주하면서 모병 활동을 하고 있었다. 바로 전날 셋째 형님이 방위군에게 붙들려갔는데 오늘은 맏형님이다.

"내가 대신 가겠습니다. 형님을 보내주시오."

방위군은 선뜻 형님을 돌려보내주었다. 8월 18일이다. 나는 입대 후에도 "형님이 또 붙들려 가지 않았을까?" 걱정했었다.

나는 10시쯤 강제로 끌려 온 20여 장정들과 함께 트럭을 타고 가다가 어디선가부터 걸어갔고, 새로운 장교가 인솔하여 저녁 늦은 시간에 영천에 있는 청년방위대 훈련소에 도착했다. 아침도 못 먹고 왔는데 점심도 저녁도 얻어먹지 못했다. 많은 장정이 모여 있었고, 계속 들어오고 있었다. 뜻밖에도 국민학교 동기인 김상화(金相和-목사)를 만나서 하룻밤을 심심하지 않게 잘 지냈다. 저녁 늦은 시간인데도 방위대원들이 훈련을 받고 있었다.

"국방장관 신성모, 육군총참모장 정일권……."

'직속상관 관등성명'을 외우는 고함소리가 들려 왔다.

다음 날 기차를 타고 경주로 갔다. 한옥으로 된 어느 여자중학교(槿花여중?)에서 묵었는데 한 동네에 사는 재종형 두 분, 삼종질 두 사람, 삼종손(내 고조의 종손-앞의 삼종질 중의 한사람의 조카) 등 5명을 만났다. 모두 강제로 끌려왔고, 나보다 3살에서 5살이 더 많은 사람들이었다. 내가 사는 동네는 20호가 사는 작은 마을인데 柳가가 14가구이고, 거기서 6명이 모였으니 대단한 숫자다.

2박을 하면서 신체검사와 면접을 하고 입대절차를 밟는 동안 아침저녁으로 만나서 안부 나누고, 집안걱정하고, 밥도 같이 먹으면서 지냈다. 동기생 김상화는 경주에 온 이후 만나지 못했다.

꿈에도 그리던 경주였다!

6학년 때 수학여행 가자고 선생님에게 그렇게도 졸랐던 그 환상의 도시 경주!

그때 농촌 형편에 비용 부담이 커서 우리의 바람은 이루어질 수가 없었다.

구미와 경주는 지척인데.

기차가 굴을 들어가기 전에 왼쪽으로 크게 감돌았다. 멀리 굴 위로 뻗은 능선 위, 노송이 우거진 숲 속을 가리키며 '김유신장군묘'라고 누가 아는 체를 했다. 숲 속에 뭔가 보이는 것 같았다. 가슴이 두근거리고 흥분을 감출 수 없었다.

기차는 그 능선 밑으로 뚫린 굴속으로 들어가 더 마음을 설레게 했다.

나는 이렇게 경주에 첫 발을 디뎠다. 천 년을 거슬러 간 듯 흥분과 기대가 나를 사로잡았다. 아침에는 반월성 밑으로 흐르는 냇가에서 세수를 했고, 오가며 책에서만 본 계림(鷄林)과 첨성대(瞻星臺)를 지나쳤다. 수학여행 온 것 같은 착각 속에서 설레는 마음으로 이틀을 보냈다.

수백 명이 우글거렸다. 모두 강제로 끌려온 군상들이다. 매일 들어오고 나갔다. 입대절차가 끝나는 대로 중대를 편성하여 대구로 갔다.

8월 21일 방위군 신 모 대위 인솔 하에 180여 명이 열차를 타고 대구로 갔고, 대구역에서 도보로 대봉동 어느 제사공장에 있는 제7교육대에 가서 입대했다. 대구역에 내려 인원점검을 했는데 1명이 없어졌다. 신 대위는 교육대로 가는 도중에 반대편에서 오는 젊은이를 불러 세웠다. 그 젊은이는 당당하게 뭔가 적힌 쪽지를 내보였다. 그러나 신 대위는 그 쪽지를 보지도 않고 북북 찢어버리고는 대열에 끼워 숫자를 채웠다. 그 쪽지는 아마도 불합격 판정을 받고 귀가하는 증명이 아닌가 싶었다.

교육대에서 30명을 기준으로 6개 초대(哨隊-구대)를 편성하였고, 학생 36명으로 1개 초대를 편성하여 제1초대 또는 '학도대' 라고 불렀다. 대학생 1명이 있었고, 나머지는 중학생인데 4~6학년이 주류를 이루었다.

경주에서 만난 친척들은 다 헤어졌고, 3종질 류하연(柳河演-김천농림중학교 6학년) 한 사람만 함께 교육을 받았는데 교육이 끝나고 헤어졌다.

10일간 교육을 받고, 8월 31일 제3사단으로 간다고 하면서 트럭을 타고 가다가 하양(河陽-낙동강방어전 기간 중 제2군단사령부가 있던 곳)에서 하차했다. 영천가도가 차단되어 더 갈 수 없다고 하면서 하양국민학교에서 1박하고 다음날(9월 1일) 팔공산에 있는 제1사단으로 갔다.

경주에서 함께 지내던 사람들이 모두 입대한 사실을 그 후에 알았다.

함께 지내면서 안부를 나누었고, 불합격 판정을 받았다고 좋아하시던 재종형 류석천(柳錫千)은 포로가 되었다가 북한의 어느 수용소에서 삭풍이 몰아치는 한 겨울에 병사했다.

건강이 좋지 않았다. 신체검사에서 불합격되기를 바라고 갖은 애를 다 썼다. 만날 때마다 "형님 어떻게 되었습니까?" 물으면 발로 땅바닥에 표를 그려 보이며 좋아했었다. 그때 나이 24세.

▎이재정(李在正) - 오상중학교 제2학년, 16세 입대

나와 국민학교 동기이고 이웃 동네에 사는 이재정은 나와 같은 날 같은 피난지 화산 개울가에서 지원하였다. 나는 방위군초소에 가서 지원하여 대구교육대에 입대했고, 그는 그때 모병나온 제7사단 제5연대에 지원하여 교육도 받지 않고 바로 신령 전투에 참전했다.

제7사단은 포항지구전투사령부를 중심으로 8월 20일 재창설하였고 제5연대는 포항지구전투사령부에 배속되어 있던 민 부대를 개칭하였는데, 민 부대는 8월 20일 화산 인근 신령으로 이동하여 제5연대를 편성하면서 모병 활동을 했다.주)

국방부 『한국전쟁사』 제3권 p112

▎신문현(申文鉉) - 영천농업중학교 2학년 16세 입대

신문현은 조국이 위기를 맞았는데 중학생이 할일 없이 지내는 것을 죄스럽게 생각하고 있었다. 7월 하순 어느 날 영천읍내 서문통 성당 앞 도로에 '위생병 모집' 현수막이 걸려있는 것을 보았다. 순간 가슴이 찡하며 자신을 부르는 것이라고 생각했다. 곧장 모병장소가 있는 영천향교로 가서 지원을 했는데 덩치가 작다고 받아주지 않았다.

며칠 후 시내 중심가에 있는 대한청년단 앞을 지나가는데 하복(반소매 흰 남방셔츠, 검정바지, 검정모자)을 입은 중학생 100여 명이 모여 웅성거리고 있었다. 그들은 피난 온 안동농림중학교와 예천농업중학교 학생들인데 교

사가 인솔하여 군에 지원한다고 했다. 인솔교사에게 사정하여 대열에 합류하였는데 이번에는 면접에서 키가 작다고 또 떨어졌다.

인솔교사를 졸랐고, 교사가 간청하여 다시 면접을 보았다.

면접시험관이 "형제가 몇이냐?"고 물었고

"형님이 한 분 계시다."고 대답했다.

"전장에 가서 죽어도 좋으냐?"고 물어서

"죽어도 좋습니다."라고 했다.

이렇게 합격해서 100여 명 대열에 합류하여 제8사단에 입대하였다.

사단에서 M1소총과 군복을 지급받고 10일간 기초훈련을 받았다.

▎**문창식(文昌埴) – 휘문중학교 제2학년 15세 입대**

문창식은 부모형제 5식구가 철길을 따라 남쪽으로 피난을 가다가 오산 부근에서 비행기 폭격을 받아 가족이 모두 흩어져서 천애고아가 되었다. 홀로 피난대열에 끼어 부산까지 온 그는 부산역에서 거지생활을 하며 가족을 찾겠다고 부산 시내를 헤매고 다녔다.

부산항 제1부두 앞에 있는 해군부대 앞을 지나가다가 해군지원병모집 플랜카드가 붙어 있는 것을 보았다. 이때다 싶어 얼른 지원서를 냈다.

신체검사와 면접시험을 보는데 심사관이

"15세는 미성년자이므로 군에 입대할 수가 없다."

고 하면서 꼭 입대하고 싶으면 부모 동의서를 가지고 오라고 했다. 부모가 계셔도 동의해 주실지 의문이지만 부모와 헤어져 찾지 못하고 있는데 어떻게 동의서를 받아오란 말인가? 사정을 해도 듣지 않고 밖으로 내쫓았다. 정문 위병소 앞에 쪼그리고 앉아서 몇 시간을 버텼다.

위병소에서 연락을 했는지 들어오라고 해서 사무실로 갔다. 어떤 장교가

"꼭 군에 가고 싶은가?"라고 물어서 "그렇다."고 대답했더니 편지 한 통을 써 주면서 진해에 있는 해병훈련소로 가라고 했다. 해병훈련소 위병소에 가서 편지를 전했더니 어떤 장교가 나와서 데리고 갔고, 그곳에서 한 달쯤 있다가 1951년 12월 13일 해병 제13기로 입대했다.

▌최태도(崔泰度) - 대구 대성중학교 제2학년 16세 입대

최태도는 어렵게 부모로부터 입대 허락을 받았다. 큰 형은 국방경비대에 입대하여 복무 중 만기 제대하였는데 전쟁이 일어나자 소집명령을 받아 참전하였고, 둘째 형이 징집되어 간 상태여서 허락이 쉽지 않았다.

8월 28일 16살 동갑내기 친구 4명과 함께 모병장소인 대구 남산국민학교로 갔다. 나이는 동갑이지만 한 사람은 5학년이었고 두 사람은 4학년이었으며 그는 가정형편 때문에 학교에 늦게 들어가 2학년이었다.

방위군 소위 안내를 받아 신체검사장으로 갔다. 차례로 서서 신체검사를 받고 최종판정관인 방위군 소령 앞으로 가서 면접시험을 치렀다.

신체검사는 신체상 결함이 없는지만 살피고 면접은 몇 학년이냐? 몇 살이냐? 형제가 몇이냐? 등 간단한 내용을 물었다. 친구 4명이 앞에 서고 그가 제일 뒤에 섰다. 앞선 친구에게

"너 몇 학년이야?"

라고 물었다.

"5학년입니다."

"합격."

이렇게 3사람은 쉽게 합격했다.

마지막으로 그의 차례가 왔다.

"너는 몇 학년이야?"

하고 물었다.

"4학년입니다. 쌀 한 가마니는 들 수 있습니다."

2학년으로는 안 되겠다 싶었고, 당당하게 보이려고 가슴을 쑥 내밀고는 자신 있게 대답했다.

"허허 그 놈 봐라."

하고 합격 판정을 내렸다.

저녁에 군복으로 갈아입고 이등병 계급과 함께 군번이 나왔다. 다음날 대구농립중학교에 있는 제2교육대로 옮겨가서 1주일간 교육을 받고, 그와 5학년 친구 두 사람은 교육요원으로 남고 나머지는 일선으로 갔다.

강제로 끌려간 소년병

▎박필로(朴弼魯) - 청주중학교 제5학년 16세 입대

박필로는 대구에서 아버지와 함께 피난생활을 하다가 전선이 남하하자 다시 부산으로 갔다. 1950년 9월 8일 부산진에 도착하였는데 도착하자마자 가두모병에 걸렸다. 학생증을 제시하고 연령미달임을 주장했으나 듣지 않고 데려다가 입대시켰다. 초량에 있는 국민학교에서 2주일 교육을 받고 진해로 가서 제11사단에 배치되었다.

▎변덕인(邊德仁) - 황해도 사리원 제1중학교 제2학년 15세 입대

아버지 46세, 어머니 44세에 태어난 늦둥이로 귀엽게 자랐다.

1950년 12월 7일 아버지는

"너를 피난 보낼 것이니 걱정 말고 집에 있거라."

하시더니 한참 침묵 끝에

"사람은 선과 악을 행하는 두 마음이 있으니 이치를 분별하고 살아야 한

다. 내가 너와 같이 길을 나설 기력이 없구나. ……"

하고 말씀하셨고, 어머니는 한참 뜸을 들였다가

"한 주일 지나면 돌아들 온다더라."

하고 안심을 시켰다.

아버지는 아침 일찍 나가셨다. 해수병으로 기침과 가래를 토해 내면서 황주목(수소돌 고개-황해도 황주) 국도에서 후퇴하는 국군차량에 손을 흔들어 사정사정했다. 군대차량이 민간인이 손을 든다고 쉽게 세워주지 않는다.

자식을 살리겠다는 부모의 정성이 통했는지 땅거미가 질 무렵 아버지는 트럭과 군인 두 사람을 집에 데리고 왔다. 쌀 7가마니와 함께 그는 그 차에 실렸고, 어머니가 밥을 싼 보자기를 던져 주는 것과 동시에 차는 쏜살같이 달렸다. 아버지와 어머니는 잘 가라는 시늉으로 손짓을 했다. "잘 가라.", "안녕히 계셔요."는 요즈음에나 할 수 있는 사치스러운 인사다. 멀어져 가는 어머니의 흰 치마폭이 깃발처럼 펄럭이며 사라져갔다.

"아버지와 어머니는 그렇게 그림자로 내 가슴에 묻혀 계시다."

고 아버지 나이가 돼서 그는 말했다.

그때 아버지 61세, 어머니 59세였다.

12월 10일 저녁, 남대문 길목에 자그마한 쌀자루와 함께 그는 트럭에서 떨어트려졌다. 그 차는 제6사단 소속의 '스리쿼터'라고 기억한다.

그로부터 그의 고행은 시작되었다.

사고무친(四顧無親)한 천애고아. 골목길이나 처마 밑에서 잠을 자고 생쌀을 씹으며 허기를 채웠다. 쌀 몇 됫박 가진 것이 그나마 천행이었다.

밤에 빈집에 들어가 자다가 쫓겨나 철둑을 걸어가던 중 검문을 당했다.

"정지 손들어!"

두 사람이 다가오더니 포승으로 묶고 "이 새끼 공비지?" 하며 사정없이 발로 차고 개머리판으로 쳤다. 그리고 어느 건물로 끌고 가서 꿇어 앉혀 놓고 주먹으로 치고, 발로 차고 욕지거리를 해댔다.

얼마를 당했는지 지칠 대로 지쳐서 한쪽 모퉁이에 쓰러져 있었다.

"순순히 불면 살려준다. 너 공비지 빨리 불어……."

'공비', '불어' 무슨 말인지 알 수 없었다. 그곳은 경찰서였다.

밤중에 철둑을 배회하다가 철도경비원에게 붙잡혀 경찰서에 넘겨진 북한 말을 쓰는 정체불명의 사나이. 영락없는 공비다. 얼마나 지났을까, 자초지종을 듣고 난 경찰관이 이해를 했는지 한결 부드러워지더니 긴 의자를 가리키며 자라고 했다. 그리고 그 다음날 중앙청 앞에 있는 서울지구병사구사령부로 보내졌고, 거기서 식당 일을 도우며 지냈다.

12월 27일, 기간병이 와서 신상명세서를 써 내라고 했다. 서식에 있는 대로 써 냈다. 취사장에서 일하는 나이 지긋한 아주머니가 이 말을 듣고는 일선에 싸우러 가는 것인데 어린 것이 가면 안 된다고 펄쩍펄쩍 뛰면서 취사반장에게 도와주라고 신신당부했다. 취사반장이 사정을 알아보고 와서 나이가 어려 현역군인으로 가는 것이 아니고 방위군, 철도경비, 노무부대 등으로 보내진다고 하면서 걱정하지 말라고 했다.

곧 그는 대구로 가서 1951년 1월 초에 제7교육대에 입대했고, 10일간 교육을 받고 제7사단에 배치되었다.

▌이규락(李圭洛-九洛으로 개명) - 15세 입대

이규락은 의성군 안평면 농촌에서 농사를 짓고 있다가 8월 8일 피난길을 떠났다. 도중에서 두 번이나 군인들에게 붙들려 보급품을 운반하는 노무에 동원되는 바람에 가족과 헤어지고 동네 사람들을 따라 하양(河陽, 경산군)으로 가서 피난생활을 하고 있었다.

8월 하순경 하양시장에 갔다가 방위군에게 검문을 당했다. 젊은 사람들을 일일이 검문하여 모병을 하고 있었다. 그가 내민 도민증을 보고는

"나이가 안 됐구만! 저쪽으로 가 있어."

하고 한쪽으로 몰아 세웠다. 그때 그는 15세였다. 얼마 있다가 모병한 장정들을 트럭에 태워 떠나보냈다. 그리고 한 군인이 다가와서

"전쟁은 군인만이 하는 것이 아니라 후방에서 군인들이 싸울 수 있도록 도와주는 사람이 있어야 한다."

고 하면서 방위군으로 입대하기를 권유했다.

트럭을 타고 간 곳은 대구 가타쿠라(片倉)공장이라고 불리던 자리에 있는 제1교육대였다. 이렇게 무엇인지 모르고 따라가서 입대했다.

1주일간 교육을 받고 경주 부근에 있는 제17연대에 배치되었다.

이봉갑(李鳳甲) - 17세 입대

이봉갑은 밀양군 삼랑진읍에 살고 있었다.

8월 중순경 동네 망루에 있는 종이 '댕! 댕! 댕!'하고 다급하게 울렸다. "무슨 일인가?" 하고 주위를 살피는데 사람들이 송진국민학교로 가고 있었다. 호기심에 따라가 보았다. 운동장에는 500여 명의 장정이 모여 있었고, 얼마 있다가 어디론가 이동하기에 또 따라갔다. 얼마를 가다가 청년방위대를 소집해 가는 행렬이라는 것을 알았다.

그는 별 관심이 없어 집으로 돌아가려고 행렬에서 빠져 나오는데 인솔 군인이 못 나가게 하여 할 수 없이 대열을 따라 간 곳이 밀양에 있는 영남루였다. 주위에는 무장한 군인들이 삼엄하게 경계를 하고 있었다. 그는 겁이 났다. 가까이 있는 군인에게 가서

"나는 청년방위대원이 아니고 나이도 17세 밖에 안 되었다."

고 하면서 집으로 돌려보내 달라고 애원을 했다. 그 군인은 개머리판으로 가슴을 내리치면서 못 가게 호통을 쳤다.

장정들은 팔, 다리와 손가락, 발가락이 제대로 있는지만 살피고는 주소 성명과 생년월일을 써 내게 하여 입대 절차를 밟았다. 8월 17일이다.

열차를 타고 부산으로 이동하여 어느 부대(미 제55보급창 자리)로 갔는데 충원이 끝났다고 해서 다시 범어사 입구에 있는 금정중학교에서 일박하고 부산진국민학교에 가서 입대했다. 군번을 받고 10일간의 교육을 받은 후 팔공산에 있는 제1사단 제15연대에 배치되었다.

최복룡(崔福龍) - 15세 입대

최복룡은 서울 왕십리(행당동)에서 살았다. 배명국민학교에 다니다가 4학년 때 친구와 싸우고 퇴학을 당하여 집에서 놀고 있었다.

6월 28일경 가족과 함께 피난을 떠났다. 뚝섬 나루터에는 발 들여놓을 틈 없이 피난민들이 모여 아수라장을 이루었다. 배 한 척에 수백 명이 몰려 배를 얻어 탈 수 없었다. 뗏목을 만들어 건너는 사람, 수영으로 건너는 사람 등 강을 건너는데 사생결단을 했다.

그는 팔팔한 기운에 약삭빠른 동작으로 사람들 틈을 비집고 덤벼들었다. 간신히 배 한 구석에 끼어 강을 건넜다. 강을 건너와서 정신을 차렸을 때 천애고아가 되어 있었다. 하루 종일 백사장을 뒤졌으나 가족을 만날 수 없었다. 손에 쥔 것도 없었다. 피난민 대열에 끼어 철길을 따라 무작정 남쪽으로 걸었다. 잠은 아무데서나 잤고, 냇물로 허기를 채웠다. 얼마나 굶었는지, 며칠이나 걸렸는지 모른다. 대구에 도착하여 노숙자와 거지가 많은 달성공원에서 거지 생활을 했다.

8월 중순경 군인 4명이 트럭을 몰고 와서 마구잡이로 차에 태워 데리고 가더니 옷은 입은 채로 총만 들려서 전선으로 보내졌다. 나중에 안 일이지만 그곳이 328고지에서 싸우고 있는 제13연대였다.

   9월 중순경 북진 중에 군복이 지급되어 흙 범벅이 된 사복을 갈아입었고, 군번(0204077)이 나왔다. 그리고 10월 어느 날 경기도의 어느 지역에서
   "나이가 어리다."
고 하면서 돌아가라고 했다. 그는 다시 남쪽으로 길을 잡았다. 대전 이남으로 여겨지는 어느 지점에서 군인(방위군?)에게 또 붙들렸고, 화물열차에 태워져 부산으로 갔다. 12월 13일이었다.

   어느 부대에선지 며칠간 교육을 받고 다시 군번(0734077)을 받았다. 그리고는 해운대에 있는 병참중대에 배치되었다.

「2. 보호받아야 할 아동이 총을 들었다」 인용문헌 :
류형석 편저 『우리들의 아름다운 날을 위하여』 참전수기와 증언

아동은 보호받아야 한다

"아동은 전쟁과 재난으로부터 제일 먼저 보호받고 구조될 권리가 있다."
'UN아동권리선언' 제8항에 규정된 글귀다.
아동 보호와 복지에 관하여는
1909년 루스벨트 대통령에 의하여 소집된 백악관회의에서
'무의탁 아동 보호' 를 주제로 아동 문제를 다룬 이래
1930년 제3차 백악관회의에서는
'신체적 정신적 장애아의 교육, 의료, 건강보호' 에 관한 사항이 강조되었고, '아동헌장' 을 채택하였다.
   1940년 제4차 백악관회의에서는 그동안 무의탁아동과 장애아동의 특별보호와 치료, 훈련 등을 주제로 하였던 것에 비하여
   '우리들의 관심 – 모든 아동'

을 주제로 하여 아동의 복지를 위한 사회적·경제적 보장 및 건강교육과 아동의 인격적 성장의 기회가 강조되었다. 이후 각 국은 앞다투어 아동의 복지문제를 법률로 정하여 특별보호를 하고 있다.

이러한 추세에 맞추어 일본정부는 일제하인 1923년에 '조선감화령'을, 1944년에 '조선구호령'을 제정하여 아동보호장치로 삼았다.

이것이 광복 후에까지 시행되다가 아동복지법으로 발전하게 되었다.

우리나라는 1957년 5월 5일 '어린이 헌장'을 선포하였다. 어린이 헌장은 어린이의 인격을 존중하고 어린이의 권리와 행복을 보장해 줄 것을 어른이 다짐하는 선언이다.

제8항 어린이는 위험으로부터 먼저 보호되어야 하고 안전을 지킬 수 있는 훈련을 받아야 한다.

제9항은 어린이는 학대를 받거나 버림을 받아서는 안 되고 나쁜 일과 짐이 되는 노동에 이용되지 말아야 한다.

고 규정하여 UN아동권리선언에서 규정한 아동의 보호받을 권리와 맥을 같이하는 보호장치를 마련한 것이다.

1959년 11월 20일 국제연합은 전문 10항으로 된 '아동권리선언'을 채택하였는데 다음과 같이 보호받을 절대적 권리를 규정했다.

제4항 아동은 건전하게 성장발달 할 권리가 있다.

제8항 전쟁이나 재난으로부터 제일먼저 보호받고 구조될 권리가 있다.

제9항 학대, 방임, 착취로부터 보호받을 권리가 있다.

1960년 제6차 백악관회의에서는 '아동과 청소년'을 주제로 '자유와 존엄성이 인정되는 가운데 창조적 생활을 향유하기 위해서 아동과 청소년의 모든 잠재적 능력을 실현하기 위한 기회'가 강조되었는데 이것은 위의 '아동권리선언'과 맥을 같이 한다.

우리나라는 1961년 12월 30일 아동복리법을 제정하여 대처하여 오다가 1981년 4월 13일 아동복지법을 새로 제정하였고, 2000년 1월 12일 전면 개정하여 현재에 이르고 있다. 아동복지법은

'아동이라 함은 18세 미만의 자를 말한다.'

고 규정하였고, 위 어린이헌장이나 아동권리선언과 같은 취지의 내용을 규정하여 아동보호장치로 삼고 있다.

'UN아동권리선언' 과 '대한민국어린이헌장' 그리고 관련 법률이 6·25 전쟁 후 제정되거나 선언한 것이지만 기본이 1940년 제4차 백악관회의에서 다루어진 사항을 근간으로 하고 있고, 이 백악관회의 사항을 근간으로 하여 일제시대에 조선감화령과 조선구호령을 제정하여 아동보호와 복지장치로 삼았기 때문에 그 취지와 맥락이 아동 보호와 복지라는 기본 틀에서 같다고 보아야 한다.

3. 학도의용군

군번을 받기 전의 학도병

학도의용군은 학생의 신분으로 육해공군과 UN군에 배속되어 전투에 참가하거나 전투지원 업무를 담당한 사람들이다. 정규군이 아니다.

학도의용군은 두 가지 형태로 분류된다.

첫째는 학도병으로 입대한 학생들이 입대 후 군번과 계급을 받기 전까지의 기간에 해당하는 신분상의 구분이다. 이들은 군번이 나오기 전까지는 학생의 신분이었으므로 이들을 백의종군한 학생이라고 했다.

앞의 학도병에서 본 경우 대부분이 이에 해당한다.

대구 학도병훈련소에 입대하여 2주간의 교육을 받고 일선 사단에 배치된 약 2,000명의 학도병 중 마지막으로 제1사단에 배치된 500명의 경우 그들의 실제 입대일은 7월 12~15일이고, 사단에 배치된 날은 8월 3일이다. 그 중에 제11연대에 배치된 약 300명은 8월 20일 육군이등병의 계급과 함께 군번(230-제11연대 군번)이 부여되었는데 명령일자는 8월 8일부로 소급되었다. 8월 8일을 기준으로 하더라도 실제 입대일과는 20일 이상의 차이가 난다. 이들이 8월 19일 이전에 전사했다면 그냥 학생의 죽음으로 치부된다.

육군본부 학도유격 제2대대를 편성한 학도병은 8월 9일 입대하여 2개월간의 훈련을 받고 10월 초에 전선에 투입되었는데 1951년 1월 중순에 가서 전년 10월 20일로 소급입대가 결정되면서 군번(071)을 받았고, 3개월 복무경력을 인정받아 육군일등병의 계급을 받았다.

학도유격 제1대대의 경우는 언제 군번(036)을 받았는지 확인되지 않는다. 육군본부 '학도의용군'에 그 명단과 함께 군번이 기록되어 있다.

이들 학도유격대대는 특수임무를 수행하기 위하여 처음부터 학도의용군으로 출발하였다가 전황이 위급한 전선에 투입되었고, 전쟁이 장기화되면서 정규군으로 입대한 케이스다.

제18포병대대에 입대하여 서울학도포병대라고 이름이 붙여진 서울 출신 학도병 350명은 10월 25일 입대하였는데 그 해 11월 15일 육군이등병 계급과 함께 군번(035)이 나왔다. 덕천에서 이등병 신고식과 함께 오락회를 하던 중 중공군의 기습을 받아 130명이 전사하는 비운을 맞았다.

태백공업중학교 학생 127명은 1951년 1월 14일 제3사단 제23연대에서 학도특공대를 편성하여 기초훈련을 받고 전투에 참가하였다.

　이들 학생들은 당초에 내 고장은 우리 손으로 지키겠다는 생각이었고, 고향이 수복되면 돌아와 다시 공부를 하겠다는 생각에서 학도의용군으로 나섰던 것이다.

　전황은 이들 학생을 돌려 보낼 만큼 호전되지 않았다. 이들은 그 해 6월 1일 군번과 계급이 부여되었다. 4개월 반이 지난 뒤다.

　이들이야말로 순수한 학도의용군으로 활동한 학생들이다. 그럼에도 불구하고 그들을 학원으로 돌려보내지 못하고 정규군으로 만들어 붙들어 놓지 않을 수 없었던 것이 우리 민족의 비운을 대변해 준다.

　기록이나 증언을 토대로 살펴보면 대구에 육군 제1훈련소가 설치된 8월 14일을 기준으로 그 이전에 입대한 사람들은 대부분 사단에 배치된 뒤에 새로 입대절차를 밟아서 계급과 군번이 부여되었음을 알 수 있는데 이는 교육기관이 공식 교육편제가 아니어서 입대권한을 부여하지 아니하고 교육만을 실시하도록 한 때문인 것으로 이해된다.

　육군 제1훈련소가 편제상의 교육기관으로 설치되면서 교육기관에 신병 입대 권한이 부여된 것으로 보이고, 이후 교육대에 입대한 사람은 입대와 동시에 군번과 계급을 부여한 것으로 이해된다.

학도의용군

　학도의용군은 학생 신분으로 전투에 참가한 사람을 말한다.

　앞에서 본 학도병과는 학생의 신분으로 직접 전투에 참가한 점에서 같고, 정규의 군이 아니라는 점이 다르다. 또 굳이 분류하자면 학도의용군은 학생들만의 독립된 조직으로 단위부대를 만들어 활동한 데 반하여 학도병은 정규군으로 전투부대에 배치된 개별 구성원이라는 점이 다르다.

위에서 본 예 중에는 학도병이면서 독립부대로 활동한 경우가 있다. 학도유격대대와 태백중학교 학도특공대의 경우가 그것인데 처음에 학도의용대로 참전하였다가 전쟁이 장기화되면서 현지입대 형식으로 학도병이 된 특수성 때문에 정규군이 된 뒤에도 독립부대로 활동한 경우다.

학도의용군은 전쟁이 끝났다거나 전황이 호전되었을 때는 학교로 돌아갈 수 있는데 반하여 학도병은 군인이기 때문에 그러한 조건이 성취되어도 제대 절차를 밟아야 군에서 나올 수 있다.

1950년 6월 29일, 수원에서 서울을 탈출한 학생과 수원과 평택 지역의 학생 500여 명이 비상학도대를 조직하여 일부는 한강전선으로 나가고 일부는 국방부 정훈국 지도하에 전황보고와 가두선전 등 후방 선무활동을 시작한 것이 학도의용군의 효시다.주) 1

전선이 수원 이남으로 이동하자 7월 4일 대전에서는 피난 온 학생과 현지학생 700여 명이 학도의용대를 조직하여 일부는 중부전선으로 나가고, 일부는 정훈요원으로 선무활동에 종사하다가 7월 14일 국방부가 대구로 이동할 때에 함께 대구로 가서 대한학도의용대로 발전하였다.

부산에서도 대한학도의용대가 조직되어 눈부신 활동과 더불어 많은 공훈을 세웠다.주) 2

1, 2. 전쟁기념사업회 『한국전쟁사』 제3권 p518

1951년 4월 현재 대한학도의용대 수는 다음 표와 같다.

서울특별시	6,700명	경 기 도	23,500명
충 청 북 도	21,500명	충 청 남 도	42,000명
전 라 북 도	27,200명	전 라 남 도	23,800명
경 상 북 도	56,000명	경 상 남 도	65,000명
강 원 도	6,500명	제 주 도	3,000명
합 계	275,200명주)		

육군본부 『학도의용군』 p70, 중앙학도호국단 『학도호국단 10년지』 p81

7월 중순 학생을 포함한 재일교포 700여 명이 UN군에 입대하여 일본에서 특수훈련을 받고 전투에 참가하였는데 일부는 공수부대원으로 인천상륙작전에 참가하였다. 이들은 정규군이 된 뒤에도 '재일학도의용군'이라는 특수한 존재로 인식되어 있다.주) 전쟁기념사업회 『한국전쟁사』 제3권 p519

8월 18일 정부가 부산으로 이동한 후 문교부는 각 학교 간부들을 소집하여 중앙학도호국단을 결성하고 그 산하에 학도의용대, 학도치안대, 학도구호대 등 3개 단체를 조직하였다.

학도의용대는 국방부 정훈국에,

학도치안대는 내무부 치안국에,

학도구호대는 사회부 사회국에

소속되어 각기 분야에서 활동하였는데 학도의용대는 작전업무를 지원하면서 군사조직으로 발전하여 공식적인 학도의용군의 모체가 되었다.

9월 28일 서울수복 후 학도구호대는 유명무실해졌고 학도의용대와 학도치안대는 서울 잔류학생이 합류하여 더욱 활발하게 활동했다.

10월 중순 서울에서 전국호국학도학병추진위원회연합회를 구성하고 국방부 정훈국 및 육군본부 인사국과 협조하여 학생 3,000여 명을 전투부대에 편입시켰다. 그 중 2,000여 명은 중공군 개입 후에 부산 제2훈련소에서 교육받고 포병, 통신 등 부대에 정규군으로 편입하였다.주)

전쟁기념사업회 『한국전쟁사』 제3권 p519

9월 15일 인천상륙작전으로 퇴로가 막힌 북한군은 호남지방 산악지대로 잠입하여 후방교란작전을 폈다. 이 잔적소탕작전에 약 5천명의 학도의용군이 참전하여 이들을 소탕하고 후방치안확보에 크게 공헌했다.

1951년 1·4후퇴 이후 학도의용대와 학도치안대 활동은 미약해졌다. 2월 초순 학도의용대는 종군학도대로 개편되고, 학도치안대는 유명무실해졌다.

2월 28일 이승만 대통령은 복교령을 내렸다. 이 조치에 따라 학생종군단체는 모두 해체되었고, 학생은 일부 정규군으로 복무 중인 학생을 제외하고 모두 학교로 돌아갔다.주)

육군본부 『학도의용군』 p65

김석원 장군을 따라간 학도의용대

7월 8일 김석원 준장이 지휘하는 수도사단이 진천에서 저지전을 펴고 있을 때 진천중학교 학생 100여 명이 학도의용군으로 참전하여 문안산과 봉화산 전투에서 모두 전사했다. ▶ 제5장 제3절 1. 「진천공방전」 참조

김석원 장군은 이보다 앞선 7월 초 현역에 복귀하기 전 대전에서 모집한 학도의용군 등 300여 명을 제2사단에 편입시켰다.주) 김석원 『노병의 한』 p306

육군본부가 대구로 이동한 7월 14일 조직한 대한학도의용대는 대구역전 동아빌딩 2층에 학도병모집사무소를 두고 학도병모집 공고를 냈다.

"조국을 사랑하는 학도여!! 조국의 운명은 여러분의 손에 달려 있다. 가자! 김석원 장군 휘하로!"

7월 25일까지 이틀 동안 지원한 학생이 87명이었다. 16세 중학생에서 24세 대학생까지 있었다. 피난 온 학생들이 많이 있었다. 현지학생들의 경우 부모 반대에 부딪쳐 지원에 어려움을 겪은 반면 지원하는 아들을 격려하고 용기를 북돋아 주는 부모도 있었다.

지원한 학생들은 출전지원서를 써내고 결의서에 자필 서명을 하였다.

하나, 나는 조국과 민족을 위해 몸과 마음을 바치겠다.

둘, 나는 이 순간부터 나의 조국에 나의 모든 것을 바친다.

학도의용대는 1개 중대 2개 소대 6개 분대로 편성하였다.

중대장에 서울대학교 사범학부 교육과 2학년 김용섭(金龍燮)을 추대하고 중대향도에 안영걸을 임명하였으며,

제1소대장에 유명욱(劉明郁-배재중학교 제6학년),

제2소대장에 김일호(金一虎-중앙대학교 제2학년)를 선임하였고,

연락병에 김만규(金晩圭)를 지명하였다.

김만규는 성광중학교 제3학년에 16세로 가장 나이가 어렸다.

태극마크가 든 흰 띠를 모자에 두르고 '대한학도의용대'라고 쓴 완장을 왼쪽 팔에 찼다.

7월 26일 육군본부에서 보내 준 2대의 트럭을 타고 시내를 한 바퀴 돌면서 가두시위를 했다.

7월 27일 오전 10시. 육군본부에서 출전선서식을 가졌다. 관계 장교단이 단상에 올라서고, 군악대의 나팔소리가 우렁차게 울려 퍼지는 가운데 선서식이 엄숙하게 거행되었다. 대구시민이 많이 참관했다.

1. 우리는 대한민국의 청년학도이다. 죽음으로서 나라와 겨레를 지킬 것을 선서한다.

2. 우리는 강철같이 단결하여 공산 침략자를 쳐 부실 것을 선서한다.

3. 우리는 백두산 영봉에 태극기 날리는 날까지 펜 대신 총을 잡을 것을 선서한다.

학도의용대는 트럭을 타고 대구역으로 갔다. 학생들은 목청껏 '학도호국단 노래'를 불렀고, 시민들은 목이 터져라 만세를 부르며 열렬히 환송했다. 대구 출신 학생들은 부모와 얼싸안고 이별의 슬픔을 삼켰다.

기차는 긴 기적소리의 여운을 남긴 채 안동으로 길을 재촉했고, 학도들은 '학도병의 노래'를 힘차게 부르며 긴 여정의 무료를 달랬다.

기차는 다음날 먼동이 틀 무렵 안동역에 그들을 내려놓았다. 그들은 수도사단후방지휘소로 이동하여 김석원 사단장에게 신고를 했다.

김석원 장군은 학생들을 사열하면서 악수를 나누었다. 가장 나이가 어린

김만규 앞에 이르러 걸음을 멈추고는 한참 바라보았다.

"자네 중학생인가?" "네!"

"몇 학년인가?" "3학년입니다."

"그래! 몇 살이지?" "열아홉 살입니다."

라고 3살을 더 보탰다.

사단장은 한참 소년을 살피다가 또 물었다.

"자네 집이 어디지?"

너무 어려서 돌려보내려고 물은 것이다. 겁이 덜컹 났고, 앞이 캄캄했다. 김만규는 눈을 감고 입을 열었다.

"저는 집에 돌아갈 수가 없습니다. 저는 김일성의 목덜미를 잡으러 왔습니다. 집이 있다면 학도대가 집이고, 사단장님이 어버이십니다."

"자네 직책이 무엇이지?"

"네. 중대 연락병입니다."

"귀관은 훌륭한 대한의 남아야……. 다시 만납시다."

존댓말로 여운을 남겼다.

학도의용대는 사단장 지시로 사단 직할대에 소속되어 훈련에 들어갔다.

성당본관을 숙소로 정하고 M1소총과 카빈, 일제 38식과 99식 소총으로 무장을 했다. 그리고 실전 같은 훈련을 받았다.

학도병 노래
학도병아 잘 싸워라 승리의 길로
역적의 공산당을 때려 부셔라
역적의 김일성을 때려 죽여라
대한민국만세를 부르며 가자

8월 7일 김석원 장군이 제3사단장으로 전임하였다. 김석원 장군은 학도의용군을 비롯하여 민간 신분으로 참전한 호림부대, 백골부대, 영남부대에 감사의 뜻과 함께 건투를 비는 마음으로 특식을 보내주었다.

그날 저녁에 김석원 장군이 전출한 사실을 알게 된 학도병들은 기운이 빠지고 앞 일이 난감했다. 그들이 학도의용군으로 참전하게 된 동기는 김석원 장군의 명성과 그를 존경하고 신뢰하는 데서 비롯되었다.

학도의용대는 진로에 대한 의견을 모았다. 수도사단에 남을 것인지, 김석원 장군을 따라갈 것인지에 대하여. 장시간 의견을 교환한 결론은 수도사단에 남아서 독립된 학도대로서 전투에 참가한다는 것이었다.

신임 사단장 백인엽 대령은 학도의용군 독립부대를 인정할 수 없다고 하면서 현지입대를 권유했다. 대학생은 상사, 중학생은 하사의 계급을 줄 터이니 함께 평양까지 가자고 달랬다. 학생들은 '학도의용군이라는 명예로운 자격'을 원하여 현지입대를 거부했다.

백인엽 사단장은 "현지 입대냐? 해산이냐?" 중 하나를 택하라고 했다.

이렇게 해서 현지입대를 희망한 16명을 제외한 71명은 무기와 군복을 반납하고 귀향조치를 받았다. 학도의용대로 발족한지 10일만이다.

교복으로 갈아입은 71명은 고향으로 돌아갈 것이 아니라 김석원 장군을 찾아가기로 결정하였다.

8월 10일 07시 미군열차와 군용열차를 번갈아 얻어 타고 포항역에 내렸다. 제3사단후방지휘소가 있는 포항여자중학교 인근 포항국민학교에 숙소를 정하고 사단 작전처 보좌관 김치련(金致鍊) 대위로부터 상황을 들었다. 상황이 급박해져서 숙소를 포항여자중학교 강당으로 옮겼다.

투표를 통하여 간부를 다시 선출했다.

중대장은 김용섭, 제1소대장 유명욱, 제2소대장 김일호가 종전대로 선임되고 연락병에 김만규가 다시 지명되었다.

저녁에 M1소총과 1인당 실탄 250발씩이 지급되었다.

다음 날 새벽에 사단후방지휘소가 적의 기습을 받았고, 정규군이 없는 상태에서 학도의용군이 이를 저지하고자 사투를 벌여 적을 퇴치하였으나 학도의용군 71명 중 48명이 전사하고 4명이 실종되었으며, 13명이 포로가 되었다. 중대장, 소대장 모두 전사했다. ▶ 제9장 제절 1.「학도의용대의 사투」참조

8월 20일 포로로 잡혔다가 탈출한 학도의용군과 병원에서 퇴원한 학도병 9명이 김석원 사단장을 찾아갔다. 김석원 장군은 이들의 불굴의 의지를 가상히 여겨 학도의용군으로 다시 받아들였다.

이들 9명은 3명씩 2개조 모병팀을 만들어 제1조는 경주, 울산, 부산, 제2조는 대구, 밀양 방면으로 각각 파견하여 학도의용군 모집에 나섰다.

대구와 밀양에서 48명, 경주, 울산, 부산에서 56명을 모집하여 기간 학도병 9명을 포함 모두 113명주)* 으로 늘어났다. 육군본부 『학도의용군』 p97

* 남상선·김만규 저 『6·25와 학도병』은 대구, 밀양 지역에서 31명, 부산, 경주, 울산 지역에서 36명을 모집하여 기간학도병 9명을 합쳐 76명이라고 기술(p225)하였다.

김석원 사단장은 이들에게 군복과 소총을 지급하고 학도의용대라는 명칭과 함께 남상선 소위를 부대장(部隊長)으로 임명하였다.

제3사단 학도의용군의 용전분투소식에 고무된 주변 포항, 경주, 감포 지역 학생 40명이 학도의용군으로 참가하여 학도의용대 수가 153명으로 늘어났고, 독립된 1개 중대를 편성하여 북진대열에 참가했다.

9월 30일 묵호 출신으로 서울 성신여자중학교 제4학년인 라미옥, 라덕자 자매와 묵호여자중학교 제4학년 유상희 등 세 여학생이 학도의용군에 합류했다. 이들은 적 치하에서 여성동맹에 가입할 것을 강요받았고, 친구

강순희가 그의 부모와 함께 악질반동분자라는 이유로 인민재판에서 창과 칼로 무참히 참살되는 현장을 목격하고 치를 떨면서 숨어 있다가 학도의용대가 묵호에 진출하자 자원하여 합류했다.

UN군의 인천상륙작전 성공으로 전세가 역전되자 남 소위가 이끄는 '학도의용군 중대'도 북진대열에 나섰다. 묵호~강릉을 거쳐 10월 2일 38선을 돌파하고 10월 12일에는 원산에 입성했다. 학도의용군은 한·만국경이 바라보이는 길주(吉州)까지 진격했으나 중공군의 개입으로 철수를 하지 않을 수 없었다. 길주역에는 수많은 인파가 모여들었고, 수도사단과 제3사단 병력 그리고 수많은 보급품이 몰려들었다. 길주역에 적이 버리고 간 고장난 기관차 1대와 수많은 화차가 있었다. 기관사는 없었다.

학도의용군에 마침 철도중학교 제6학년인 박인표(朴仁杓) 군이 있었다. 그는 기관차를 운전할 수 있었고, 간단한 고장은 수리할 수도 있었다. 그가 고장 난 기관차를 수리하여 화차 26량을 연결하였다.

국군 약 800명, 피난민 2천여 명, 각종 보급품과 장비를 가득 싣고 성진항까지 굼벵이 걸음으로 운전하여 모두 마지막으로 떠나는 배를 타고 부산으로 철수할 수 있었다.

구국의 일익을 담당한 제3사단 학도의용중대는 1951년 3월 16일 강원도 홍천에서 해단식을 가졌다.

김석원 장군은 55년 서울 흑석동 명수대에 '학도의용군현충비'를 제막하여 그들의 넋을 기렸다.

참고문헌 : 육군본부 『학도의용군』, 남상선·김만규 『6·25와 학도병』

학도병 수첩

제3사단 학도의용군으로 참전하여 포항에서 전사한 서울 출신 이우근이 쓴 일기의 주요 부분을 옮긴다. 6월 26일부터 써 온 일기는 7월 28일 중단했고, 8월 10일 죽음을 알았는지 다시 쓰기 시작하여 유언 같은 많은 말을 남기고 그의 생과 함께 끝을 맺었다.

남상선 외, 『6·25와 학도병』, p.187

6월 25일, 6월 26일 생략

6월 27일 화요일 흐리고 비가 오다.

    국군은 서울을 사수한다고 안심하라는 가두 방송을 했다. 안심해도 될까.

    ……

7월 2일 일요일

    용인 쪽으로 가다가 인민군을 만났다. …… 복부에 총상을 입고 신음하는 국군도 만났다. 도와주고 싶었으나 한사코 거절하면서 최후까지 적을 죽이겠다고 적지를 향해 기어갔다. 참으로 장하고 장하다. 10분이 지났을까 폭발음을 들었다. 끝까지 적을 죽이겠다는 국군상사의 마지막 순간이 눈앞에 선하다.

    얼마쯤 갔을까 기진맥진.

    쌀자루를 버리지 않을 수가 없었다. 그런데 우리 일행은 '미리네'까지 왔다. 김대건 신부님의 묘역이다.

    우리가 미리네에 도착한 것은 천주님의 가호가 있어서다.

    '앙드레아' 신부님 묘역에서 형언하기 어려운 감격과 깊은 감회에 빠졌다. 의미 모를 눈물도 흘렸다.

    다시 남쪽으로 길을 떠나야 한다고 생각하니 부모님 안부가 앞선다. 이대로 쫓겨만 간다면 결국 어디까지 갈 것인가.

    만약 국외로 쫓겨난다면 언젠가는 다시 돌아와서 빨갱이 세상에 포교의 씨앗이 되리라. ……

7월 3일 월요일

......

평택에서 김칠규 신부님을 만나 경향신문사 '지이프'로 청주까지 왔다.

덕만이는 두 동생 때문에 청주에서 머무르고 나는 계속 김 신부님과 대구까지 갔다.

7월 18일 화요일 맑다.

김효신이 집을 찾았다. 효신이는 학도의용대에 지원했고 나만 남았다.

......

뭔가 망설이고만 있을 때는 아니다. 조국은 지금 위난에 처해 있지 않은가. 결심이 중요한 때다.

7월 20일

대구역에 나갔다가 학도병모집 벽보를 보았다.

"가자! 김석원 장군의 휘하로."

이 구절이 나를 뜨겁게 했다.

김 신부님께 상의했다. 조국이 위난에 처했는데 젊은 사람들이 쫓겨만 다녀서야 될까?

나는 결심했다.

7월 25일 화요일 쾌청.

......

학도병 지원서에 날인을 했다. 벌써 많이 모였다.

......

7월 26일 수요일

학도의용대라는 완장과 태극 '마크'를 그린 흰(흰) 띠를 받았다.

이로써 나는 학생이 아닌 병사가 된 것이다. 이제 적과 싸움만이 나의 전부다.

병사는 전투를 통해서만 그 생명의 불꽃이 찬연히 빛날 것이다.

7월 27일 목요일

안동에 도착했다.

대포소리를 듣고 기관총소리를 들었다. 이제 전쟁터에 왔나보다.

부모님과 형제들이 걱정된다. 생각하면 가슴이 답답하고 분통을 참을 수가 없다. 왜 우리가 뿔뿔이 헤어져서 안부를 걱정해야 한단 말인가. 답답하다.

일기는 여기서 멈췄다가 다시 시작된다.

8월 10일 목요일 쾌청

천신만고 끝에 포항에 도착했다.

교복은 누더기가 되고 신발은 있는 것인지 없는 것인지 벗고 다니기에는 체면이 앞서 그저 신을 신었다는 것만 보일 뿐이다.

김용섭 형에게 건의했더니

"사람은 빨가벗고 태어났다."고 뜻있는 농담을 한다.

그래 빨가벗고 싸워보자. 우선 총이라도 받았으면 마음 든든할 것 같다.

오랜만에 콩나물국을 먹었다. 된장을 푼 국 냄새가 그렇게 향수를 불러 일으킬 줄이야 누가 알았으리.

팬티와 런닝을 빨아 입었다.

……

내복을 정결히 빨아 입었으니 이제 죽더라도 수의는 마련한 셈이 된다.

아! 어머니!

나는 서울 쪽을 향해 큰 절을 두 번 했다. 윤재정이란 놈이 날 놀렸다. 뭣 하는 짓이냐고.

나는 "네 놈은 몰라, 뜻이 있는 자의 행동은 뜻이 있는 자만이 안다."고 말했다. 재정이란 놈은 더욱 의아해 했다.

제법 건방진 소리를 했지만 사실은 어머님과 아버님께 포항 안착을 알린 것이다.

……

오후 3시에 포항여중 강당으로 옮겼다.

……

뭇 소녀가 여기서 노래하고 춤추었을 것이다. 희고 예쁜 얼굴을 가진 여학생들이 웃고 떠들고 노래 부르는 소리가 들리는 것 같구나.

반가운 소식이 왔다.

무기를 지급받으러 가자는 것이다.

……

다음은 글씨가 흘려졌다. 전투 중에 쓴 것이기 때문이다.

어머니! 나는 사람을 죽였습니다.

그것도 돌담 하나를 사이에 두고 10여 명은 될 것입니다. 나는 4명의 특공대원과 함께 수류탄이라는 무서운 폭발무기를 던져 일순간에 죽이고 말았습니다. 수류탄의 폭음은 나의 고막을 찢어버렸습니다.

……

적은 다리가 떨어져 나가고 팔이 떨어져 나갔습니다. 너무나 가혹한 죽음이었습니다. 아무리 적이지만 그들도 사람이라고 생각하니, 더욱이 같은 언어와 같은 피를 나눈 동족이라고 생각하니 가슴이 답답하고 무겁습니다.

어머니! 전쟁은 왜 해야 하나요?

이 복잡하고 괴로운 심정을 어머님께 알려드려야 내 마음이 가라앉을 것 같습니다. 저는 무서운 생각이 듭니다. 지금 내 옆에서는 수많은 학우들이 죽음을 기다리는 듯 적이 덤벼들 것을 기다리며 뜨거운 햇빛 아래 엎드려 있습니다.

적은 침묵을 지키고 있습니다.

언제 다시 덤벼들지 모릅니다. 적병은 너무나 많습니다. 우린 겨우 71명입니다. 이제 어떻게 될 것인가를 생각하면 무섭습니다. 어머님과 대화를 나누고 있으니까 조금은 마음이 가라앉습니다.

어머니!

어서 전쟁이 끝나고 어머니 품에 안기고 싶습니다.

어제 저는 내복을 손수 빨아 입었습니다. 물내 나는 청결한 내복을 입으면서 저는 두 가지 생각을 했습니다. 어머님이 빨아주시던 백옥 같은 내복과 내가 빨아 입은 내복을 말입니다. 그런데 저는 청결한 내복을 갈아입으며 왜 수의(壽衣)를 생각해 냈는지 모릅니다. 죽은 사람에게 갈아입히는 수의 말입니다.

어머니! 제가 오늘 죽을지도 모릅니다. 저 많은 적들이 그냥 물러갈 것 같지는 않으니까 말입니다. 어머니 죽음이 무서운 것이 아니라 어머님도 형제들도 못 만난다고 생각하니 무서워지는 것입니다. 허지만 저는 살아가겠습니다. 꼭 살아서 가겠습니다. 왜 제가 죽습니까? 제가 아니고 내 옆에 있는 학우가 대신 죽어서 제가 살아가겠다는 것이 아닙니다. 천주는 우리 어린 학도들을 불쌍히 여기실 겁니다.

어머니!

이제 겨우 마음이 안정이 되는군요. 어머니 저는 꼭 살아서 다시 어머님 곁으로 가겠습니다.

상추쌈이 먹고 싶습니다. 찬 옹달샘에서 이가 시리도록 차가운 냉수를 한 없이 들이키고 싶습니다.

아! 놈들이 닥아 오고 있습니다.

다시 또 쓰겠습니다.

어머니 안녕! 안녕!

아, 안녕은 아닙니다. 다시 쓸 테니까요……. 그럼…….

이 한 맺힌 일기는 여기서 끝이 났다. 쓴 사람의 삶과 함께. 수첩은 피에 절인 주인의 저고리 주머니에 고이 잠들어 있었다.

여수 · 순천 지역 학도의용군

7월 10일경 여수 주둔 제15연대 조남철 소령이 여수서국민학교에서 시민반공궐기대회를 열고, 학생들에게 학도병지원을 촉구했다.

북한군 남침에 울분을 토했던 학생들은 조남철 소령의 호소에 충동을 받아 여수중학교 학생 53명을 비롯하여 시내 중학생 83명이 학도병으로 지원했다. '대한민국만세'라고 혈서를 써서 지원한 학생도 있었다.

그때 여수시내에는 여수중학교, 여수수산중학교, 여수공업중학교, 여수상업중학교 등 4개 학교가 있었다.

7월 13일 10시, 여수서국민학교에서 출정식을 겸한 시민환송대회가 있었다. 이어서 역까지 2km에 이르는 거리를 꽉 메운 시민의 환송을 받으며 걸어가서 기차를 타고 제15연대가 있는 순천으로 갔다.

이 무렵 순천에서도 시내 중학생 70여 명이 행동우체국 앞 광장에 모여 출정식을 가진 후 순천에 주둔하고 있는 제15연대에 입대했다.

이렇게 여수와 순천 및 그 주변 광양, 벌교, 보성, 강진 등 중학교 학생 185명이 제15연대에 입대하여 서남부 지구 전투에 참가하였다.

참고문헌 : 육군본부 『학도의용군』

재일학도의용군

6・25남침을 당하자 재일대한민국거류민단(민단)은 재일동포 청년과 학생을 상대로 의용군을 모집했다. 1,000여 명이 지원하여 653명을 선발했다. 그 중 학생은 130명이고 나머지는 애국청년이었다.

9월 13일 미 제1기병사단에서 훈련을 받고 69명이 제1진으로 미군과 함께 인천에 상륙한 것을 비롯하여 9월 25일 제2진, 27일 제3진, 계 137명이 인천으로 상륙하였다. 이들은 모두 미 제7사단에 편입되어 미군과 함께 북진대열에 참가하였다.

10월 18일 제4진이 부산에 상륙하여 육군 제2훈련소에서 훈련을 받고 신설된 제9사단에 배치되었다.

11월 12일 제5진이 원산으로 직접 상륙하여 전투에 합류하였다.

이렇게 11월 중순까지 5차에 걸쳐 계 641명*이 조국전선에 참전하였고, 그 중 52명이 전사하고 93명이 실종되었다.

> * 학생이 130명에 불과한데 재일학도의용군이라고 이름을 붙인 이유가 이해되지 않는다. 재일동포의용군이라야 한다. 고려해 볼 문제다.
> 학도의용군으로 확정된 인원이 653명인데 참전한 인원은 641명이다. 그 차이는 참전하지 않은 것으로 이해되나 분명치 않다.

재일학도의용군은 미 제7사단에 배치된 일부를 제외하고는 후방 미군부대 경비요원 내지는 미군 보조 역할을 하는 임무에 종사하게 하여 원래 참전을 지원한 그들의 뜻과는 배치되었으므로 실전참가를 미군 지휘관에게 요청하게 되었고, 미군 지휘관들은 재일학도의용군을 일본으로 돌려보내자는 의견이 나오기에 이르렀다.

이런 와중에 일본계 2세로 미군에 복무 중인 고자와(Jimmy S. Gozawa) 중위가 주선하여 재일학도의용군을 독립부대로 편성 운용하기로 결정을 보았다. 이에 참가한 인원이 321명이었고, 2개 중대로 편성하여 3·1독립정신을 기린다는 뜻으로 '3·1대대'로 명명하여 훈련에 들어갔다.

그러나 10일이 지난 때 갑자기 해체 명령이 내렸다. UN군이 후퇴하게 되어 이들의 활용 계획이 백지화되었기 때문이라고 했다. 설상가상 격으로 11월 하순경 이들이 소속하였던 미군이 일본으로 이동하게 되어 비벼댈 언덕이 없어졌다.

이들은 대표를 선출하여 육군본부와 미군지휘부에 국군에 편입해 주기를 건의하였고, 그 건의가 받아들여져 1950년 11월 28일 서울 남산국민학교에 있는 육군 제1보충대대에 편입되었다. 이들 중 30명이 간부후보생시험에 합격하여 종합학교에 입교하였다.

이와는 별도로 인천상륙지원부대로 상륙한 미군을 따라 참전한 재일학도의용군은 중공군이 개입하고 전황이 불리해지자 그 소속 미군부대가 일본으로 철수하면서 이들을 데리고 함께 일본으로 돌아갔다. 학도의용군들은 전선으로 이동하는 줄 알고 해군함정에 승선하였는데 하선한 후에 그곳이 일본 북 구주(九州)에 있는 해군기지인 것을 알았다.

미 제2사단 보충대로 이동하여 의용군을 해산하고 귀가토록 했다.

조국을 위하여 싸우겠다고 전선으로 간 사람들을 제자리로 데리고 와서 집으로 돌아가라니 그런 날벼락이 있을 수 없었다. 그들은 기차를 타고 민단본부에 찾아가서 구원을 요청했다. 우여곡절 끝에 그들의 우국충정이 받아들여졌고, 민단본부가 주선하여 한국해운공사 소속 상선을 타고 부산으로 다시 와서 하사관학교로 격상된 육군 제2훈련소에 입소하였다. 58명이다.

한편 미 제7사단에 배속되어 계속 전투를 한 의용군은 120여 명이었다.

참고문헌 : 육군본부 「학도의용군」 제2절 「재일학도의용군」(p158)

4. 학도호국단

반탁운동과 학생총연맹

학도호국단을 설명하기에 앞서 학도호국단 활동에 절대적으로 영향을 미쳤고, 실질적으로 그의 모체가 된 학생총연맹을 짚어본다.

1945년 12월 28일 모스크바 3상회의(미국, 영국, 소련 외무부장관회의)에서 한국을 5년간 미국, 영국, 중국, 소련의 4개국이 신탁통치(信託統治)한다고 결정하였다.

이 결정에 온 국민이 분노하였고 '신탁통치반대(反託)' 목소리가 삼천리 강산을 뒤흔들었다. 좌·우도, 남녀노소도 없이 한 목소리를 냈다.

1946년 1월 3일 서울운동장에서 '신탁통치반대 서울시민대회'를 열기로 하였는데 그 전날 갑자기 소련 지령을 받은 좌익계 학생들이

'신탁통치 대지지(贊託)'로 돌변했고, 한술 더 떠서

"한국은 소비에트공화국연방의 일원으로 들어가야 한다."

고 공언했다. 좌익계 학생들은 '신탁통치 절대지지'를 외치며 가두시위를 하다가 종로에서 반탁학생들과 충돌하는 사태를 빚고 흩어졌다.

민족의 위기를 느낀 애국학생들은 '신탁통치배격, 적구소탕(赤狗掃蕩)'의 기치를 내걸고 '반탁학생총연맹'을 결성하여 조직적이고 대대적인 신탁통치반대운동에 들어갔다. 그 조직과 위력은 대단했다.

1946년 7월 31일 '반탁학생총연맹'을 발전적으로 개편하여

'전국학생총연맹'

을 결성하고 반탁운동의 조직과 체계를 강화했다.

'전국학생총연맹(약칭 學聯)'의 눈부신 활동으로 반탁운동은 요원의 불길처럼 전국으로 번져갔고, 열화와도 같은 시위는 하루도 그치지 않았다.

결국 학련이 주도하는 반탁운동이 '신탁통치안'을 파기하여 한국문제를 UN으로 이관하게 하였고, UN 감시하에 자유총선거를 실시하여 대한민국을 독립시킨다는 UN의 결의를 얻어냈다.

UN은 선거를 감시할 UN한국임시위원단을 결성하여 한반도에 파견하였다. 그러나 소련은 UN임시한국위원단의 입북을 거부하여 북한에서는 선거를 치를 수 없었고, 부득이 선거가 가능한 남한에만 선거를 실시하여 남한 단독정부를 수립할 수밖에 없었다.

학련의 활동은 반탁운동에만 그치지 않고 애국청년학생을 결속시키는 데 구심점 역할을 하여 당시 학원에 침투하여 불온한 사상을 퍼뜨리며 온갖 파괴활동을 자행하던 남로당 세포를 몰아냈다.

학원 내 공산주의자는 자취를 감추었고 학원은 평온을 되찾았다.

학도호국단

당시 중학교 이상의 각급 학교에는 학도호국단이 조직되어 모든 학생활동은 학도호국단이 중심이 되어 자치적으로 이루어졌고, 일정시간 군사훈련을 실시하였다.

해방 후 대구 10·1폭동사건, 제주도 4·3반란사건, 여수·순천 반란사건을 비롯하여 우리 주변에서 일어난 크고 작은 공산당에 의한 살상, 파괴, 방화 등 잔학행위를 직접 겪으면서 학생뿐만 아니라 온 국민이 공산당에 대한 적개심과 함께 김일성에 대한 증오심으로 불타고 있었다.

이러한 세태에 대비하여 1949년 9월 28일 '대한민국학도호국단규정'을 대통령령으로 제정 공포하였고, 이를 근거로 중등학교 이상의 학교에 교직원과 학생을 단원으로 하여 학도호국단이 조직되었다.

이 규정 제1조에 조직 목적을 다음과 같이 규정하였다.

"민족의식을 앙양하고, 체력을 연마하고, 학술·예술을 연구연마하고, 학원과 향토를 방위하여 국가 발전에 헌신 봉사하는 정신과 실천력을 기른다."

각급 학교에 단위 학도호국대(단)를 조직하였다.

학교 학도호국단(대) 단장(대장)은 중등학교(중학교, 고등학교, 사범학교와 이에 준하는 학교)는 교장이, 대학은 총장 또는 학장이 당연직으로 맡았다.

학교 학도호국단은 연대 또는 대대로 편성하고, 학년을 중대, 반(학급)을 소대로 편성했다. 대대장과 중대장은 대학의 경우 4학년, 중학교의 경우 6학년 학생 중에서 단장이 임명하였고, 소대장은 각 반의 대표가 임명되었다.

학도호국단 상급 조직으로

서울특별시와 도에 서울특별시·도 학도호국단을,

중앙에는 중앙학도호국단을 조직하였다.

중앙학도호국단 총재는 대통령, 부총재는 부통령과 국무총리를 추대하고, 서울특별시·도 학도호국단 단장은 서울특별시장과 도지사가 맡았다.

서울특별시 을지로 6가에 있는 서울대학교사범대학에서 중학교 특별군사훈련을 실시하여 중학생 학도호국단 간부 2,400명을 양성하였고, 중등학교 체육교사 387명을 선발하여 육군사관학교에서 단기군사훈련을 실시한 다음 육군소위로 임명하여 배속장교로 배치하였다.

학생들은 매주 일정한 시간 배속장교가 지도하여 군사훈련을 실시하였고, 체육행사, 학술·예술 등 문화행사, 봉사활동, 각종 궐기대회 등의 학생자치활동은 모두가 학도호국단 주최로 이루어졌다. 행사이름 앞에는 항상 학도호국단이 붙어 다녔다. 예를 들면 '학도호국단체육대회' 처럼.

6·25남침이 있기까지 짧은 기간이었지만 학도호국단활동을 통하여 학생들은 국가관과 봉사정신을 크게 함양하였고, 투철한 반공의식이 심어졌음은 6·25남침이 있은 다음에 실천적으로 증명해 주었다.

'전국학생총연맹'이 학생들의 자치조직이라면 '학도호국단'은 정부가 주도하는 공조직으로 정부주도하에 운영되었다고 봐도 과언이 아니다.

그러나 학도호국단 간부는 거의 학련에서 간부로 활동을 하던 학생들이 맡았고, 고학년 학생들은 대부분 학련운동을 하던 학생이었으므로 조직의 정체성이 그대로 이어져서 활동의 맥은 같았다고 보아야 한다.

이러한 연유로 학생들은 반공정신이 투철했고, 이것이 바탕이 되어 6·25가 일어나자 많은 학생들이 자연발생적으로 의기투합하여 공산당을 쳐부수자고 학도병으로 참전하였는데 그 구심에 학도호국단이 있었다.

학도호국단은 4·19 후에 폐지되었다.

참고문헌 : 중앙학도호국단 『학도호국단 10년지』

당시 중학생의 의식과 긍지

당시 중학생은 선택된 엘리트였다. 그래서 희소가치와 긍지 그리고 사회적인 기대가치가 오늘날 대학생보다 더 했다. 우선 수적인 면에서 오늘날 대학생 수보다 훨씬 적었고, 총인구에 대한 점유비도 훨씬 적었다.

1950학년도의 초·중학교 학생 통계를 보면

초등학생 2,658,420명에 중등학생이 383,909명이었다.

중등학생은 중학생(지금의 중·고등학교)이 380,829명, 고등학교(독립된 고등학교, 사범학교, 고등기술학교 등 고등학교 과정) 학생이 3,080명이었다.

국민학생에 대한 중학생의 비율은 14.4%에 불과했다. 다시 말하면 중학교 진학률이 14%밖에 안 된다는 것이다.(양쪽이 다 6년제였으므로 직접 비교)

당시 남한 인구는 1,900만 명이었다. 국민 전체에 대한 중학생의 비율은 2%다. 그때 대학생은 7,100명이었다.*

> ※ 1950년 대학생 수가 7,100명으로 전년의 2만 8,000명, 다음해의 2만 명에 비하여 지나치게 적다. 많은 학생이 입대하였고, 또 피난 중 복귀하지 못한 것 등이 원인으로 보인다. 다음 다음해(1952년) 3만 4,089명으로 급격히 늘어났다.

2006년 말 현재 4년제 대학생(산업대학과 방송통신대학 제외)은 191만 4,317명이다. 국민 4,900만 명에 대한 대학생 비율은 3.9%로 당시 중학생 점유비율보다 배가 높다. 전문대학생 81만 7,994명을 합하면 273만 2,311명으로 그 비율은 5.6%로 높아진다.

2006년 말 초등학생 392만 5,043명에 대한 대학생(전문대학 포함)의 비율은 약 70%이다. 초등학교가 6년, 대학이 4년(일부 2년)인 것을 감안하면 초등학교 졸업자의 대부분이 대학에 진학한다는 계산이 된다.

당시 중학생이 얼마나 엘리트인가를 극명하게 보여준다.

당시 중학교를 졸업하면 취직이 보장되었다. 국민학교 교사, 군, 면 등 지방공무원의 50%를 넘는 수가 국민학교 졸업자였음을 감안하면 이해가 갈 것이다. 농어촌 출신 아이들은 중학교에 진학을 해도 6학년 졸업하는 경우가 드물었고 대개는 3학년 수료 후 취직을 했다.

당시 중학교에 진학하는 것은 오늘날 대학에 진학하는 것보다 훨씬 더 어려웠다. 경쟁률이 높았고, 상대적으로 실력이 월등해야 가능했다. 그 뿐만 아니다. 요즈음 대학에 진학하는 것처럼 부모에게 떠받들어져서 가거나 사회분위기에 휩쓸려 가는 곳이 아니었다. 부모가 뒷바라지를 충분히 해 줄 수 있는 경제적인 여유가 있어야 했다. 농촌에서 천재소리를 들으며 반에서 1~2등을 다투어도 중학교에 못 가고 농사를 짓는 사람이 수두룩했었다.

당시 중학생은 선망의 대상이었다. 중학교 배지를 단 교복과 교표가 붙은 모자를 쓰고 나서면 주위가 모두 부러운 눈으로 쳐다보았다. 요즈음 대학생들이 느낄 수 없는 프라이드를 그들은 느꼈다. 그런 만큼 자부심과 긍지가 대단하여 무언의 책임의식을 가지고 있었고, 사회에 대한 봉사심이나 불의에 대한 의협심이 남달랐다.

대학생은 구경하기 힘든 존재였다. 어느 동네에 대학생이 있으면 그 면(面)이 다 알아 주었다.

학도호국단 활동을 통하여 "학생은 다른 사람과 다른 무엇을 해야 한다."는 사명 의식이 길러졌고, 중학생이라는 자부심이 상승작용을 하여 무한한 긍지를 축적했으며, 전쟁이 일어나자 학생들이 나서야 한다는 소명의식으로 승화하여 학도병참전이라는 동기를 유발한 원동력을 길렀다.

학생 자생조직인 전국학생총연맹에 관치조직인 학도호국단이 접목되어 조화의 극치를 이룬 학생들의 행동양식이다.

학생 통계자료 : 1950년-중앙학도호국단 『학도호국단 10년지』 p359
2006년 통계청 통계 자료

관객 1천만 명을 돌파했다고 요란을 피운 영화 〈태극기 휘날리며〉에서 주인공 이진태(장동건 역)는 징집당한 중학교 5학년 18세인 동생 이진석을 빼내려고 헌병장교와 격투를 하고, 군에 가서도 시종일관 동생을 제대시키려는 일념에서 수단 방법을 가리지 않는 장면으로 채워진다.

6·25전쟁을 얼마나 왜곡했고, 국민을 오도하는 영화인지 실증적으로 증명하는 항목이다. 우리 국민들, 젊은이들, 학생들 그렇게 못나지 않았다.

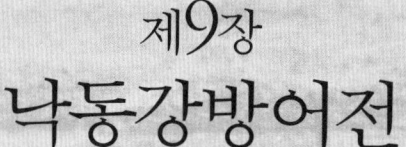

제9장
낙동강방어전

학도호국단의 노래

김광섭 작사, 이흥렬 작곡

1. 태평양 큰 물기슭 대륙 동녘에
   우뚝 솟은 백두산 민족의 정기
   화려한 금수강산 이루었으니
   하늘이 주신나라 지켜나가세
   (후렴) 우리들은 삼천만 민족의 태양
   피 끓는 호국단 학도호국단

2. 온 세계에 자랑할 반만년 역사
   문화로 빛나는 독립의 새벽
   우렁찬 종소리에 모두 일어서
   자유와 평화의 터전을 닦세

3. 한배님 끼치신 뜻 가슴에 안고
   새해에 휘날리는 태극기 아래
   강철 같은 힘으로 세우는 조국
   영원히 이어나갈 대한 만만세

제1절 동부 방면 방어전

1. 포항 부근 전투 - 제3사단

피·아군의 상황

　동해안을 따라 파죽지세로 남진하던 적 제5사단은 타의 추종을 불허하게 빠른 속도로 울진을 점령하였으나 6월 30일 울진에서 우리 제3사단과 접촉하고부터는 전진이 막혀 1일 평균 진격 속도는 2.3km로 다른 북한군 사단의 7km에 비하여 1/3 수준에 불과했다.

　적 제5사단 전진이 교착상태에 빠진 것은 우리 제3사단의 강력한 저지도 주효했지만 미 공군의 근접지원과 함께 미 해군의 함포사격으로 저들의 주간작전이 제약을 받았기 때문이다.

　적 제5사단 진격이 부진하자 적 제2군단장 김무정은 저들 제12사단에 7월 26일까지 안동을 점령하고, 제5사단을 도와 포항을 공격하라고 명령했으나 제12사단 역시 제8사단과 수도사단의 강력한 저항에 막혀 8월 1일에야 안동에 진출하였고, 게다가 막대한 병력 손실을 입어 포항공격은 고사하고 자체 편제유지도 어려울 정도로 전력이 약화되어 있었다.

김무정은 적 제12사단의 진출이 늦어지자 적 제8사단을 포항선으로 진출하도록 계획하였는데 이 역시 8월 7일 의성 지구 전투에서 우리 제8사단 제21연대 제1대대의 기습공격을 받아 1개 대대 규모가 전멸하였고, 배속된 전차 5대와 자주포 다수가 대전차지뢰에 파괴되었으며, 지원하던 기갑부대는 미 전폭기의 공격을 받아 무용지물이 되어 있었다.

김무정은 할 수 없이 저들 제8사단의 진로를 바꾸어 의흥(義興-군의군 의흥면)~신령(新寧-영천군 신령면)을 거쳐 영천으로 진출케 하고 당초 구상대로 적 제12사단을 안강(安康-경주시 안강읍)~포항지구로 진출토록 하였다.

적 제12사단은 막대한 손실에도 불구하고 김일성이 내려준 안동사단의 영예를 지키고자 안간힘을 쓰면서 안강과 포항으로 진출하였다.

적 제12사단은 안동에서 낙동강 방어선이 형성되던 8월 4일 낙동강을 도하한 후 청송~입암(立岩-영일군 竹長面사무소 소재지) 방면으로 진출하였다. 저들은 아군의 방어가 취약한 산악지대로 우회공격하면 우리 제3사단 후방이 차단되어 포항을 쉽게 점령할 수 있으리라고 판단한 때문이다.

8월 9일 적 제5사단은 강구를 점령하였으나 미 공군의 공중공격 및 미 해군의 함포사격과 제3사단의 강력한 저지에 밀려 발이 묶였다.

적 제12사단은 8월 10일 선봉 1개 연대가 홍해 남쪽 1km 지점까지 진출했고, 11일 미명에 1개 대대 이상으로 추산되는 병력과 제766부대 일부 병력이 포항시가지에 침투함으로써 전황은 새로운 양상으로 전개되었다.

제3사단은 장사동에서 적 제5사단과 대치하고 있었는데, 8월 10일 적 제5사단 일부가 홍해를 점령함으로써 장사동에서 고립되었다.

포항을 잃을 경우 포항 남쪽에 위치한 연일비행장이 직접적으로 위협을 받게 된다. 연일비행장은 지상군을 근접지원하고 있는 F-51전폭기의 출격 기지이므로 이 비행장을 잃을 경우 전세는 걷잡을 수 없이 불리하게 기울어질 수밖에 없다.

　미 제8군사령부는 연일비행장을 지키기 위하여 브래들리특수임무부대를 편성하여 긴급 출동시켰고, 8월 10일 육군본부는 포항지구전투사령부를 설치하고 이성가 대령을 사령관에 임명하여 제3사단과 협동으로 안강과 포항지구에 침투하는 적을 저지 섬멸하도록 하였다.

학도의용대의 사투

　8월 10일 제3사단지휘소는 포항 북방 약 30km 지점 장사동(長沙洞-영덕군 南亭面, 7번 국도변)에 위치했고, 후방지휘소는 포항여자중학교에 있었다.

　포항시내에는 해군 경비부 요원 약 300명, 공군 포항기지부대 1개 중대, 경찰과 청년방위대 약 3,000명이 있었고, 제3사단후방지휘소에는 학도의용대 71명이 있었다. ▶ 앞 「학도의용군」, 「김석원 장군을 따라간 학도의용대」 참조

　11일 04시경 사단후방지휘소 뒷산에서 예광탄(曳光彈) 6발이 올라가는 것과 동시에 순식간에 다발총 소리가 포항시내 새벽공기를 뒤흔들었다.

　포항 북쪽에 적이 접근하고 있다는 정보가 없었기 때문에 별다른 대책을 세우지 않았고, 경찰대가 포항시 외각에 배치되어 있었다.

　전투 병력이 없는 사단후방지휘소는 즉시 비상을 걸어 보급품을 후송하는 한편 학도의용대 2개 소대를 학교 외곽에 배치하여 대비하였다.

　날이 밝으면서 적의 행군 종대가 학교 정문으로 다가오는 것이 보였다.

　행군종대가 50m 전방에 접근했을 때 학도의용대는 일제사격을 퍼부었다. 불의에 사격을 받은 적은 당황하여 사방으로 흩어지고 200여 명이 쓰러졌다. 그러나 얼마 후 적은 학교 뒷산에서 증원된 병력과 합세하여 철로를 차폐물로 삼고 사격을 했다.

　학도의용대는 결사적으로 적을 저지하였다. 실탄이 모자라자 실탄창고

를 부수고 남아있는 실탄과 수류탄을 가지고 와서 안간힘을 썼으나 얼마 가지 않아 실탄이 소진되고 말았다.

이 순간 적은 장갑차 5대를 앞세우고 학교 정문으로 들어왔다. 장갑차는 학교 정문으로 돌진하면서 기관총을 난사하였고, 보병들은 10m 전방까지 육박하여 방망이 수류탄을 던지면서 돌진했다.

학도의용대는 적이 던진 수류탄을 되받아 던지거나 개머리판으로 후려치는 백병전으로 맞섰다. 이 전투에서 학도의용대는 적병 50~60명을 사살했지만 학도의용대도 48명이 전사했다.

학도의용대는 더 이상 싸울 수 없어서 철수했다. 사단 후방지휘소요원들은 모두 철수한 뒤였다.

사단 병참부는 보급품을 대부분 민간 선박에 싣고 있었으므로 피해 없이 철수했고, 병기부는 많은 노획무기를 가지고 있었는데 상황이 급하여 대부분 땅에 파묻고 일부만 휴대하고 구룡포로 철수했다.

이사일생(二死一生) 송희경(宋喜慶) 대위

제3사단 보급소장 송희경 대위는 다발총 소리에 놀라 깬 후 지프를 타고 보급창고와 부두를 순찰하고 보급소로 돌아왔을 때는 보급소에 이미 적이 들어와 있었다. 엉겁결에 탈출하여 부두로 가다가 수류탄 파편에 부상을 입고 500m 이상을 기어서 부두에 도착하였고, 민간선박에 오르다가 바다에 빠지고 말았다.

이를 본 배 위의 민간인들은 마음 한 구석에 군인을 태울 경우 적으로부터 공격을 받을 수도 있다는 우려가 있으면서도 구조해야 한다는 당위성에서 송 대위를 구출했다. 송 대위는 배에 오른 즉시 기절하고 말았다.

이 선박은 가족들을 태우기 위하여 부둣가를 맴돌다가 배가 적병에게 붙들렸고, 송 대위를 적발한 적병이 총살하려는 순간 미 전투기가 나타나서 기총소사를 하는 바람에 위기를 모면했다.

얼마 후에 다시 나타난 적병이 송 대위를 쏘려고 할 때 어떤 여인이

"이 사람은 그냥 두어도 죽을 텐데 쏠 필요가 있느냐?"

고 하여 또 다시 위기를 모면했다.

구룡포에 상륙한 송 대위는 치료를 받고 생명을 구했다.(국방부 『한국전쟁사』 제3권 p391)

장사동 철수작전 - 송아지도 함께

제3사단지휘소는 8월 9일 강구교가 폭파될 때 장사동으로 이동하였고, 10일 그 남쪽 흥해(興海-포항 북방 8km 지점, 7번 국도변)에 적이 침투하여 후방을 차단함으로써 제3사단은 적의 포위망 속에 들어갔다.

흥해는 장사동 남쪽 19km 지점 후방이다. 이 소식을 들은 김석원 사단장과 워커 미 제8군사령관은 대경실색했다.

이날 미 제8군사령관 워커 중장은 제3사단 미 고문관 에머리치 중령을 연일비행장에서 만나 다음과 같이 지시했다.

"제3사단은 장사동을 사수하고 포항으로 침공하는 적 전차와 포병의 이동을 저지하라."

이 명령을 전달받은 제3사단장 김석원 준장은 강구남단 해안에서 장사동 남쪽 1km 지점에 이르는 해안선에 교두보를 구축하였다.

11일 김석원 준장은 사단후방지휘소가 습격을 받았고, 포항이 실함됐다는 소식을 듣고 충격을 받았다.

제3사단은 예비대가 없었으므로 김석원 사단장은 1개 연대와 75mm 2개 포대로 포항 공격을 결심하였다. 이때 에머리치 고문관이

"전면의 적을 저지하기에도 부족한 병력을 후방으로 돌려 포항을 공격

포항 전투를 지휘하는 김석원 장군(오른쪽 두번째, 1950. 8. 9)

하는 것은 무모하다."

고 반대하여 30분간의 격론 끝에 장사동만을 사수하기로 하였다.

해군 포항경비부에 본부요원 약 300명이 있었다. 경비부사령관 남상휘 중령은 전날 30명을 선발하여 37mm포와 함께 경비부 뒷산에 배치하고 방어준비를 해 놓고 있었다. 이날 적이 시내에 침투하자 다시 50명을 시내 요소요소에 배치하여 경비부 철수를 엄호하도록 해 놓고 철수준비를 서둘렀다. 본부요원과 부상병, 피난민 그리고 장비와 군수품을 운반하는 동안 경비부 뒷산에 배치된 병력은 사령관 남상휘 중령이, 시내에 배치된 50명의 병력은 해군본부 김대식 중령이 지휘하여 육박전으로 적을 저지하면서 경비부가 해상으로 무사히 빠져나갈 수 있게 하였다. 해군경비부는 13시 30분에 감포(甘浦-경주시 감포읍)에 상륙하였다.

적 제5사단은 제3사단이 고립상태에서 고전하고 있는 것을 알고 강력하게 공세를 취했다. 이때 제3사단은 미 순양함 헬레나(Helena)와 구축함 3척 그리고 미 전폭기의 지원을 받고 있었고, 헬리콥터 2대가 헬레나호에서 부상자를 위한 의약품을 보급하고 있었다.

장사동 저지전이야말로 육·해·공의 완벽한 입체작전이었다.

그러나 적은 야간을 이용하여 맹렬하게 공격했기 때문에 아군 진지는 점차적으로 축소되어 갔고 적이 후방을 차단하여 보급추진이 안 되는데다가 탄약이 떨어져 교두보진지 확보가 점차 어렵게 되어갔다. 미군 수송기가 탄약과 의약품을 공중투하했으나 충족하지 못했다.

13일과 14일 사이에 제3사단은 점차적으로 후퇴하여 월포동(月浦洞-영일군 청하면)으로 이동했고, 부상자 313명은 13일 장사동 해안에 정박 중인 LST편으로 이송하였다.

월포동 아군 상황은 진퇴양난의 위기에 몰렸다. 북쪽 강구에서는 적 제5사단 주력이 압박해 왔고, 남쪽에서는 홍해를 점령한 적 약 1개 연대 규모가 북진하고 있었으며, 또 다른 적(제766부대?)은 서측방에서 압력을 가하고 있었기 때문에 비어있는 쪽은 바다밖에 없었다.

월포동에는 제3사단 병력 외에도 경찰관 및 공무원과 노무자 및 피난민 등 수천 명이 적으로부터 희생될 운명에 직면해 있었다.

김석원 사단장은 제3사단이 처한 긴박한 사정을 극비리에 비행기 편으로 총참모장에게 전달하기에 이르렀다.

15일 미 제8군사령관 워커 중장은 제3사단의 해상철수를 결심했다.

16일 아침에 경비행기가 와서 통신통을 투하하고 돌아갔다.

"오늘 밤에 LST를 보내겠으니 철수지점과 LST의 기착지점을 알려 달라. 30분 후에 다시 오겠다."

사단장은 참모들과 검토 끝에 장사동 남쪽 약 7km 지점에 있는 독석동

(獨石洞)에서 그 남쪽 조사동(祖師洞-이상 영일군 松羅面) 사이 약 1km 구간 해안선을 철수지점으로 정하고 다시 온 경비행기에 이를 알렸다.

다시 온 비행기는 이렇게 대답하고 돌아갔다.

"오늘 밤 21시에 LST 4척이 해안선에 도착할 것이니 준비를 갖춰라."

사단장은 연대장과 참모들을 긴급소집하여 철수작전을 설명하고 대규모 공세를 위장하여 철수를 기도비닉하고자 다음과 같은 지시를 내렸다.

첫째, 철수작전 비밀을 유지하기 위하여 대대장에게도 알리지 말고 그때 그때 사단장의 지시를 따르게 하였고,

둘째, 각 대대는 1개 중대씩 21시에 적진에 공격을 감행하여 주력부대를 해안 집결지로 철수케 하고, 공격중대는 다음날 04시에 신호탄의 신호에 따라 마지막으로 철수하게 하였으며,

셋째, 포병부대는 남은 포탄을 모두 소진할 때까지 요란하게 사격을 하여 대규모 공격을 가장하고,

넷째, 차량 5~6대를 동원하여 해안에서 증원부대가 상륙하는 것처럼 라이트를 켜고 언덕을 올라갔다가 라이트를 끄고 내려오는 것을 반복하게 하였다.

경찰관 및 공무원과 피난민들도 함께 철수하기 위한 방안을 모색하였다.

헌병대장에게 지시하여 경찰관과 공무원 그리고 유지들을

"양곡배급 및 사단장 전달사항이 있으니 저녁 8시에 수첩과 연필을 가지고 해안에 집합" 하도록 하여 철수사실을 알리고 주민들을 지정한 시간에 지정된 장소에 모이게 했다.

피난민 중에 있을 수 있는 간첩을 경계하여 취한 조치였다.

17일 06시경 제3사단 병력 약 9,000명, 경찰대 1,200명, 공무원과 노무자 및 피난민 등 약 1,000명이 LST에 승선완료 했고, 차량과 장비도 빠짐없이

실었다.* 주)　　　　　　　　　　　　　　　　국방부 『한국전쟁사』 제3권 p395

전사는 피난민의 송아지까지도 실었다고 기술했다. 피난민이 송아지를 몰고 배에 오르려 하자 미군이 제지했는데 이를 본 김석원 사단장이

"우리는 송아지가 있어야 농사가 되오." 주)　　안용현 『한국전쟁비사』 2 p176

하면서 송아지를 태우게 했고 이를 본 미군이 혀를 내둘렀다고 한다.

> * 전쟁기념사업회 『한국전쟁사』 제3권은 "이 철수작전에서 5,800명의 국군과 미 군사고문단요원, 1,200명의 피난민, 약 100대의 차량이 무사히 철수하여 구룡포로 이동 하였다."(p386)고 기술하여 숫자에 차이를 보였다.

적은 제3사단 철수 사실을 모르고 있다가 날이 밝은 뒤에 LST가 해안을 떠나는 것을 보고 박격포와 기관총을 쏘기 시작했다. 이때 LST 3척은 해안을 떠났고, 1척은 사단장과 참모들이 엄호부대를 수용하는 동안 대기 중이었는데 박격포탄이 떨어지자 배가 급히 출발했다. 이번 수송을 도급받은 일본인 선장과 선원들은 적탄에 배가 파괴되면 보험에 들어있지 않아서 보상을 받을 수 없다고 하면서 철수했다고 한다.

헌병대장 김홍걸 소령이 헌병 20명을 데리고 수영으로 따라가서 "배를 돌리지 않으면 죽인다."고 위협하고 한편으로는 설득하여 배를 되돌려서 극적으로 나머지 부대가 철수할 수 있었다.

부대 철수는 함포사격과 함재기의 기총소사로 엄호했고, 미 해군 순양함 헤레나호와 구축함이 호위했다.

제3사단은 04시 15분에 독석동 해안을 떠나기 시작하여 07시에 마지막 LST가 떠남으로써 철수작전은 성공을 거두었다.

김석원 사단장은 배가 해안을 떠나자 무전으로

'제3사단 무사히 이륙함. 사단장 해상에 있음.'

이라고 육군본부에 보고했다.

제3사단을 실은 배는 영일만을 거쳐서 10시 30분에 구룡포에 상륙하였다. 이승만 대통령은 무사히 철수한 제3사단에 부대표창을 했다.

국방부 『한국전쟁사』(제3권 p395)는 다음과 같이 평가했다.

"독석리 해안에서의 제3사단의 해상철수작전은 적전철수라는 어려운 점에서 볼 때 제2차 세계대전 시의 던커크(Dunkirk) 철수나 일본군의 서태평양 과달카날(Guadalcanal) 철수와 비교가 안 될 만큼 성공적인 철수 작전이었으며 더욱이 한 명의 병사도 남기지 않고 철수한 전례(戰例)는 오직 독석동 철수작전 뿐이라 해도 과언은 아닐 것이다."

총참모장 정일권 장군은 이렇게 평했다.

"아무나 흉내 낼 수 없는 진두지휘였다. 피난민까지 다 LST에 태우고 나서야 사단장 자신이 맨 나중에 배에 올라탔다.

장사동 해안 철수의 성공은 동해안전선을 수놓은 낭보였다.

제8군사의 참모진들은 믿기지 않는다면서

'이건 기적이다!'

하고 하나같이 혀를 내둘렀다.

무뚝뚝한 워커 장군마저 내게 악수를 청하면서

'정말 훌륭합니다. 국군이 처음 겪는 적전 해상철수를 이처럼 해 내리라고는 생각도 못했습니다. 참으로 감명 깊은 대성공입니다.'

하고 격찬을 아끼지 않을 정도였다." (『정일권회고록』 p203, 204)

김석원 장군은 『노병의 한』에서 이렇게 회고했다.

"참으로 스릴 있는 어느 영화의 한 장면처럼 밤새워 가며 손에 땀을 쥐게 하는 아슬아슬한 해상철수작전이었다.

생각하면 '철수하는 적을 섬멸했다.' 고 하는 전공을 자랑할 수 있는 일이라면 일선 사단 지휘관으로서 그 얼마나 장하고 보람찬 일이겠느냐마는 …… 1개 사단 병력을 적전에서 사고 없이 해상철수하는 일도 그렇게 쉬운 일은 아니었다.

아니 어떻게 생각하면 철수하는 적군을 섬멸하는 일보다 훨씬 더 어려운 일이었는지도 모른다. 하지만 아무리 어려운 철수작전이었다 하더라도 하여튼 적과 싸워 이기지 못하고 적 앞에서 철수했다는 사실을 자랑한다는 것은 평소에 임전무퇴의 정신을 강조하는 내 성미에 도무지 맞지 않는 일이었다.

그런데 이때 일본 동경에 주재하고 있던 맥아더 장군은 이례적으로 나에게 공군 대령 1명과 소령 1명을 보내어 나의 무사고 철수작전을 격찬해 준 사실이 있다는 것을 여기에서 밝혀두고 싶다."

일본군 과달카날(Guadalcanal) 철수

1942년 여름 일본군은 과달카날 섬에 상륙하여 비행장을 닦기 시작했다.

설영파(設營波)라는 이름을 가진 노무자 2,000명이 삽과 곡괭이를 가지고 천고의 정글을 헤치며 들어갔다. 지휘자는 해군 소좌(少佐-소령) 오카무라(岡村)이고 해군육전대 경비병 240명이 있었다.

속력이 한없이 느린 비행정을 타고 솔로몬군도 일대의 상공을 선회하고 있던 킨저 중위가 미국 태평양함대사령부에 무전을 쳤다.

"솔로몬군도 남단 과달카날 섬에 비행장을 건설 중인 일본군 발견"

과달카날에 일본군이 비행장을 건설하면 에어라인(Air Line-미국과 호주를 잇는 보급 항공로선)이 차단될 우려가 있다. 일본군을 당장에 축출해야 한다.

그로부터 얼마 지난 7월 하순, 미국 태평양함대사령관 니미츠 제독이 지휘하는 함선 80여 척이 솔로몬군도 남방에 자리한 피지제도에 집결했다.

8월 7일 저녁, 미국 함대는 해안선 일대에 맹렬한 함포사격을 했고, 용맹하기로 유명한 밴더그리프트(Alexander A. Vandegrift) 소장이 지휘하는 제1해병사단 19,000명이 70여 척의 수송선을 타고 상륙하여 30분 만에 일본군을 완전히 소탕하고 건설 중인 룽가비행장을 1시간 만에 장악했다.

비행장을 점령한 미군은 룽가비행장을 핸더슨(Henderson) 비행장으로 이름을 바꾸고 미국비행장을 건설하기 시작했다.

이것이 앞으로 6개월에 걸친 과달카날 공방전의 서막이다.

도쿄 대본영(大本營)에 라바울 주둔 제17방면군사령관 하쿠타케 하루요시(百武晴吉) 중장으로부터 보고가 왔다.

"금 7일 미국군 과달카날에 상륙. 건설 중인 룽가비행장을 점령했음."

과달카날이라는 섬을 아는 일본사람은 없었다. 이름도 들어보지 못했다.

대본영 육군부에도 아는 사람이 없었다.

"무슨 소리야? 과달카날이라니 …… 그런 섬이 어디 있어?"

대본영 작전과장 하토리 대좌(大佐-대령)는 지도를 펴놓고 찾아봤다. 그런 섬은 나와 있지 않았다.

해군군령부에 알아보고서야 그 섬에 비행장을 닦고 있다는 사실을 알았다.

왜 육군에 알리지 않았느냐는 항의에

"보잘것없는 섬에 현지 지휘관이 재량으로 만든 겁니다. 해군에서도 아는 사람이 별로 없습니다." 라고 했다.

과달카날은 솔로몬군도의 남단에 있는 아주 작은 섬이다. 웬만한 지도에는 나와 있지 않았다.

육군참모총장 스기야마는 제17방면군사령관 하쿠타케 중장에게

"귀관은 솔로몬 요지를 탈환하라. 솔로몬요지 탈환에는 우선 이찌기연대로 공격을 감행시켜라. 과달카날의 적은 소수임." 이라고 명령을 내렸다.

이찌기연대는 미드웨이 해전에 상륙부대로 참가했다가 작전이 실패하여 상륙하지 못하고 돌아온 후 남양군도의 트럭섬에 대기하고 있었다.

8월 16일 이찌기연대의 1개 대대와 공병 1개 소대, 계 900명의 병력이 해군 소형구축함 6척에 타고 과달카날로 진격했다. 그때 해군이 가진 수송선은 이 소형구축함 6척밖에 없었다. 그래서 900명이 먼저 간 것이다.

과달카날의 적이 소수라는 정보를 믿고, 적을 얕본 이찌기연대는 후속부대를 기다리지 않고 상륙과 동시에 공격을 개시했다. 소총과 기관총 몇 정, 식량 5일분을 가지고 포는 후속부대가 가지고 오기로 되어 있었다.

900명이 미군 해병 1만 9,000명을 잡으러 간 것이다.

결과는 전멸했다. 두 사람만 살아남았다.

이 무렵 필리핀 근해에서 상륙훈련을 하고 있던 가와구치 기요타케(川口) 소장이 지휘하는 제35여단이 대본영으로부터 출동 명령을 받았다. 가와구치 소장은 필리핀 바탄전선에서 용맹을 날린 맹장이다.

"귀관은 해군과 협조, 지체 없이 과달카날에 상륙하여 이찌기연대가 탈환 예정인 롱가비행장을 확보하고 아울러 잔적을 소탕하라."

제35여단을 태운 수송선단이 8월 26일 라바울 항에 입항했다.

라바울은 남태평양 솔로몬군도에 있는 작은 항구로 태평양전쟁 중 일본군의 남방전진기지로서 태평양을 지배한 전략거점이다.

일본군은 야간을 이용하여 과달카날에 병력과 물자를 꾸준히 투입했다. 미군은 이를 도쿄특급(東京特急)이라고 했다.

9월 12일 밤에 가와구치 소장이 지휘하는 병력 6,000명이 핸더슨 비행장에 돌입했다. '에드슨능선 전투(Battle of Edson's Ridge)'로 불리는 전투다. 일본군은 비행장까지 진출하는 데는 위세를 떨쳤다. 그러나 미군은 일본군 파상공세를 잘 막아냈다. 14일 일본군은 퇴각했고, 전장에는 일본군 시체 2,000여 구가 뒹굴고 있었다. 이것이 제2차 공격이다.

제2차 공격이 실패로 돌아가자 일본군은 하쿠타케 중장 지휘하에 있는 마루야마 사다오(丸山政男) 중장의 제2사단을 투입하기로 하였다.

10월 11일 밤 미국함대가 에스페란스(Cape Esperance)곶에 정박하고 있는 일본함대 수송선단을 야습하여 대파했다. 일본군은 제2사단을 과달카날에 수송하는 것이 어렵게 되었다. 그러나 하쿠타케 중장은 단편적으로 도착한 부대를 수습하여 10월 24일 사단규모의 전면공격을 개시했다.

혈전이 48시간 계속되었다. 육군 1개 연대가 증강된 미 제1해병사단은 반전하여 서서히 일본군을 밀어내기 시작했다.

10월 26일 할제 제독의 미 기동함대는 산타크루즈(Santa Cruz) 앞바다에서 과달카날로 접근하는 일본함대를 격퇴했다. 일본이 라바울에서 과달카날로 수송하는 보급은 20%만이 도착하여 극심한 보급난을 겪어야 했다.

일본군은 동경특급으로는 난국을 타개할 수 없게 되자 전 함대를 동원하여 제해권에 도전했다. 11월 12일부터 3일간에 걸쳐 건곤일척(乾坤一擲)의 대해전을 벌였다. 그러나 결과는 일본군 전함 2척, 순양함 1척, 구축함 3척과 병력을 가득 실은 수송선 11척을 잃고 대패했다.

미국은 이 과달카날해전 승리로 남태평양의 제해권을 완전히 장악했고, 과달카날의 일본군은 고립무원 상태에 빠졌다.

1943년 1월 4일 패치(Alexander M. Patch) 소장이 지휘하는 제14군단이 제1해병사단과 교대하여 1개월간 소탕전을 벌인 끝에 2월 9일 6개월간에 걸친 과달카날 전투를 종식했다.

일본군 잔존병력 1만 5,706명은 2월 2일부터 8일 사이에 3차에 걸쳐 부우게빌섬으로 철수하는데 성공했다. 전사에 성공한 철수작전으로 기록되었다.

일본군은 전사 1만 4,800명, 병사 9,000명, 포로 1,000명을 내는 손실을 입었고, 미군도 전사 1,600명에 부상 4,245명의 손실을 입었다.

과달카날 전투는 미국이 육전에서 최초로 승리한 전투라고 했고, 제공권과 제해권을 장악하여 남태평양 전세의 흐름을 뒤바꾸는 계기가 되었다고 했다.

참고문헌 : 육군사관학교 『세계전쟁사』, 노병천 『도해세계전사』,
노벨문화사 『대동아전쟁』 1 『태평양편』, 이호범 『태평양전쟁』 2

던커크 철수 작전 – 제4장 제5절 3.「고수냐 죽음이냐? – 워커 장군의 전선사수훈령」참조

포항 탈환작전 – 민 부대

8월 15일 육군본부는 군 예비대(軍豫備隊)로 확보 중이던 민 부대를 영천에서 포항으로 전진시켜 포항을 탈환하도록 하였다.

육군본부는 8월 11일 킨(Kean)특수임무부대에서 배속이 해제된 민기식부대, 오덕준부대, 이영규부대, 이창범부대*주)를 금호(琴湖 – 영천군 금호읍)로 이동하여 민 부대로 통합하고 국방부 『한국전쟁사』 제3권 p396

부대장에	민기식 대령,
참모장에	이영규 중령,
정보참모에	박영석(朴榮錫) 대위,
작전참모에	이용(李龍) 소령,
제1대장에	손관도 소령,
제2대장에	이창범 대위를 임명하였다.

* 이창범부대는 처음 등장하는 부대이다.
　이창범 대위는 7월 7일 광주에 제5사단이 창설되었을 때 사단 고급부관이었다. 이창범 대위가 전투부대를 편성한 과정은 확인되지 않는다.

15일 민 부대는 영천과 경주를 거쳐 화산동(花山洞 – 경주시 川北面)에 도착

하여 부대지휘소를 설치하고 부대는 그 북쪽 형산강 남안에 배치했다. 동쪽 연일비행장과 형산강 남쪽 언덕에는 미군 브래들리특수임무부대가 배치되어 있었다.

11일 포항에 진출한 적은 일단 포항에서 물러갔다가 13일 1개 연대가 다시 진입했다. 이 적의 정체는 안강으로 우회한 적 제12사단의 일부로 판단됐다. 적 제15사단 일부 병력이 포항 북쪽까지 진출해 있다가 15일 포항에 진입하였고, 적 제12사단의 1개 연대는 포항 서쪽으로 이동하였다. 이로써 적은 포항과 안강 사이 북쪽을 장악하였고, 민 부대는 이적을 상대로 포항 탈환작전을 펴야 했다.

17일 민 부대 제2대대장 이창범 대위는 포항시내 적정을 탐색하기 위하여 정찰대 14명을 주간에 침투시켰는데, 정찰대 보고에 따르면 포항시내에 적병은 없고, 홍해국민학교 교정에 M1소총 약 300정이 상자 채로 쌓여 있다는 것이었다.

이창범 대대장은 단독으로 포항을 탈환하려고 결심하고 1개 소대만을 진지에 남겨놓고, 나머지 병력을 지휘하여 18일 04시경에 형산강을 건너서 도로를 따라 포항시내로 진격해 갔다.

민기식 부대장은 부대를 순시하던 중 제2대대가 없는 것을 보고 의아해했는데, 진지에 남아있는 소대장으로부터 대대가 포항으로 진격해 간 사실을 듣고 제1대대를 지휘하여 차량으로 후속했다. 제2대대는 포항 서쪽 2km 지점에서 주먹밥으로 식사를 하며 휴식하고 있던 중 제1대대를 만났다. 제2대대장의 보고를 받은 민 부대장은 제1대대는 포항시가지로 돌입하고, 제2대대는 시가지 능선으로 진출하게 했다. 양 대대는 별 저항 없이 포항에 진출했다. 포항시가는 폐허가 되어 있었고, 앙상한 건물 잔해만이 눈에 띄었다.

민 부대는 북쪽으로 퇴각하는 적을 추격하여 천마산(天馬山)을 목표로 진격하다가 이인동(里仁洞-영일군 흥해읍)과 두호동(斗湖洞-포항시)을 잇는 능선 일대에 부대를 배치했다. 포항 공격 중 미군 전차 1개 소대가 지원했고, 좌측에는 포항지구전투사령부 소속 제26연대가 기계 부근에서 공격 중에 있었다.

19일 적 제5사단은 제3사단이 해상으로 철수하자 주력이 흥해에 집결하여 포항으로 진출할 준비를 하고 있었다.

22시경 민 부대는 제3사단과 임무를 교대했다. 제3사단은 사단지휘소를 포항시내에 두고 제23연대가 민 부대 진지를 인수하였다. 제22연대는 예비대가 됐다.

20일 민 부대는 신령지구로 이동한 후 제5연대로 개편되었고, 참모장 이영규 중령이 연대장이 됐다. 민기식 대령은 육군본부로 전출했다.

해군육전대는 8월 17일 수도사단에 배속되어 포항을 탈환하라는 명령을 받고 18일 17시 30분에 공격을 개시하였다. 퇴각하는 적을 추격하여 다음날 05시경에 선견소대가 포항시내에 돌입했고, 08시 30분에는 부대 주력이 시내에 진출하여 경비부 건물에 태극기를 게양하였으며, 부대지휘부를 포항경비부청사에 설치하였다.

포항경비부사령관은 16시에 516함정으로 포항에 상륙하여 복귀했다.

포항지역공방전

제3사단은 8월 17일 10시 30분 구룡포에 상륙한 후 18일 도구동(都邱洞-영일군 東海面)으로 이동하여 부대정비에 들어갔다.

제22연대는 독립 제1대대를 편입하였고, 제23연대는 신병 500명과 영등포학원 소속 사병 394명 및 장교 25명을 흡수하여 병력을 보강했다.

제1독립대대와 영등포학원은 7월 2일 제3사단 제22연대에 배속된 이후 제3사단과 함께 작전을 해왔었다.

21일 제3사단은 적과 교전하면서 계속 북으로 진출하여

22일 우 일선 제23연대는 천마산을 점령하였고,

좌 일선 제26연대*는 천곡사(泉谷寺)가 있는 385고지를 점령했으며,

예비대로 있던 제22연대는 06시에 행동을 개시하여 양 연대의 중간지점 학천동(鶴泉洞-홍해읍)까지 진출했다.

제3사단은 이 선을 주 저항선으로 확보하고 방어에 들어갔다.

> * 처음 나오는 제26연대의 소속은?
> 국방부 『한국전쟁사』 제3권에 기술한 것을 정리해 본다.
> ① 8월 13일 대구에서 신설되어 부대정비를 하고 있던 제26연대(이백우 중령)를 급히 안강지구작전에 참여하기로 결정.(p420)
> ② "8월 11일에 대구에서 새로 편성된 제26연대도 이 사령부의 지휘 밑에 들게 되었다."(p396) "포항지구전투사령부 예하의 제26연대가……."(p398)
> 「기계·안강 부근 전투」(8월 9일부터 9월 4일까지)의 「참전부대 및 주요지휘관」(p416)에 포항지구전투사령부 제26연대로 표시하여 제26연대를 포항지구전투사령부 소속 또는 배속연대로 기술하였다.
> ③ 「포항 부근 전투」(8월 9일~9월 22일)의 「참전부대 및 주요지휘관」(p387)에 제3사단 제26연대로 표시하여 처음부터 제3사단 소속 연대로 기술하였고,
> ④ 앞 「기계·안강 부근 전투」 9월 2~3일 전투 경과에서 "제26연대를 제3사단에서 수도사단으로 배속변경하여 안강 부근으로 이동케 하였다."(같은 p429)
> ⑤ 제26연대장 이치업 대령은 "제26연대는 경주 부근에서 작전하다가 9월 9일경 제3사단의 지휘 밑에 들게 되었다."고 증언했다.(p414)
> 제26연대는 창설과 동시에 포항지구전투사령부에 배속되었다가 동 사령부가 제7사단으로 개편될 때(8월 20일) 제3사단에 배속되었고 그 후에 동 사단에 예속된 것으로 보인다. 창설 과정은 확인되지 않는다.

24일 주저항선 전면에서 공방전이 계속됐다. 제22연대와 제26연대와의 연결점이 돌파되어 적이 후방으로 침투했고, 제22연대 제1대대(이소동 중

령)는 타격을 받고 초곡동(草谷洞-흥해읍) 남쪽으로 이동하여 병력을 수습하였다. 이와 함께 각 부대는 모두 진지를 이동해야 하는 고전을 겪었다.

제1군단장 김홍일 소장은 제3사단이 고전하는 것은 전투 정면이 넓기 때문이라고 판단하고 전투지경선을 조정하는 한편 수도사단 제1연대를 제26연대 좌측으로 진출시켰다.

25일 제22연대 제1대대는 전날의 설욕전을 벌였다. 12명으로 편성한 특공대가 배낭에 수류탄을 가득 넣어 가지고 던지면서 돌진하고, 그 뒤를 따라 대대 병력이 돌진했다. 순식간에 전날 돌파당한 진지를 탈환했으나 특공대원 8명이 전사했다.

27일 새벽, 적은 대공세를 취했다. 적이 제26연대 방어선을 돌파하여 295고지로 진격했고, 제26연대는 큰 타격을 입고 분산 철수하여 형산강 북쪽 효자동(孝子洞-포항시)에서 부대를 수습하였다.

제22, 제23연대도 진지를 이동해야 했다.

제1군단장 김홍일 소장은 제26연대가 돌파당하자 제1연대를 투입했고, 제1군단에 배속된 제8연대 제1대대를 제1연대와 제22연대의 간격을 연결하기 위하여 자명동(自明洞-영일군 延日邑) 북쪽에 투입했다.

28일 전 전선에서 적 압력이 계속되었다. 제8연대* 제1대대가 자명동 북쪽의 145고지에서 적 1개 연대 규모의 공격을 받고 고전하자 효자동에서 정비 중에 있는 제26연대 1개 대대를 투입했다.

* 제8연대는 8월 20일 포항지구전투사령부 요원을 기간으로 하여 제7사단을 창설할 때 함께 창설한 연대다. 제7사단 예하에 제3, 제5, 제8연대가 있다.

29일 09시 제1군단은 미 항공기의 근접지원과 포병, 전차 1개 소대의 지원을 받아 적을 강타했다. 적은 막대한 손실을 입고도 계속 저항했다.

30일 적은 최후 발악적인 돌파를 시도했으나 아군은 전선을 유지했다.

전방 도로가 논두렁에 정상만(鄭祥萬) 중위가 지휘하는 제23연대 수색소대가 매복하고 있었는데 23시경 몇 대의 적 전차가 포항으로 오고 있었다. 수색소대는 적 전차가 접근하기를 기다렸다가 3.5인치 로켓포로 선두전차를 가격하였다. 전차는 삽시간에 화염에 싸였고, 후속전차는 모두 퇴각했다. 로켓포에 맞은 전차가 북쪽으로 방향을 돌리다가 뒤따르던 자주포와 충돌하여 논에 빠졌고 전차병들은 맨몸으로 도주했다.

동해상에서는 미 순양함 1척과 구축함 2척이 적병 집결지이고 보급소인 흥해 일대에 5인치 포탄 1,500발을 퍼부어 쑥대밭을 만들었다.

31일 제1군단장 김홍일 소장은 제8사단 제10연대를 제3사단에 배속하고 전투력을 상실한 제26연대를 후방으로 이동하여 재편성케 했다.

미 항공모함 시실리(Sicily)에서 함재기가 38회 출격하여 적진을 유린했다. 겁을 먹은 적병들은 민가에서 약탈한 흰 바지저고리를 군복 위에 덧입고 민간인을 가장하여 폭격을 피해 보려고 안간힘을 쏟았다.

2주간에 걸친 포항 공방전에서 적은 엄청난 손실을 입었음에도 불구하고 끈질기게 공격을 해오면서 최후 발악을 하고 있었다.

이후의 「포항 부근 전투」는 제11장 「낙동강아 잘 있거라」, 제2절 「북한군의 9월 공세」, 「포항 부근 방어전」에 이어진다.

2. 기계 · 안강 지역 전투 – 수도사단

기계 전투

8월 3일 청송을 출발한 적 제12사단은 도평동(道坪洞-청송군 현동면사무소 소재지)을 거쳐 입암에 집결하였고, 향로봉과 비학산 등 험준한 산악지대를 타고 남진한 적 제766부대는 기계와 안강지구로 침투하여 후방을 교란하고 있었는데 저들은 적 제12사단과 합세하여 기계와 안강을 거쳐 경주를 점령한 뒤에 포항에서 적 제5사단을 견제하고 있는 우리 제3사단의 후방을 차단하여 족쇄를 채워 놓고 적 제5사단과 보조를 맞추어 부산으로 진출하려고 시도하고 있었다.

수도사단 제18연대(임충식 대령)와 독립기갑연대(유홍수 대령)는 청송지구에서 적 제12사단에게 쫓겨 8월 5일 의성으로 이동했고, 제3사단은 강구 북쪽에서 적 제5사단과 교전 중에 있었다.

6일 안강에서 전진한 해군 육전대는 기계, 옥산, 안강을 경계하고 있었는데 안강에 있는 제3중대가 운주산에 잠복한 적 1개 소대를 공격하여 25명을 사살했다.

9일 적 제12사단 1개 연대 규모가 전차 및 장갑차와 포를 동원하여 기계 북쪽으로 진출했다.

육군본부는 새로 편성한 제25연대를 기계 · 안강지구로 출동시켰다.

육군본부는 이 방면에 진출한 적이 안동을 점령한 북한군의 정예사단이라는 사실을 모르고 기계 방면에 진출해 있는 해군 육전대와 신설 제25연대를 투입하여 저지하고자 하는 안이한 생각을 가지고 있었다.

제25연대 제1대대(柳貞鐸 소령)는 11시경 안강에 도착하여 안강 북쪽 6km 지점에 있는 노당동(老堂洞-경주시 안강읍) 445고지를 점령하고 적정을 살피고 있었다. 우측 양동(良洞-경주시 江東面) 동북쪽 236고지에는 기계에서 이동한 해군 육전대 300여 명이 배치되어 있었다.

이날 기계는 미군 항공기의 폭격으로 불바다가 되었다.

16시경 수 미상의 적이 제25연대OP를 기습하여 제1대대가 격전을 벌였으나 많은 피해를 입고 445고지 하단으로 철수하여 전선을 정리했다.

해군 육전대는 진지를 제25연대에 인계하고 안강으로 갔다.

10일 기계의 전세가 격화되었고, 안강이 위협을 받았다. 기계와 안강이 적 수중에 들어가면 경주가 위험하고 영천~포항간 국도가 차단되어 부산이 무방비상태로 노출된다.

육군본부는 이때에 이 방면의 적이 예상외로 강한 정예사단이라는 사실을 알고 구산동에 집결한 제17연대를 안강으로 급히 이동시키면서 포항, 기계, 안강지구를 방어하기 위하여 포항지구전투사령부를 설치하였다.

사령관에 이성가 대령을 임명하고

제25연대(유해준 중령),

제17연대(김희준 대령),

제1유격대대(정진 소령),

제2유격대대(김용주 중령),

해군육전대(강기천 소령),

경찰부대와 75mm곡사포 1개 중개를 예속시켰다.

제25연대 제3대대(李芳雨 소령) 2개 중대가 도착하여 제1대대와 교대하였고 제1대대는 안강에서 재편성을 한 다음 안강 외각에 배치되었다.

11일 제25연대 제11, 제12중대를 512고지(楊月洞)로 진출시켜 445고지의 제9, 제10중대를 증원하도록 하였고, 제17연대 제3대대를 양동 북쪽 165고지로 진출시켜 그 우측에 있는 해군 육전대와 협동하여 236고지(양동 동북쪽)을 확보하도록 하였으며, 제1대대를 양동북쪽 165고지 부근에 배치하여 안강측방에서 침투하는 적에 대비하게 하였다.

14시경 제17연대 제3대대 전면에 적 1개 연대 규모가 공격해 왔다.

제17연대 제3대대는 해군 육전대와 합동으로 이를 저지하고 있었는데,

때마침 미군 전폭기가 날아와서 적진을 강타했고, 포격지원까지 가세하여 적을 격퇴했다. 제17연대와 해군 육전대는 적을 추격하여 다산동(多山洞-안강읍)까지 진출했다.주)

국방부 『한국전쟁사』 제3권 p452

이 전투에서 해군 육전대는 적 사살 187명에 중기관총 2정, 경기관총 1정, 소총과 실탄 다수를 노획하는 전과를 올렸고, 3명이 전사하고 12명이 부상하는 피해를 입었다.주)

국방부 『한국전쟁사』 제3권 p453

제25연대장 유해준 중령이 해임되고 이기건(李奇建) 대령이 부임했다.

12일 제25연대 제3대대가 점령하고 있는 445고지에 18시경부터 소수의 적 정찰 병력이 접근하기 시작하더니 22시경에는 대규모의 병력이 돌진했다. 백병전이 벌어졌고, 기관총과 로켓포는 소대장들이 직접 쏘는 분전 끝에 격퇴했다. 적은 200여 구의 시체를 남기고 퇴각했다.

제17연대 제3대대와 해군 육전대도 이날 적의 공격을 받았으나 격전 끝에 격퇴하고 236고지를 확보했다. 제17연대는 제25연대가 위험에 처해 있는 445고지를 확보하기 위하여 예비대인 제2대대(趙榮九 중령)와 236고지를 점령하고 있는 제3대대를 445고지에서 물러난 제25연대를 증원했다. 제25연대는 전력 손실이 많아서 철수했다.

제25연대는 신설 연대로 첫 전투에서 많은 희생을 내 병력이 1개 대대밖에 남지 않았으므로 8월 16일 연대를 1개 대대로 축소 편성하였다.

13일 03시경 적 1개 연대 규모가 제17연대 제1대대(全禹榮 소령)와 해군 육전대가 있는 145고지를 공격했다. 일진일퇴 공방전 끝에 증강되는 적의 압력에 견디지 못하고 양동으로 이동했다. 제2대대와 제3대대는 어제에 이어 445고지 탈환전을 폈으나 적의 완강한 저항으로 실패했다.

제1연대가 진출하여 해군 육전대진지를 인수했다.

해군 육전대는 안강 교외로 이동했다.

기계 탈환전

8월 13일 육군본부는 기계를 탈환하기 위하여 대구에서 새로 편성된 제26연대를 안강으로 진출시켜 포항지구전투사령부에 배속하고, 전날 의성에서 경주로 이동한 수도사단 제1연대를 안강으로 전진시켰다.

안강지구에 제17연대, 제26연대, 제25연대(잔존 병력 1개 대대 규모), 제1연대 그리고 해군 육전대가 집결하였고, 좌측 안강 서쪽 5km 지점에 있는 옥산동(玉山洞-안강읍) 서원마을에서 양동을 거쳐 동쪽 유금동(有琴洞-강동면)을 잇는 선에 제26연대, 제25연대, 제17연대, 제1연대, 해군 육전대 순으로 전개하여 새로운 방어선을 편성하였다.

기존 통신시설을 이용하고 보급품 수급의 편의를 위하여 각 연대지휘소는 안강읍내에 설치하였다.

14일 양동 부근에서 적 제766부대가 제1연대를 공격했다. 격전 중에 미군 항공기가 공격하여 적은 심한 손실을 입고 퇴각했다.

제1군단장은 기계 탈환을 위하여 다음과 같은 작전을 구상했다.

"안강 주저항선에 배치된 제26, 제25, 제17, 제1연대와 해군 육전대는 기계 남쪽과 동쪽에서 적을 견제하고, 제18연대와 기갑연대(백남권 대령-8월 13일 교체)가 기계 서북 방면으로 진출하여 적 후방을 기습공격한다."

이 구상에 따라 의성에 있는 제18연대와 기갑연대는 구산동(九山洞-청송군 縣西面사무소 소재지)과 도평동을 거쳐 이날 14시경에 입암 부근으로 진출하여 공세 준비에 들어갔다. 기갑연대의 실 병력은 1개 대대 규모였다.

입암에 많은 피난민들이 모여 어수선했고, 이들로부터 적 보급부대가 여러 날 동안 비학산(飛鶴山, 762고지-기계 북쪽 약 10km)으로 들어갔다는 정보를 얻었다.

15일 김홍일 군단장은 제18연대에 명령을 내렸다.

"기계를 단시일 내에 탈환하라."

이 명령은 일종의 모험이었다. 참모들의 우려와 반대도 있었다. 그 이유는 제18연대와 기갑연대는 적 후방에서 공격하는데 만약에 적 후속부대가 밀어닥칠 경우 앞뒤에서 협공을 받아 빠져나갈 구멍이 없기 때문이다.

16일 06시 제18연대가 공격을 개시했다. 입암을 점령하고 계속 동진하여 18시경에는 기계 서북방에 있는 전략요충 용기동(龍基洞-영일군 杞北面) 340고지를 점령했다.

제18연대가 용기동에 진출하자 기계 서쪽 도상거리 약 5km 지점에 있는 운주산(雲住山, 806.2m)에 침투해 있던 적이 후방이 차단되었음을 알고 동북쪽 비학산으로의 퇴로를 개척하기 위하여 구지동(九旨洞-포항시 기계면-31번 국도변)으로 집결하고 있었는데 이때 미군 항공기가 구지동을 10여 차례나 공격하여 적에게 많은 피해를 입혔다.

제17연대와 제1연대는 미군 항공기의 지원을 받으며 공격을 개시하여 제17연대는 18시경에 445고지를 점령하고 계속 기계를 향하여 진격하였고, 제1연대는 17시경에 110고지와 236고지를 점령했다.

17일 03시경 제18연대는 적 1개 대대 규모의 공격을 받고 수류탄전으로 격퇴했다. 적은 12시경에 시체 200여 구를 남기고 비학산 쪽으로 퇴각했다. 제18연대와 기갑연대는 파죽지세로 진격하여 19시경 기계 서북쪽 5km 지점 용기동에 진출하여 기계에 있는 적의 측면을 위협했다.

18일 제18연대와 기갑연대가 서북쪽에서, 제17연대가 남쪽에서, 제26연대가 동쪽에서 기계를 완전히 포위했다.

06시경 각 연대는 포위망을 압축하면서 공격을 개시했다. 제18연대는 전면공격을 개시하여 13시경에는 일부 병력이 기계에 돌입했고, 제17연대는 남쪽에서 협공하여 제18연대와 협동으로 기계 시내의 잔적을 소탕했다.

제26연대는 동쪽 용산(龍山-307고지) 부근으로 진격했다.

기계 방면 적은 전투 능력을 완전히 상실하였고, 일부 패잔병만이 비학산으로 퇴각했다. 기계 부근 일대는 적 시체가 널려 있어 눈뜨고 볼 수 없는 처참한 광경이 펼쳐져 있었다.

전과는 적 사살 1,245명, 포로 17명 외에 많은 무기와 실탄을 노획했고, 피해는 전사 92명, 부상 171명, 실종 500여 명이었다.주) 국방부 「한국전쟁사」 제3권 p423

기계 탈환 소식은 전 국민에게 알려졌다. 신성모 국방부장관은 19일 제1군단을 방문하여 장병들의 노고를 치하했고, 미군도 극구 찬양했다.

계속 쫓기고 밀리면서 국민을 실의에 빠지게 했고, 군 내부도 자포자기하여 전의를 상실하였는데 적과 맞서서 당당하게 승리를 거둔 기계 전투는 국민에게는 희망을, 군에는 용기를 불어 넣어준 청량제가 되었다.

재미있는 것은 중공군 출신과 중국 중앙군 출신 간 대결에서 중앙군 출신이 멋지게 이긴 한판이었다.

제1군단장 김홍일 소장은 중국 중앙군 참장으로 중국군 제10군단장 대리를 역임했고, 북한군 제2군단장 김무정 중장은 중공군 출신으로 중일전쟁 때 혁혁한 공을 세운 유명한 장군이다.

두 장군의 대결에서 북한의 김무정은 여지없이 파멸을 맞았다.

포항지구전투사령관 이성가 대령도 남경군관학교 출신으로 화북군 소좌 출신이다.

안강 전투

적 제12사단은 기계에서 쫓겨나서 비학산으로 숨어들었다. 북한군 제2군단은 제766부대를 해체하여 병력 1,500명을 제12사단에 편입하고, 신병 2,000명을 보충하여 병력 5,000명으로 사단을 재편성했다.주) 김일성으로부

터 받은 안동사단 칭호가 무색하게 됐다. 국방부 『한국전쟁사』 제3권 p423

비학산에서 재편성한 적은 운주산 방면으로 우회하여 기계와 안강을 포위 공격하려고 시도했다.

8월 19일 수도사단은 새로운 진지를 편성했다.

제18연대를 기계 서북쪽 관천동(冠川洞-영일군 기북면)에 배치하고

우측으로 제17연대를 계전동(桂田洞-기계면)에,

제26연대를 용산에,

제1연대를 도음산(道音山-385고지-기계 동쪽) 일대에 배치하였다.

20일 기갑연대는 영천으로 이동했고, 해군 육전대는 원대 복귀하였다.

21일 제1연대는 도음산을 공격하였으나 1개 연대 규모의 적이 반격하여 실패했다. 제1연대는 제26연대와 진지를 교대하고 예비대가 되어 화봉동(禾峰洞-기계 북쪽) 우측으로 이동했다.

22일 18시경에 제18연대는 진지전면에 적의 포격을 받았고 이어 2개 대대 규모의 공격을 받아 진지가 무너져서 6km 후방 용기동 677고지로 이동했다. 제17연대는 두 차례에 걸쳐 비학산을 공격하였으나 적의 강력한 포화에 병력손실만 입고 성과는 없었다. 제1연대는 기계로 이동하여 제1대대(金學默 소령)가 제17연대를 지원하였다.

23일 병력 손실이 큰 제17연대는 현 전선을 고수했고, 제18연대는 적의 압력을 받아 남쪽으로 이동하여 남진하는 적에 대비했다.

25일 06시경 제18연대는 적 2개 대대 규모의 공격을 받고 저항하다가 13시경 인비동(仁庇洞-기계서쪽 약 4km)으로 이동하였고, 제17연대는 제18연대가 후퇴함에 따라 기계 북쪽 345고지로 이동해야 했다.

26일 현재 수도사단 방어선은 좌로부터 지가동(芝柯洞)~인비동~현내동(縣內洞-이상 포항시 기계면)~단구동(丹邱洞-경주시 강동면)선으로 압축되

어 기계가 다시 적의 위협을 받게 되었다.

계획했던 비학산 공격은 포기하였다.

27일 제1군단장은 운주산의 적을 견제하기 위하여 제18연대를 가안동~관천동선으로 북상시켰고, 나머지 연대는 기계 전면에 배치하여 기계방어에 주력했다.

수도사단은 1주일 정도 기본 훈련만 받은 신병 400~500명을 보충 받아 아쉬운 대로 병력난을 덜 수 있었다.주)   국방부 『한국전쟁사』 제3권 p426

30일 적은 사단 전면에서 대공세를 취했다. 특히 제18연대 전면에는 적 제15사단 일부가 공격하여 10시경부터 교전이 시작되었고, 전 사단 방어선에서 적의 압력이 강하여 고전을 면치 못하고 있었다.

수도사단은 야간에 철수를 시작하여 제18연대는 인비동으로 이동하였고, 기계 북쪽을 견제하던 제17연대는 기계 남쪽 문성동(文星洞)과 노당동으로 이동하여 기계는 다시 적 수중에 떨어지고 말았다.

8월 31일 제1군단 부군단장 김백일 준장이 제17연대를 방문하여 기계와 안강의 중요성을 강조하고 기계를 탈환하라고 명령하고 돌아갔다.

09시에 제1대대(전우영 소령)는 용산을 공격하고, 제2대대는 노당재를, 제3대대는 제2대대 좌측면 445고지 능선 일대를 공격하였으나 적의 저항이 완강하여 20시까지 별 진전이 없었다.

제17연대는 이날 육군본부 작전국과 제1군단 그리고 수도사단으로부터 기계를 탈환하라는 독촉전화를 3~4차례나 받았다.

9월 1일 적 1개 대대 규모가 용산을 공격하여 일진일퇴 격전을 벌였다.

수도사단장이 경질되었다. 백인엽 대령이 해임되고 후임에 헌병사령관 송요찬 대령이 부임했고, 이미 말한 바와 같이 김홍일 소장이 육군종합학교장으로 전임하고 후임에 부군단장 김백일 준장이 군단장으로 승진했으며, 제3사단장도 경질되었다.

신임사단장 송요찬 대령은 제17연대에 초도순시를 와서 445고지(안강읍과 기계면 경계)를 사수하라고 명령했다.

2일 적은 제17연대 전면에서 대규모 공세를 취했다.

04시경 노당재에서 공격대기 중이던 제2대대 제5중대장 류홍식 대위는 서쪽에서 적 전차 4대가 전진해 오는 것을 발견했다. 처음에는 미군전차가 지원하러 오는 것으로 생각했었다.

류홍식 중대장은 전차를 공격할 준비를 하고 있다가 전차가 30m 거리까지 접근했을 때 로켓포로 선두전차를 가격했다. 순간 전차는 화염에 싸였고, 전차병이 탑문을 열고 좌우를 살피는 것을 보고 소총으로 사살했다. 후속전차가 이를 보고 방향을 돌려 도주하려고 할 때 미군 항공기가 나타나서 공격하였고, 전차가 모두 파괴된 것을 나중에 확인했다.

잠시 후 제2대대 전면에 도로를 따라 약 1개 중대 병력이 행군 종대로 남진하고 있었다. 복장과 장비가 아군과 같아서 피아를 구분할 수 없었으므

적진에 기관총을 퍼붓고 있는 국군

로 제5중대장 류홍식 대위는 대대에 보고하였고, 대대에서는 전방에서 철수하는 제18연대라고 알려주어 그런 줄 알았다. 행군대열이 진지 전방 약 300m 지점에 이르러 갑자기 산개하더니 고함을 치면서 일제히 공격을 했다. 불의의 기습에 당황하여 응전했으나 이미 때가 늦어 강한 적의 압력을 당하지 못하고 물러나야 했다.

제3대대는 약 1개 대대 규모의 적으로부터 공격을 받았다. 백병전으로 맞서 많은 희생자를 내면서도 끝까지 잘 버텼는데 대대장이 부상하고 연대와 교신이 두절되어 절망상태에 빠지고 말았다.

제17연대장 김희준 대령은 정보주임 류창훈 대위*로 하여금 특공대를 조직하여 제3대대가 고전 중인 445고지를 공격하도록 하였다.

* 류창훈 대위의 계급과 직위(국방부 『한국전쟁사』 제3권)
「2. 기계·안강 부근 전투」(8월 9일부터 9월 4일까지) 제3대대장 소령(p416)
「(4) 제2차 기계·안강 방어전」(9월 2~3일) 정보주임 대위(p428)

류창훈 대위는 30명으로 특공대를 편성하여 소총과 수류탄 2발씩으로 무장하고 445고지 하단까지 2km 거리를 구보로 행진하여 산개한 후 고지로 돌진했다. 고지정상은 비어 있었다. 방향을 바꾸어 옆 능선 제3대대 관측소로 갔는데, 아군 부상병 20여 명과 적군 부상병 12~3명이 살려달라고 손을 흔들며 아우성이었고, 그 일대에는 피아군의 시체 200여 구가 뒤엉켜 처참한 광경을 보여주고 있었다.

제17연대장은 잔존 병력을 수습하여 재편성하는 동시에 류창훈 대위로 하여금 제3대대를 지휘하게 하였고, 12시경에 제1연대 엄호를 받으며 안강으로 철수했다.

수도사단 좌측 인비동을 방어하고 있던 제18연대(2개 대대)는 9월 1일 밤에 적 1개 대대 규모의 공격을 받아 방어선이 돌파되었다. 연대장은 부대를 수습하여 영천을 거쳐서 3일 경주로 이동했다.

제18연대 제1대대는 제8사단에 배속되어 있었다.

제18연대를 공격한 적은 운주산을 거쳐 3일 밤에 아군의 후방인 안강 서쪽 5km 지점 옥산동에 나타났다.

제1군단장 김백일 준장은 안강을 위협하는 이 적에 대비하기 위하여 제26연대를 제3사단에서 수도사단으로 배속변경하고 안강으로 이동시켜 안강 서쪽에 배치했다.

9월 4일 김백일 군단장은 전세가 불리해지자

제1연대를 형산강 이남의 호명동(虎鳴洞-경주시 강동면)으로,

제17연대를 그 맞은편 형산강 대안 갑산동(甲山洞-안강읍)으로 이동하여 새로운 방어선을 형성하였다.

제26연대는 경주로 이동시켰다.

3. 미군 특수임무부대

브래들리특수임무부대

8월 10일 적 제5사단 일부 병력이 포항 북쪽 8km 지점에 있는 흥해에 침투하자 미 제8군사령관 워커 중장은 제3사단 고문관 에머리치 중령을 연일비행장으로 불러 제3사단은 장사동을 사수하라고 지시하고, 이어서 17시 30분 경산에 있는 미 제2사단장 카이저(Laurence B. Keiser) 소장에게 예하 제9연대 제3대대를 부사단장 브래들리(Joseph S. Bradley) 준장이 지휘하여 연일비행장으로 급파하라고 명령했다.

이 부대를 브래들리특수임무부대라고 이름 붙이고
제9연대 제3대대 외에
4.2인치 중박격포 1개 소대,
제15야전포병대대 C포대,
M-16 자주고사기관총,
공병소대

카이저 소장

등을 배속하여 연일비행장을 방어하게 했다.

브래들리특수임무부대는 주력이 10일 밤 경주가도를 통하여 연일비행장에 이른 후 비행장 방어에 들어갔다.

11일 브래들리특수임무부대 K중대와 야전포병대대 C포대는 후속하여 연일로 가던 도중 01시 20분경 안강 동쪽 5km 지점 철도터널과 도로굴곡 지점에서 적의 습격을 받았다. 선두차 운전병이 적탄을 맞고 전사하는 바람에 차가 멈춰 도로가 차단되었고, 이 때문에 후속차량이 일시에 혼란 상태에 빠졌으며, 장교 2명을 포함하여 120여 명이 경주로 탈출하는 소동이 벌어졌다.

브래들리 준장은 K중대의 기습보고를 받고 이를 구출하기 위하여 즉시 I중대를 출동시켰는데 I중대도 적의 복병으로부터 기습을 받아 위기에 몰렸다. 브래들리 준장은 다시 장갑차 2대를 급파했으나 장갑차도 적의 공격을 받고 비행장으로 되돌아오고 말았다.

I 중대는 전사 7명, 부상 40명, C포대는 약 25명의 손실을 입었다.

같은 상황보고를 받은 워커 사령관은 경주에서 교량이 복구되기를 기다리고 있던 전차중대를 포항으로 진출시켰다.

공중정찰보고에 따르면 K중대를 습격한 적은 아직도 그 위치에서 도로를 봉쇄하고 있었다.

제17연대 고문관 다리고(Darrigo) 대위는 포항으로 진출하는 전차를 지휘하겠다고 자원하고 나섰다. 다리고 대위가 선도(先導)전차에 타고 전차 5대를 지휘하여 적이 매복하고 있는 지점에 도착하였을 때 마침 F-51 전폭기 편대가 적진을 공격하고 있었다. 전차도 이에 가세하여 기관총탄 세례를 퍼부어 적병 70여 명을 사살했다. 경주~포항 간 도로가 열렸고, 전차부대는 11일 20시 30분 연일비행장에 도착하여 경계에 들어갔다.

연일비행장은 7월 16일 미 제40비행중대가 일본 아시야(芦屋) 기지에서 옮겨왔고, 8월 7일 미 제39비행중대가 추가로 도착하여 제613전폭기대대가 편성되었으며, 지상군을 근접 지원하는 기지역할을 하고 있었다.

8월 8일 포항 서북쪽에 적정이 나타나자 미 극동공군은 비행장이 적에게 점령될 것을 우려한 나머지 비행기지 철수 명령을 내렸다.

11일 새벽 적이 포항에 침입하였을 때 연일비행장에 있던 F-51전폭기 대대는 일본으로 철수하였다가 12일 다시 복귀했다.

13일 미 극동공군은 미군보병부대와 전차부대가 비행장을 경비하고 있었지만 연일비행장을 포기하기로 결정하고, 기지를 모두 일본으로 철수했다. 이 결정은 기지부대 지휘관 위티 대령의 건의에 따라 미 제5공군사령관 파트리지 소장이 승인하여 내려졌다.

16시에 맥아더 원수는 연일비행장 철수보고를 받고 불쾌하게 생각했다. 이 철수는 공군 단독으로 행한 일이기 때문에 맥아더는 모르고 있었다. 즉시 철수를 보류하라고 지시하였으나 이미 전폭기 45대는 일본 스즈키(鈴木) 비행장으로 이동해 간 뒤여서 다시 오게 할 수는 없었다.

이 조치에 대하여 공군대변인은 UP통신에

"적의 박격포탄과 기관총탄이 활주로에 떨어져서 부득이 철수하였다."

고 하였으나 사실과 달랐다.^{주)}

국방부 「한국전쟁사」 제3권 p458

연일비행장에는 비행부대가 철수한 뒤에도 항공유가 많이 남아 있어서 그 뒤에 가끔 기름이 떨어진 비행기가 착륙하여 연료 공급을 받았고, 브래들리특수임무부대와 전차부대는 계속 비행장을 지키고 있었다.

20일 브래들리특수임무부대는 주인 없는 비행장을 계속 방어하다가 이 날 해체하고 증강된 미 제9연대 제3대대로 개편되었다.

잭슨특수임무부대

8월 27일 일요일 아침 대구에 있는 미 제8군사령부 상황실.

사령관 워커 중장은

수도사단이 반격하여 기계에서 비학산 일대로 퇴각시킨 적 제12사단과 제766부대가 다시 공격하여 수도사단 제18연대(임충식 대령)와 제17연대(김희준 대령) 전선이 무너지면서 기계가 다시 적의 수중에 들어갔고, 포항 제3사단도 전선이 돌파당하고 있다는 상황보고를 받았다.

30분에 걸친 브리핑을 받고 난 워커 사령관은 긴장했고, 우려의 빛을 감추지 못하였다. 워커 사령관은 옆자리에 앉아있던 콜터(John B. Coulter) 소장에게 "나를 대신하여 동부전선으로 가 달라."고 부탁했다.

콜터 소장은 군단장요원으로 맥아더 원수가 한 달 전에 보낸 사람이다. 워커 사령관은 군사령관이면서 군단장 없이 예하 사단을 직접 지휘하여 어려움이 많았지만 당시 59세에 이른 노장군을 자신과는 상의도 없이 맥아더가 일방적으로 보내준 사람이라 반갑지는 않았었다.

워커 사령관은 콜터 소장을 제8군 부사령관으로 임명하여 미 제24사단 제21연대와 연일비행장을 경비하고 있는 제9연대 제3대대 및 제73중전차대대를 예속시켜 주고 국군 제1군단을 통합지휘하도록 했다.

국군 제1군단에 대한 작전지휘는 직접 명령하지 말고 고문하는 형식으로 하라고 일렀다.

　콜터 소장은 이 한미연합부대를 잭슨(Jackson)특수임무부대라고 이름 붙이고 경주에 있는 국군 제1군단사령부에 지휘본부를 설치했다.

　잭슨이라는 이름은 미국 남북전쟁 때 'Stone Wall Jackson(돌벽의 잭슨)'에서 따온 이름이라고 했다.

　잭슨특수임무부대 임무는 적 제12사단과 제5사단을 격파하고 영천북쪽에서 포항 북쪽 19km 지점 월포동을 잇는 선을 회복하는데 있었다.

　미 제21연대는 대구 북쪽으로 이동 중에 명령을 받고 오후에 경주에 도착하여 제3대대를 수도사단 후방 안강 북쪽에 투입하였다.

　콜터 소장은 국군 제1군단장을 만나 다음날 새벽에 반격하여 전선을 회복하자고 제의했다. 이때 군단장 김홍일 소장은

　"부대가 피해를 많이 입었고, 병사들이 지쳐 있어서 곤란하다."
고 거절했다.

　28일 미 제8군사령관 워커 중장은 한국 국방부장관과 국군에게 다음과 같은 요지의 특별성명서를 보냈다.

　"전 전선에 걸쳐 광대하게 배치된 적은 마지막 단계에 이르렀으며 UN군은 날로 전력이 증가 일로에 있다. 지금 이 시기는 모든 국군 장병들이 자기위치를 고수하고 싸워야만 하며 또한 역습을 감행하여 반격에 유리한 거점을 확보하는데 노력해야 하고, 만일 적에게 진지가 돌파당하면 즉시 역습으로 이를 회복해야 한다. 귀군 장병들은 더욱 더 분발하여 적을 격파하고 저지해 주기를 부탁하는 바이다." 주)　　국방부 『한국전쟁사』 제3권 p459, 460

　06시경 제3사단에 배속된 제8연대 제1대대가 1개 연대 규모의 적으로부터 파상적인 공격을 받기 시작하자 이 적을 격퇴하기 위하여 29일 미 제21연대(스티븐스 대령) B중대와 전차 1개 소대(5대)가 포항 서쪽 효자동에서

반격하였으나 성공하지 못하고 포항으로 철수하였다.

　전차소대 사용에 대하여 콜터 소장과 김홍일 소장 간에 이견을 보였다.

　콜터 소장은 포항을 중요시하여 전차를 포항으로 진출시켰는데 김홍일 소장은 적이 수도사단과 제3사단 중간지대를 돌파하여 경주로 진출하려고 기도하고 있으므로 전차소대는 안강~경주선에서 운용해야 한다고 생각하고 있었다. 안강이 돌파당했을 때 포항은 전략적인 가치가 희박해지므로 적의 주공방향인 안강선에 전차를 배치할 것을 주장했다.

　결국 전차는 포항으로 갔고, 적은 안강을 돌파하여 경주로 침투했다.

　29일 수도사단은 미군과 포의 지원을 받아 기계를 탈환했으나 다음날 새벽 적의 반격을 받고 다시 물러났다.

　31일 미 항공모함 시실리(Sicily)를 기지로 한 미 전폭기가 38회 출격하여 기계 지역을 강타했고, 30일과 31일 미 해군 순양함 1척과 구축함 2척은 5인치 포탄 1,500발을 홍해지구에 퍼부어 묵사발을 만들었다.

　9월 1일 적은 기계와 포항 서북쪽 산악 일대에서 남진하고 있는 것이 항공정찰에 의하여 포착되었다.

　2일 미 제21연대 제3대대(젠슨 중령)는 포항 99고지를 공격하는 제3사단 제23연대를 돕기 위하여 전차 1개 소대와 함께 공격에 가담했으나 많은 사상자만 내고 성과는 없었다. 적은 견고한 참호 속에서 아군이 접근하면 수류탄으로 근접전을 벌이고 있어 난공불락이었다.

　3일 수도사단이 안강선으로 후퇴했다. 콜터 소장은 포항 서북쪽에 있는 미 제21연대를 경주 북쪽으로 이동시켜 투입했고, 국군 제7사단 제3연대를 경주로 급파했다.

　콜터 소장은 제3사단 고문관 에머리치로부터 제3사단이 포항에서 철수하려고 한다는 보고를 받았다. 즉시 국군 제1군단장에게 제3사단이 철수해서는 안 된다고 일러놓고 매 30분마다 제3사단 위치를 확인했다.

5일 11시경에 적 자주포 5대가 미군 전차를 근접공격하고 있을 때 미군 항공기가 로켓포로 공격하여 적 자주포를 모두 파괴했다.

14시 30분 제3사단 방어선이 무너지기 시작하였다. 제3사단은 더버티지 못하고 형산강 이남으로 철수하여 새로운 방어선을 편성했다.

5일과 6일 포항 전투는 최고조에 달했다.

미 제8군사령관 워커 중장은 동부전선에 더 많은 부대를 투입할 필요성을 느끼고 미 제24사단을 경주로 이동하도록 명령했다.

사단장 처치 소장이 5일 낮 경주에 도착했고, 사단 직할부대와 미 제19연대(멜로이 대령)가 5일 밤중에 경주에 도착했으며, 전 사단이 도착한 것은 6일 07시경이었다.

6일 콜터 소장은 적 제15사단이 영천을 돌파하고 경주로 진출하고 있다는 정보를 듣고 미 제21연대로 하여금 이를 공격하도록 하였으나 7일까지 적정은 나타나지 않았다.

처치특수임무부대와 데이비드슨특수임무부대

9월 7일 12시 30분 잭슨특수임무부대 지휘권을 미 제24사단장 처치 소장에게 넘기고 부대 이름을 처치특수임무부대로 바꾸었다.

8일 경주 서쪽을 공격하던 미 제21연대는 경주로 철수하였고, 부대지휘소도 경주 남쪽 6km 지점인 조양동(朝陽洞-7번 국도변)으로 옮겼다.

곤제봉 부근에서 제17연대는 적과 치열한 전투를 치른 끝에 곤제봉에서 물러났는데 미 제9연대가 지원하여 다시 탈환했다. 폭우가 쏟아져서 공중지원을 못 받아 고전을 면치 못했다.

비는 10일까지 계속됐다.

9일 적 제15사단이 운제산 부근에 침투하여 연일비행장을 위협하였다.

오후에 처치 소장은 미군 제19연대, 제9연대 제3대대와 전차중대, 제13야포대대, 제15야포대대 C포대, 제3야전공병대대 A중대, 고사포대대의 2개 자동화기포대로 특수임무부대를 편성하고 부사단장 데이비드슨(Davidson) 준장이 지휘하도록 하였다. 이 부대가 데이비드슨특수임무부대다.

10일 데이비드슨특수임무부대는 적이 경주~포항 간 도로를 차단하고 있었기 때문에 하루 종일 남쪽 도로를 우회하여 19시 연일비행장 남쪽에 도착했다.

12일 아침에 미 제19연대는 공중공격과 포격지원을 받으며 다시 운제산을 공격하여 12시경에 점령함으로써 연일비행장에 대한 적의 위협이 제거되었다. 데이비드슨특수임무부대는 13일 경주로 복귀했다.

14일, 12일부터 적의 공격이나 저항이 현저히 쇠퇴해져서 전투는 소강상태에 들어갔다. 이날 현재 적 제12사단은 거의 괴멸 상태에 있었으며, 적 제5사단도 포항 일대에서 잔존 병력을 모으고 있었다.

15일 처치특수임무부대는 해체했다.

4. 보현산 부근 전투 – 제8사단

의성 지역 전투 – 제8사단

제8사단은 군단의 철수 명령에 따라 8월 1일 02시에 안동에서 낙동강을 도하하여 안동 남쪽 12km 지점에 있는 운산(雲山-안동시-直面, 중앙선 운산역)에 사단지휘소를 설치하고 제10연대를 우 일선에, 제21연대를 좌 일선으로 하여 의성 북방의 낙동강 연안에 병력을 전개하였다.

제16연대는 예비대로 사단사령부와 함께 위치하였다.

사단 우측은 수도사단, 좌측은 제6사단과 연결하고 있었다.

8월 2일 14시 예천을 점령하고 풍산으로 진출하여 야간에 낙동강을 건너온 적 제8사단 제83연대가 아군 부대간에 연결이 안 된 틈을 타서 인금동(仁수洞-안동시 풍천면)으로 침투하여 제8사단 좌측면을 위협했다.

3일 미명에 사단은 새로운 방어진지를 점령하였다.

제21연대 제3대대(이창률 소령)를 운산 좌측에,

제10연대 제2대대(정순기 대위)를 구미동(龜尾洞-안동시 일직면) 우측에 배치하고 사단지휘소를 우두동(牛頭洞-의성군 의성읍)으로 이동했다.

4일 01시 안동에서 정비를 마친 적 제12사단은 은밀히 낙동강을 도하하여 의성으로 이동하고 있는 수도사단 제1연대 뒤를 쫓아 삼거리(일직면사무소 소재지, 5번 국도변) 방향으로 진출하였다.

05시 소속 미상의 적 약 1개 대대 병력이 제21연대 제3대대 엄호진지가 있는 못거리~운산선을 공격하여 제3대대와 치열한 교전이 시작되었는데, 인금동으로 진출한 적 제8사단 제83연대의 1개 대대 병력이 제3대대 공격에 가담하여 양면에서 협공을 당한 제3대대는 악전고투를 했고, 18시에 적 1개 대대가 구미동 우측 322고지에 있는 제10연대 제2대대를 공격하여 사단 전면에서 격전이 벌어졌다.

두 대대는 사투 끝에 적을 격퇴했다.

사단장 이성가 대령이 제1군단참모장으로, 군단참모장 최덕신 대령이 제8사단장으로 자리를 서로 맞바꾸었다. ▶ 제5장 제4절 3. 「제8사단장 해임」 참조

군단에서 대공표지판(對空標識板)을 사용하지 못하게 명령이 내렸다. 적이 아군의 대공표지판을 노획하여 역이용하기 때문에 공중공격에 혼선이 와서 사용을 금지한 것이다.

8월 5일 사단은 새로운 주저항선을 편성했다.

제10연대(고근홍 중령)를 우일선으로 하고 중앙선 동쪽

    제3대대(김순기 대위)*1를 우측 425고지에서 524고지 일대,

    제1대대(박치옥 소령)를 좌측 신기(新基-의성군 丹村面)에서 노래골을 잇는 능선,

    제2대대(정순기 대위)를 엄호 부대로 송내동(松內洞-點谷面) 북방 339고지.

제21연대(김용배 대령)를 좌일선으로 하고 중앙선 서쪽

    제1대대(임익순 소령)를 우측 향로봉(香爐峰-326고지, 운산역 남쪽),

    제2대대(이원익 소령)를 중앙 323고지 일대,

    제3대대(이창률 소령)를 좌측 366고지 일대(일직터널 주봉),*2

제16연대(김동수 중령)는 사단주저항선 중앙 신기와 세촌(細村) 중간진지

---

*1 제10연대 제3대대장
국방부 『한국전쟁사』
  강릉 지구 전투(6월 25일~28일)   하병래 소령-개정판 제1권 p191
  단양 부근 전투(7월 8일~12일)   하병래 소령-개정판 제2권 p158
  풍기·영주 부근 전투(7월 18일~23일)   김순기 대위-위 같은 p330
  안동 부근 전투(7월 30일~8월 1일)   김순기 대위-위 같은 p639
  수암산·유학산 부근 전투(8월 19일~30일)   정순기 소령-제3권 p162
  보현산 부근 전투(8월 13일~9월 4일)   하병래 소령-제3권 p62
국방부 『6·25전쟁사』
  풍기-영주전투(7월 12일 전투기록)   김순기 대위-[4] p326
  강릉전투, 단양전투   하병래 소령-[2] p562, 3 p565
  의성·보현산전투(8월 1일~9월 4일)   하병래 소령-[5] p398
  영천전투(9월 5일~13일)   하병래 소령-[5] p436
국방부 『다부동전투』 주요지휘관   김순기 대위-p336
백선엽 『군과 나』(대대표시 없이)   김순기 소령-p67
앞 수암산·유학산 부근 전투 정순기 소령은 제2대대장, 대위의 착오로 보인다.
정순기 대위는 개전 이후 영천 부근 전투까지 제2대대장으로 기록되었다.

> 김순기 대위는 풍기·영주전투(7월 1일)부터 다부동부근전투(8월 30일)까지 제3대대장으로, 하병래 소령은 의성·보현산전투(8월 1일~9월 4일)와 영천전투(9월 5일~13일) 기간 중 제3대대장으로 기록되어 있다.
>
> 기록상으로 8월 19일부터 30일까지 중복된다. 기록을 종합 판단해 보면 개전 후 단양전투까지 하병래 소령이었다가 영주전투 이후 김순기 대위로 바뀐 것으로 보이고 그 이후의 하병래 소령은 착오로 보인다.
>
> 김순기 대위는 『다부동전투』의 기록과 백선엽 장군의 기술로 보아 다부동 전투에 제3대대장으로 참전한 것을 확인할 수가 있다. 보현산 지역 전투는 다부동 전투 후다.
>
> 이 책에서는 제3대대장 김순기 대위로 정리했다.
>
> * 2 제3권 부도 제2 No.1을 따랐다. 국방부 『한국전쟁사』 제3권(p53)은 제2대대와 제3대대진지가 바뀌어 있다.

6일 하루 종일 산발적인 사격전만 계속했다.

7일 02시 적은 사단 좌익 제21연대진지에 각종 포로 두들겨 놓고 대대적인 공격을 감행했다.

향로봉에 있는 제1대대는 선전하여 진지를 사수하는데 성공하였다.

04시가 되면서 제2대대와 제3대대가 돌파되어 진지를 철수하게 되자 제1대대도 연쇄적으로 진지를 옮기지 않을 수 없게 되었다.

향로봉에서 물러난 제1대대 제2중대장 강 모 중위는 대북골 북쪽 고지에서 사주 경계를 하고 있던 중 여명의 어둠 속에서 적 1개 대대 규모의 병력이 명진동(明津洞-안동시 일직면)으로 이동하는 것을 발견하고 즉시 포위 공격하여 700여 명을 살상하는 대전과를 올렸다.

이 사실을 연대에 즉각 보고하였으나 연대에서는 믿으려 하지 않아서 대대장 임익순 소령이 직접 상황을 설명하고 증거를 제시하고서야 1개 중대가 1개 대대를 격파한 엄청난 전과를 인정받는 해프닝이 벌어졌다.

최덕신 사단장은 의성방어에서 가장 중요한 거점이 되는 향로봉을 탈환하기 위하여 제21연대와 예비대로 있던 제16연대를 투입했다.

향로봉은 작전상 피아 어느 쪽을 위해서도 절대로 확보할 가치가 있는 전략요충이다.

제16연대는 제21연대 제1대대를 배속 받아 8일 03시 30분에 향로봉을 공격했다. 사단의 공격준비 포격에 적 포격이 맞서 치열한 포격전이 벌어졌다. 적 포탄이 공격제대는 물론 포병진지에까지 작렬하여 공격이 돈좌(頓挫)되었고, 급기야 백병전까지 치르는 혈전을 벌이다가 전력의 열세를 극복하지 못하고 원위치로 철수하고 말았다.

이 전투에서 대대장 임익순 소령과 부대대장 허순오 대위가 부상하여 후송되고 채명신 대위가 대대장을 대리하였다.

9일 01시 사단지휘소를 우두동에서 철파동(鐵坡洞-의성 북쪽)으로 옮겼다가 적의 압력으로 전세가 급변하여 다시 의성으로 옮겼다.

제8사단은 제2선으로 물러나서 새로운 방어진지를 구성했다.

수도사단 제18연대를 배속 받았다.

10일 18시 제2선에 진지를 구축한 제8사단은 군단 명령에 따라 반격전을 개시했다.

제21연대는 응봉산(鷹峰山, 386고지-의성군 安平面)을,

제18연대는 향로봉(327고지) 부근을,

제10연대는 신기와 은향동(銀香洞-의성군)을,

제16연대는 은향동과 송리동(松里洞-일직면)을 각각 목표로 공격했다.

11일과 12일 이틀 동안에 제8사단은 저항하는 적과 일진일퇴의 격전을 치르며 목표지점을 점령했다.

13일 02시 30분 적이 반격했다.

제21연대는 적 2개 대대의 공격을 받았고,

제10연대는 전차 3대를 앞세운 적 1개 연대의 공격을 받았으며,

제16연대는 적 2개 대대의 공격을 받아 이를 극력 저지하였으나 장비와 병력의 수적 열세에다 의성에 집중된 적의 포화로 통신마저 두절되어 상황은 불리하게 돌아갔다. 최덕신 사단장은 06시에 사단을 의성 동남방 구산동을 거쳐 벌밭(伐田-청송군 현서면, 구산동 남쪽)으로 이동했다.

사단 공병대가 도로를 따라 대전차 지뢰를 매설하였는데 제8사단을 추적하던 적 전차 2대가 지뢰에 걸려 파괴되었고, 후속하던 전차 3대와 자주포 1대가 길이 막혀 되돌아갔는데 때마침 출격한 미군 F-51전폭기 편대가 이를 발견하고 공격하여 통쾌하게 파괴했다.

적 제8사단은 배속된 전차를 모두 잃었고, 약 1개 대대 병력을 상실하여 큰 타격을 받아 상당기간 재정비하지 않으면 안 되게 되었다.

대공표지판(對空標識板)

대공포판(對空布板)이라고도 한다. 항공기에 지상부대가 아군임을 표시해 주는 표지판이다. 폭 약 1m, 길이 약 5m 정도 크기로 된 비닐제품으로 두 장이고, 양쪽 끝에 족자처럼 감을 수 있게 둥근 봉과 끈이 달려 있다. 한쪽 면은 두 장 다 흰색이고 반대쪽 면은 하나는 적색, 하나는 황색으로 되어있다. 색깔은 형광색이어서 공중에서 식별하기가 아주 좋다.

+ = ‖ × 〈 〉 ⊥ T ㅓ ㅏ ∧ ∨ ㄱㄴ 등의 모양으로 3색을 조화하여 활용한다.

대공표지의 방법과 암호는 연락병을 통하여 전달하지만 무전으로 알리는 경우도 많이 있었다. 표시 방법은 전선이 고착되어 있을 경우에는 오랫동안 같은 방법으로 표시하기도 하지만 진퇴가 빈번한 때는 매일 달리하였다.

제1군단에서 대공표지판을 사용하지 못하도록 명령을 내린 것은 하루 동안 만으로 이해해야 할 것이다. 다음날이면 새로운 표시 방법이 시달되기 때문이다.

보현산 북한군 유격대

보현산은 청송군과 영천군 사이에 있는 해발 1,224m의 험준한 산이다. 좌우로 400여m 높이의 연봉이 뻗어 양 군의 경계를 이루고 있다.

보현산 일대는 광복 후부터 재산공비들이 활동하고 있었는데 군경 토벌작전에 의하여 거의 섬멸되고 일부가 남아서 암약하고 있었다.

1949년 북한 인민유격대가 오대산과 태백산지구로 침투하였다가 제8사단과 경찰의 토벌작전에 쫓겨 잔당이 보현산으로 숨어들었고, 이 유격대를 지휘하여 침투한 김달삼이 잔당 300여 명을 수습하여 동해연단(東海聯團)을 조직하고 유격 활동을 하면서 월북 기회를 노리고 있었다.

김달삼은 남로당 제주지구 총책으로 있으면서 제주도 4·3반란 사건을 일으킨 주동자이다. 국군의 4·3사건 토벌작전이 진행되고 있던 중 해주 남조선인민대표자회의에 남조선 대표 자격으로 참석하기 위하여 월북했고, 그 후 인민유격대를 인솔하고 오대산과 태백산지구에 침투하여 암약하고 있다가 군경의 토벌작전으로 대부분이 섬멸되자 잔당과 함께 보현산으로 침투했다.

북한은 김달삼을 구출하여 월북시키고자 남한 출신 극렬 좌익분자 300명으로 인민유격대를 편성하고 김상호로 하여금 지휘케 하여 오대산줄기를 타고 침투 시켰는데 제8사단의 토벌작전에 의하여 거의 섬멸되고 잔여 유격대는 각지로 분산되었다.

이렇게 보현산에는 수 미상의 잔비가 6·25 후까지 준동하고 있었다.

7월 9일 동해안으로 침투한 적 제5사단 일부 병력과 동해안으로 상륙한 제766부대 일부 병력을 합친 약 1,300여 명이 태백산맥으로 침투하여 보현산에 있는 유격대 잔당과 합류했다.

총 병력 규모는 약 5,000명이었다.주) 국방부 『한국전쟁사』 제2권 「4. 보현산 지구 전투」(p733)

이들은 보현산을 근거지로 하여 청송, 영천, 경주, 의성 등 경북 내륙지역을 돌아다니면서 후방지역을 교란하고 보급로를 차단하며 적의 남진을 돕는 작전을 펴고 있었다.

이 지역 작전은 제3사단이 맡고 있다가 영덕지구가 긴박하여 이동해 가고 대신 강원도경찰비상경비사령부 소속의 경찰 병력이 투입되어 7월 11일부터 작전을 폈다.

▶ 제6장 제5절 7. 「보현산 지역 전투」 참조

동해연단 병력은 얼마인가?

6·25전 잔존병력 300명, 김상호가 인솔해 온 병력 300명, 적 제5사단 일부 병력과 제766부대 일부 병력을 합친 1,300명이 합류. 약 2,000명 수준.

인용 문헌은 적 병력을 약 5,000명(p733)이라고 기술했고, 같은 개정판 제2권은 "보현산 부근의 유격대소탕작전은 끝을 냈다. 그러나 그 주변에는 약 4,000명의 유격대와 재산공비가 잠동 하고 있는 것으로 판단되었다."(p940)고 기술했다.

작전 중 약 1,000을 사살했다고 보면 잔존 병력 규모는 4,000명이 될 것이다. 그러나 약 3,000명(5,000-2,000)의 병력이 어디서 왔는가는 의문이다.

해주 남조선인민대표자대회

1948년 6월 29일부터 7월 5일까지 소위 '제2차 남북조선제정당사회단체지도자협의회'를 평양에서 개최하고, 이 자리에서 북조선인민위원회 위원장인 김일성은 북조선노동당 대표 자격으로 "통일을 위한 결정적 구국대책은 '전조선적 최고입법기관'의 설립과 '조선민주주의인민공화국 헌법'의 채택 및 '전조선적 정부수립'에 있다."는 것을 밝혔고, 이 제안은 만장일치의 동의로 채택되었다.

이 회의에 북쪽에서는 공산주의자들과 그 추종자 일색으로 참석하였고, 남쪽 대표자로 '남로당'과 '남조선민주주의민족전선'이 참가하였다고 선전했다.

1948년 7월 5일 이 결정 사실을 '조선의 통일을 위하여 투쟁하는 남북조선 제정당 및 사회단체협의회 결정서' 라는 성명서로 발표했다. 이 성명서에서 저들은 "남북총선거를 통하여 '조선민주주의인민공화국 최고인민회의' 를 창설하고 남북의 대표자로서 '중앙정부' 를 수립하는 것이 저들의 당면과제"라고 선전하였다.

1948년 7월 9일 북조선인민회의는 이 결정서를 받아들인다는 성명을 발표했고, 8월 25일 북조선 전역에서 최고인민회의 대의원선거를 실시할 것임을 공표했다.

최고인민회의 대의원 총수는 인구 5만 명당 1명 비율로 전국에 572명을 책정하고 북한에 212명, 남한에 360명의 의석을 배정했다.

8월 25일 북한 212개 선거구에서 공산주의 방식에 의한 대의원선거를 실시하였다. 북한 중앙선거위원회는 등록 유권자 452만 6,065명의 99.97%가 투표했고 투표자의 98.49%가 민주주의민족통일전선이 추천한 후보자에게 찬성표를 던졌다고 발표했다.

공산주의 선거에는 복수후보가 허용되지 않는다. 공산당이 지명한 단일후보자에게 찬반투표를 하게 되어 있고, 그 방법은 흑백 두 개의 투표함을 각각 두고 찬성하는 경우 백색 함에, 반대하는 경우 흑색 함에 투함하도록 되어 있다.

8·25선거 직후에 발표된 "조선최고인민회의 대의원선거결과에 대한 '남조선인민대표자회의주석단' 보고"에 의하면 남조선유권자 총수 868만 1,746명 중 77.5%에 해당하는 676만 2,407명이 비밀지하투표에 참가하였다고 되어있다. 이 지하투표에 의하여 1,080명을 대표자로 선출하여 선거인단을 구성하였고, 그 중 1,002명이 북한에 위치한 38선 접경도시 해주에 집결하여 8월 21일부터 26일까지 사이에 '남조선인민대표자대회' 를 열고 남한을 대표하는 최고인민회의 대의원 360명을 선출하였다고 했다. 결국 남한 국민의 대부분은 자신도 모르는 사이에 북한의 대의원선거에 참가한 꼴이 되었다. 이와 같은 조작은 '남조선노

동당'과 '남조선민주주의 민족전선'이라는 이름의 꼭두각시가 꾸민 연극이다. 이러한 허구가 통하지 않는다는 것을 간파한 북한공산주의자들은 그 후의 선거에서는 재연하지 않았다.

참고문헌 : 국반부 『한국전쟁사』 제1권 「2. 최고인민회의 제1기 대의원선거」(p128)

공병의 분전 - 제1201건설공병단

제1군단장 김홍일 소장은 경찰병력만으로는 보현산에 침투한 유격대를 소탕할 수 없다고 판단하고 의성에 있는 제1201건설공병단(윤태일 중령)을 보현산지구에 투입했다. 공병을 보병 전투에 투입한 것이다.

제1201건설공병단은 안동과 신령(新寧-영천군 신령면) 사이 보급로(28번 국도) 확보와 도로경비 임무를 맡고 있었다.

제1201건설공병단은 일제 99식 소총밖에 갖지 않았다. 이 무기로는 적과 싸울 수 없다고 육군본부 작전국장 강문봉 대령에게 요청하여 81mm박격포와 60mm박격포 10여문을 지급받았다.

7월 26일 제1201건설공병단은 구산동으로 이동하였다.

제201건설공병대대(金德鎭 소령)가 갈천동(葛川洞)과 사촌동(沙村洞-이상 청송군 縣西面)에 침투한 적 약 500명을 공격하여 보현산으로 퇴각시켰다.

제1201건설공병단과 경찰 제6대대는 7월 31일까지 청송과 영천 북부 일대에 침투하는 적을 효과적으로 격퇴하고 보현산을 벗어나지 못하게 하여 저들의 후방교란 기도를 분쇄했다.

31일 19시경 보현산에서 적 2개 대대 병력이 제201건설공병대대가 있는 569고지를 공격했는데 이때 제206건설공병대대 사병 1명이 포로가 됐다. 이 공격에 가담한 적 제766부대에 6·25 전에 월북한 최정호(崔正浩) 대위(육사 2기 함경북도 출신)가 간부로 와 있었는데 이 자가 포로 심문과정에서 저들과 맞서고 있는 국군지휘관(제1201건설공병단장)이 윤태일 중령이라는 사실을 알고 다음과 같은 편지를 보냈다.

"나는 너를 동정한다. 서울에 남아있는 너의 가족은 우리가 보호하고 있다. 네가 상황판을 보면 알겠지만 너희들은 불원 현해탄의 고기밥이 될 것이니 마음을 돌려서 부대를 인솔하고 오든가, 그렇지 않으면 너 혼자라도 나에게로 오라." 주)

국방부 「한국전쟁사」 제2권 p736

윤태일 중령은 이 편지를 육군본부 정보국장 장도영 대령에게 전달하고 적을 전멸시킬 계획을 했다.

20시경에 김덕진 소령이 지휘하는 제201건설공병대대에 제101건설공병대대(田敬鎭 소령) 1개 중대와 단 본부 예하병력으로 편성한 1개 전투중대를 배속하여 5개 중대 병력으로 일제히 공격을 개시하였다. 정면을 공격한 제2중대장 김희동(金熙董) 대위는 중대를 이끌고 적진에 돌진하여 육박전으로 적병을 섬멸하였고, 차원조(車元兆) 대위의 전투중대는 측면으로 우회돌진하여 육박공격을 했다. 차원조 대위는 적 군관과 맞붙어 격투를 벌였는데 이때 차 대위는 권총을 놓쳐 위기의 순간에 부딪쳤으나 때마침 중대장을 찾고 있던 연락병이 이 광경을 목격하고 적 군관을 사살하여 위기일발의 순간에서 살아났다.

22시경에 적은 완전히 퇴각하여 보현산으로 패주했다.

8월 4일 건설 공병단은 제1유격대대에 작전지역과 함께 전투 장비를 인계하고 영천으로 이동하여 본연의 임무에 복귀했다.

하룻강아지가 범을 잡았다

▌제1유격대대

청송 방면으로 진출한 적 제 12사단 일부 병력이 제766부대를 지원하기 위하여 도평을 거쳐 입암으로 진출했고, 보현산으로 잠입한 제766부대 잔여 병력이 입암으로 이동하여 적 제12사단 잔존병력과 합세한 후 유격전 준비를 끝내고 기계 방면으로 가는 중간 무명고지에서 저들의 주력부대가 오기를 기다리고 있었다.

8월 8일 05시경 적 제12사단 주력은 아군과의 접촉 없이 도평을 거쳐 입암으로 남진 중에 있었다.

제1유격대는 동해안과 중부전선 사이에 생긴 공백지대를 메우기 위하여 편성한 부대다. 육군본부 작전국장 강문봉 대령은 정진 소령에게 예비군 편성을 지시했고, 정진 소령은 대구지구청년방위대요원과 학도지원병 중에서 200명을 인수하여 6개 중대와 본부중대를 편성하였다.

중대장요원으로 현지임관한 최주종(崔周鍾) 중위, 박준호(朴俊鎬) 중위, 최창륜(崔昌倫) 중위 및 소대장과 분대장 요원으로 호국군 배속장교와 방위대장교 등 120명을 충원하여 각개훈련을 마친 뒤 신령에서 일제 99식 소총과 카빈 소총으로 사격훈련을 실시하였다.

8월 초 M1소총을 새로 지급 받아 조작법도 모르는 상태에서 보현산지구에 투입되었다. 유격대라는 명칭은 북한군 유격대와 맞서는 의미로 편의상 붙인 이름이다.주) 국방부 『한국전쟁사』 제3권 p63

9일 10시 제1유격대대장 정진 소령은 육군본부로부터

"적 1개 연대병력이 지동(芝洞-영일군 죽장면, 청송~영천 간 69번 지방도변)에서 영천 방면으로 남진하고 있으니 이를 저지하라."

는 명령을 받았다.

정진 소령은 2개 중대를 지휘하여 출동했다. 병력이 열세인데다 훈련마저 미숙한 부대 현실을 감안하여 기습공격을 계획하고 12시 30분경에 용산동(龍山洞-영천시 紫陽面사무소 소재지, 영천호 북안)에 진출하여 도로 좌우에 병력을 배치하고 기다렸다.

13시경 적의 대병력이 접근했다. 정 소령은 적의 행군대열이 유격대가 배치된 도로 중앙에 이르렀을 때 사격 명령을 내렸고 450명의 개인화기가 불을 뿜었다. 불의의 기습을 받은 적은 대혼란에 빠져 북쪽 충효동(忠孝洞-영천시 자양면. 영천호 북안)으로 달아났고, 선두부대는 반격을 시도하다가 아군에 협공당하여 산으로 분산 도주했다.

이 전투에서 정진 소령의 유격대대는 적 2개 중대를 섬멸했고, 소화기 100정을 노획하는 전과를 올렸다.

16시에 유격대대 나머지 4개 중대가 합류하여 적이 집결하고 있는 입암 방면에 대한 공격준비에 들어갔다.

10일 대구에서 재편성한 제25연대 제2대대(이창범 대위)가 진출하여 입암 방면에서 제1유격대대와 협동작전을 폈다.

11일 제1유격대대는 지동 544고지, 제25연대는 602고지(지동 동남쪽, 영천시 자양면과 포항시 죽장면 경계)를 목표로 공격을 개시하였는데 적도 증강된 2개 중대 병력이 제1유격대대 전면을 공격하였고, 다른 적이 602고지를 거치고 제25연대 제2대대를 우측으로 돌아서 운주산으로 진출하였다.

제25연대 제2대대는 적과 접촉 없이 602고지를 확보한 다음에 운주산으로 우회한 적을 추격하면서 기계 쪽으로 진출했다.

544고지를 공격한 제1유격대대 제1중대(최주종 중위)는 8차례 공방을 거치는 동안 병력이 9명으로 줄어들어 공격이 좌절되었다. 대대장 정진 소령은 전 유격대대를 투입하여 1시간 여의 격전 끝에 적을 섬멸하고 544고지를 점령한 후 그 여세를 몰아 보현산 우측 수석봉(水石峰 820.5m. 입암 서남쪽) 능선까지 진출했다.

12일 밤에 수많은 차량대열이 전조등을 켠 채 입암 쪽으로 오고 있었다.

이때 정진 소령은 육군본부로부터

"수도사단 제18연대(임충식 대령)와 기갑연대 일부가 청송 쪽으로 이동하니 이들 부대와 접촉하라."

는 지시를 받고 있었으므로 이 차량 행렬이 수도사단일 것이라고 생각하였다. 그러나 만약을 위하여 수색대를 보내어 확인하였는데 적이었다.

정 소령은 차량대열이 아군의 화력사정권 안에 들어오기를 기다려 집중사격을 퍼부었다. 날이 밝은 뒤 확인한 결과 트럭 12대와 포 2문이 파괴되어 있었고, 식품 차량 5대, 소련제 기관단총과 말에게 필요한 보급품 등을 실은 트럭 2대가 버려져 있었으며, 북한군 소좌와 대위 등 장교를 비롯한 많은 시체가 버려져 있었다. 포로 진술에 따르면 이들은 적 제12사단 보급차량으로 안강·기계 전투를 지원하기 위한 보급물자를 수송 중이라고 했다.주)

국방부 『한국전쟁사』 제3권 p66

▎제2유격대대

8월 13일 김용주 중령이 지휘하는 제2유격대대가 증원되어 제1유격대대와 협동으로 작전을 펴게 되었다.

김용주 중령은 제30연대장이었다. 남원에서 진주로 이동하여 진주여자중학교에서 1개 중대 병력을 수습하고 있었다. 7월 26일 채병덕 소장의 명령을 받아 하동전선에 출전하였다가 많은 피해를 입고 27일 진주로 돌아와서 병력을 수습한 후 구포로 이동하여 28일 구포국민학교에서 유격대대를 편성하였다. 전투 중 희생자와 도중에 탈락자가 생겨서 병력이 많이 부족하였으므로 부산에서 이북 출신 장정으로 1개 중대를 더 모집하여 대대를 편성한 뒤 영천에 있는 노획무기창고에서 필요한 무기를 보충하여 무기 조작 훈련을 실시하였다.주)

국방부 『한국전쟁사』 제3권 p67, 68

급조부대라 훈련과 장비면에서 부족한 것이 많았다. 제1군단 부군단장 김백일 준장이 우연히 부대시찰을 나왔다가 병사가 받들어총도 제대로 못한다고 하여 정식 부대로 인정해 주지 않았다.주) 국방부 『한국전쟁사』 제3권 p68

김용주 중령은 부대를 영천으로 이동하여 제1군단장 김홍일 소장에게 실정을 호소하였다. 사병 한 사람이 아쉽던 김홍일 군단장은 부대의 실정을 이해하고 기계 방면에서 작전 중인 제25연대 후방에 배치하도록 하여 비로소 작전에 참가하는 영광을 얻었다.

야간에 적은 제25연대를 기습하여 아군 진지를 돌파했고, 제25연대는 많은 희생자를 냈다. 제25연대를 돌파한 적은 공교롭게도 제2유격대대가 포진한 산 밑 정면 계곡에서 부대를 정비하기 시작했다. 이를 목격한 김용주 중령은 과감한 공격을 단행했다. 전 화력을 집중하여 기습공격을 감행하자 불의의 습격에 당황한 적은 어찌할 바를 몰랐다. 우왕좌왕하는 적을 종횡무진으로 유린하여 완전히 섬멸했다. 초전에 대승리를 거두었고 장병들의 사기가 충천했다. 여기서 노획한 무기로 무장을 증강하였다.

이 소식을 전해들은 정일권 총참모장은 의아해 했다고 한다.

"무슨 소리야? 그런 부대도 있는가?" 주) 안용현 『한국전쟁비사』 2 p164

작전국장 강문봉 대령을 대동하고 현지에 나와서 승인 없이 부대를 창설한 것에 대하여는 책망을 하였으나, 훌륭하게 싸운 데 대한 칭찬을 아끼지 않았다고 했다. 그리고 육군본부로 돌아와서 김용주부대를 제2유격대대라는 명칭을 붙여 주었다.주) 국방부 『한국전쟁사』 제3권 p68, 안용현 『한국전쟁비사』 2 p164

제2유격대대는 수석봉으로 진출하여 제1유격대대와 합류했다.

제1유격대대나 제2유격대대는 다 같이 신병에 훈련이 전연 안 된 그야말로 군복 입은 민간인이다. 오산, 안성, 평택, 대전에서 싸운 미국 민간인들은 포의 지원도 있었고, M1소총은 다 가졌었다. 그런데 우리 이 민간인들은 제대로 된 소총도 갖지 못했다.

이 어설픈 민간인들이 대규모 적을 섬멸했다.

우리 속담에

"하룻강아지 범 무서운 줄 모른다." 또는 "×개가 사냥한다."

는 말이 있다. 이를 실감케 한 전투다.

제2유격대대 편성

국방부 『한국전쟁사』 제3권은

"김용주 중령이 지휘하는 제2유격대대는 7월 하순에 남원에서 편성되었는데 김 중령은 남원군수의 협조를 얻어 '이 지방의 청년들과 학생 그리고 피난민 중에서 자진하여 지원하는 약 1,000명의 장정을 모집하고 진주여자중학교에서 1주일 동안 목총으로 기초훈련을 실시한 다음 김해를 거쳐 구포국민학교로 이동하는 즉시 유격대로 잠정 편성······.' (p67)

'그러나 무기도 없는 이 부대는 사격훈련도 제대로 받지 못하였을 뿐만 아니라 인원도 상당히 부족하였다. 김 중령은 부산에서 이북 출신 1개 중대 병력을 또다시 모아 부족한 인원을 채우고 1개 대대를 완전히 편성하게 되었던 것이다.' 라고 기술했다." (p68)

앞 남원에서 모병한 것은 제30연대 편성이고 뒤 1개 중대 병력을 모집한 것은 제2유격대대 편성이다. 모병성질이 다른 것이다.

지원한 1,000명만으로도 1개 대대가 넘는 병력이다. 왜 인원도 상당히 부족하고, 1개 중대를 더 채워야 했는가? 앞뒤가 맞지 않는다.

김용주 중령은 남원에서 1,500명을 모집하여 제30연대를 편성하였다.(같은 개정판 제2권 p739) 그 중 600명으로 전투 부대를 편성하여 민 부대를 창설하고 남은 병력을 지휘하여 진주로 이동 중에 하동전선에 투입되어 많은 희생자와 이탈

자가 발생했다. ▶ 제5장 제5절 「3. 전주·남원 부근 전투」 참조

진주에서 수습된 병력이 '불과 1개 중대'(같은 개정판 제2권 p825)에 불과하였으므로 부산에서 1개 중대를 더 보충하여도 완전 1개 대대를 편성할 수 없다. 또 진주에서 1개 중대 는 하동전선에 나가기 전이다. 하동전선에서 많은 낙오자가 생겼다.

제2유격대대 병력은 1개 중대 남짓한 규모로 보아야 한다.

같은 문헌이 모집한 장정을 1,500명과 1,000명으로 다르게 기술했다.

입암 탈환작전 - 제18연대 · 기갑연대

8월 13일 15시 의성에서 벌밭으로 사단을 옮긴 제8사단장 최덕신 대령은 보현산지구의 모든 작전부대를 지휘하라는 명령을 받았다.

9일 제1군단장 김홍일 소장은 적 제12사단이 기계로 진출하기 위하여 도평을 거쳐 입암에 집결 중이라는 사실을 알고 의성에서 재편성 중인 기갑연대를 구산동으로 진출시켰다.

이때 보현산지구에 진출한 부대는 제1유격대, 제25연대 제2대대, 수도사단 기갑연대와 제18연대, 건설공병단 1개 대대, 경찰1개 대대 등이었다.

8월 13일 기갑연대장 유홍수 대령이 제3훈련소장으로 옮겨가고 백남권 대령이 부임했다.

김용주 중령이 지휘하는 제2유격대대가 증원되어 제1유격대대와 협동으로 작전을 펴게 되었다. ▶ 앞 「제2유격대대」 참조

동해안에서 제3사단과 맞서던 적 제5사단이 제1군단 전면으로 진출하였고, 적 제12사단 주력이 기계에 돌입하자 제3사단이 장사동으로 철수하여 동부전선 전황은 최대 위기를 맞게 되었다.

제8사단은 안동~영천 간 35번 국도변에 다음과 같이 포진했다.

제10연대를 도평동 서쪽 감은동(甘隱洞-청송군 안덕면) 일대,
제21연대를 감은동 좌측 구산동 일대,
제16연대를 구산동 남쪽 모계동(慕溪洞-청송군 현서면) 일대.

수도사단 기갑연대와 제18연대는 입암을 공격하여 적을 격파하고 기계에 진출해 있는 적 제12사단을 남북에서 협공하기로 하였다.

14일 제18연대는 입암 서남쪽과 동남쪽 능선을 공격 목표로 정하고 날이 밝기 전에 공격을 개시했다. 적은 1개 중대 병력이 저항했으나 적수가 되지 못했다. 무인지경을 달리는 것처럼 진격하여 입암

백남권 대령

서쪽 수석봉(水石峰-820고지) 일대에 배치된 제1, 제2유격대대와 연결함으로써 적에 대하여 절대 우위를 확보했다.

20시에 제2대대와 제3대대는 입암 코밑에 있는 유리한 고지 봉화봉(烽火峰-입암 남쪽)을 점령하고 있다가 사기가 충천한 공격의 여세를 몰아 입암으로 진격했다. 입암에는 적 2개 중대 병력이 대비하고 있다가 아군 공격에 당황하여 박격포만 무질서하게 난사하다가 아군이 우회 침투하여 포위 공격하자 기계 방면으로 도주했다. 이날 밤중에 입암을 완전히 탈환했다.

기갑연대는 제18연대가 입암을 탈환하고 남진하자 이와 맞추어 899고지(봉화봉?)로 진격하면서 입암에서 퇴각하는 적 패잔병과 제766부대가 합세한 적 약 1개 대대를 격퇴하고 440고지를 점령하였다.

이날 밤에 제18연대와 기갑연대는 연대지휘소를 입암으로 옮겼다.

제1, 제2유격대대는 440고지에서 기갑연대를 지원하고 있었는데, 기계로 향하는 적을 포착하여 가안동(駕安洞-영일군 기계면, 입암 남쪽)에서 섬멸하고, 그 후방을 기습하여 200여 명을 사살하는 전과를 올렸다.

제10연대 제2대대는 청송 남쪽에 진출해 있었는데 이날 14시 30분경 대전동(大前洞-도평 북쪽)으로 진출하는 적을 발견하고 공격하여 청송 방면으로 격퇴시켰고, 다른 대대들도 공격하는 적을 모두 격퇴했다.

보현산 주저항선

8월 15일 제8사단은 구산동과 도평동을 잇는 선에서 적을 저지하는 데만 진력하고 있었는데, 기계 방면과 포항지구 전황이 불리하게 돌아가고 적 제8사단 1개 연대가 의성에서 구산 방면으로 진출하고 있었으므로 14시경에 보현산을 중심으로 주저항선을 구축하였다.

16일 영천에서 강원도경찰비상경비사령부 경찰 제5대대가 증원되어 제10연대에 배속됐고, 제1, 제2유격대대는 군단전방지휘소가 있는 인구동(仁邱洞-자양면 용산동, 영천호에 수몰)으로 옮겨갔다.

17일 23시 제10연대(고근홍 중령)는 제1대대만 남기고 제1사단에 배속되어 다부동으로 갔고, 제1대대(박치옥 소령)는 운주산에서 적을 몰아내고 구지동에 진출했다.

제1유격대대는 포항지구전투사령부에 배속되어 이성가 사령관으로부터 기계로 진출하여 도덕산을 점령하라는 명령을 받았다. 이때 기계 방면 제25연대의 전세가 크게 불리하였으므로 제1, 제2유격대대가 함께 기동했다. 양 유격대대가 20시에 출발하여 다음날 07시 기계에 진출하였는데 이때 제17연대는 이미 기계를 점령하고 있었다.

18일 제16연대는 신병 1개 대대 병력을 보충 받아 제3대대에 편입했고, 18시경에는 기계로 진출했던 제2유격대대와 기계에서 제25연대를 지원하던 포병 1개 중대가 제16연대를 지원하기 위하여 이동해 왔다.

19일 제10연대 제1대대는 다부동으로 간 본대에 합류해 갔다.

24시경 제16연대 전초가 도평동 부근에서 적 1개 대대 규모와 부닥쳤다. 제5, 제6중대가 출동하여 적을 유리한 방향으로 유도한 후 포위전을 전개하였다. 당황한 적은 간신히 포위망을 뚫고 도망쳐 갔다.

포항지구전투사령부로 배속명령을 받았던 제1유격대대가 다시 제8사단으로 배속명령을 받고 자천으로 옮겼다.

20일 전날 제5, 제6중대의 포위공격을 받고 퇴각한 적은 공교롭게도 제16연대 제3대대 방어 정면으로 들어갔고, 제3대대는 이 적을 포격 지원을 받으면서 2개 중대 병력으로 공격하여 격퇴하였다. 물러간 적은 최후의 발악인 듯 다시 반격했다. 대대는 전면적인 대응을 피하면서 교묘한 기습작전으로 적의 공격을 분산시켜 전력을 무력하게 만들었다.

제1, 제2유격대는 대구로 이동했고, 경찰 제6, 제7대대가 증원되었다.

21일 제21연대 전면에서 가벼운 교전이 있었고, 적 약 300명이 구산동에서 남진하다가 지뢰에 걸려 많은 희생자를 내고 물러갔다.

22일 여명에 적 제12사단 약 1개 대대 병력이 입암 북쪽 방흥동(方興洞)에 나타났다. 연대지휘소에 대기하고 있던 제16연대 제2대대가 출동하여 적 진출로 좌측에 매복하고 있다가 적이 사정거리 안에 들어왔을 때 일제히 공격하였고, 사단 전 화력이 지원하였다. 무방비상태로 진출하던 적은 불의의 기습에 많은 희생자를 내고 분산 도주했다.

이 전투에서 제16연대는 적 200여 명을 사살하고, 170여 명을 사로잡았으며, 4트럭분의 무기를 노획하는 전과를 올렸다. 이 전과는 제1유격대대가 거둔 전과 이후 보현산지구에서 거둔 두 번째의 큰 전과였다.

제21연대 제3대대가 점령하고 있는 515고지에도 적 2개 중대 규모가 공격하여 일시 고지를 빼앗겼으나 다시 탈환하였고, 15시경에는 1개 중대 병력이 고모산(顧母山-보현산 서북쪽, 763고지)으로 침투하는 것을 예비중대로 있던 제9중대(최영구 중위)가 반격하여 접전을 벌였다.

23일 09시 30분경 제16연대 제2대대는 전날 방홍동에서 타격을 받고 퇴각한 적이 593고지에 진지를 구축하고 있는 것을 발견하고 공격하여 11시 30분에 적을 격퇴하고 고지를 점령했다.

12시 50분 제21연대 제10중대는 전날 고모산에서 반격 중인 제9중대를 지원하여 양 중대는 이날 23시에 적을 격퇴하고 고모산을 점령했다.

16시경에 제21연대 제2대대 정면 금오동(金梧洞-의성군 春山面)에서 적 1개 대대 병력이 도로를 따라 남진하고 있었다. 제2대대(이원익 소령)가 기민하게 금오동과 북쪽 문봉산(門峰山-719고지) 사이로 진격하여 적의 진로를 포격하면서 공격하자 적은 북으로 달아났다.

24일 13시 20분경 적 1개 대대 병력이 고모산을 공격했다. 제9, 제10중대는 배가 넘는 적을 맞아 사투 끝에 물리치고 진지를 지켰다. 이후에도 적은 여러 차례 고모산을 공격했으나 확고하게 고수했다.

제11중대는 고모산 동남쪽에 있는 어봉산(魚鳳山-634고지, 청송군 현서면 월정리와 의성군 춘산면 금오리의 경계, 35번 국도 서쪽)을 확보하고 있었으므로 이 일대 주저항선은 철옹성이 되어 있었다.

이날 포항지구전투사령관 이성가 대령이 제8사단장으로 부임했다.

봉화봉 혈전 – 새로운 적 제15사단

8월 25일 제1사단 정면으로 진출하여 다부동에서 격전을 치른 적 제15사단이 보현산지구로 이동했다. 적 전선사령부는 기계를 점령한 적 제12사단 및 포항으로 진격하는 적 제5사단과 함께 협공작전을 펴서 단숨에 영천을 돌파하고자 이 방면에 전력을 증강한 것이다.

이러한 적의 기도를 알아차린 아군도 이에 상응하는 대책을 마련하였다.

04시 강원도경찰비상경비사령부 제3대대가 제8사단에 배속됐다.

06시 30분부터 07시 15분 사이에 미군 항공기가 대대적인 공중공격을 단행하여 우리 지상군을 직접 지원하면서 적 지상부대의 접근을 차단했다.

제21연대 제2대대가 제16연대 제1대대가 맡고 있는 보현산 정상 진지를 인수하고, 제3대대 제9중대는 문봉산 정면을 맡았다.

제16연대 제1대대는 봉화봉으로 이동하여 능선에 진지를 구축했다.

지동 일대에 포진한 포병은 제16연대와 제21연대를 직접 지원하였다.

10시경 보현산과 입암 일대로 진출한 적 제15사단은 13시 30분 제21연대 정면 594고지와 문봉산 일대에 집결하여 공격태세를 갖추었다.

26일 05시 적 제15사단 2개 대대 규모가 포격지원을 받으면서 제21연대 제2대대가 있는 보현산 우측을 공격하여 격전이 벌어졌다. 적 포탄이 아군 후방지역에 떨어져 한때 혼란에 빠지기도 했으나 잘 수습했다.

27일 03시 봉화봉에 있는 제16연대가 적의 공격을 받고 남쪽 충효동으로 물러났다. 봉화봉 부근에는 적 1개 연대 병력이 집결해 있었다. 이날 846고지에 집결한 적 2개 대대의 일부가 보현산 쪽으로 이동하여 남진을 계속하다가 미 전폭기 공격을 받고 많은 희생을 낸 뒤 분산했다.

18시 대구로 이동했던 제1유격대대가 제8사단에 배속되어 제16연대장의 지휘하에 들어갔다.

20시경 제16연대는 총력을 다하여 봉화봉 탈환작전을 폈다. 치열한 접전 끝에 적을 입암 북쪽으로 쫓아내고 봉화봉을 되찾았다.

28일부터 30일까지 매일 연속된 격전을 치렀다. 적은 영천을 점령하기 위하여 남진을 강행했고, 제8사단은 이를 저지하기 위하여 사투를 벌여야 했다. 각 부대마다 진지를 뺏고 뺏기는 쟁탈전이 반복해서 일어났다. 아군은 우세한 적을 감당하지 못하고 부분적으로는 진지를 뺏기거나 옮기는 상황이 전개되었지만 보현산만은 고수하고 있었다.

31일 적 제15사단은 입암에 사단지휘소를 설치하고, 기계에 침입한 적 제12사단과 협조하여 제16연대 정면 수석봉과 봉화봉을 공격했고, 구산동에 집결한 적 1개 연대 병력은 제21연대 정면 문봉산을 공격했다.

수석봉 부근 602고지를 점령하고 있던 제16연대 제1대대는 돌진해 오는 적을 맞아 격전을 치렀는데 적의 압력이 너무 강해서 22시에 지동 남쪽으로 물러나야 했다. 반면에 제16연대 제2대대는 침공한 적 약 1개 대대 규모를 격전 끝에 물리쳤다.

9월 1일 적 제15사단은 이른 아침에 제16연대 제1대대 정면 봉화봉 및 602고지와 제2, 제3대대 정면 수석봉 및 수도사단 제18연대 정면 구지동으로 각각 1개 연대 병력이 공격했다.

제16연대 제2, 제3대대는 적 1개 연대 병력과 맞서 선전하다가 544고지로 이동하여 새로운 진지를 구축하였고, 제1대대와 제1유격대대는 협동으로 502고지와 602고지를 탈환하고자 공격을 반복하였으나 성공하지 못하였다. 제1유격대대는 공격 중에 불행하게도 미 전폭기가 오폭하여 많은 희생자를 내고 공격불능 상태가 되어 충효동으로 철수하였다.

제1군단은 증가되는 적의 압력에 대비하기 위하여 전력을 정비하고 진지를 정리하여 새로운 주저항선을 구축했다. 보현산을 중심으로

서쪽은 사단 좌측 제6사단과의 지경선 석산동(石山洞-군의군 古老面) 북방 능선에서 하송동(下松洞)과 상송동(上松洞-이상 영천시 화북면) 북방 능선을 따라 보현산 일대로 이어지는 선,

동쪽은 그 우측 수석봉에서 지동을 거쳐 운주산 북쪽 도일동(道日洞-영천시 자양면) 북방으로 이어지는 선이 그것이다.주) 국방부 「한국전쟁사」 제3권 부도 3 No 5

9월 2일 영천을 하루 속히 점령하고 대구로 진격하고자 하는 조급함에

물불을 가릴 여유가 없는 적 제15사단과 적 제8사단 제73연대는 총력전으로 사단을 압박하여 하루 종일 일진일퇴 공방전이 벌어졌다.

24시에 적 제15사단 주력이 충효동 부근까지 진출했고, 기계를 점령한 적 제12사단 주력은 제8사단 우측 방어선을 돌파한 다음 운주산 남방까지 진출했으며, 1개 대대가 안강과 영천 사이 도로를 차단하였다.

3일 대구에서 새로 편성된 제7사단 제5연대(최창언 중령)가 제8사단에 배속되었다. 제3대대를 영천에 두고, 제1대대를 정오경에 제16연대 제1대대와 교대하여 군평(道日洞) 동북방 467고지에 배치했다.

최창언 연대장은 20시 인구동 연대지휘소에 도착한 제2대대장 이창범 대위에게 충효동에서 접전 중인 제16연대 제2대대와 교대하라는 명령을 내렸다. 이창범 대대장은 날이 밝은 뒤에 진출하는 것이 좋겠다고 건의*하여 일견(日見-충효동) 방면 외곽지역에서 밤을 새웠다.

> * 9월 3일 제7사단 제5연대가 대구에서 제8사단에 배속되어 왔다. 20시에 인구동 연대지휘소에 온 제2대대장 이창범 대위에게 연대장은 "충효동에서 적과 접전 중에 있는 제16연대 제2대대와 교대하라고 명령했다. 이때 이창범 대위는 "지금은 야간이라 지형도 잘 모르고 또 적과 가까운 거리에서 교전 중인 부대와 별안간 교대한다는 것이 쉬운 일이 아니오니 명일 미명에 교대했으면 좋겠습니다. 보시다시피 비도 이렇게 많이 쏟아지고 있는데……"라고 건의했다.
> 연대장 최창언 중령은 전투 중에 항명에 가까운 의견을 듣고 불쾌한 생각이 들기도 하였으나 한편으로 이유가 있는 건의라고 생각되어 대대장을 이해하고 건의에 따라 주었고, 이창범 대대장은 2개 중대를 외각에 배치하여 경계를 강화하고 다음 작전에 대비하였다.(국방부 『한국전쟁사』 제3권 p89)

적 제15사단 주력이 충효동으로 침투하자 이 지역을 방어하고 있던 제16연대 제2, 제3대대는 기룡산(騎龍山, 961.2m) 동쪽으로 물러났다.

제8사단장 이성가 준장(8월 22일 진급)은 제1유격대대장 정진 소령에게 기룡산을 점령하라고 명령했다. 이때 기룡산 서쪽 능선은 제21연대 제1중대가, 동쪽 능선은 제16연대 1개 중대가 점령하고 있었다.

정진 소령은

"전차를 앞세운 적은 양호한 기동로인 영천가도로 진격할 것이 예상되므로 제1유격대대가 도로를 맡아 적을 저지하겠습니다."

라고 건의하였는데 사단장은 듣지 않고 그의 명령을 강행했다.*

> * 이성가 사단장이 제1유격대대장 정진 소령에게 기룡산을 점령하라고 명령을 내렸을 때, 정진 소령은 다음과 같이 건의했다.
> "저의 판단으로는 적의 주공이 산악지대보다는 전차부대를 선두로 하고 있는 이상 양호한 기동로인 추효동과 영천에 이르는 가도라고 판단합니다. 따라서 제16연대가 기룡산을 맡고 저의 대대가 도로를 맡아 적을 저지하겠습니다."
> 정 소령은 그동안 제16연대와 함께 여러 번 전투를 겪으면서 지켜 본 바에 따라 유격대대의 전투력이 제16연대보다 우수하다고 판단하고 적의 주력을 잘 막을 수 있다고 생각했기 때문이었다. 한 예로 8월 29일 751고지에서 봉화봉으로 진격하는 적을 공격하던 제16연대 제2대대가 적의 압력을 못 이겨 충효동으로 철수하였을 때 제1유격대대가 봉화봉을 공격하여 격전끝에 18시에 제16연대 제2대대진지 751고지를 점령하고 적을 수석봉 남방능선까지 격퇴시킨 일이 있었다.
> 사단장은 정 소령의 건의를 묵살하고 기룡산 공격을 강행시킨 결과 앞에 본 바와 같은 상황을 맞이하여 큰 희생을 치렀다.(국방부 『한국전쟁사』 제3권 p90)

제1유격대대가 기룡산으로 갔을 때는 산 정상을 이미 적이 점령하고 있었으므로 고지 중턱에 대대를 배치하고 밤새도록 교전을 되풀이했다.

4일 제1유격대대 우측 충효동 일대 능선에 배치되어 있던 제16연대진지가 무너져 연대 주력이 후방으로 이동하기 시작했다. 제1유격대대는 적 포위망 속에 들어갔고, 제16연대도 제2대대 및 제3대대 잔류 병력 약 300명이 함께 포위망 속에 갇히는 신세가 되었다.

제1유격대대장 정진 소령은 잔류 병력을 총지휘하여 포위망 돌파작전을 강행했다. 제16연대 제2대대 병력 약 100명이 선두에 서고, 제3대대가 그 다음에, 유격대대는 후미에서 엄호하였다. 그러나 이미 적이 충효동 부근 양쪽 능선을 점령하고 집중사격을 퍼부어 많은 희생자를 냈다. 선두에 선 제2대대는 무사히 빠져나갈 수 있었으나 후속대대를 엄호하지 않고 그대로 이동해 갔기 때문에 후속하던 제3대대는 골짜기에 갇혀 집중사격을 받고 200여 명의 사상자를 냈다.

포위망 속에 갇힌 정 소령은 사단장에게 다음과 같은 보고를 했다.

"우리 대대는 인구동 북방 405고지에서 포위되어 있는데 이곳에는 포병대대 105mm포가 유기되어 있으니 포도 철수해야겠고, 또 우리의 퇴로를 타개할 수 있도록 조치하여 주시기 바랍니다." 주) 국방부 『한국전쟁사』 제3권 p91

사단장은 정 소령을 지원하고자 하였으나 각 부대가 모두 적의 공격을 받아 고전하고 있어서 지원 부대를 뺄 수가 없었다. 정 소령은 부대를 지휘하여 생사를 건 육박전을 치르면서 퇴로를 뚫고 있었다. 정 소령은 적 총검에 오른쪽 팔이 찔려 움직일 수 없었음에도 불구하고

"대대장은 살아있다. 각개 행동으로 포위망을 뚫고 나가라."

고 소리치며 부하들을 격려했다.

정진 소령은 14시경에 구사일생으로 포위망을 탈출했다. 뿐만 아니라 복부에 관통상을 입고 움직일 수 없는 송달준 소위를 한 팔로 끌고 나왔다. 망정동(望亭洞-영천시) 삼거리에서 대대를 수습하고 인원을 점검한 결과 제1유격대대 병력이 약 800명으로 줄어 있었다. 편성 당시 1,800명이었다.

보현산을 방어하고 있던 제21연대 제3대대(이창률 소령)와 그 우측 수석봉에 있는 제16연대도 모두 진지를 버리고 분산 철수했다.

제5연대 제1대대는 이날 03시경에 적의 포위 공격을 받고 인구동 남쪽으로 분산 철수했다.

최창언 연대장은 인구동 연대지휘소에서 제2대대장 이창범 대위에게 제1대대가 무너졌다고 알리고 어떤 조치를 취하려는 순간 사방에서 기습공

격을 받았다. 제2대대가 도로에 산개하여 대응하려고 허둥대는 동안 적은 그대로 지나쳐서 인구동 국민학교에 있는 후방부대를 기습했다.

이창범 대위는 부하들에게 삼구동(三龜洞-인구동 동쪽) 앞 고지로 이동하라고 소리치고는 자신도 그 고지로 올라갔다. 날이 새면서 안개가 끼었는데 부하들은 보이지 않았다. 05시경 1개 분대 병력을 수습하여 잠시 쉬고 있는데, 적 1개 중대가 올라오고 있었다. 이 대위는 손들라고 소리치는 적 1명을 사살하고 456고지 후방을 지키면서 대대를 수습했다.

10시에 연대장 최창언 중령은 제1, 제2대대를 수습하여 인구동을 탈환하라고 명령했다. 제2대대장이 지쳐 있었으므로 부대대장 차용호(車龍浩) 대위가 대대를 지휘하여 진두에서 용감하게 돌진하다가 1시간 후에 인구동에 이르러 장렬하게 전사했다.

제5연대는 적의 저항이 너무 거세어 공격을 중지하고 철수했다.

사단 우 인접 수도사단 제18연대는 증원된 적의 압력을 버티지 못하고 후방으로 물러섰다.

좌 일선 제21연대는 중앙과 우익전선이 무너져 자천 북방으로 물렀다.

제8사단은 8월 13일부터 지켜온 보현산을 포기하고 적 제15사단을 저지하기 위하여 영천 북방에 새로운 방어선을 형성하였다.

제2절 중부 방면 방어전

1. 안계 · 군위 부근 전투 – 제6사단

안계 지역 전투

7월 31일 하오에 미 제8군사령부로부터

"제6사단은 용기동(龍基洞-의성군 安溪面)으로 집결하라."

는 이동 명령을 받은 제6사단은 8월 1일 비교적 적과 접촉이 적은 제19연대 (민병권 대령)가 선발로 낙동강을 도하하여 2일 04시경에

제1대대가 오선당(五仙堂-352고지),

제2대대가 그 좌측 독점산(獨店山-311고지),

제3대대가 그 우측 봉화산(烽火山-400고지)

을 각각 점령하고 제2연대와 제7연대의 도하를 엄호하였다.

제19연대의 엄호를 받고 낙동강을 도하한 제2연대(함병선 대령)는 용기동에서, 제7연대(임부택 대령)는 노연동(魯淵洞-의성군 안계읍)에서 재정비한 후 다음 작전을 위한 준비를 서둘렀다.

사단 병력은 5,727명으로 개전 초 9,388명의 60%에 불과했다. 여기서 신

병 1,250명을 보충받았다.㈜

국방부 『한국전쟁사』 개정판 제2권 p702

3일 06시경에

제2연대를 제19연대 후방 우측 용기동에서 교안동(橋安洞-의성군 新平面)과 308고지를 잇는 능선에,

제7연대를 그 우측 삼춘동(三春洞-의성군 安平面) 일대의 능선에 배치하고 포병 제16대대는 각 포대가 연대를 직접 지원하도록 배치하였다.

이것이 낙동강 북쪽 방어선이다.

제6사단 좌측은 제1사단, 우측은 제8사단과 연결되어 있었다.

이날 적 1개 연대 규모가 밤중에 사단경계지역에서 멀리 떨어진 봉화산 우측 하회(河回-안동군 豊川面)나루에서 낙동강을 도하한 후 1개 대대 규모는 제19연대 정면을 공격하여 교전이 벌어졌고, 2개 대대 규모는 연대 우측 제3대대가 있는 봉화산 동쪽으로 우회 침투하고 있었다. 이 적이 적 제8사단으로 추정되었다.

4일 07시경 이러한 적정을 모른 채 제7연대 제2대대 및 제3대대는 제19연대와 임무를 교대하기 위하여 이동하다가 오선당 남쪽 신수동(新水洞-의성군 安寺面)에서 적 2개 대대 규모로부터 기습을 받아 분산되었고, 제19연대는 전 후면에서 협공을 받아 전선이 무너졌다.

08시경 제19연대장 민병권 대령은 위기를 맞은 연대를 용기동으로 철수하였고, 제7연대는 분산된 2개 대대를 쌍계동(雙溪洞-의성군 比安面, 안계-의성가도변)에서 수습하여 재정비에 들어갔다.

적 약 1개 연대 규모가 전차 5대를 앞세우고 계속 남진하고 있었으므로 사단지휘소를 용기동에서 도원동(桃源洞-의성~군위 간 5번 국도와 28번 국도 분기점)으로 옮겼다. 이날 현재 사단 방어선은 약 20km 후퇴했다.

5일 밤 적 제13사단 제21연대가 제2연대를 돌파하려고 안간힘을 썼으나

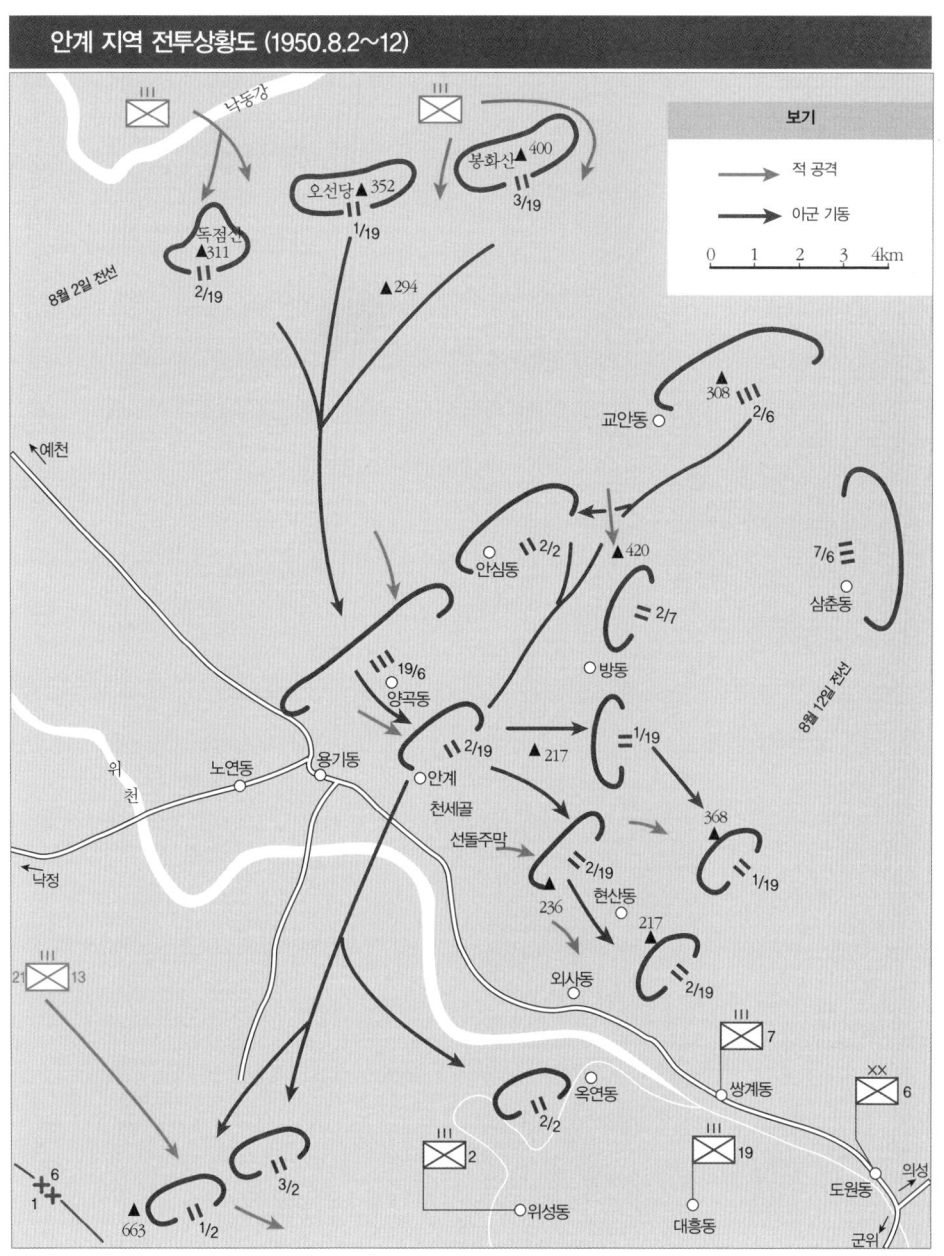

안계 지역 전투상황도 (1950.8.2~12)

좌 인접 제1사단과 협동작전에 말려 치명적인 타격을 입고 퇴각했다.

6일 이후 제6사단을 돌파하려는 적 제13사단의 압력이 계속되었고, 제6사단은 저지전을 펴면서 축차로 전선을 이동했다.

9일 15시경에 제6사단장 김종오 준장은 사단을 비안면사무소 소재지선으로 이동하여 비안면사무소를 중심으로 28번 국도 좌우에 새로운 방어선을 형성했다.

11일 01시 20분부터 적은 중앙 제19연대 정면 외곡동(外谷洞-의성군 比安面) 방면을 주공으로 하고 사단 전 전선에 대공세를 취했다. 전 사단이 총력으로 저항했으나 02시 15분경부터 제19연대 제2대대는 진지가 무너지고 통신이 두절된 상태에서 05시에 현산동(峴山洞-의성군 비안면) 217고지로 이동하였고, 제3대대는 적의 협공에 고전을 면치 못하고 있었다.

제19연대를 공격하던 적 일부는 우회하여 제7연대를 포위 공격하였다. 제7연대는 쌍계동으로 이동했다.

12일 22시 제6사단은 수적으로 우세한 적을 감당하지 못하고 지연전을 펴면서 전면 철수하여 군위 남쪽 10km 지점에서 의성~대구 간 5번 국도와 의성~영천 간 28번 국도 좌우에 새로운 방어선을 형성하였다.

사단지휘소는 화수동(華水洞-군의군 古老面, 28번 국도변)에 위치했다.

좌측으로부터 다음과 같이 부대를 전개했다.

제7연대 제2대대 응봉산(鷹峰山-군위군 孝슈面과 구미시 長川面 경계)
         제1대대 불로동(不老洞-군위군 효령면)
         제3대대 성동(城洞-상동)
제2연대 제2대대 노행동(老杏洞-상동)
         제1대대 도경동(道境洞-의성군 金城面)
         제3대대 청로동(青路洞-상동)

제19연대　제1대대 산운동(山雲洞-상동)

　　　　　제2대대, 제3대대 읍내동(邑內洞-군의군 義興面)에서 부대 정비.

　제6사단은 8월 2일 낙동강을 건넌 후 낙동강 연안전선 북단에서 동쪽 산악지대로 꺾이는 북쪽전선의 서쪽을 맡아 12일까지 방어전을 폈다.

　적(제13사단 일부와 제8사단으로 추정)은 낙동강을 도하한 후 8월 15일까지 대구 점령을 목표로 1일 평균 10km 진격 계획을 세우고 맹렬하게 공세를 취했다. 그러나 장기간에 걸친 공격과 전진으로 지쳐 있는데다가 우리 지상군 전력이 강화되고 미군의 공중공격이 강화되면서 병력 손실과 함께 보급과 장비가 보충되지 않아 전력 약화는 물론 병사들의 사기가 크게 떨어졌고, 공중공격을 피해 야간 전투와 산악 전투 위주로 전환하다 보니까 기동력이 떨어져 1일 진군 속도는 1.5km에 불과했다.

　우리 제6사단도 그동안 지연전을 계속하여 병력 손실이 많았음에도 불구하고 부대정비를 제대로 하지 못했고, 20km나 되는 넓은 방어 정면을 맡으면서 방어진지도 제대로 갖추지 못한데다가 예비전력도 보유하지 못하여 효과적으로 대처할 수 없는 원천적 요인을 가지고 있었다.

　낙동강 방어선은 전선을 축소 조정하여 전 전선을 연결하는데 목적을 두었는데 제6사단은 분산된 상태에서 넓은 방어선에 진입하여 인접부대간 연결이 제대로 되지 않아 적의 침투를 쉽게 허용했고, 더구나 적 대부대의 도하를 발견하지 못하는 실수를 저질러 천연요새 낙동강이라는 장애물을 제대로 활용하지 못하고 물러난 한을 삼켜야 했다.

▎안계 지역에 침공한 적

국방부『한국전쟁사』제3권은 「참전부대 및 지휘관」에서
「용기동 부근 전투」(8월 2일~12일) 적 제13사단(3개 연대-p99)

「낙동강연안 부근 전투」(8월 2일~12일) 적 제13사단(3개 연대-p125)으로 기술하여 적 제13사단은 제1사단과 제6사단 정면에 동시에 진출한 것으로 되어 있다.

「용기동 부근 전투」'전투경과의 개요' 8월 5일
"적 제13사단의 제21연대는 야음을 이용하여 제2연대의 제1 및 제3대대 지역을 돌파하려고 발악적인 공격을 하여 왔으나 아군의 제1사단과 협조하여…… 퇴각하고 말았다."(p101)와

「낙동강연안 부근 전투」'전투경과의 개요' 8월 4일
"어제 치명적인 큰 손실을 입은 적은 미명을 기하여 1개 대대로 추정되는 병력으로 강을 건너 아(我) 제3대대(제12연대) 진지에 공격을 하여왔다."(p129)고 하였다.

이 적은 제13사단 제21연대 선발대로 보인다.

적 제13사단 나머지 2개 연대는 낙동에서 낙동강을 도하하여 25번 국도를 따라 제1사단의 뒤를 쫓았고 제6사단 정면으로 진출하지 않았다.

낙동에서 도하한 적 제13사단은 용기동 전투에 참가할 수 없다. 그것은 역으로 한참 거슬러 가야 하기 때문이다. 적 제13사단은 제21연대가 8월 5일 낙동에서 도하하여 제1사단 우일선 제12연대 제3대대와 우 인접 제6사단 제2연대 지경선으로 침투한 것으로 보이고 이후 제1사단을 쫓아왔다.

「용기동 부근 전투」'전투경과의 개요' 8월 3일
"제19연대(민병권 대령)는 야음을 이용하여 낙동강을 은밀히 도하한 적 약 1개 대대의 병력과 서로 교전 중이었다. 적은 …… 후속부대를 계속 증원하므로서 그 병력이 약 1개 연대로 증가되었으며 그 중 2개 대대 규모의

적은 제19연대 제3대대 동 측방으로 우회하여 진격하고 있었다."(p100)

이 적이 본문에서 말한 봉화산 동북쪽 하회나루에서 낙동강을 도하한 적 제8사단이다. 1개 대대 규모가 제19연대 정면을 공격하였고, 2개 대대 규모의 적은 연대 우측 제3대대가 있는 봉화산 동쪽으로 우회 침투하였다. 작전부도에는 2개 연대가 침공했는데 처음에는 정체를 ?로 표시했으나 후에 적 제8사단 제82연대와 제83연대로 표시했고, 또 다른 2개 연대(적 제1사단으로 확인)가 더 진출한 것으로 되어 있다.(제3권 부도 제4 No.3, 제5 No.1)

매봉산 지역 전투

매봉산(梅鳳山)은 군위군 효령면사무소 소재지(5번 국도상) 동쪽에 있는 산이고, 해발고도 488.7m로 주변에서 가장 높은 산이다. 서쪽에 안동에서 의성~군위를 거쳐 대구로 이어지는 5번 국도가 지나고, 북쪽으로는 919번 지방도가 동쪽 우보에서 28번 국도로부터 분기하여 5번 국도를 동서로 연결하고 다시 효령에서 동남쪽 영천으로 지나간다.

매봉산은 이 3개의 도로를 감제할 수 있는 전략 요충이다.

제6사단은 우측 28번 국도(조림산)와 좌측 5번 국도(매봉산) 사이를 전투 정면으로 하고 저지전을 폈다.

제6사단이 새로운 진지를 편성했을 때 정면 적은 제1사단으로 바뀌었고, 이어서 적 제8사단이 사단 우 일선으로 진출했다.

나중에 확인된 일이지만 안계 방면으로 제6사단을 추격한 적 제13사단 일부(제21연대?)는 서쪽으로 우회하여 주력과 함께 상주~대구가도를 따라 다부동으로 진출하였고, 예비사단으로 후속하던 적 제1사단이 전선에 투입되어 적 제8사단과 함께 제6사단 정면 군위 방면으로 진출했다.

적 제1사단은 병력 손실이 많아 함창에서 2,500명을 보충하여 병력이 5,000명 정도에 이르렀으나 보충병 대부분은 개인화기를 갖지 못하여 후방에서 잡무를 보고 있었고,^{주)} 8월 6일과 8일 상주와 함창 중간지점에서 낙동강을 도하하여 군위 방면으로 진출했다. 국방부 『한국전쟁사』 제3권 p199

8월 14일 13시경 적은 사전 포격을 집중해 놓고 1개 대대 규모의 병력이 제7연대 정면을 공격했다. 제7연대는 가용 화력을 집중하면서 총력 저지하였다. 적은 많은 피해를 내고 15시경에 물러갔다.

15일 미명에 적 제1사단이 전차 3대를 앞세우고 제7연대 정면으로 대공세를 취했다. 5번 국도 좌우에 배치된 제1대대(김용배 중령)와 제3대대가 완강하게 맞섰으나 양 대대 연결선이 돌파되어

응봉산 제1대대는 내리동(内梨洞-군위군 효령면) 동남쪽으로,

성동 제3대대는 병수동(竝水洞-위 같은) 남쪽으로,

불로동 제2대대(김종수 중령)는 391고지로 각각 물러섰다.

제2군단장 유재흥 준장은 제7연대의 위급을 구하기 위하여 좌 인접 제1사단 제13연대 제2대대를 제6사단에 배속시켜 제7연대를 지원하고자 하였는데, 제1사단 정면 상황이 급변하여 부대를 이동할 수 없게 되었으므로 부득이 제19연대 제2대대(金濟善 소령)를 투입했다.

16일 적 제1사단은 제7연대 정면으로 계속 압력을 가했고, 적 제8사단은 이날 여명에 제82, 제83 2개 연대가 제2연대 정면을 공격했다.

13시경에 이르러 제7연대는 적의 압력을 견디지 못하고

제1대대를 매봉산(488고지)으로,

제2대대를 그 좌측 금매동(錦梅洞-효령면) 서쪽 365고지로,

제3대대를 제1대대 우측 수락동(水洛洞)으로 옮겨서 진지를 점령했다.

17일 14시경에 제6사단장 김종오 준장은 제7연대와 전선 균형을 유지하

기 위하여 우일선 제2연대를 뒤로 물려 새로운 진지를 점령했다.

제2대대(문정식 소령)를 나호동(羅湖洞-군의군 友保面) 서북쪽으로부터 국통산(國通山-337고지, 우보면사무소 서북쪽) 서남쪽 일대,

제1대대(李柱享 소령)를 우측 국통산에서 선곡동(仙谷洞-우보면) 북쪽 일대,

제3대대(이운산 소령) 제10중대를 제1대대와 제2대대 중앙지대.

이날 여명에 적 1개 대대 규모가 제7연대가 있는 매봉산을 공격했다. 제1대대(김용배 중령)와 제3대대(趙漢變 소령)가 반격하여 15시경에는 매봉산 북쪽 1km 지점까지 진출했고, 제2대대(김종수 중령)는 적 제1사단 제1연대의 공격을 받고 백병전까지 치른 끝에 20시경에 금매동으로 철수했다.

제19연대 제2대대는 제7연대 제2대대가 철수하여 동측방이 적의 위협을 받게 되어 위기에 몰렸으나 잘 버텨냈고, 전날 제7연대의 위급을 지원하기 위하여 투입된 제19연대 제1대대는 사단 최 좌측 마사동(馬嘶洞-효령면) 일대 능선을 맡고 있다가 적 제8사단 제83연대의 공격을 받고 2시간 동안 격전을 치른 끝에 진지를 고수했다.

8월 18일 04시경 제7연대 제2대대는 포병의 지원을 받아 금매동에서 반격을 개시하여 20시경에 적 1개 대대 규모를 격퇴하였고, 22시경에는 적 1개 연대 규모의 공격을 받고 교전하고 있는 제19연대 제2대대와 협동으로 반격하여 적을 격퇴시켰으며, 장군동(將軍洞-효령면)과 365고지를 잇는 골짜기에 잠복하고 있는 적을 섬멸하였다. 제7연대는 이 전투에서 적 30여 명을 사살하고 많은 무기를 노획하였다.

14시경에 미군 전폭기 1개 편대가 제7연대 제2대대 정면으로 진출하는 적 전차 3대를 격파했다.

19일 여명에 적 제1사단 제1연대 2개 대대가 제7연대 주진지 365고지를 급습하였다. 제7연대 제2대대는 하루 종일 공방전을 벌이며 버티다가 계속

되는 압력에 견디지 못하고 20시경 금매동 일대로 물러났다.

수북동(水北洞-군의군 의흥면) 북방에 있던 제19연대는 04시경부터 양지동(陽地洞-의성군 佳音面) 방면에서 남진한 적과 교전했다. 소수 병력이 겁 없이 계속 침투해 오는 것을 포착하여 완전 섬멸해 버렸다.

20일 미 전폭기 편대가 대거 출격하여 전 전선을 제압하였으므로 적 지상부대는 얼씬거리지 않았다.

포항지구전투사령부에 배속되었던 민 부대(민기식 대령)가 증원되어 주력은 제6사단과 제1사단 사이 매곡동(梅谷洞-효령면) 계곡에 진지를 점령했고, 제1대대는 이 방면 492고지를 방어하던 제19연대 제2대대와 교대했다. 제19연대 제2대대는 사단 최 우측 제19연대진지로 이동했다.

민 부대는 이날 제5연대로 개편되었다. 연대장에는 이영규 중령이 임명되었는데 부임하지 않아 제7연대장 임부택 대령이 지휘했다.

조림산 지역 전투

조림산(鳥林山)은 군위군 의흥면, 산성면, 의성군 고로면 경계 지점에 있는 산으로, 해발 고도는 637.9m이고 그 우측으로 안동에서 의성을 거쳐 영천으로 이어지는 28번 국도가 지나가는 전략요충이다.

8월 21일 기갑연대가 증원되었다. 기갑연대는 가산동(架山洞-칠곡군 가산면) 558고지 남방 일대에 진지를 점령하고 제1사단과 제5연대 사이를 연결하는 방어진지를 확보하였다.

적 제1사단 제3연대는 제7연대 제3대대의, 그 제2연대는 제6사단 제2연대의 정면을 각각 공격하여 치열한 공방전을 벌였는데, 적은 막대한 병력 손실을 입고 물러갔다.

이날 미명에 제19연대 제2대대진지를 인수한 제5연대 제1대대는 적 제1

연대 1개 대대 규모의 공격을 받고 고전 끝에 일시 진지에서 물러났으나 반격을 개시하여 11시 50분경에는 492고지를 다시 탈환했다.

제2연대 제1대대(이주향 소령)는 적 1개 중대 규모의 양동(陽動)공격을 받고 두곡동(杜谷洞)까지 물러났다가 반격하여 11시 50분경에 국통산을 점령했고, 우측 제19연대는 적 제83연대의 공격을 받고 진지를 뺏겼으나 공중과 포격지원을 받으면서 반격하여 20시경에 원진지를 회복했다.

22일 제5연대 제2대대는 전날 매곡동에서 적 1개 대대 규모의 공격을 받고 밤새도록 교전하였는데 적의 압력이 거세어 견디지 못하고 06시에 철수했고, 매봉산을 방어 중이던 제7연대 제3대대는 적 제3연대 1개 대대 규모의 공격을 받고 17시 50분경에 남쪽으로 철수하였다가 17시경에 항공기의 지원을 받고 반격을 감행하여 21시 50분경 매봉산을 탈환했다. 또 국통산을 점령하고 있던 제2연대 제1대대는 18시경에 적 제81연대의 증강된 1개 대대의 공격을 받고 남쪽 능선으로 이동했다.

23일 20시경 적 약 1개 연대 병력이 효령 방면으로부터 각종 포의 지원을 받으면서 제7연대 정면으로 대공세를 취했다가 제7연대의 완강한 반격에 막혀 분산 퇴각했고, 제7연대는 퇴각하는 적을 추격하여 많은 전과를 거두고 원진지로 복귀했다.

제6사단 좌 측방에 있는 기갑연대는 18시경 558고지를 공격하여 약 1개 대대의 적과 2시간에 걸친 격전 끝에 물리치고 20시경 고지를 점령한 후 계속 적을 추격하여 21시경에는 558고지 북방까지 진출했다.

기갑연대는 연대 병력 반에 가까운 600여 명의 사상자를 내어 연대 단일 전투에서 보기 힘든 기록적인 손실을 입었다.주) 안용현 『한국전쟁비사』 2 p161

24일 04시경 제2연대 제1대대는 22일 빼앗겼던 국통산을 공격하여 탈환하였고, 퇴각하는 적을 추격하여 많은 손실을 입혔다.

이날 전투에서 장병들은 사기가 올라 있었고, 자신감 넘치는 공격적인 전투를 감행했다.

23시경에 적 1개 대대 규모가 제7연대 제1대대와 제2대대 사이로 침투하여 매봉산을 점령했다.

25일 제7연대 제3대대는 매봉산을 탈환하기 위하여 공격을 개시했다.

10중대 일부 병력을 밤중에 은밀히 적진에 침투시키고, 주력은 각종 화기의 지원을 받으면서 15시경에 기습공격을 감행하여 18시경에 매봉산을 탈환했다. 적은 대규모 공세로 오인하고 분산 퇴각했다.

03시경 적 제8사단은 제81연대와 제103치안연대*주)가 제2연대 정면에, 제83연대가 제19연대 정면에 각각 전차를 앞세우고 대대적인 공세를 취했다.

국방부 『한국전쟁사』 제3권 p115

* 인용문헌이 제103연대로 기술한 것을 제103치안연대로 고쳤다.
  제103치안연대는 점령정책을 지원하는 군사조직이다. 북한군은 전선을 총괄하는 전선총사령부와는 별도로 후방치안을 담당하는 경비총사령부를 설치하고 예하에 제101부터 제112치안연대를 편성하여 각 지역에 주둔시켰다. 제103치안연대는 본부를 안동에 두고 안동, 함창, 청송, 군위 지역을 관장했다. 전황이 위급하자 전투부대로 투입한 것 같다.(제7장 제1절 「1. 점령정책의 특징」 참조)

제6사단장 김종오 준장은 적을 진전에서 무찌르기로 작정하고 총력전을 펴 3시간 여의 사투를 벌였으나 적의 끈질긴 압력에 밀려 다음날 06시경에 적을 저지하면서 축차로 철수할 수밖에 없었다.

제19연대는 수북동과 신덕동(新德洞-이상 군위군 의흥면) 일대 고지로 물러나서 부대를 재정비한 후 다시 반격작전을 감행하여 제1대대가 236고지를 탈환했고, 제2, 3대대는 제1대대와 동일선까지 진출했다.

11시 30분경 제5연대장 이영규 중령이 귀임 중 지뢰사고로 전사했다.

26일 적 제1사단은 야포와 박격포로 포격을 집중해 놓고, 03시를 기하여 제2연대와 제19연대를 공격했다.

제2연대는 전차를 앞세운 적 제1, 제3연대의 공격을 받고 물러났다.

제19연대는 전차를 앞세운 적 제83연대의 공격을 받고 격전 중 제2대대장 김제선 소령이 전사하고 제3대대장 김지혁(金志赫) 소령이 부상당하는 근래에 없던 큰 손실을 입고, 수북동 서북쪽 237고지에서 그 동쪽 선암산(船岩山, 878.7m) 북쪽을 잇는 선으로 철수하였다.

27일 제5연대는 01시부터 적 1개 대대 규모와 교전 끝에 492고지 동남쪽 진지로 이동했다. 이날 제5연대장에 최창언 대령이 부임했다.

28일 사단은 조림산 서북쪽 일대로 이동하여 전선을 정리했다.

29일 여명에 적 제1사단은 적 제8사단과 같은 선까지 진출하기 위하여 제7연대를 공격했다. 제7연대는 총력으로 방어전을 폈으나 1개 사단이라는 절대 우세한 적의 압력을 버티지 못하고 제2대대를 371고지로, 제3대대는 284고지로 이동하여 새 진지를 점령했고, 제1대대는 신령 북쪽 위기에 대처하기 위하여 신령으로 이동했다.

기갑연대는 적의 압력이 계속되자 558고지에서 동남쪽으로 이동하여 기습공격으로 3시간 격전 끝에 적에게 많은 피해를 입히고 물리쳤다.

사단 우측 제19연대는 전날 22시경부터 적 제82, 제83연대의 공격을 받고 공방전을 벌이다가 05시경 제1대대는 722고지, 제2대대는 화산(華山-828고지)으로 이동하여 조림산 제3대대와 연결된 진지를 편성했다.

제2연대는 04시에 적과 교전 없이 전선을 맞추기 위하여 제3대대(宋大厚 소령)를 370고지로, 제2대대를 화본동(花本洞-군의군 산성면) 동북쪽 일대의 고지로 이동 배치하였다.

제6사단 전선은 우측으로부터 기갑연대, 제5연대, 제7연대, 제2연대, 제

19연대 순으로 연결한 방어선을 구축하여 적의 공세에 대비했다.

지뢰사고 – 연대장과 대대장 폭사

8월 25일 11시 30분경 제5연대장 이영규 중령이 사단장에게 부임신고를 하고 연대지휘소로 가고 있는데 보초가 차량을 정지시키고

"이 앞에는 지뢰가 매설되어 있으니 통과할 수 없습니다."

라고 제지했다. 연대장은 운전병에게 그대로 통과하라고 명령했고 차는 그대로 통과했다. 그리고 조금 있다가 폭음이 천지를 진동했다. 도로에 매설된 대전차지뢰가 폭발하여 연대장을 비롯하여 연대장과 함께 타고 가던 작전주임 등 5명이 그 자리에서 전사하고, 부근에서 휴식하고 있던 장 소위 등 장병 10여 명이 중경상을 입었다.주) 국방부 『한국전쟁사』 제3권 p118

26일 제2연대는 전선에서 철수하고 있었다. 08시경 제3대대장 이운산 소령은 부대를 지휘하여 군위군 우보면 미대동(美垈洞)을 통과하다가 대전차지뢰가 폭발하여 대대장 이하 7명이 전사하고 12명이 행방불명되었으며 20명이 중상을 입었다.

지뢰 매설지대를 경계하면서 접근 병력을 안전지대로 안내하도록 임무를 맡은 경계병 차기호(車基鎬) 이등중사와 엄규열(嚴奎烈) 하사가 전선부대가 철수하기 전에 원대로 복귀하였고, 지뢰지대에는 아무런 표지가 없어 대대장은 안심하고 통과하다가 변을 당했다.주) 국방부 『한국전쟁사』 제3권 p118

그동안 아군의 방어 전면에 대전차 장애물이 설치되지 않아 적 전차에 속수무책으로 당하고만 있었다.

8월에 들어서면서 전방에 각종 지뢰를 매설하는 등 적 전차 진격을 저지할 수 있는 장애물을 설치하기 시작하였다.

육군총참모장은 훈령을 통하여 전선에서 장애물을 설치할 때는 보병과 포병 그리고 공병장교가 공동으로 정찰하여 장소를 선정하고 해당 지구 부대장의 승인을 얻어 설치하라고 명령했다.

공병부대가 작전부대와 협의 없이 제2연대와 제7연대 후방통로에 지뢰를 매설하여 대형사고가 발행한 것은 훈령을 지키지 않은 공병 잘못이라고 공병감 최창식 대령이 군법회의에서 진술했다.^{주)}　국방부 「한국전쟁사」 제3권 p117

제5연대장 이영규 중령은 경계병의 제지를 무시하고 통과하다가 변을 당했고, 26일 이운산 대대장은 공병경계병이 없어서 변을 당했다.

지위 고하를 막론하고 경계병의 제지를 따라야 하는데 그렇지 않았다.

공병감 최창식 대령은 이 지뢰폭발사고의 책임과 함께 한강다리 조기폭파 책임을 물어 군법회의에서 사형선고를 받았다.

2. 낙정 전투 – 제12연대

제1사단의 전진

제1사단은 함창에서 8월 1일 상주로 이동했다. 이때 낙동강을 도하하여 새로운 방어진지를 구축하라는 미 제8군사령관 명령이 내렸다.

8월 2일 낙동(상주군 낙동면, 25번 국도 낙동강 북안)나루에서 배로 낙동강을 건넌 후 낙정동(낙동나루 남안)에서부터 말가실(왜관 북쪽 4km)까지 남북 41km에 이르는 긴 구간의 낙동강 연안 방어에 들어갔다.

낙동강 상류(우 일선)에서

제12연대는 북쪽 낙정동에서 궁기동(宮基洞-구미시 桃開面)까지

제11연대는 궁기동에서 옥골(구미시 해평면 槐谷洞)까지,

제13연대는 옥골에서 남쪽 말가실(淸溪洞 - 칠곡군 石積面 浦南洞)까지 낙동강의 동안에 각각 전개하였다.

　남쪽(좌)은 미 제1기병사단과 북쪽(우)은 제6사단과 연접하였다.

　적의 동향을 보면, 함창에서 제1사단을 따라 남진한 제13사단은 3일 현재 상주에 집결하여 병력을 보충하고 부대를 정비하면서 도하지점을 탐색하고 있었는데 제1사단 철수로인 낙동에서 도하할 것이 분명했다.

　화령장에서 우리 제17연대에 일격을 당한 제15사단은 김천으로 이동하여 현지에서 강제 모집한 소위 의용군 1,500명을 보충한 후 5일 현재 제1사단 정면인 선산 일원에 집결하여 선산~구미 간에서 낙동강 도하준비를 서두르고 있었다.^{주)}　　　　　　　　　　　　국방부 『한국전쟁사』 제3권 p127

　선산~구미 간에 여진(麗津), 강창(江倉), 강정(江亭), 짓골(桂津), 평촌(坪村), 시릿골, 비산(飛山, 또는 緋山) 등 도하에 유리한 나루가 있고, 수심이 얕아 도섭이 가능한 곳도 많았다.

　적 제3사단은 미 제1기병사단을 밀어내고 김천을 점령한 후 5일 현재 그 주력이 약목(말가실 대안)으로 진출하여 제1사단과 미 제1기병사단의 연결 지점인 왜관 부근에서 도하준비를 서두르고 있었다.

　전반적인 상황을 살펴보면 북한군은 제1사단 정면에 3개 사단을 투입하고 일거에 대구를 석권한 후 김일성이 명령한 8월 15일까지 부산을 해방하고자 하는 전략임을 간파할 수 있다.

　제1사단은 열세한 병력과 장비를 가지고 이 강대한 적 3개 사단과 건곤일척의 결전을 벌여야 했는데, 제1사단은 병력 7천여 명에, 중화기는 105mm곡사포 12문과 3.5인치 로켓포 9문 및 57mm대전차포 2문이 전부였다. 병력은 T/O의 70%, 장비는 T/E의 40% 수준이다.

　제1사단 정면의 적은 제13사단 약 1만 3,000명, 제15사단 약 6,000명,

제3사단 약 6,000명 계 2만 5,000명으로 추산되었으며,

중화기는 122mm곡사포 39문, 76mm곡사포 72문을 가졌고,

적 제105기갑사단 주력이 지원하여 전차 40대와 병력 4,000명이 가세하였다.　　　　　　　　　　➡ 제8권 「낙동강 방어선에 전개된 피아 전력」 참조

초기에 적 제13사단은 낙동강을 도하한 후 1개 연대(제21연대?)가 안계(龍基洞) 부근으로 진출하여 제6사단을 공격했다가 곧 주력에 합세하여 제1사단 정면 낙정으로 진출하였다.

낙동강 방어선의 기본은 방어 정면을 축소하여 전선을 연결하는 것이 1차 목표였다. 그러나 41km에 이르는 넓은 방어 정면을 가진 제1사단은 병력이 절대 부족하여 거점방식의 방어선을 구축할 수밖에 없었으므로 중간중간에 빈 공간이 생겨 적이 침투할 수 있는 여지가 얼마든지 있었고, 우측 제6사단과의 사이에도 4km나 간격이 벌어져 있었다.

워커 미 제8군사령관은 낙동강 방어선을 형성하면서 다음과 같이 비장한 포부와 신념을 피력했다.

"우리는 현재 시간과 싸우고 있다. 더 이상 철수, 후퇴도 있을 수 없으며 더 이상 물러설 곳도 없다. 전 부대는 최대의 반격으로 작전의 우위를 유지하여야 한다. 최후까지 싸워서 한 치의 땅도 빼앗기지 말아야 하며 이를 양보함은 죽음을 재촉할 뿐이다. 전 장병은 한 덩어리가 되어 싸우는 동시에 전사한 전우의 원수를 갚아야 한다." 주)　　　국방부 「한국전쟁사」 제3권 p127

낙정 도하저지전 – 살육전의 서막

8월 3일, 제12연대는 군단 경계부대로 낙동에서 제1사단과 제6사단의 도하를 엄호한 다음 오전 중에 도하하여

낙정동에서 궁기동까지를 잇는 낙동강 연안에 부대를 배치했다.

낙정은 대안 낙동나루 남안이다. 상주에서 대구로 이어지는 25번 국도상에 있는 자동차 도선장이다. 수심이 깊고, 강폭이 좁은 특징을 가지고 있다. 대구로 이어지는 길목의 첫 번째 천연 방벽이다. 낙동강을 건넌 장병들의 심리가 묘하게 움직였다.

"이제는 마지막이구나!"

하는 절망감, 더 이상 기댈 곳도 비벼댈 언덕도 없다.

여기서 막지 못하면 끝장이다. 나(저자)는 낙동강을 건너 피난을 가면서

"이제는 끝장이구나!"

하는 절망감을 떨치지 못했던 기억을 평생 담고 있다. 이곳까지 밀려온 장병들의 심정은 그보다 더 했을 것이다.

그것은 낙동강에서만은 물러서지 않겠다는 새로운 결의의 다짐이다.

제3대대(朴炳洙 소령)는 낙정을 중심으로 강안 일대에 진지를 점령하였다. 제9중대(김성룡 대위) 전면 강변에 많은 피난민이 노숙하고 있는 것이 눈에 띄어 장병들의 심기를 안타깝게 하였다.

어둠이 깃들 무렵 적 기마대가 대안에 나타나 수심을 측정하는 등 도하지점을 탐색하고 있는 것을 목격하고 사격하여 격퇴했다.

4일 06시경 시계를 가리던 안개가 걷혔을 때 대안에는 1개 대대 병력이 전개하고 있는 것이 보였고, 후속부대가 증원되고 있었다.

대대장 박병수 소령은 중대의 화망을 구성하여 적이 진전에 도달하기 직전에 사격하도록 지시해 놓고 연대장에게 보고했다. 연대장은 연대 대전차포중대(白潤基 중위)를 낙정으로 추진시키는 한편 후방 점촌(店村-선산군 道開面 月林洞, 25번 국도변)에 배치된 제17포병대대 제2포대 화력을 지원하도록 조치해 놓고 낙정으로 갔다.

김점곤 연대장이 낙정에 도착했을 때 적 45mm대전차포가 날아와서 연대

장 지프가 도랑에 처박혔고, 이를 신호로 적의 공격준비사격이 집중되었다.

4일 07시가 조금 지난 시각. 적 공격 제1파가 낙정 정면 강물 속으로 들어섰고 그 하류 모래섬 쪽에서도 공격제대가 도하를 시작했다. 저들은 아군의 존재는 안중에 없는 듯 거침없이 강을 건너고 있었다. 그러나 물은 점점 깊어지고 급기야 목까지 차서 건너는 속도가 점점 느려졌다.

예광탄 한 발이 상공을 가로질렀고, 대대 전 화력이 불을 뿜었다. 적은 물속으로 곤두박질 쳤고, 강물은 금세 붉은 빛으로 변했다. 살아남은 적은 모래섬으로 퇴각하여 버드나무와 모래언덕에 몸을 피했다.

낙동강 살육전의 서막은 이렇게 시작되었다.

모래언덕으로 피한 적은 곧 다시 후속부대와 함께 강으로 달려들었으나 대대 화망은 저들을 그냥 건너오게 버려두지 않았다.

대대 장병들은 원도 한도 없이 쏘아댔다. 소총, 기관총, 박격포 할 것 없이 총신이 시뻘겋게 달아오르도록 방아쇠를 당겼다. 그동안 후퇴만 거듭하여 몸과 마음이 찌들대로 찌든 장병들은 너 나 없이 의기소침하여 사기가 말이 아니었는데 갑자기 기고만장해졌다. 오래간만에 아니 군복을 입은 이래 처음으로 때를 만났고, 한을 풀었다.

백사장에는 시체가 쌓였고, 강물은 붉은색이 짙어갔다. 이런 와중에서도 후속공격부대가 강물 속으로 들어서고 있었는데 저들 뒤에서 독전대가 미친 듯이 독전하는 모습이 이쪽에서도 보였다. 적은 옆에서 전우들이 쓰러지는데도 아랑곳하지 않고 목까지 차는 강물로 들어섰다.

북한군은 일선 공격부대를 1차적으로는 군관들이 독전하고 2차적으로는 사단 독전대장 강동호(姜東皓) 대좌가 1개 소대를 지휘하여 후퇴하는 자는 무조건 사살하기 때문에 죽음을 무릅쓰고 공격할 수밖에 없었다.

독전대장 강동호 대좌는 그 후 의정부에서 아군에 귀순했다.

어렵게 도하한 적은 아군이 강기슭에 기다리고 있다가 조준사격을 하여 한 발에 한 놈씩 쓰러뜨렸다. 제9중대 제1소대장 현덕진(玄德鎭) 중위는 정신없이 총을 쏘다가 개인호 옆에 적이 기어오르는 것을 보고 엉겁결에 야전삽으로 후려쳤더니 허수아비처럼 꼬꾸라졌다고 했고, 대대 수색대 분대장 임의택(林義澤) 일등중사는 기어오르는 적의 손목을 대검으로 찍었다고 했다. 이 적은 진전 사각지대로 몰려온 적이었다.

09시경 적은 다 퇴각했다. 이 적은 적 제13사단 제21연대로 알려졌다.

낙동강에 오리알 떨어진다

전투가 한 고비를 넘길 무렵 F-80전폭기 2대가 상공을 날다가 날개를 상하로 흔들었다. 대공포판을 확인하고 지원의사를 물은 것이다. 즉시 대안에 예광탄을 날렸고, 항공기는 알았다는 듯 다시 한 번 날개를 흔들더니 네이팜탄을 퍼부어 적의 공격대기 지점 일대를 불바다로 만들었다.

제11중대장 강영걸 대위는 적이 추풍낙엽처럼 쓰러지는 것을 넋을 잃고 바라보다가 외쳤다.

"야! 낙동강에 오리알 떨어진다." 주)　　　　　국방부 『다부동전투』 p.48

순간 장병들 함성이 전장에 메아리쳤다. 장병들의 한이 서린 함성이다.

잠시 후 다른 전투기 1개 편대가 출격하여 적 후방 깊숙한 곳을 약 20분 동안 폭격과 기총소사를 퍼부어 불바다로 만들었다. 적은 우왕좌왕하다가 쓰러졌고 일부는 민가로 피신했으나 전폭기는 이를 놓치지 않고 공격하여 통쾌하게 분쇄했다. 그러나 이 폭격에 부근 산기슭에 모여 있던 피난민이 많이 희생되었다. 애통하고 가슴 아픈 일이다.

그들이 죽어야 할 이유는 없었다.

적은 더 이상 방법이 없었던지 강변에서 철수했다.

적 약 2개 대대 병력이 섬멸된 것으로 추정됐고* 야포 2문과 트럭 3대가 화염에 휩싸였다.주)

국방부 『한국전쟁사』 제3권 p129

* 『다부동전투』는 사살된 적이 1개 대대(약 300명) 정도로 추산된다고 했다.(p49)

좌 일선 제2대대(조성래 소령) 정면은 오전 내내 조용하였다. 14시경부터 대대가 점령하고 있는 월골동(月谷洞-구미시 해평면) 178고지 일대에 산발적인 적의 포격이 시작되었다. 이 포격에 제6중대장 한만형 대위와 선임장교 조기백(趙基栢) 중위가 부상하여 후송되었다.

그로부터 3시간 뒤 농소동(農所洞-구미시 玉城面) 일대에서 1개 중대 병력이 제2대대 제5중대(金俊植 대위) 정면으로 강을 건너기 시작했다. 보고를 받은 대대장 조성래 소령은 각 중대에 사격목표를 지시해 놓고 적이 접근하기를 기다렸다.

강을 건너 온 적은 백사장에서 대형을 수습한 다음 제5중대 정면 제방으로 접근하기 시작했다. 50m 전방에 접근했을 때 대대장의 사격신호가 떨어졌고, 대대의 전 화력이 집중했다. 불의의 사격을 받은 적은 혼비백산하여 많은 시체와 무기 40여 정을 백사장에 버린 채 도망쳤다.

22시에 우측 안계(安溪)지구에서 선전하던 제6사단이 전선을 이동하여 제12연대 우 측방이 노출되었다. 사단장은 제12연대를 제11연대와 제13연대 중간 상림동(上林洞-구미시 長川面)으로 이동하여 예비로 삼았다.

5일 제12연대가 이동한 사이 적 제13사단은 일부 병력이 낙동에서 낙동강을 도하하여 10시경에 제11연대 전면을 위협했다. 사단장 백선엽 준장은 제12연대 제1대대(한순화 소령)를 제11연대에 증원했고, 7일 제3대대를 또 제11연대에 증원했다.

적 제13사단 제19연대는 저들 제21연대의 뒤를 이어 낙동 부근에서 중화기와 장비는 두고 목덜미까지 차는 강물을 도섭으로 건너왔다.

6일과 7일 양일간 적 제13사단 나머지 제23연대와 2개 포병대대가 중장비와 함께 낙동나루 남쪽 아군의 공백지대에서 뗏목(또는 수중가도)을 이용하여 아무런 저항을 받지 않고 건너왔다.^{주)} 국방부 『한국전쟁사』 제3권 p199

8월 8일 제12연대 제3대대는 제11연대 지원을 끝내고 다부동을 거쳐 도개동(道開洞-칠곡군 石積面)으로 이동했다.

연대장에 박기병 대령이 임명되고 김점곤 중령은 부연대장이 됐다.

예비가 된 제12연대는 9일 제3대대가, 10일에는 제2대대가 제13연대 지역에 투입되면서 연대장과 함께 제13연대작전을 지원했다.

제1대대는 8월 5일부터 제11연대에 배속되어 있었다.

8월 12일 20시 제12연대는

제1대대가 학산동(鶴山洞-칠곡군 架山面)으로,

제2, 제3대대가 망정동(望亭洞-석적면)으로

각각 이동하여 새로운 방어선을 편성하고 다음 작전에 들어갔다.

3. 해평 지역 전투 – 제11연대

비등산(245고지) 전투 – 처음으로 치른 육박전

8월 3일 제11연대는 전날 제12연대의 엄호를 받으며 낙동에서 낙동강을 도하하여 낙정 북쪽 팔등동(八嶝洞-의성군 단밀면) 위천이 낙동강으로 합수하는 돌출부에서 제12연대 도하를 엄호한 후 낙동강 동안 해평으로 이동했다.

8월 4일 제11연대장 김동빈 대령은 적이 대안 선산 쪽에서 도하해 올 것으로 판단하고 남쪽 해평동에서 북쪽 산양동(山陽洞-해평면)을 잇는 강 제방선에 부대를 전개했고, 제3대대(정영홍 소령)는 신병들로만 채워졌으므로 산동국민학교에서 3일간 예정으로 훈련에 들어갔다.

전날 제1사단은 대구에서 학도병 500명을 보충받았는데, 그 중 300명을 제3대대에 배치했다. 그래서 제3대대를 신병대대라고 했다.

제11연대는 부대 재편성 때 제2사단 제5연대를 통합했는데 원래의 제11연대는 제1대대가 되고, 제5연대는 제2대대가 되었으며, 제3대대는 나머지 병력과 신병으로 충원했다. 이때 대대 병력은 500명 수준이었다.

김동빈 대령

적은 선산(또는 구미) 부근에서 점차 낙동강선으로 진출하여 도하지점을 탐색하면서 산발적으로 전차포를 쏘기만 하고 도하할 기미는 보이지 않았다. 이 적이 김천에서 진출한 제15사단으로 추정되었다.

이날 북쪽에 배치되어 있던 제12연대가 사단예비가 되어 후방 상림동으로 이동해 감으로써 우 인접부대인 제6사단과는 공간이 생겼다.

8월 5일, 전날 밤에 제12연대가 후방으로 이동한 공간을 틈타 낙동에서 도하한 적 제13사단 1개 대대가 도로를 따라 남진하다가 02시경 제5중대(崔昌華 소위)가 점령하고 있는 비등산(飛登山, 245고지)을 공격하여 고지쟁탈전이 벌어졌다. 진내에 진입한 적과 뒤섞여 육박전을 벌였고, 피아를 구분하기 위하여 맞붙은 상대방의 머리를 만져보면서 치고 찌르는 촌극을 벌였다. 적은 물러갔다.

제11연대가 개전 이래 처음으로 치른 백병전이다. 날이 밝은 뒤에 적 시체 20여 구를 확인했고, 중대도 10여 명이 전사하고 조항래(趙恒來) 소위를 비롯하여 20여 명이 부상하는 피해를 입었다.

제5중대는 후방 152고지로 이동하여 새로운 방어진지를 편성하였다.

좌측 74고지 제7중대(尹龍昇 대위)도 같은 시각 측 후방으로부터 적의 기습을 받아 제대로 저항도 못해보고 분산되어 152고지로 철수했다.

제2대대가 점령한 비등산~하도봉(河圖峰, 225고지)~74고지선 진지가 적의 양익포위로 단숨에 점령당하자, 조명산(趙明山, 140고지~152고지 남쪽)에 배치된 제6중대(金鳳錫 중위)가 152고지로부터 냉산(冷山, 일병 太祖山, 691고지-도리사가 있는 산)으로 이어지는 횡격(橫隔)능선으로 진출하여 제5, 제7중대의 철수를 엄호한 다음 하도봉을 공격하여 탈환했다. 이로부터 다시 뺏고 빼앗기를 3번 되풀이하다가 결국 23시경부터 2시간 간격으로 3차례 파상공격을 받고 제6중대는 횡격능선으로 철수했다.

이때 적 1개 대대가 25번 국도를 따라 진출했고, 1개 대대는 송천동(松川洞, 속칭 사기점)~평송동(坪松洞)으로 우회하여 하도봉을 공격했으며, 1개 중대 규모의 분견대가 냉산 깊숙이 침투하여 연대 우 측방을 노렸다.

제1대대 정면에는 적 제15사단 1개 연대가 강정(해평 대안)과 강창(선산 동쪽) 양 나루에서 도하준비를 하고 있어 압력이 가중되었다.

백선엽 사단장은 제11연대가 위기에 몰리자 제12연대 제1대대를 제11연대에 배속하여 고전하고 있는 제2대대(차갑준 소령)*를 증원했다.

---

* 제11연대 제2대대장은 이두황 소령이었다. 연대 작전주임 차갑준 소령이 제2대대의 부대 배치를 지도하러 갔다가 전투가 벌어졌다. 병참장교출신인 이두황 소령은 차갑준 소령에게 대대의 지휘를 요청했고, 연대장의 승인을 받아 이 전투 중 차갑준 소령이 제2대대를 지휘하였다. (국방부 『한국전쟁사』 제3권 p149)

하도봉(225고지) 공방전

증원된 제12연대 제1대대(김재명 소령)는 평송동 남쪽 무명고지를 점령하고 제2대대를 엄호하다가 제2대대가 철수한 후에 하도봉을 역습했다.

8월 6일 06시 역습을 시작한 제1대대는 포병의 공격준비사격과 항공지원까지 받으면서 두 차례에 걸친 공격을 시도했으나 적이 수류탄 살상지대를 설정하고 완강하게 저항하여 손실만 입고 실패하였다.

제3차 공격은 방법을 달리하였다. 그동안 탐색한 바에 따라 적 배치상태가 약한 것으로 판단되는 우 측방을 주공방향으로 잡았다. 대대는 어둠이 깔릴 무렵 공격을 개시했다. 공격준비사격을 주공 반대쪽에 집중하고 제3중대(金灝鼎 대위, 8월 20일 전사)를 진격시켜 적의 관심을 돌린 후 2개 중대가 우 측방으로 돌진하여 단숨에 목표를 점령했다. 이때가 20시 30분으로 공격을 개시한지 30분 만이다. 완전히 적의 허를 찔렀다.

적은 만만치 않았다. 물러간 지 1시간도 채 안되는 시간에 2개 대대가 반격했다. 치열한 공방전이 1시간 동안 이어졌다. 사상자가 속출했고, 시간이 흐르면서 실탄이 떨어져서 백병전으로 맞섰으나 야간에 인해전술로 나오는 적의 공세를 당하지 못하여 7부 능선으로 물러났다.

제1대대는 조공 제3중대를 투입하여 역습에 나섰다. 제3소대 분대장 김영덕(金英德) 일등중사는 혼자서 측방으로 우회하여 아군의 진격을 저지하는 적 기관총진지를 수류탄으로 제압하고 중대가 돌진하여 목표고지를 탈환했다. 그러나 적은 다시 반격했고, 바로 그때 아군 포탄이 진내에 집중되어 많은 희생자를 냈다. 포병은 제3중대가 고지를 탈환한 것을 모르고 포격하였는데 통신이 원활하지 못한데서 야기된 불상사였다.

제1대대는 악조건에도 불구하고 3시간여에 걸쳐 안간힘을 쓰다가 7일 04시경에 원진지인 무명고지로 물러났다.

대대는 이 전투에서 적 160여 명을 사살하고 소총 6정과 기관총 1정을 노획하였다. 반면 피해도 컸다. 장교 4명을 포함하여 29명이 전사하고 118명이 부상했으며 실종이 20명으로 인명 피해만 167명이었다.

소총 42정, 자동소총 3정, 60mm박격포 1문, 2.36인치 로켓포 2문, 권총 3정을 잃었다.^{주)}

국방부 『다부동전투』 p63

제1대대는 전투력 35%를 잃었다. 날이 밝은 뒤 전선을 제11연대 제2대대에 인계하고 송곡동(松谷洞)에서 부대를 정비한 후 적정이 경미한 냉산으로 이동하여 우회하는 적에 대비하였다.

7일 아침 제11연대 제2대대(차갑준 소령)는 하도봉을 공격했다.

제7중대가 항공지원을 받으면서 74고지를 공격했는데 8부 능선에서 맹렬하게 퍼붓는 기관총사격에 진격이 저지되어 고전을 면치 못하였다.

제3소대장 대리 안창엽(安昌燁) 일등상사는 대원 2명을 이끌고 좌측으로 우회하여 접근했다. 도중 마을 어귀에서 적 경계병 2명을 대검으로 찔러 죽이고, 3명이 동시에 수류탄을 던지면서 뛰어들어 중기관총진지를 덮쳤다. 이어서 소대원들이 돌격하여 고지를 점령했다. 적 기관총사수는 쇠사슬에 발이 묶인 채 죽어 있었다.

2시간 뒤 적의 대규모 반격이 시작되었다. 적은 공격준비사격 없이 은밀하게 접근했다. 잠시 후 저들이 살상지대에 들어서는 순간 섬광이 번쩍했고, 지축을 울리는 폭음이 들리면서 예광탄이 포물선을 그렸다. 총소리가 콩을 볶았다. 적은 10분도 못되어 지리멸렬했고, 살아남은 자가 몇이나 될까를 걱정해야 했다.

같은 방법의 공격과 격퇴가 두 차례나 더 반복되었다.

적의 마지막 공격을 격퇴한 24시경 제6중대가 있는 조명산에서 교전이 벌어졌고, 얼마 안 있어 제1소대장으로부터 다급한 목소리가 들렸다.

"적 1개 대대 규모가 강창나루로 도하하여 산양동 일대를 점령하였으므로 현진지를 지탱할 수가 없어서 철수하겠다."

이때 제2대대는 전후에서 협공을 받아 완전히 고립되어 있었고, 강창나루로 도하한 적은 2개 대대 규모로 확인되었다.^{주)} 국방부 『다부동전투』 p65

연대는 방어진지개편이 불가피해졌다.

(1) 제2대대를 168고지에, 제1, 제3대대를 해평천에 각각 배치하고, 제12연대 제1대대를 금곡동(金谷洞)에 집결시켜 예비대로 하였다.

(2) 해평천과 산양동 사이에 살상지대를 설정하고 야간에 연대 수색대를 투입하여 적을 유인한 후 진지 전면에서 격멸하도록 하였다.

연대장은 제2대대장에게 8일 22시까지 현진지를 사수하다가 명령이 있을 때 철수하라고 지시하고 화력의 우선권을 제2대대에 부여했다.

오후에 낙동강 수위가 2시간 동안 갑자기 줄었다가 원상으로 돌아가는 현상이 일어났다. 분석 결과 적이 중장비 도하를 위한 제방(수중가도) 같은 것을 설치했기 때문에 일어난 현상으로 판단되었고, 그 지점은 낙동나루 부근으로 짐작되었다.^{주)} 국방부 『다부동전투』 p66

강창나루로 도하한 적은 주평동(舟平洞) 일대를 점령하였다. 제2대대의 후방이 차단되어 모든 보급이 중단되었다.

8일 오전 제2대대를 포위한 적은 항공기의 공격이 없는 틈새를 이용하여 공격준비사격 없이 152고지를 공격했다. 이곳에는 제8중대(安昌健 중위)의 박격포소대와 탄약반 60명이 배치되어 있었다.

중대장 안창건 중위는 적이 80여m 전방 콩밭에 접근했을 때 벌떡 일어나 큰소리로 외쳤다. 적의 총탄이 빗발치듯 날아오고 있었다.

"나는 중대장이다. 중대용사들아! 내 말을 들어라. 11시 방향에서 접근하는 적을 한 놈도 남기지 말고 죽여야 한다. 내 구령이 떨어지기 전에는 절

대로 사격하지 말라. 한발 한발 조준하여 쏴야 한다." 주) 국방부 『다부동전투』 p67

호 속에서 사격 명령이 내리기를 기다리며 적을 노려보고 있는 중대원들 눈에는 적병의 얼굴 생김새까지 분간할 수 있을 정도로 가까이 오고 있었다. 중대장은 입을 다물고 있었다. 숨이 막힐 것 같은 1초 1초가 몇 시간처럼 느껴졌다. 적이 40여m 전방에 이르렀을 때다.

"조준" 하는 소리가 들렸고, 한숨을 돌리게 뜸을 드렸다가

"사격개시" 하는 소리가 이어졌다.

중대의 전 화력이 불을 토했다. 진전에 접근한 적과는 수류탄전이 벌어졌다. 격전을 벌이기 10여 분. 적은 과반수의 병력을 잃고 퇴각했다.

오후 들면서 적 대구경포의 포격이 집중되기 시작했다. 적의 중장비가 낙동강을 도하한 것이다.

해가 지자 요란사격이 점차로 증가되고, 국도에는 차량 전조등 불빛이 눈에 띄었다. 그러나 21시까지 공격의 징후는 보이지 않았다.

대대장은 이때가 철수할 시기라고 판단하고 연대장의 승인을 받았다.

제2대대는 제1대대의 엄호를 받으며 168고지로 철수하여 고지 전면에 방어진지를 편성하였다. 제1, 제3대대는 해평천에 전개해 있었다.

해평천 전투 - 주먹밥수류탄

8월 9일 03시경 적 전차가 도로를 따라 제2대대가 점령하고 있는 168고지 전면으로 진출했다.*주) 이 전차는 적 제13사단 중장비와 함께 낙동 부근에서 수중가도(水中假道)를 통하여 낙동강을 건넌 것으로 보이고, 얼마의 전차가 도하했는지는 알 수가 없다.

국방부 『다부동전투』 p68

* 국방부 『한국전쟁사』 제3권은 8월 8일 "아 공군의 지원이 없는 틈을 타서…… 14:00경에 적 전차 5대가 과수원에서 빠져나와 해평동에 이르는 제방하천을 따라 기

동…….''(p138)이라고 기술하여 전차 진로와 날짜를 다르게 기술했다 .

　　제11연대 제1대대장 김재명 소령은 사단 공병으로 하여금 해평교를 폭파하게 하고, 항공지원을 요청하는 한편 본부중대장 권영승(權寧昇) 중위에게 전차파괴특공대를 편성하라고 지시했다.주) 　　　국방부 「다부동전투」 p69

　　보병부대를 수반한 전차는 단숨에 주저항선을 돌파하려는 듯 아군의 집중된 포화에도 아랑곳하지 않았고 168고지를 공격할 기미도 보이지 않았다. 오직 남쪽으로만 가고 있었다.

　　해평천에 배치된 제1대대 장병들은 멀리서 들려오는 전차소리에 긴장되어 손에 땀을 쥐고 기다리고 있었다.

　　전차는 04시경 파괴된 교량을 우회하여 해평천을 건넌 후 제방을 따라 서쪽으로 진출해 갔다. 전차는 모두 5대였다.

　　제1중대장 손병준(孫炳俊) 중위는 전차를 따르던 보병이 전투대형으로 전개하지 않은 것을 보고 이것은 대대 방어선을 파악하지 못한 증거라고 판단했다. 그래서 전차를 통과시키고 후속 보병이 좌 인접 제3중대 진전에 도달했을 때 공격하여 적의 허리를 절단하면 각개격파가 가능할 것이라고 판단하고 대대장에게 건의하였다.

　　대대장은 제1중대장 건의를 채택하고 각 중대의 사격을 통제했다.

　　제1중대는 해평천 남쪽 25번 국도 좌우 야산진지에서 도로를 향하여 화망을 구성하고 기관총 9정을 도로변에 배치하였다.

　　제1중대는 약 1개 대대 병력을 통과시켰고, 좌 일선 제3중대장 이재인(李載仁) 대위로부터는 저들 첨병이 진전을 지나갔다는 보고가 왔다.

　　대대장은 약속한 예광탄 2발을 발사했다.

　　전 대대 화력이 불을 뿜었고, 수류탄이 폭발했다. 예상치 못한 기습에 적은 혼비백산하여 도로 서쪽 논바닥으로 흩어졌다. 선도하던 전차는 서쪽으로 지나가 도움을 줄 수 없었다. 제2대대가 적 후속부대를 공격하여 적 전술종대는 완전히 두 토막이 났고, 지휘체계가 무너졌다. 다급한 적 일부가 길 건너편에 있는 제1중대 제1소대진지를 필사적으로 공격하여 점령했다. 진지에서 물러난 제1소대장 박춘관(朴春光) 중위는 전열을 정비한 후 돌격전을 감행하여 진지를 다시 탈환했다.

제일 먼저 적진 속에 뛰어든 분대장 황운성(黃云性) 일등중사는 적 기관총사수가 부상하여 신음하고 있는 것을 보고 응급조치로 지혈을 시켜주었다. 적병은 감격하여 품속에 숨겨있던 권총 1정을 꺼내 주면서 쇠사슬에 묶인 자신의 다리를 가리켰다. 그리고

"고맙소! 소대장이 자결용으로 준 것인데 당신을 쏠 수도 있었소."

하고는 곧 숨을 거두었다.주) 　　　　　　　　　　　국방부 「다부동전투」 p71

제1중대 취사병 2명이 노무자 8명을 인솔하고 아침식사를 운반하다가 논바닥에 엎드린 적을 목격했다. 노무자 1명이 엉겁결에 김밥 1개를 들고 '손들엇' 하고 소리를 쳤다. 역시 엉겁결에 당한 적병 5~6명이 손을 번쩍 들고 일어났다. 저들은 김밥을 수류탄으로 알고 있었다. 자신감이 생긴 취사병과 노무자는 같은 방법으로 논바닥에 숨어 있는 적병을 눈에 띄는 대로 사로잡아 중대로 압송했는데 그 수가 40여 명이나 되었다. 전투에서 사기가 얼마나 중요한가를 보여주는 단면이다.

이제는 전차가 두렵지 않다

대전차포의 위력

제11연대 대전차포중대는 제2소대의 57mm대전차포 2문을 제1, 제3중대 전투지경선에 방열해 놓았다. 3.5인치 로켓포가 나오기 전이다.

보병부대와 떨어져서 해평천 제방을 따라 서쪽으로 가던 전차 5대는 보병부대가 교전을 시작하자 90°로 회전하여 두대동(斗大洞)으로 이어진 농로를 따라 제1대대 정면으로 접근했다.주) 국방부 『다부동전투』 p71

대전차포소대장 박덕원(朴德源) 중위는 1,200m 거리에서 대전차포 2문으로 1, 2번 전차를 가격하여 무한궤도를 파괴하였고, 차례로 명중탄을 날려 3, 4번 전차도 파괴하였다. 3번 전차는 어떤 이유에서인지 포신이 공중으로 높이 날아갔다. 파괴된 전차에서 전차병이 빠져나와 쏜살같이 도망쳤다. 5번 전차는 방향을 돌려 도주했다.주) 국방부 『한국전쟁사』 제3권 p138, 139

대전차포 소대장 박덕원 중위는 대원 4명을 이끌고 파괴된 전차로 달려가서 전차 안에 있는 무기류를 노획하여 돌아왔고, 이어서 나타난 미군 전폭기가 파괴된 전차에 로켓포탄을 퍼부어 박살냈다.

적 전차는 낙동나루 부근에서 수중가도를 이용하여 도하해왔음이 북진할 때 확인했는데 도하 중에 항공기의 공격을 받고 전차 서너 대가 물 가운데에 파괴되어 있는 것을 확인했다.주) 국방부 『한국전쟁사』 제3권 p149, 김동빈 대령 증언

적 전차 파괴는 장병들의 전차공포증을 해소하여 자신감을 불어 넣었고, 전반적으로 사기를 고조키는 계기가 되었다.

『다부동전투』(p71, 72)는 대전차공격에 대하여 이렇게 기술했다.

"대전차소대장 박덕원 중위 (……) 는 이러한 상황에서 전차 측면에 최대 발사속도로 맹렬한 사격을 집중한 끝에 선두전차를 파괴시켰다.

– 중략 – 곧이어 제1대대 통신대장 이정랑(李正朗) 소위가 지휘하는 전차특공대 20명*이 2~5번 전차에 뛰어올라 '해치'를 열고 수류탄을 던져 넣었을 때 우군기 2대가 나타나 전차를 공격했으므로 특공대원 과반수가 희생되었다.

– 중략 – 이리하여 해평천 남쪽으로 진출한 적 전차 다섯 대는 모두 파괴되었

고, 미처 해평천을 건너지 못한 두 대(그 중 한대는 SU-76자주포)는 제2대대 방어진지 내의 창촌동(倉村洞, 속칭 창마) 뒷산으로 대피했으나 동대대의 전차특공대에 의해 파괴되었다."

* 기록대로면 특공대편성 명령을 받은 사람은 본부중대장 권영승 중위이고(앞 「해평천 전투」 참조) 특공대를 지휘한 사람은 통신대장 이정랑 소위다. 대전차특공대를 편성한 다른 경우와는 달리 누가 대장(또는 조장)이고, 몇 사람이 지원하여 몇 명을 선발했으며, 폭약은 무엇을 소지했다는 방법의 기술이 없이 지휘자와 특공대원 20명이 불쑥 등장하였다.

통신병이 전차를 잡았다 – 한길수 중사

대대 본부요원으로 편성된 특공대는 소총과 수류탄만을 가졌다.

통신대 한길수(韓吉洙) 이등 중사는 박 모 하사와 한 조가 되어 도로로 나갔다. 도로 가 도랑에 잠복하여 전차에 접근하던 중 미 전폭기가 요란한 굉음을 내며 접근하더니 사정없이 로켓포와 기총소사를 퍼부으면서 동체공격을 하는 것으로 착각할 정도로 지상에 내려 꽂혔다. 아군이 위협받을 정도의 근접지원이었다. 특공대 반이 희생되었다고 했다.

도랑에 처박혀 있던 한길수 중사는 멀지 않는 곳에 도랑이 토관으로 이어진 것을 발견하고 필사적으로 포복하여 토관 속으로 몸을 숨겼다. 전폭기 공격은 30분간 계속됐다.

전폭기가 돌아간 후 한 중사는 밖으로 나왔다. 박 하사가 보이지 않았다.

한 중사는 가까이 있는 과수원에 전차가 보여 접근했다. 전차병은 정신없이 사과를 따먹고 있었다. 카빈M-2(자동소총)를 난사하여 사살한 후 전차의 해치를 열고 수류탄을 넣어 파괴했다. 다시 도로로 나온 한 중사는 저만치 전차 몇 대가 서 있는 것을 보고 조심스럽게 접근했는데 그 전차는 미군 전폭기에 의하여 파괴되었고 전차병은 보이지 않았다. 전폭기의 공격직후라 주변은 음산하리만큼 조용했다.

다시 사방을 살피고 있는데 길가 논 가운데에 있는 웅덩이에 둥근 물체가 떠 있는 것이 보였다. 처음에는 호박이 떠 있는 줄 알았다. 가까이 가서 자세히 살펴보았더니 사람 머리였다. 총을 겨누고 소리쳤다.

"손들고 나와라."

적병이 손을 들고 물 밖으로 나왔다.

"전차병들은 어디 숨었느냐?"

총을 턱에 대고 윽박지르자, 턱으로 나락 논을 가리켰다.

8월 중순의 논에는 사람이 숨기 좋을 만큼 벼가 자라있었다.

"손들고 나와라. 나오면 살려준다. 국방군은 포로를 인도적으로 대우한다."

고 외쳤으나 반응이 없었다. 카빈 M-2를 논바닥에 사정없이 갈겼다.

논바닥에서 머리가 몇 개 솟아올랐다.

"손들어!"

고함을 지르자 모두 7명이 손을 들고 일어났는데, 그 중 한 사람이 권총을 들고 있었다.

"권총 버려!"

권총은 논바닥에 던져졌다. 저들을 논두렁으로 끌어내어 뒤로 돌려세워 놓고 무장을 확인한 뒤에

"그대로 서 있어. 움직이면 쏜다."

권총이 탐이 난 한 중사는 나락 논으로 들어갔다. 차려총자세로 포로를 감시하면서 발로 논바닥을 더듬어 권총을 찾기 시작했다. 권총은 쉽게 찾아지지가 않았다. 시간이 걸리면서 "이러다가 내가 죽을 수도 있는데?" 하는 불안감이 일었다. 그렇다고 엎드려서 손으로 뒤질 수도 없었고, 포기할 수도 없었다. 당시 북한군 군관들은 소련제 모젤권총을 가지고 있었는데

우리 지휘관들이 많이 탐을 낸 권총이다. 미제 45구경권총 몇 개를 주고라도 바꾸고 싶어 한 권총이다.

한참을 더 발로 더듬어 끝내 권총을 찾았다.

한 중사는 포로들을 이끌고 대대OP로 돌아왔다. 이때가 11시경이었다. 북한군 장교를 포로로 잡은 기념으로 갖고 싶어서 목숨을 건 모험 끝에 찾은 권총은 대대장 강요에 못 이겨 헌납(?)할 수밖에 없었다.

포로는 대위 2명, 사복 입은 정치보위부 간부 1명, 전사 4명이었다.

이 소식이 알려지자 연대장 김동빈 대령은 "통신병이 전차를 파괴했다."고 흥분을 감추지 못했고^{주)} 부연대장이 찾아와서 격려해 주었으며, 대구방송이 저녁 뉴스에 크게 보도했다. 국방부 『한국전쟁사』 제3권 p149(연대장 김동빈 대령의 증언)

한길수 중사는 이 공으로 금성화랑무공훈장을 받았다.

한길수 중사는 이등상사로 만기 제대하여 현재 부천에 살고 있다.

▌한국위원단 대표와 기자 순직

해평 전투에서 적 전차를 파괴한 것은 하나의 큰 사건이었다.

국군이 적 전차 4대를 격파했다고 알려지자 UN한국위원단 인도대표 나얄 대령과 런던 타임스기자 아이언 모리슨, 런던 테일리 텔레그라프 기자 크리토퍼 버클리 등 세 사람이 현장을 보러 왔다. 연대군수주임 이주회(李周熙) 대위가 안내하여 스리쿼터를 타고 전차파괴현장으로 가든 중 도로에 매설한 대전차지뢰가 폭발하여 모두 순직했다. 이들은 경계병의 제지를 무시하고 통과하다가 변을 당했다.^{주)}   국방부 『한국전쟁사』 제3권 p139

대장님 예! 인민군이 나오라 캅니다 - 병사의 기지

연대 수색대(車大鎭 중위)는 적을 살상지대로 유인하기 위하여 적진 중에서 활동하던 중 10일 01시경 반포동(反浦洞-속칭 번계) 동쪽 밤나무 밑에 적 1개 대대 규모가 집결해 있는 것을 발견했다. 이곳에 아군 포병 집화점(集火點)이 설정되어 있었다. 시간이 촉박하여 수색대가 집화점 밖으로 물러날 여유가 없었다. 수색대장은 대원들에게 차폐물을 이용하여 몸을 피하게 한 후 포격을 요청했고, 곧이어 포탄이 작렬했다. 시체가 공중으로 튀고, 비명소리가 귓전을 울리며, 피비린내가 코를 찔렀다. 신음소리가 들릴 뿐 움직이는 자는 보이지 않았다. 통쾌한 섬멸전이다.

수색대는 동이 트자(11일) 폐허가 되다시피 한 마을에 들어가 쉬었다.

11일 16시경 총성이 울렸다. 이는 마을 어귀에 있는 보초가 적의 접근을 알리는 경고총성이었다. 단잠에 빠져 있던 수색대원들은 일부는 마루 밑에 숨고, 일부는 옆집으로 피했다.

적은 보초를 앞세우고 집안으로 들이닥쳐 온 집안을 뒤졌다. 아군을 찾지 못한 적은 보초를 윽박지르다가 종내는 병사의 이마에 총구를 들이대고 숨은 곳을 알리지 않으면 죽인다고 협박했다. 더 이상 버틸 수 없게 된 병사는 체념한 듯 마루 앞으로 다가왔다.

마루 밑에 숨은 병사들은 오금이 저렸다.

"이제 죽었구나!" 하는 순간, 안방에다 대고 외쳤다.

"대장님 예! 인민군이 나오라 캅니다."

조금 뜸을 들였다가 이렇게 말했다.

"엄는 갑심더." (없는 것 같습니다.)

마루 밑에 숨은 병사들이 안도의 한숨을 쉬는 순간 적은 그 병사를 총 개머리판으로 후려치더니 밖으로 끌고 나갔다. 한 병사의 기지와 투철한 군인정신이 전우 12명의 생명을 구했다. 그러나 그 병사가 어찌 되었는지는 알려지지 않았다.

전투가 계속되는 동안 제2대대 정면 동북쪽 과수원에서 적 곡사포가 치성을 부려 적지 않은 피해를 입었고, 특히 제5중대는 꼼짝하지 못했다.

중대장은 적의 포격이 야간에 집중되고 있음에 착안하여 주간에는 경계가 허술할 것이라고 판단하고 주간에 적 포진지를 기습하기로 하였다.

11일 11시, 제5중대장 김백영 대위는 15명으로 편성한 특공대를 지휘하여 적의 포진지로 진격했다. 찌는 듯한 무더위와 싸우며, 찜통 같이 열기를 품는 나락 논물에 코를 들이박고 포복으로 통과하여 3시간 만에 과수원에 있는 포진지에 접근했다. 예상한대로 경계는 허술했다. 사과나무 밑에서 졸고 있는 보초 1명을 대검으로 찔러 죽이고 움막에서 자고 있는 40여 명을 수류탄으로 섬멸했다. 완전무결한 기습이었다. 과수원에는 76mm곡사포 4문이 교묘하게 위장되어 있었다.

보고를 받은 대대에서는 그 포를 끌고 오라고 명령했다.

포 1문을 끄는데 최소한 15명이 필요하다. 증강된 1개 소대를 투입하여 밤중에 끌어내는데 죽을힘을 다 썼다. 4시간이 걸렸다. 월호동(月湖洞)으로 견인하여 인사주임 조남철(趙南哲) 대위에게 인계하였다.

다부동으로 전진

8월 12일 전차를 앞세운 적은 제11연대 전면에 대공세를 취했다.

07시경 제12연대 제1대대는 남진하는 적 전차 5대를 목격하고 전차 특공조가 3.5인치 로켓포로 선두전차를 파괴하자 나머지 전차 4대는 회전하여 도주했고, 이를 따르던 보병들도 물러갔다. 제12연대 제1대대는 제11연대 제1대대와 협동으로 적을 추격하였고, 미 항공기가 나타나서 퇴각하는 전차를 모두 파괴했다.주) 　　　　　　　　　국방부 『한국전쟁사』 제3권 p140

적의 공세는 일단 좌절되고 제11연대는 168고지~해평천선을 확보하여

낙동강 연안 부근 전투상황 (1950.8.3~12)

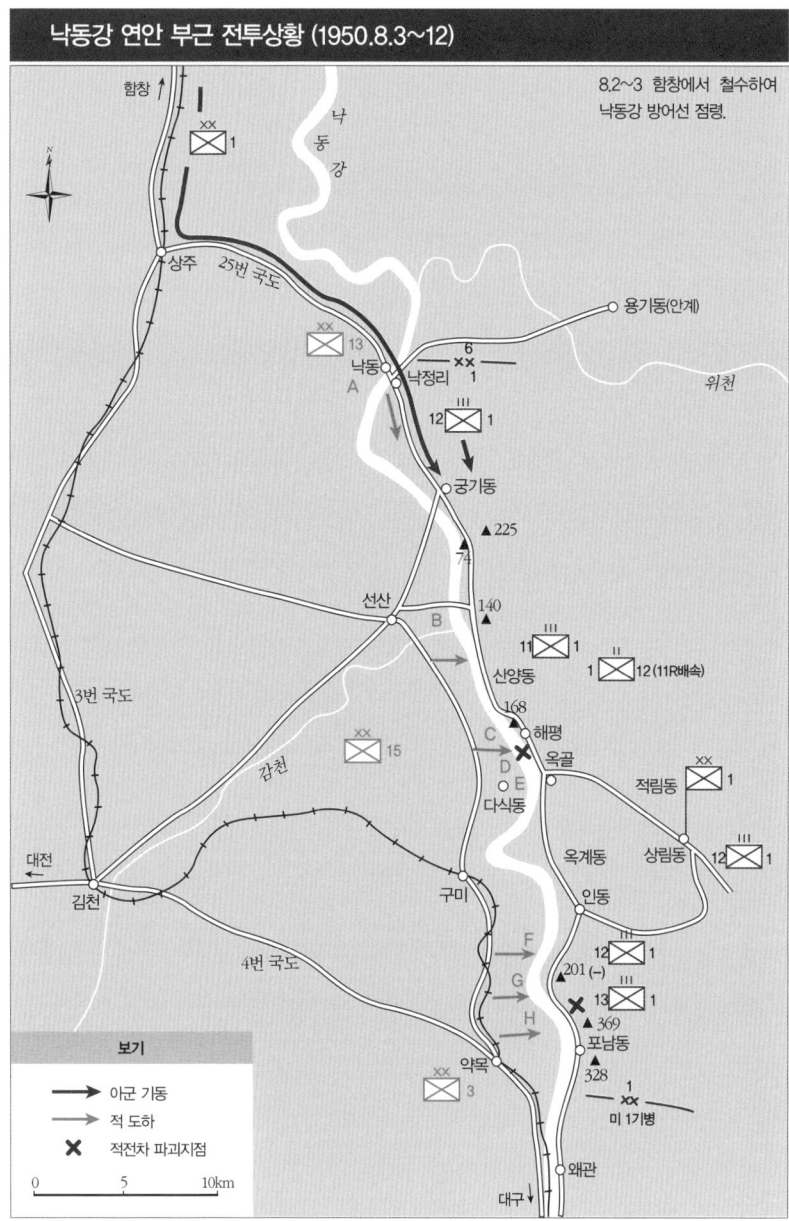

A : 낙동. B : 강창. C : 강정. D : 잣골. E : 평촌. F : 비산. G : 말구리(마진). H : 홀소나루
A, H에 수중가도 – 전차와 중장비 도하. A – 적 제13사단 도하. B~G – 적 제15사단 도하
다식동에 적 제15사단 주력 집결. D, E로 도하 옥골~인동~유학산 진출. H – 적 3사단 도하

안정을 되찾았다.

이날 다식동(多食洞)* 쪽에서 낙동강을 도하한 수 미상의 적(제15사단?)이 옥골(25번 국도와 67번 국도의 갈림길-그때 67번 국도는 없었다)로 침투하여 제11연대의 후방 퇴로를 위협하였고, 일부 적은 제3대대(정영홍 소령) 우측으로 우회 침투하여 제3대대가 철수할 수밖에 없는 상황에 이르렀다.

군단에서는 전반적인 전황을 검토한 결과 Y선으로의 철수를 결심하고 제1사단을 다부동(多富洞-칠곡군 가산면)선으로 철수하도록 명령을 내렸다.

> * 다식동(多食洞)과 다부동(多富洞)
> 국방부『한국전쟁사』제3권(p141)은 多富洞으로 기술했다. 多食洞(모산-구미시 고아읍)의 착오다. 다식동은 낙동강 서안에 연접해 있고, 짓골나루와 평촌나루가 가까이 있다. 선산~구미 간 도로에서 이곳으로 자동차가 다닐 수 있는 길이 있고, 이 방면으로 대규모의 적이 진출하여 약 1km의 거리를 둔 두 나루에서 도하하였다. 평촌나루 맞은편이 옥골이다. 다식동은 당시 1800여 가구가 사는 고아면에서 가장 큰 자연부락이고 인근에 구운국민학교가 있어 대부대가 집결할 수 있는 조건을 가지고 있었다. 짓골나루는 자동차를 운반할 수 있는 큰 배가 있었고, 평촌나루는 도섭이 가능한 나루다.
> 해평 전투에 참가한 제11연대 장병들은 밤에 이곳으로 진출하는 차량 전조등불빛이 끊이지 않았다고 증언했다. 현지 주민들도 이 길을 통하여 대부대가 진출한 것을 두고두고 입에 올렸다. 병력집결지로 폭격을 당하여 구운국민학교가 반파되었고, 민가가 피해를 많이 본 곳이다. 다부동은 그 훨씬 후방에 있고, 낙동강과는 먼 곳이다.(다음「전투상황도」참조)

| 해평 지역 전투에 몇 대의 전차가 왔고, 몇 대를 부셨나?

국방부전사편찬위원회『한국전쟁사』는 전차 9대, 같은『다부동전투』는 5대를 파괴한 것으로 기술하였다.

앞 문헌은 8일 대전차포가 4대, 12일 3.5인치 로켓포가 1대, 항공기가 4대를 파괴한 것으로, 뒤 문헌은 8일 대전차포가 1대, 특공대와 항공기가 5대를 파괴한 것으로 기술했다.

해평 전투에 진출한 적 전차는 모두 몇 대인가?

앞 『한국전쟁사』는 10대(p138, 140), 『다부동전투』(p69)는 5대로 기술. 연대 작전주임 차갑준 소령은 "과수원에 전차 10여 대가 들어와 있는 것을 대전차포와 수류탄으로 7대인가를 부셨다는 말을 들었다."고 했고, 작전주임 보좌관 최일영 중위는 "모두 7~9대의 전차를 부신 것으로 알고 있다."고 증언했다.(이상 제3권 p149, 150)

4. 석적 지역 전투 - 제13연대

비산나루 도하저지전 - 제2대대

제13연대 제2대대(안광영 소령)는 연대 우 일선으로 북쪽 옥골에서 남쪽 동락(東洛)에 이르는 강변에 병력을 전개하였다. 제5중대 정면 동락대안 비산(緋山-구미시 飛山洞)나루는 도섭이 가능하고 강기슭에 무명고지(70~84m)가 차폐물이 되어 도하에 유리한 조건을 제공하고 있다.

8월 5일 23시경 적의 요란사격이 시작되었다. 제5중대장 정점봉(鄭點峰) 대위는 공격이 임박한 것으로 판단하고 안병길(安炳吉) 이등중사를 책임자로 한 10명의 전투정찰대를 적진에 침투시켜 적정을 탐색케 했는데 대안 84고지 일대에 공격대기 중인 1개 중대를 발견하고 돌아왔다.

중대장 정점봉 대위는 곧 적이 도하할 것으로 판단하고 중기관총 1정과 경기관총 2정을 비롯하여 모든 화기의 화망을 구성해 놓고 대기하고 있었다. 그러나 1시간이 지났는데도 적이 접근하는 기미가 보이지 않았다. 수상하게 여긴 중대장이 조명탄을 발사하여 살펴보았더니 진전 2~30m 지점 수면에 3~40개의 대나무가 움직이고 있었고, 40여m 뒤에 1개 중대 병력이 따르는 것이 눈에 들어왔다.

중대장은 예광탄으로 신호하여 일제히 사격을 집중하고 수류탄을 수면에 작렬시켰다. 약 10분간 계속된 전투에서 선두의 적은 물귀신이 됐고, 후속하던 적은 물러갔다. 날이 밝은 후 수면에서 49구의 시체가 떠내려가는 것을 확인했다.

전과 확대를 위하여 증강된 1개 분대를 대안 무명고지까지 진격시켰으나 적은 보이지 않고 부상한 10여 명을 사로잡아왔다.

이 적은 적 제15사단으로 추정된다.

홀소나루 도하저지전 – 제3대대

제13연대 제3대대(최병순 소령)는 연대 좌 일선으로 북쪽 남율동(南栗洞-칠곡군 석적면)에서 남쪽 말가실에 이르는 낙동강 연안에 진지를 점령하였다.

대대중앙 제9중대(朴晟用 중위) 정면에 홀소나루(왜관 북쪽 6km)가 있고, 그 대안 덕산동(若木面 德山洞) 일대는 과수원과 버드나무숲이 우거져 있다.

8월 5일 적은 이곳에 전차와 야포 그리고 82mm박격포를 방렬해 놓고 포격을 시작했다. 어제까지도 없었던 일이다. 제3소대장 대리 박선문(朴善文) 이등상사는 중대장 명령을 받고 22시경에 소대원 6명을 데리고 대안 복숭아밭으로 침투하여 절묘하게 위장해 놓은 전차 4~5대와 1개 중대 병력이 제방 뒤에 집결해 있는 것을 확인하고 돌아왔다.

적이 곧 공격할 것을 예상하고 중대는 만반의 준비를 하고 기다리고 있었다. 그로부터 1시간이 흐른 6일 03시경쯤, 대안에서 녹색 신호탄이 발사되었고, 중대 정면으로 적이 도하하기 시작했다.

저들이 대안백사장을 통과할 때 사격을 집중했고, 우측 제11중대(金永眞 대위)가 가세했다. 박격포 탄막이 형성되자 적은 퇴각했다. 날이 밝은 후 백사장에서 흩어져 있는 적 시체 50여 구를 목격했고, 부상병 3명을 포로로 잡은 외에 기관총 3정을 노획했다. 대안에서 적의 포격이 치성을 부려 더 이상의 전과를 확인하지 못했다.

6일 23시경, 우 일선 제11중대 정면으로 은밀하게 침투한 적이 369고지를 점령하고 제9중대 정면을 위협했다. 제11중대는 강변 쪽 전방만 경계하다가 갑자기 측 후방으로부터 총격과 함께 수류탄이 날아오자 당황하여 적이 어디 있는지조차 분간 못하고 분산되었다.

대대는 동이 튼 후 제11중대를 수습하고 369고지를 탈환케 했으나 실패했다. 이때 석적국민학교 뒤편에서 81mm박격포 사격을 지휘하던 제12중대장 강기웅(姜基雄) 중위가 적 기관총탄에 몸이 벌집이 되어 쓰러졌다. 낙동강 방어선에서 첫 번째 전사한 중대장이다.

대대는 대대 수색대까지 투입하여 2회에 걸친 반격 끝에 369고지를 탈환했다. 369고지는 석적면사무소의 뒷산이고, 낙동강 동안에 있다. 숲데미산을 거쳐 유학산으로 이어지는 능선 끝자락으로 전략의 요충이다.

이 적이 언제 어디로 도하했는지는 밝혀지지 않았다.

말구리나루의 수중가도

제13연대 제1대대(김진위 소령)는 연대 중앙일선으로 북쪽 31고지(구미시 待美洞)에서 남쪽 남율동(속칭 밤실)에 이르는 선에 3개 중대를 배치하였다.

좌 일선 제1중대(崔永植 중위)가 배치된 하의산(霞衣山, 201고지) 대안에 말구리(馬津)나루가 있고 물이 깊은 것으로 유명하다. 그러나 약간 하류는 강폭이 넓어지면서 물살이 느리고, 하상이 견고하며, 수심이 1.5m 미만으로 쉽게 강을 건널 수 있다. 강기슭에는 구릉이 이어져 용이하게 은폐할 수 있고, 약목에서 나루까지 자동차가 다닐 수 있는 도로가 나 있어 차량과 대부대 접근이 비교적 용이한 곳이다.

　4일에서 6일까지 사이에 이곳 일대에서는 적정이 전연 관측되지 않았다. 그러나 이 사이 상류의 비산나루와 하류의 홀소나루에서 도하작전을 펴 연대의 이목을 돌려놓고 이곳에서는 그믐밤을 이용하여 은밀하게 수중가도를 설치하고 있었다. 더구나 이 나루는 제1대대와 제3대대의 전투지경선 정면이어서 양 대대 모두 이곳의 경계를 소홀히 하여 적의 동태를 탐지하지 못하였다.주) 　　　　　　　　　　　　　　　　　　　국방부 「한국전쟁사」 제3권 p143

　수중가도는 수중교(水中橋)라고도 한다. 물 밑 30cm 정도의 깊이에 가교를 설치하여 차량과 중장비를 도하시키는 것이다. 강바닥에 암석, 자갈, 모래가마니, 목재 등을 쌓아서 둑을 만들어 설치하는데 약목 일대의 전봇대를 모두 베어 수중가도를 설치하였다고 의용군 출신이 증언했다.

　수중가도는 소련군이 '노몽항 전투' 및 독소전쟁 때 스탈린그라드 전투에서 사용하여 기적을 낳은 전법이다.주)　　　　　　국방부 「다부동전투」 p42, 43

　7일 22시 30분, 말구리나루 서쪽 무명고지 뒤에 숨겨놓았던 전차 10여 대와 45mm대전차포 6문이 나타나서 10여 분간 공격준비사격을 집중했는데 전에 볼 수 없이 치열하였다. 곧이어 트럭 20여 대가 병력을 가득 싣고 강을 건너서 제1중대 정면으로 진출했다.

　대대는 조명탄 불빛 아래 57mm대전차포를 집중하고 박격포로 탄막을 형성하여 저지하였다. 일부 진전에 접근한 적은 백병전으로 물리쳤다. 그러나 차량이 강을 그대로 건너는 것을 보고 큰 충격을 받았다.

　3시간 남짓 지난 8일 01시경, 전차 15대를 비롯하여 모든 포가 맹렬하게 포격을 집중하더니 전차 9대를 앞세우고 증강된 2개 대대 병력이 강을 건너와서 제1중대와 제11중대 전투지경선으로 침투했고, 후속 부대가 계속 강을 건넜다. 제1중대를 공격한 적은 제1대대OP가 있는 하의산을 점령하고 그 북쪽 130고지까지 휩쓸었고, 주력은 남율동을 거쳐 369고지와 그 남쪽 154고지를 저항 없이 점령했으며, 보전협동부대가 왜관가도를 따라 남진하면서 강변에 배치된 각 중대를 배후에서 가격했다.

밤새도록 도하한 병력은 2개 연대로 추산되었다.주) 국방부 「다부동전투」 p89

불의에 허를 찔린 연대는 전차와 포화에 압도되어 하의산과 369고지를 빼앗겼고, 강변에 배치된 제1, 제2, 제3, 제9, 제11의 5개 중대가 배후에서 공격을 받고 혼란에 빠져 지휘체계가 마비되었다.

적이 369고지를 점령함으로써 숲데미산으로 진출할 수 있는 길이 열렸고, 그렇게 되면 사단의 Y방어선은 허리가 잘린다.

8월 8일 사단에서는 이 급박한 상황에 대처하기 위하여 사단 예비로 있던 제12연대 제2, 제3대대를 369고지 일대에 투입하였다.

미 제8군은 11일과 12일 말구리나루에 설치된 수중가도에 1,000L/B의 폭탄을 투하한 후 파괴여부를 사단에 확인하도록 요청했는데 적의 방해로 접근하지 못하였다.

하의산 혈전 – 무모한 명령의 대가는?

8월 7일 22시 30분 제1대대는 낙동강을 도하한 적 제1공격제대를 무사히 격퇴한 후 도하지점 정면 제1중대에 기관총 1정을 보충했다.

2시간여가 지난 후 갑자기 포격이 집중되더니 조명탄 불빛 아래 새까만 물체가 강물 속으로 들어가는 것이 보였고, 곧 반 정도 물속에 잠긴 채 강을 건너오고 있었다. 얼마 후 그 물체는 이쪽 모래밭에 올라섰다.

"전차가 온다."

누군가가 겁먹은 소리로 외쳤다. 산병호 속에 있는 병사들은 악몽이기를 바라면서 모두 공포에 떨고 있었다. 대대에 배속된 57mm대전차포가 최대

발사속도로 철갑탄을 날렸으나 전차는 끄덕도 않고 오고 있었다. 사단포병은 전차를 때릴만한 위치에 있지 않았다.

전차가 낙동강을 건너오리라고는 생각하지 못하였기 때문에 이에 대한 대비가 전연 없었다. 그야말로 속수무책이었다.

병사들이 눈 깜짝할 사이라고 느끼지는 순간 전차는 제1중대진지를 유린하였고 후속한 보병은 하의산 정상을 점령한 후 강변에 배치된 중대진지를 배후에서 공격했다. 대대는 저항 한번 못 해보고 순식간에 와해되어 성곡동(城谷洞-하의산 동쪽)~대미동(待美洞-성곡동 북쪽)선으로 물러났다.

수습된 병력은 300명 안팎이었다.

하의산 북쪽 130고지에 배치된 제3중대는 좌측 제1중대 지역에서 나는 포성을 듣고 강변방어에 신경을 쓰고 있는데 난데없이 중대OP 후방에서 총소리가 나는가 싶더니 중대OP가 기습을 받아 소대와는 연락할 겨를도 없이 와해되었고, 각 소대는 영문도 모른 채 뿔뿔이 흩어졌다.

우일선 제1소대장 이신국(李信國) 중위는 배후에서 총격전이 벌어지고 있는데도 중대장으로부터 아무런 연락이 없자, 상황을 알아보기 위하여 호 밖으로 나가는 순간 함경도사투리로 지껄이는 소리가 들렸다. 소대원에게 낮은 목소리로 "숨어라!"고 이르고 연락병 김덕기(金德基) 하사에게

"각 분대는 대미동으로 철수하라."

는 명령을 전달하게 하였는데 연락병은 도중에 적에게 포로가 되었고, 각 분대는 이미 적과 혼전을 벌이면서 후퇴하고 있었다.

이신국 중위는 혼자 송림 사이를 누비며 탈출하여 대미동에 갔다.

대대는 날이 밝은 뒤에 낙오병을 수습하여 재편성하고 반격에 나섰다.

병력은 60%로 줄어 있었다.

9일 새벽에 제1중대가 하의산을 공격했다. 이때 입수된 정보에 의하여

하의산에는 증강된 1개 중대가 있는 것으로 알고 있었다. 그러나 실제로는 증강된 1개 대대가 진지를 구축하고 있었다.

적은 제1중대의 공격을 알아차린 듯 돌격선에 도달하기도 전에 좌우와 배후에서 기습사격을 받고 육박전을 펼치면서 겨우 돌파구를 열어 철수했는데 병력의 과반수를 잃었다.

제1소대장 최영식 중위는 혼전 중 적 4~5명을 죽이고 한숨을 돌린 뒤에 주위를 살펴봤을 때는 그의 연락병과 제2소대장 고주찬(高冑燦) 중위 세 사람만 남아있었다. 그들은 겨우 탈출했다.

대대는 제1중대의 반격이 실패하자 제2중대가 하의산을 다시 공격하고, 제3중대가 130고지를 공격하도록 하였다.

제2중대(백남원 중위)는 성곡동에서 무명고지 능선을 따라 진출하다가 369고지의 적으로부터 측면사격을 받아 분산되고 말았다.

제3중대 공격선은 나락논을 가로질러 가야하는 매우 불리한 조건이었다. 중대장 이원근 중위는 대미동 남쪽 작은 동산에 병력을 집결해 놓고 공격개시 시간을 기다리고 있던 중 전날 포로로 잡혔던 제1소대 연락병 김덕기 하사가 발가벗은 나신으로 돌아왔다. 그는 얼굴에 총상을 입어 말을 못하고 땅바닥에 글을 써서 적정을 보고했다.

하의산과 130고지 일대에 증강된 1개 대대가 있고, 수많은 기관총이 배치되어 있었다. 저들은 김덕기 하사의 옷을 모두 벗긴 후 알몸으로 나무에 묶어 놓고 여성군관 2명이 교대로 와서 몸을 꼬집고, 남근을 때리고, 입에 담지 못할 온갖 짓을 다 했다. 해가 질 무렵 총살을 하기 위하여 여성군관이 총을 쏘았는데 탄환이 스쳐 얼굴만 다쳤다. 다시 총을 쏘려는 순간에 우군기가 나타나서 기총소사를 하는 바람에 저들은 뿔뿔이 흩어졌고, 그 사이 묶인 새끼줄을 풀고 탈출했다.주) 국방부 『다부동전투』 p93, 113

중대장은 이 정보에 따라 대대에 적정을 보고하고

"공격을 보류하는 것이 좋겠다."

고 건의했다. 이소역대(以少逆大). 그러나 대대장 김진위 소령은 오히려

"당장에 공격을 강행하라."

는 추상같은 명령을 내렸다.

제3중대는 15시 정각에 공격을 개시했다. 벼 포기를 헤치며 나락논으로 들어섰다. 간간히 항공기의 관측을 피하려고 논바닥에 누워 벼 포기로 위장한 적을 발견하고 사살하기도 하면서 힘겹게 논을 가로질러 목표고지 2부 능선에 진출했을 때 적의 화력이 집중되어 더 이상 진격할 수가 없었다. 중대는 유일한 차폐물인 우측 강변 제방으로 몰렸다. 우측 강변 모래섬에서 중기관총 2정이 불을 토해냈다. 완전히 노출된 중대는 그대로 쓰러졌다. 할 수 있는 것은 다시 제방을 넘어가는 것인데 그곳에는 정면에서 날아오는 포화를 피할 수가 없다. 모두 그냥 죽어 나갔다.

중대장 앞에서 모래섬에 있는 적 기관총진지에 대고 자동소총을 쏘고 있던 고익수(高益洙) 하사가 바른 팔에 관통상을 입었다. 중대장 이원근 중위는 자동소총을 뺏어 들고 목표를 향하여 돌진했다. 화기소대장 대리 박종우(朴鍾禹) 일등상사 이하 4명이 뒤를 따랐다. 잠시 후 중대장이 목표하단에 도달하는 순간 하복부에 관통상을 입고 푹 주저앉으며 달려온 부하에게

"꼭 이겨야 한다."

고 짤막한 말을 남기고 숨을 거두었다.

중대는 지리멸렬하여 목표고지 하단에 도달한 사람은 10여 명에 불과했다. 적은 중대의 상황을 아는지 사격을 집중하더니 함성을 지르며 덤벼들었다. 박종우 상사 외 3명은 중대장의 유해를 개울 둑 양지쪽에 묻고 빠져나왔다.

새로 중대장에 보직된 이정실(李正實) 중위가 중대를 수습했다. 130명이

던 중대는 20명 미만으로 줄었고, 장교도 2명이 전사했다.

처참한 패전이고 참담한 결과다.

증강된 1개 대대가 많은 중기관총을 가지고 도사리고 있는 고지에 1개 중대로 공격을 강행하라. 이 무모한 명령, 오기가 불러 온 참패다.

"공격을 보류하는 것이 좋겠습니다."

중대장의 건의였다. 목표를 점령하고도 희생이 많으면 전과를 내세우기가 부끄러운데 목표 근처도 못 가 보고 중대가 전멸했으니 그 책임을 누군가는 져야 한다. 청문회라도 열었어야 했다.

대대장 김진위 소령은 다음에 있는 328고지 전투에서도 병력을 많이 희생시켰다고 하여 유재성 소령으로 교체된다.

154고지 공방전 - 제3대대

제3대대는 석적국민학교에 대대지휘소를 두고 있었다.

8일 03시경 요란한 전차소리가 들렸다. 대대 본부요원들은 인접 미 제1기병사단 전차로 알았다. 잠시 후 적 전차 5대가 학교운동장으로 들어서면서 기관총을 쏘아대자 대대지휘부는 혼비백산하여 뿔뿔이 흩어졌다.

강변에 배치된 제11중대(김영진 대위)는 전차가 도로로 진출하자 대대 수색대와 합세하여 전차와 전차를 따르는 보병을 상대로 교전을 벌이다가 369고지로 철수했는데 한발 먼저 이곳을 점령한 적이 기습사격을 하여 중대는 분산되고 말았다.

홀소나루에 있는 제9중대(박성용 중위)는 이날 04시경에 배후에 있는 154고지의 적으로부터 사격을 받고 하포남(下浦南, 아래 개남-석적면 포남동)으로 철수했다. 그 남쪽 말가실에 있는 좌 일선 제10중대(李善浩 대위)만이 진지를 고수하고 있었다.

제3대대는 모든 통신이 두절되었고, 대대장 소재가 파악되지 않자, 연대장 최영희 대령이 328고지(154고지 서쪽)으로 나아가 제9, 제10중대를 직접 지휘하는 상황이 벌어졌다. 이때 대대장 최병순 소령은 반계동(磻溪洞, 속칭 새터-328고지 남쪽)로 철수하여 병력을 수습하고 있었는데 정보관과 작전관의 행방을 알지 못하여 혼자서 고군분투하고 있었다.

대대 작전관 장영종(張永鍾) 중위는 간신히 제10중대진지에 도착했으나 상황이 혼미하여 갈피를 잡을 수 없는 상태에서 날이 밝았다. 얼마 후 숲데미산으로 철수한 정보관과 무전연락이 이루어졌는데 적 전차 5대가 석적국민학교 부근에 집결하고 있다고 알려주었다.

작전관 장영종 중위는 곧바로 좌 인접 미 제5기병연대에 연락하여 항공지원을 요청했다. 약 20분이 지났을 때 전폭기 4대가 출격했는데 때마침 적 전차 두 대가 154고지 서단을 돌아 제10중대 진전으로 진출하고 있었다. 전폭기는 '네이팜탄'을 투하했다. 전차 1대는 도로변 수수밭에서 화염에 싸였고, 2번 전차는 황급히 도주하다가 포남교(나무 다리) 위에서 다리가 내려앉는 바람에 꼼짝하지 못했다.주)

국방부 『다부동전투』 p97

항공기는 교대로 출격하여 369고지~154고지~말구리나루 일대를 계속 강타하여 적을 견제했다. 이 틈에 제3대대는 지휘기능을 회복하고 328고지서 사면에 급편방어진지를 편성하여 역습태세에 들어갔다.

제11중대가 154고지를 공격했으나 강력한 적 화망에 걸려 실패했고, 다시 제9중대가 공격하였으나 고전을 면치 못했다. 박선문 이등상사가 지휘하는 제3소대가 포남동으로 우회하여 진격했다. 8부 능선에 이르렀을 때 이를 알아차린 적이 수류탄을 던지며 저항하여 소대 진출이 멈칫했다. 박선문 상사가 자동소총사수로부터 자동소총을 받아 쥐고는 선두에서 돌격사격을 퍼부으면서 돌진하자 소대원들도 함성을 지르며 뒤따랐다. 적진

30m 전방에서 수류탄 한 발이 터지면서 박 상사가 쓰러졌고, 소대원의 진격도 멈춰졌다. 박 상사의 복부에는 선혈이 낭자했다.

박 상사는 쓰러진 채

"수류탄을 던져라. 돌격! 돌격!"

을 외치며 안간힘을 다하여 독전했다.

박선문 상사의 투혼으로 고지를 탈환했다. 중대가 고지를 점령한 후에 박 상사는 후송됐다.주)

국방부 『다부동전투』 p99

이 공격에 연대 수색대가 가담했는데, 김술용(金述用) 이등상사가 지휘하는 수색대 36명은 제11중대의 반대편 남등이고개(南嶝峙, 망정도~포남동 간 고개)로 우회 진격하여 어느 편이 이겼는지도 분간할 수 없는 백병혈투를 벌인 끝에 고지정상에 진출했다.

수색대 생존자는 15명이었고, 크고 작은 부상을 입지 않은 사람은 없었다. 고지정상에 큰 나무 한 그루 있는데 그 나무에 기관총이 묶여있고, 기관총 방아쇠 손잡이에는 사수의 손목이 철사로 묶인 채 죽어 있었다. 병사들은 저들의 상투적인 잔인한 모습에 치를 떨었다.

해가 지고 항공지원이 없는 틈을 타서 적은 낙동강 대안에서 포격을 집중하고 석적국민학교 부근에 진출해 있는 전차가 공격준비사격에 가담한 가운데 보병이 역습하여 고지는 다시 적의 수중으로 떨어졌다.

사단예비 제12연대 제2대대와 제3대대가 제13연대를 증원했다.

옥계동(玉溪洞-구미시 陽湖洞)에 위치한 제2대대를 369고지로,

도개동(道開洞-석적면)에 대기한 제3대대를 154고지로 투입했다.

옥계동은 369고지 북쪽 약 10km 지점이고, 도개동은 154고지 동쪽 약 5km 지점에 있다.

제12연대 제2대대(조성래 소령)는 8일 오전에 211고지(하의산 동쪽)로 진

출하여 369고지를 역습했으나 강 대안에서 쏘는 포화에 밀려 실패했다.

제2대대는 공격방향을 목표고지 좌측으로 전환하여 저들 화망을 통과한 후 성곡동~상포남(上浦南, 석적면사무소 소재지)을 잇는 소로와 안부(鞍部)를 제압할 수 있는 급편방어진지를 마련하여 공격의 발판으로 삼았다.

제2대대는 이날 밤 제5, 제6중대가 야간공격을 감행하여 24시에 목표고지를 점령했다. 그러나 곧이어 적이 포격을 집중하고 증강된 1개 대대가 역습하여 백병전을 치르다가 급편방어진지로 물러났고, 곧 이어진 제3대대의 154고지 공격을 엄호했다.

제12연대 제3대대(박병수 소령)는 8일 저녁 제13연대 제3대대가 154고지를 탈환했을 때 그 진지를 교대하기 위하여 이동하다가 24시경 남등이고개에서 매복한 적의 기습을 받고 망정동(望亭洞-석적면)으로 물러났다. 대대가 이동하는 동안 그 고지를 다시 적에게 빼앗겼던 것이다.

9일 이른 새벽, 반격에 나선 제12연대 제3대대는 우선 328고지로 진출하여 발판을 마련하고 3개 중대를 병진하여 154고지로 진격하였다.

제9중대는 우측으로 우회하여 안부 근처에 이르렀을 때 다발총으로 무장한 적 1개 소대와 마주쳤다. 너무 가까운 거리여서 서로 한동안 멍하니 쳐다보고 있었다. 중대장 김성룡 대위가 재빠르게 급속사격을 퍼부으면서 높은 쪽으로 뛰었다. 그제야 중대원들이 뒤를 따랐다. 기선을 제압한 중대가 수류탄을 던지며 돌진하여 고지 일각을 점령했고, 때를 같이하여 나머지 2개 중대가 좌우에서 돌진하여 목표를 탈환했다.

대대는 여세를 몰아 고지하단까지 밀고 내려갔다. 적은 일부가 낙동강을 건너 도망쳤고, 일부는 369고지로 퇴각했다. 이때 미군 F-51전폭기 1개 편대가 초저공으로 나르며 낙동강을 건너는 적을 공격하였고, 대대 화력이 가세하여 낙동강으로 퇴각한 적은 거의 섬멸됐다.

적은 거의 2개 중대 규모가 전멸했을 것이라고 참전자들은 증언했다.

적의 도하 교두보 일각이 무너졌고, 369고지를 공격할 수 있는 발판을 마련하였다. 항공기 편대가 돌아가자 석적국민학교 부근에 전개한 적 전차가 사격을 하여 369고지에 대한 공격을 계속하지 못했다.

대전차특공대

제12연대장 박기병 대령과 부연대장 김점곤 중령(8월 8일부로 연대장에서 부연대장으로 보직 변경)은 전차를 파괴하지 않고는 369고지를 확보할 수 없다고 판단하고 특공대를 조직하여 전차를 파괴하기로 하였다.

이때 연대에 새로운 대전차 무기 3.5인치 로켓포 3문이 지급되었는데, 이를 계기로 고참병을 선발하여 전차파괴 특공조를 편성하고 1주일간에 걸친 특별훈련을 마친 상태에 있었다.

특공대는 제9중대장 김성룡 대위가 총지휘를 하고 특공대장에 김원희(金元熙) 소위, 조장에 정영조(鄭永朝)와 송효석(宋孝錫) 두 상사를 임명하였으며 대원 9명을 선발하여 모두 12명으로 편성하였다.

8월 9일 12시 30분, 특공대는 3.5인치 로켓포 3문을 주무기로 하고 예비로 2.36인치 로켓포 및 수류탄과 소총으로 무장을 갖추고 출발하여 적 전차가 도사리고 있는 석적국민학교로 접근했다.

석적국민학교 운동장에는 전차 5대가 위장하고 나무 밑에 숨어있었다. 운동장 50m 지점에 이르러 각 공격조는 목표 전차에 전개한 후 14시에 일제히 3.5인치 로켓포 첫 탄을 발사했다. 3대가 명중하여 2대는 화염에 쌓였고, 1대는 도망치려 했다. 이 전차를 쏘았던 정영조 상사는 재빨리 전차에 뛰어올라 전차병에게 "손들고 나오라!"고 권고했는데도 전차를 움직이고 있었다. 정 상사는 쏜살같이 뛰어내려 로켓포 사수에게 발사를 명했다.

20m 거리에서 쏜 로켓포탄은 전차의 무한궤도에 명중하여 전차는 그대로 주저앉았다.

한편 나머지 전차 2대도 제2탄을 맞고 도주하기 시작했는데, 1대는 도망치다가 도로의 나무다리가 전차 무게를 못 이겨 주저앉는 바람에 전복하였고, 1대는 완전한 채로 나포했다. ▶ 다음 「대전차특공대의 진실은?」 참조

특공대장 김원희 소위는 중위로 특진했고, 특공조장 정영조, 송효석 두 상사는 소위로 임관했으며 나머지 특공대원 9명이 2계급 특진하는 영예를 입었다.

육군본부는 포획한 전차대를 대구로 이송하라고 지시하였으나 운전할 사람이 없고, 또 견인차량도 없어서 후송할 수 없었다. 미 공병을 파견하였으나 전투지역이라 들어가지 못했다. 미 공군 정보담당관 니콜라스가 현지에 가서 전차 내부와 외부의 사진을 찍었고, 조병옥 내무부장관과 정일권 육군총참모장이 제12연대를 방문하여 공로를 치하하였다. 후에 전차는 대구로 이동하여 시민에게 전시했다.주) 국방부 『한국전쟁사』 제3권 p131, 134, 135

▎전차는 몇 대가 왔고, 몇 대를 부셨는가?

국방부 『한국전쟁사』 제3권 8월 8일 전투기록 A

"전차 15대를 선두로 하는 대병력으로 일시에 도하를 강행……." (p142)

"강 서쪽의 적진에서는 전차 7대가 포문을 열어놓고 아군진지를 향하여 포격을 계속하면서 도하부대의 엄호를 전담하고 있었고," (p143)

15대가 도하하여 그 중 3대는 특공대가 파괴하고 1대는 도망치다가 목교와 함께 주저앉아 전복했으며, 1대는 노획하였으므로(같은 p134) 10대가 남아있고, 대안에 엄호하던 전차 7대가 따로 있다.

진출한 전차는 모두 22대이고, 엄호전차 7대의 도하기록은 없다.

미 제5기병연대 정면에 전차 2대가 진출하였다. ▶ p205 다음 「작오산 전투」 참조

국방부 『다부동전투』는 9대 진출, 8대 파괴 1대 행동불능(노획) B
  8일 01:00경 "적은 전차 15대를 위시한 가용한 각종포를 총동원…… 포격을 집중한 다음 전차 9대를 앞세운 증강된 2개 대대로…… 공격"(p89)
  "그리하여 낙동강을 건넌 적 전차 9대 중 4대가 우군기에 의하여 파괴되고 한 대는 목교상에서 행동불능상태가 되었지만……."(p97)
  "석적국민학교의 적 전차 4대가 특공대의 활약으로 파괴되자……."(p104)
  "23시경 적 전차 한 대가 출현하여 목교를 향해 접근하기 시작했다."(p103)

포격한 전차 15대의 위치가 불명하다. 상황으로 봐서는 강 대안에서 공격준비사격을 한 것으로 보이고 도하한 전차는 15대 중 9대인지 따로 9대인지 불분명하다. 진출한 전차는 24대일 수 있고, 15대일 수도 있다.
진출한 전차 9대는 모두 파괴되거나 주저앉았다. 그런데 새로운 전차 1대가 나타났다고 했고, 이 전차가 어떻게 되었는지는 기술하지 않았다.

도하한 전차를 A는 15대, B는 9대로 기술했다.
특공대의 공격을 받고 1대가 도주하다가 목교와 함께 주저앉았고(A) 우군기의 공격을 받고 1대가 도주하다가 포남교와 함께 주저앉은 것으로(B) 기술했다. 같은 상황을 달리 표현한 것으로 보인다.
A는 3대 파괴, 1대 전복, 1대 노획으로
B는 8대가 파괴되고 1대가 주저앉아 행동불능한 것으로 기술했다.
B는 전투기록에서 우군기가 전차 2대를 공격하여 1대(선두전차)는 화염에 싸였고, 1대(2번전차)는 포남교에서 다리와 함께 주저앉았다고 기술해

놓고 4대를 파괴했다고 했다.(p97) 3대의 파괴기록은 보이지 않는다.

앞 제5기병연대 정면으로 진출한 2대와 뒤의 우군기가 공격한 2대는 같은 전차로 보아야 상황이 맞는다.

A는 대안에서 엄호한 전차 7대, B는 15대로 차이를 보인다.

대전차 특공대의 진실은?

본문에 기술한 특공대의 내용은 국방부『한국전쟁사』제3권을 참고하였다. 같은 문헌은 연대장 박기병 대령, 부연대장 김점곤 중령, 김성룡 대위, 김원희 소위, 정영조 상사의 증언에 의한 것임을 밝혀 놓았다.

같은 국방부가 편찬한『다부동전투』(p103, 104)는 이와 달리 기술하였다.

"연대장은 지형상 항공기가 그 전차를 파괴하기 곤란하다고 판단하고 ······ 제9중대 제1소대장 玄德鎭 중위에게 이 임무를 부여하였다.

이에 따라 玄 중위는 文志南(문지남) 이등중사 이하 11명의 전투경험이 풍부한 고참병을 차출하여 3명 1개 조로 4개의 특공대를 편성하고 1개조에 전차 1대씩을 목표로 부여했으며 2.36 '로케트' 포 4문에 문당 6발의 포탄을 지급했다.

얼마 후 우군기의 석적국민학교 폭격이 끝나자 특공대는 1950년 8월 9일 11:00 정각에 조별로 각개약진했다. 특공대장은 지정된 지점에 4개 조가 산개한 것을 확인하는 즉시 공격개시 신호탄을 발사했다. 각조는 포탑과 무한궤도에 각각 1발씩 '로케트' 포를 사격한 다음 전차내부에 수류탄을 집어넣었다.

그러나 적 전차병은 우군기가 폭격할 때 이미 탈출한 듯 그림자도 보이지 않았다. ······ 전차 내부에서 기관총 및 전차승무원용 남색모포를 노획한 후 목교(浦南橋) 부근에 집결하였다.

이곳에서 특공대는 중대장으로부터 '파괴된 전차를 내일 미군이 점검할 계획이니 오늘밤 목교에 들이박힌 전차를 경계하라.'는 새 임무를 받았다. 그래서 특공대는 목교 부근에 산병호를 준비하고 경계 중 23:00경에 적 전차 한 대가 출현하여 목교를 향해 접근하기 시작했다.

특공대는 병력규모를 기만할 목적으로 예광탄을 쏘게 하고 도로 양측에서 '로케트'포를 발사하자 그 전차는 접근하지 못하고 사격으로 응전하였다. 이러한 교전이 두 번 반복된 후 적이 마지막 접근을 시도할 때에는 이미 '로케트'포탄도 모두 소모되고 없었다.

이제는 육탄으로 공격할 수밖에 없다고 생각한 특공대장이 수류탄을 움켜쥐고 호 밖으로 뛰어나간 순간 전차에서 발사된 포탄 한 발이 근방에서 폭발되었다. 그 폭풍에 2m 정도 떠올랐다가 논바닥에 처박힌 특공대장의 왼발에서는 붉은 피가 분출하고 있었다. 이 아슬아슬한 찰나 적 또한 동이 틀 시간이 임박한 것을 염려한 듯 후퇴하고 있었다.

임무를 완수한 특공대는 곧 원대에 복귀하고 현덕진 중위는 후송 도중 남등(南嶝)고개 부근 81mm박격포진지에서 동기생 김병곤(金炳坤) 중위를 만나자 '적 전차를 파괴했다.'라고 한마디 하고는 출혈로 말미암아 의식이 혼미해졌다."

같은 『다부동전투』는 註(3)에서 이렇게 기술했다.(p113)

"『한국전쟁사』 제3권에는 제12연대 특공대장 김원희 소위 이하 12명이 1950년 8월 9일 적 전차를 공격한 것으로 기록되어 있다.

그 기록된 내용 중 '특공대가 공격을 개시하자 적 전차 한 대가 도주하다가 목교(木橋)가 내려앉아 꼼짝 못하는 것을 로케트 포로 파괴했다.'라고 한 것은 사실과 전혀 다르다.

또한 당시 특공대를 지휘한 김원희 소위의 증언에 의하면, '공격 당일 10:30~11:00간에 제3대대관측소(328고지)에서 대대장으로부터 적정을 설명 받을 때 안개 때문에 석적국민학교가 보이지 않았다.'라고 했다. 그런데 이점이 동특공대의 공격일자를 판단하는 근거가 되고 있다.

즉 대구측후소의 1950년 8월 기상기록에 의하면 동년 8월 9일에는 안개가 끼지도 않았다. 그러나 11일에는 10:50까지 시계를 제한할 정도의 안개가 낀 것으로 기록되어 있다.

이 밖에 본문에 상술한 상황을 종합 분석한 결과 김원희 소위가 지휘한 특공대는 현덕진 중위가 이끄는 제9중대 특공대가 적 전차를 파괴한 이틀 후인 1950년 8월 11일에 동일지점에서 같은 목표를 공격한 것으로 되므로 여기서는 취급하지 않았다."

안용현『한국전쟁비사』2(p135, 136)는 『한국전쟁사』제3권에 따라 전투 상황을 기술하고, 『다부동전투』의 기술을 다음과 같이 비판했다.

"그런데 후일(1981.12.10) 같은 부서(위원회)에서 발행한 「다부동 전투(多富洞戰鬪)」에 따르면 전자(한국전쟁사)와 많은 차이점을 드러내고 있다. 즉 파괴 위치, 잠입 요령은 비슷하나 특공대 소속은 연대가 아닌 제9중대 제1소대, 대장은 김원희 소위가 아닌 현덕진 중위로 되어 있고, 파괴무기도 3.5인치 로켓포가 아닌 2.36인치 로켓포(4문)만을 장비했던 것으로 되어있다.

또한 현덕진 중위가 공격하기 전에 미 항공기가 한 차례 폭격하여 전차병이 모두 도망간 후에 특공대가 돌입했다고 기술하고 있다.

후자(多富洞戰鬪)를 기술하게 된 이유에 대하여 현덕진 중위는 현장에서 부상을 입고 그 자리에서 후송되어 전차를 파괴했다는 사실을 뒤에 알게 되었고 훈장수여식 때는 부대에 없었기 때문에 몰랐다는 것이다. 또한 김원희 소위의 증언에서 동일 안개가 끼었다고 말했으나 대구측후소의 기상 기록에는 안개가 끼지 않은 것으로 보아 현덕진 중위의 특공대가 파괴한 것으로 집약된다는 결론을 내리고 있다. 그런데 여기서 의문을 갖게 되는 것은 과연 특공대를 총지휘한 제9중대장 김성룡 대위가 결사적인 행동을 감행하여 부상까지 당한 자기 부하인 현덕진 중위의 공로를 모르고 연대 소속인 김원희 특공대의 전공을 인정했던 것일까?이고, 그리고 전차를 파괴했다는 것은 당시만 하여도 각별한 전공에 틀림없는 것으로 현덕진 중위는 30년의 세월이 흐르는 동안 몰랐다는 것일까 하는 점이다."

특공대원 정영조(대령 예편), 송효석의 증언을 다시 받았어야 했다고 기술하였고, 기상 문제에 대하여

"대구측후소가 당시의 능력으로 전장터인 석적국민학교의 기상까지 확인할 수 있었는지 알 수 없으나 저자가 3년간 야전에서 전투한 경험에 따르면 기상변이는 강변(여기서는 낙동강)과 내륙이 다르고 산악과 평야는 물론 시간과 거리에 따라 다르며 심지어 산악에서도 정상과 밑이 다를 경우가 많았음을 실제로 체험하였다. 더욱이 석적국민학교 근방의 하의산(霞衣山)은 예부터 안개가 늘 끼기 때문에 붙인 명칭이다."
라고 평하여 『다부동전투』의 기록을 믿지 않았다.

『다부동전투』는
"'특공대가 공격을 개시하자 적 전차 한 대가 도주하다가 목교가 내려앉아 꼼짝 못하는 것을 로케트 포로 파괴했다.' 라고 한 것은 사실과 전혀 다르다."
고 하면서 왜 다른지에 대하여 근거를 제시하거나 설명을 하지 아니하여 설득력이 없다.

또 현덕진 중위의 특공대는 안개가 끼지 않은 날(8월 9일) 전차를 공격했고, 김원희 소위의 특공대는 안개가 낀 날(8월 11일) 공격한 것이 되므로 김

원희 소위의 특공은 취급하지 않는다고 하였다. 이 역시 너무 소극적이고 무책임하다. 이원희 소위의 특공대가 8월 11일 공격한 것이라고 단정했으면 마땅히 그 공격상황도 기술했어야 한다.

『한국전쟁비사』는 '2.36인치 로켓포로는 전차(T-34)를 파괴할 수가 없다는 것이 한국전쟁을 통한 교훈이다.' 라고 기술했다.*(p136, 137)

> * 『다부동전투』는 "각 조는 포탑과 무한궤도에 각각 1발씩 '로케트' 포를 사격한 다음 전차 내부에 수류탄을 집어넣었다. 그러나 적 전차병은 우군기가 폭격할 때 이미 탈출한 듯 그림자도 보이지 않았다."(p103)고 하여 로켓포로 전차를 파괴하였는지 여부에 대하여 의문을 낳게 한다.

특공대가 무장한 로켓포는 과연 어느 것인가?에도 의문이 있다.

국방부『한국전쟁사』제3권은「낙동강연안 부근 전투」에서 제1사단이 보유한 장비에 3.5인치 로켓포 9문이 기록되어 있고(p125), 연대에 3.5인치 로켓포 3문이 지급되자 고참병을 선발하여 1주일간 특별훈련을 실시하였다고 했으며,(p131) 특공대원 최노수(崔魯洙) 이등중사는 "연대장 박기병 대령이 경상환자 중에서 30명을 모아가지고 특공소대라 하여 처음 나온 3.5인치 로켓포를 가지고 1주일간 훈련을 하였다." 고 증언했다.(p150)

또『다부동전투』는

"현덕진 중위는 후송 도중 81mm박격포진지에서 동기생 김병곤 중위를 만나자 '적 전차를 파괴했다.' 라고 한마디 하고는…… 의식이 혼미해졌다."(p104)

라고 기술하였다.

"현덕진 중위가 부상을 입고 후송되어 전차를 파괴했다는 사실을 뒤에 알게 되었고."(『한국전쟁비사』p136)라고 한 것은 앞뒤가 맞지 않는다.

369고지 살육전 – 제12연대 제2대대

대전차특공대가 아군의 기동을 묶고 있던 적 전차 5대를 제거함으로써 아군의 기동 공간에 여유가 생겨 공격의 실마리를 풀 수가 있었다.

8월 10일 새벽에 제2대대는 15분간의 공격준비사격을 집중한 후 2개 중대가 369고지를 공격했다.

목표고지에 이르는 접근로는 숲데미산에서 연결된 폭 100m 안팎의 능선 하나밖에 없었고, 기동 공간은 1개 소대가 겨우 산개할 수 있을 정도로 협소했다. 적은 이 방향에 기관총 10여 정을 거치해 놓고 불을 뿜어댔고, 진전에는 강력한 탄막이 형성되어 공격 간에 사상자가 속출하였다. 결국 목표정상 50m 전방에서 공격이 저지되고 말았다.

북측 사면으로 우회한 제6중대(조기백 중위)는 적이 던지는 수류탄과 낙동강대안에서 쏘아대는 포탄에 꼼짝 할 수 없었다.

나무 한 포기 없는 벌거숭이산에 포탄이 작렬하면 시체에서 튕긴 살점과 파편과 흙더미가 어우러져 튀어오른다. 포탄 터지는 소리가 고막을 찢고, 비명이 귓전을 때리며, 신음소리가 공간을 울린다.

산 사람도 생지옥이다. 포탄을 피해서 몸을 던진 곳은 포탄이 만들어 놓은 구덩이다. 염천의 불볕더위에 화염으로 그을린 구덩이는 달아오른 가마솥이다. 여기에 흙더미와 살점과 땀이 전신을 범벅으로 만들어 놓는다. 숨을 쉬니 사람이다.

10여 분이 지났을 때 병력은 반이 쓰러졌고, 소대장 3명이 사상하여 남은 장교는 이틀 전에 부임한 중대장 한 사람이다. 중대장 조기백* 중위는 중대 선임장교로 낙정에서 중대장 한만형 대위와 함께 부상으로 후송되었다가 중대장으로 돌아왔다. 다시 죽을 자리를 찾아온 사람이다.

> * 조기백 중대장의 한문 이름과 계급
> 국방부『한국전쟁사』개정판 제1권「개정-문산-봉일천 전투」p413
>   6월 25일 제12연대 제10중대장 조기백(趙基伯) 중위
> 국방부『한국전쟁사』개정판 제2권「함창 부근 전투」p717
>   7월 29일 제12연대 제6중대장 조기백(趙基伯) 대위
> 국방부『다부동전투』「낙정리의 첫 교전」p49
>   8월 4일 제12연대 제6중대 선임장교 조기백(趙基栢) 중위
> 국방부『다부동전투』「약목-다부동 접근로의 공방」p105
>   8월 9일 제12연대 제6중대장 조기백(趙基栢) 중위
> 국방부『다부동전투』「유학산 일대의 격전」p199
>   8월 14일 제12연대 제6중대장 조기백(趙基栢) 중위
> 『한국전쟁사』는 趙基伯,『다부동전투』는 趙基栢으로 기술

그는 왼팔에 부상을 입어 선혈이 낭자한 가운데서도 이를 악물고 중대를 지휘했고, 중대원들도 흙먼지를 뒤집어쓴 채 필사적으로 육박했다.

대대장은 제7중대에 제6중대를 초월하여 공격하도록 명령을 내렸다.

제7중대(한보석 중위)는 1개 소대가 약진할 때 2개 소개가 엄호하고 다시 1개 소개가 약진하면 다른 2개 소대가 엄호하는 방법으로 진격했다. 적진 30m까지 진격했을 때 쏟아지는 기관총 세례에 고개를 들 수가 없었다. 제3소대장 대리 전상동(全相東) 일등상사가 단신포복으로 접근하여 수류탄으로 적 기관총진지를 제압한 후 그 기관총을 적에게 돌려 다른 기관총을 제압했다. 이 틈을 이용하여 차폐물 뒤에 꼼짝 못하고 숨어있던 중대원들이 돌진했고, 동시에 제5, 제6중대가 합세하여 적진에 뛰어들어 치고받는 육박전이 벌어졌다. 고지정상은 아수라장이었다.

불과 5~6분이 지나자 상황은 돌변하여 적은 큰 혼란에 빠졌고, 고지정상은 대대 수중에 들어왔다. 여세를 몰아 서쪽 비탈로 밀어붙였고 적은 앞다투어 낙동강변으로 달아났다. 강 너머 무명고지에서 독전대가 도망치는 북한군 전면에 직사포와 기관총으로 무차별 사격을 하고 있는 것이 보였

다. 저들은 앞에서는 적군(국군)이, 뒤에서는 우군이 쏘는 포화에 죽어갔다.

"저들끼리 죽이다니!"

369고지에서 이를 바라본 병사들은 아연실색했다. 이때 미군 전폭기 편대가 출격하여 강변을 훑었다.

앞과 뒤, 공중에서 삼위일체를 이룬 포화가 철저하게 살육전을 폈다.

낙동강은 생지옥으로 변했다.

원래 강을 건너오지 말았어야 할 저들이다. 강 이쪽은 저들의 사지인데 살아서 강을 건너갈 수는 없다. 수많은 시체와 무기가 모래밭에 버려졌고, 강물에 떠내려갔다. 대대 규모의 병력이 몰살한 것으로 추산했다.

적진에 제일 먼저 뛰어든 제7중대 제3소대는 병력이 20명으로 줄었다. 재편성을 마치고 주변을 정찰하던 중 바위틈에서 울고 있는 적병을 발견했다. 17세 안팎의 소년이었는데 양 무릎에 관통상을 입었다.

그 소년은 해방 후 부모가 월남하고 혼자 남아 있다가 징집되었다고 했다. 북한군 소대장이 퇴각하면서

"이 새끼는 성분이 나쁜 놈이니까 현지 이탈할 것이다."

라고 하면서 양 무릎을 모아놓고 총으로 쏘았다고 했다.

해가 지자 적의 포격이 치열해지더니 23시경부터 적의 파상공격이 시작되더니 다음날(11일) 04시경까지 다섯 차례나 계속되었다. 저들은 희생을 돌보지 않고 집요하게 돌격했고, 대대도 이에 맞서 사력을 다한 투지로 물리쳤다. 우리 병사들은 조금 전에 보아 온 적 독전대의 무차별학살과 어린 것을 총으로 쏜 소대장의 잔인한 행동에 치를 떨며 분개한 감정이 적개심으로 뭉쳐 저들만큼 독해져 있었다.

여명에 여섯 번째 공격이 시작되었다. 2개 대대가 넘어 보이는 대병력이 육박했다. 대대는 탄약이 떨어지고 희생이 늘어 더 이상 버틸 힘이 없었다.

369고지를 다시 적에게 내주고 숲데미산으로 물러났다.

공격할 때 400명이던 대대 병력은 200명으로 줄어들었다.

연대에서는 154고지를 탈환하여 점령하고 있는 제3대대로 하여금 369고지를 공격케 했다. 154고지는 제13연대에 인계했다.

제3대대는 첫 번째 공격을 실패한 끝에 23시에 야간공격을 감행하여 목표고지를 탈환했으나 1시간 후에 다시 뺏기는 고전을 치렀다.

12일 날이 밝았다. 공중에서 목표 식별이 가능해진 시간에 공격중대를 돌격선에 전개한 후 근접항공지원을 요청하여 고지정상을 초토화시켰다. 공중공격이 끝나는 즉시 돌격하여 목표에 돌진했고, 숲데미산에 있는 제2대대가 화력지원을 했다. 적은 미처 전열을 가다듬을 여유도 없이 육박해 간 대대에 혼비백산하여 분산되었다. 고지정상 접근로에는 기관총 17정이 있었고, 군관 1명은 방아쇠에 손가락을 건 채 죽어 있었다.

제3대대가 고지를 탈환하자 하의산 공격명령이 내려졌다. 무리한 공격명령에 불만이 컸다. 일선 실정을 전연 고려하지 않은 상급부대의 입장만을 생각한 명령이었다. 얼마나 죽어야 속이 시원하겠는가?

제9중대가 공격했다. 제9중대는 병력이 100명 미만으로 줄어 있었는데 그래도 형편이 제일 낳은 편이었다. 중대는 낙동강대안의 적 포화에 노출되어 많은 인명손실을 입었고, 중대장 김성룡 대위가 부상하여 후송되었다. 화기소대장 박찬문(朴贊文) 중위가 중대를 지휘하여 1시간 여의 백병전 끝에 12일 19시에는 하의산을 탈환하였다.

369고지와 하의산 일대 적은 낙동강 서안으로 패주했다. 산비탈은 적 시체로 덮었고, 낙동강 백사장에는 적의 시체가 새까맣게 늘려 있었다.

「4. 석적 지역 전투」 참고문헌 : 국방부 『다부동전투』 「6. 약목-다부동접근로의 공방」 p80

제1사단 낙동강을 떠나다

8월 12일 20시 군단 작전명령에 따라 제13연대는 포남동 328고지로, 제12연대는 수암산(숲데미산)과 유학산으로 이동 명령을 내렸다.

제1사단은 8월 3일부터 12일까지 9일간의 낙동강 연안 전투에서 6,867명의 적을 사살하였고, 각종 포 23문과 화기 3트럭분을 노획하였으며 전차 10대 이상*을 파괴하는 전과를 올렸다.주) 국방부 『한국전쟁사』 제3권 p144

무엇보다도 큰 전과는 소련제 T-34전차에 대하여 속수무책이던 지금까지와는 달리 3.5인치 로켓포와 57mm대전차포가 새로 나와 적 전차는 보는 대로 파괴할 수 있다는 자신감을 불어넣었고 전차공포증을 해소함으로써 사기를 고양시킨 데 있다.

* 전차 파괴 대수 10대와 14대
국방부 『한국전쟁사』 제3권(p144). 전차파괴대수 10대
같은 『한국전쟁사』 14대(해평 전투 9대, 석적 전투 15대). 앞 「해평 전투」 참조
같은 『다부동전투』는 14대(해평 전투 5대, 석적 전투 9대). 앞 「석적 전투」 참조

엄청난 희생을 대가로 어렵게 탈환한 하의산은 아무런 의미도 가지지 못하고 1시간 만에 고스란히 적에게 도로 내주고 물러났다.

이로써 제1사단은 낙동강을 떠나서 서쪽 낙동강 연안 328고지에서 수암산과 유학산을 거쳐 다부동 북쪽 신주막과 그 우측의 가산 북록을 잇는 산악 방어선으로 이동하여 새로운 전기를 마련할 격전을 치르게 된다.

이것이 Y방어선이다.

제1사단이 Y선으로 이동함에 따라 포남동 이북 낙동강 연안은 적의 수중에 들어갔고 결과적으로 적에게 유리한 산악전을 치러야 했으니 낙동강 방어선은 그 의미를 반밖에는 살리지 못했다.

5. 북한군은 어디로 도하했는가?

국방부 『한국전쟁사』 제3권이 기술한 적 제15사단과 제3사단 그리고 제105기갑사단의 낙동강 도하와 진출 상황을 살펴본다.

적 제15사단

▌「낙동강연안 부근 전투」(8월 2일부터 12일까지)

① 8월 7일 22:00 "제15사단의 대대 규모의 병력이 강정(江亭)나루터에서 강을 건너……." (p138) 강정나루는 구미와 선산 중간지점 각 약 7km 지점에 있다.

② "적의 제15사단은…… 8월 7일에 이 15사단의 예하 제49연대는 선산 동남쪽에 있는 강창에서 낙동강을 건넜다." (p199)

③ "뒤따르던 예하 제48 및 제50연대도 8일날 새벽에 왜관 북쪽 6km지점과 10km 지점의 나루터에서…… 건넜는데 전차와 차량들은 수중가도를 이용하여 도하하였다." (p199)

④ 8월 12일 "한편 다부동(다식동의 오기) 쪽에서 낙동강을 도강한 수 미상의 적이 옥골로 진출하여……." (p141) - 강정하류 2km지점

⑤ 대구 방면으로 진출할 임무를 가진 적 제15사단은 (8월 7일) 선산지구에서 낙동강을 건너…….(p162) ③의 부대와 같을 수 있다.

⑥ "적이 먼저 수암산과 유학산을 점령하고 있었던 것이다. …… 적은 인동에서 곧바로 전진하였는데……" (p169)

⑦ 『다부동전투』는 8월 6일 자정 무렵에 증강된 1개 중대의 적이 비산(緋山)나루(구미대교 북쪽)로 도하하다가 전멸했다.(p83, 84)

『다부동전투』는 홀소(왜관 북쪽 6km 지점), 그 상류 말구리(왜관 북쪽 10km 지점), 그 상류 비산나루에서 도하한 적을 모두 제15사단으로 기술했다.

적 제15사단의 도하 상황을 정리해 본다.

8월 7일 강정나루로 1개 대대 도하①

강창나루로 1개 연대 도하②

8월 7일 적 제15사단은 "선산지구에서 낙동강을 건너"⑤

수를 표시하지 않았으나 사단 전부 또는 주력이 도하한 것처럼 표현.

8월 6일 비산나루로 증강된 1개 중대 도하⑦

8월 12일 다식동 쪽(평촌 또는 짓골나루)에서 수 미상 도하④

　　이상 선산(또는 구미) 부근.

8월 8일 포남동과 남율동으로 2개 연대 도하③ - 약목 부근

도하 병력을 계산하면 1개 사단(포병 제외)이 훨씬 넘는다.

선산 부근에서 1개 연대+1개 대대+수 미상+1개 중대+전 사단(앞④)

약목 부근(왜관 북쪽 6km와 10km지점)에서 2개 연대이다.

왜관 북쪽 6km 지점은 포남동 154고지(제13연대 제3대대) 전면으로 『다부동전투』에 기술한 '홀소나루' 이고,

왜관 북쪽 10km 지점은 남율동 201고지(제13연대 제1대대) 전면으로 '말구리나루' 다. 수중가도를 설치한 지점이다.

적 제3사단이 이곳으로 도하하여 제13연대와 공방전을 벌였다.

종합적인 정황을 고려하면 적 제15사단은 선산(또는 구미) 부근에서 도하했고, 주력은 제1사단이 다부동(Y선)으로 이동한 후에 짓골과 평촌④, 비산⑦ 또는 그 인근 하류 동락(구미대교 지점)에서 도하하여 인동에 진출한 것으로 보는 것이 정황에 맞다.

약목 부근 ③은 강창②에서 육로 이동거리 30km가 넘는다. 2개 연대가 그 먼 길을 돌아가서 도하하고 도하한 후에 또 북으로 거슬러 우회해야 한

다. 당시 구미에서 4번 국도(김천~약목) 분기점까지 약 10km는 산악도로로 경사와 굴곡이 심하여 차량통행이 거의 없던 곳이다. 이곳을 통한 대부대의 기동은 불가능하다. 김천에서 약목으로 진출하려면 당초에 4번 국도로 직행했어야 한다. 구미 방면으로 진출한 부대가 산간 험로를 통하여 약목으로 가서 도하할 이유가 없다.

8월 13일 적 제15사단지휘부가 인동(仁同-당시 칠곡군 인동면)에 위치했고, 예하연대는 당일 수암산과 유학산을 점령했다.(p162, 부도 8 No1)

이로 보면 적 제15사단이 인동에 진출한 것은 그 전으로 판단된다.

1개 연대는 201고지 후사면을 통하여 369고지~수암산(숲테미산)으로 진출하였고, 사단 주력은 구평동(九坪洞-수암산 북쪽 도상거리 약 4km, 유학산 서쪽)을 거쳐 유학산으로 진출한 것으로 되어 있다.(부도 제8 No-2)

제13연대는 낙동강 방어선으로 이동한 3일 북에서 남으로 201고지~369고지~154고지~328고지(포남동)로 이어지는 낙동강 연안을 점령하여 5일 밤부터 12일까지 북한군 제3사단과 치열한 공방전을 벌였고, 12일 낙동강 연안 최북단 201고지를 탈환하여 20시까지 점령하고 있었다.

약목 부근③에서 도하한 적 제15사단 2개 연대가 수암산과 유학산으로 진출하기 위해서는 제13연대 제3대대가 점령하고 있는 201고지 후방 369고지를 통과하거나 201고지 전면을 거슬러가야 한다. 불가능한 일이다.

일본 육전사연구보급회 『한국전쟁』 ②(p119)는 적 사단의 임무 부문에서 "제15사단은 선산 부근에서 도하하여 유학산을 거쳐 대구를 공격" 하도록 되어 있고, 적 제15사단은 인동에서 곧바로 수암산과 유학산으로 진출한 것으로 되어 있다.⑥

유학산과 수암산으로 갈려면 인동을 거치는 것이 순로이고 인동으로 진출하기 위해서는 구미 부근에서 도하해야 한다.

처음부터 목표가 정해졌고, 부대는 선산(또는 구미) 부근에 진출해 있었다. 왜 많은 도하장소를 두고 먼 길을 돌아서 도하해야 했겠는가?

인동에 가장 쉽게 갈 수 있는 도하지점은 다식동 쪽(평촌 또는 짓골)④, 비산⑦, 비산나루 인근 하류에 있는 동락나루(구미대교 지점)이다.

다식동 쪽④은 구미~선산가도에서 자동차로 기동할 수 있는 가장 좋은 조건을 갖추고 있다. 뿐만 아니라 다른 도선장과는 달리 자동차와 우마차가 도선할 수 있는 큰 배가 마련되어 있고 인근에 큰 마을과 학교가 있다.

정황으로 보아 대부대가 도하했을 나루인데 도하기록이 없는 것은 12일 제11연대가 다부동으로 이동한 뒤여서 알지 못한 것으로 판단된다.

강정①과 강창② 또는 선산지구⑤는 다식동 쪽④ 상류에 있고, 또 도하 후 강안을 따라 많이 이동해야 하는데 그 이동구간이 해평 전투지역이어서 인동으로 진출하는 부대가 도하할 조건이 못된다.

8월 12일 다식동 쪽④에서 낙동강을 도강하여 옥골로 진출한 적은 수 미상이었지만 제11연대의 퇴로를 위협하였고, 이로 말미암아 전선을 Y선으로 철수할 결심을 하게 할 정도로 두려운 존재였다.

"이 병력이 얼마였을까?"

연대 퇴로를 위협할 정도면 그 규모는 연대 규모가 넘을 수가 있고, 경우에 따라서는 사단 주력일 수도 있다.

해평 전투 참전자의 증언에 따르면 구미에서 해평 쪽으로 오는 자동차 전조등 불빛이 밤새 이어졌다고 했다. 바로 다식동 쪽④이다. 또 현지주민들은 비산나루⑦에서 많은 병력이 도하했다고 증언하였다.

저들은 제1사단이 다부동으로 이동한 후에 도하한 것으로 보인다.

당시 제12연대장 박기병 대령은 다음과 같이 증언했다.

"우리 사단이 Y방어선으로 새로운 진지를 형성할 무렵 우리 연대는 정면의 적정을 파악하기 위하여 연대 수색대장으로 하여금 적지에 들어가 적정을 수집 보고토록 하였다. 수색대장 문종섭(文鍾燮) 중위의 보고에 의하면 2개 사단 병력이 낙동강 도하준비를 위해서 사단 정면에 집결하고 있다는 것이다."

연대장은 이 사실을 사단장에게 보고하였고, 사단장은 L형 정찰기를 타고 확인한 것으로 되어 있다.주) <small>국방부 「한국전쟁사」 제3권 p172</small>

제12연대 정면은 구미 방면이고 그곳에 2개 사단이 집결했다면 김천에서 진출한 적 제15사단과 제105기갑사단으로 보는 것이 옳을 것이다. 적 제15사단이 구미 부근에서 도하한 사실을 뒷받침하는 증언이다.

③은 "뒤따르던 예하 제48 및 제50연대도 8일 날 새벽에……."라고 기술하여 마치 선발연대가 도하한 지점② 또는 가까운 곳에서 잇따라 도하한 것처럼 기술하였다. ③을 ②와 가까운 도하지점으로 착각한 것 같다.

보병부대의 도하 조건은 다음과 같이 집약된다.

첫째, 도하가 가능한가?(수심, 강폭, 주변의 지형 조건)
둘째, 도하지점으로 접근하기가 용이한가?
셋째, 도하한 후에 진출목표로 접근하기가 용이한가?
넷째, 적의 저항 능력(병력배치상황이나 경계태세)이 어느 정도인가?

모든 정황이 적 제15사단이 ③으로 도하한 이유를 찾을 수가 없다.

『다부동전투』는 제13연대와 대치한 적은 "구미 일대의 북괴군 제15사단"이라고 했다. 그러면서 그 하류 약목 일대의 적은 말하지 않았다.

제13연대 작전지역은 지금의 경부고속도로 낙동대교를 중심으로 북쪽 옥골까지와 남쪽 말가실까지 도상거리 약 15km다. 북쪽 약 10km 정면이 구미 일원, 남쪽 약 5km 정면이 약목 일원으로 구분된다.

위 구미 일원에 나타난 적은 제15사단이고,

남쪽 약목 일원으로 진출한 적은 제3사단이다.

적 제3사단

▍「낙동강연안 부근 전투」(8월 2일부터 12일까지)

① "8월 6일 "약목 일대에…… 진출한 적 제3사단…… 1개 중대 병력이 포남동 대안인 덕산동(왜관 북쪽 6km지점)에서 강을 건넜고," (p142)

② 8월 7일 "22:00에 적은…… 154고지 쪽(덕산동 대안)에서 도하를 강행하기 시작하였으므로…… 23:00에 분산 격퇴시키고 말았다."

8월 8일 "두 시간 전에 격퇴당한 적은 01:00가 되자 전차 15대를 선두로 하는 대병력으로 일시에 도하를 강행하여…… 제1대대 정면의 적은 03시경에는 이미 201고지를 점령하였고, 제3대대 정면의 적은 154고지에 공격을 가하기 시작하였다." (p142)

▍「328고지 전투」(8월 14일~8월 30일)

③ 적 제3사단은 낙동강 대안의 약목 일대에서 도하준비를 완료하고 8월 5일 공격을 시작하여 8일간에 걸쳐서 전차를 선두로 아군 제15연대 정면에 끈덕진 공격을 되풀이하였다.(p152)

④ 적 제3사단은…… 예하 보충, 제7, 제8연대의 3개 연대와 1개 포병연대 그리고 20여 대의 전차가 이 사단을 지원하고 있었다.(p153)

⑤ "8월 14일 : 약목 일대에서 공격을 준비하던 적 제3사단의 증강된 1개 연대 병력이 이날 미명에 낙동강을 건너서…… 아군 제15연대 진지로 공격을 감행하였다." (p153)

⑥ 8월 30일 "제15연대는 2개 대대의 병력으로서 적 제3사단과 328고지에서 도합 9차례에 걸친 공방전을 전개하여……." (p156)

「왜관·다부동 부근 전투」(8월 9일부터 30일)

⑦ "8월 9일 적의 제3사단 예하 제7연대는…… 왜관교 남쪽 3km 지점에 있는 나루터에서 강을 건너기 시작하였다. ……약 30분 뒤에는 제8연대와 제9연대가 동시에 도하를 감행하려 하였다."(p200)

⑧ "약 1개 대대 병력의 적이 낙동강을 건너서 금무봉을 점령하고 있으며 사단은 이 적에 대하여 즉시 역습을 하겠습니다."(p201)

⑨ "적의 단대호(團隊號)가 북한군 제3사단 제7연대라는 것이 확인되었다."
"……적은 최초에는 약 1,000명이 도하에 성공하여 금무봉에 집결하였으나…… 700명이 살상되고 나머지 300명은 10일 밤에 퇴각……."(p202)

⑩「(2) 북괴군 제10사단의 도하」"8월 10일 : 적 제10사단은 공격명령을 받았는데 그 내용은 득성동(得成洞)에서 용포교(龍浦橋)를 도하하여 대구~부산 간의 국도를 차단하라는 것이었다."(p202)

①, ②는 전차 15대를 동반한 대병력이라고 하여 적 제3사단 주력이 이 방면으로 진출한 것으로 보이고 사단 병력은 6,000여 명이다.(p126, 152)

⑦은 적 제3사단이 왜관 낙동교 남쪽에서 3개 연대가 도하했거나 도하를 시도하다가 전멸한 것으로 기술했다. 병력은 제105기갑사단 포함 약 1만 명이다.(p198)

적 제3사단은 ①, ②와 ⑦의 두 곳으로 동시에 도하하여 제13연대와 미 제1기병사단을 각각 상대하여 같은 기간에 공방전을 벌인 것으로 되어 있다.

「왜관·다부동 부근 전투경과요도」(제3권 부도 제9, 8월 4일~24일)에 보면 적 제3사단은 제8연대가 약목 부근에서 공격을 했고, 제7, 제9연대는 성주 부근에서 왜관교 남쪽을 공격한 것으로 되어 있다. 본문 내용과 다르다.

미 제1기병사단 정면으로 도하한 적을 ⑧은 1개 대대 도하, ⑨는 제3사단 제7연대 일부(1,000명), ⑩은 10일 적 제10사단이 새로이 투입된 것으로 기술했다.

전투과정과 증언을 토대로 판단해 보면

제1사단 제13연대 정면에 적 제3사단 2개 연대(제8, 제9연대) 및 제7연대 주력과 증원부대(보충 연대라고 했다. p152) 그리고 제105기갑사단이 진출했고, 10일 이후에 적 제3사단 제7연대의 나머지 병력이 합류한 것으로,

미 제1기병사단 정면에는 9일 적 제3사단 제7연대 일부 또는 증강된 대대 규모(1,000명)가 진출했다가 10일 퇴각하여 제13연대 정면으로 전진하고, 10일 적 제10사단이 새로 진출한 것으로 정리된다.

적 제3사단의 진출선 - 『한국전쟁사』 제3권의 기록 비교

「낙동강연안 부근 전투」(8월 2일부터 8월 12일까지) 제1사단 정면
  적군 제3사단 제7, 제8, 제9연대 포병연대 병력 약 6,000명(p126)

「328고지 전투」(8월 14일부터 8월 30일까지) 제1사단 정면
  적군 제3사단 제7, 제8, 보충연대 포병연대 병력 약 6,000여 명(p152)

「왜관·다부동 부근 전투」(8월 9일부터 8월 30일까지) 미 제1기병사단
  적군 제3사단 제7, 제8, 제9연대 제105기갑사단 병력 약 1만 명(p198)

적 제105기갑사단

┃『한국전쟁사』 제3권

제105기갑사단의 도하와 진출 경로에 대한 기록은 따로 없다. 다만 전차가 도하한 기록이 보일 뿐이다.

하나는 북쪽 낙동 부근에서 수중가도를 이용하여 전차가 도하했다는 증언이 있고, 실제로 해평 전투에 전차 10대 이상이 진출했다.

다른 하나는 왜관 북쪽 10km 지점에 가설한 수중가도를 이용하여 전차가 도하했다고 기술했다. 대안에 진출한 전차는 24대 또는 15대다.

① "8월 4일부터 밤중에만 164고지(154고지의 착오, 왜관 북쪽 6km 지점) 부근에 수중가도를 만들어 오던 터인데 이날 비로소 완성되었기 때문에 전차는 이 물속 길을 따라 손쉽게 낙동강을 건널 수 있었던 것이다."(p143)

『다부동전투』(p88)는 "약목에서 이 나루터까지 통하는 등외 도로가 있으므로 적의 대규모 도하작전이 예상되는 지역이었다."고 기술했다.

② "전차와 차량들은 수중가도를 이용하여 도하하였다. 왜관 북쪽 10km 지점 나루터에서는 2개 대대와 2대의 전차가 08월 10일에 도하에 성공하였는데 7대의 전차가 서쪽에서 도하를 지원하고 있었다."(p199)

③ "8월 8일 : 2시간 전에 격퇴당한 적은 01:00가 되자 전차 15대를 선두로 하는 대병력으로 일시에 도하를 강행하여……."(앞 적 제3사단 도하②)

③의 2시간 전에 격퇴당한 적은 154고지(왜관 북쪽 6km 지점) 쪽으로 도하한 적이다. 154고지 쪽으로 전차 15대가 도하한 것으로 기술했다.

①, ③의 전차 도하는 154고지 전면으로 왜관 북쪽 6km 지점이고, 수중가도는 왜관 북쪽 10km 지점(201고지 전면)에 설치되었다. ②와는 다른 기술이다.

| 『다부동전투』

"그믐밤의 암흑을 이용하여 馬津(말구리)나루터에 은밀하게 수중가도를 설치하고 있었다."(p88, 요도 제8호-201고지 전면)

제105기갑사단은 구미에 집결한 후 일부가 상류의 낙동나루 부근과 하

류의 말구리나루에서 수중가도를 이용하여 도하한 것으로 판단되고,

  낙동에서 도하한 전차는 해평~다부동으로,

  말구리에서 도하한 전차는 일부가 남율동~왜관으로,

  일부는 남율동~인동~다부동으로 진출한 것으로 볼 수 있다.

전 제105기갑사단 정치장교 오기완(대위) 씨는 김천에 2개 전차 연대와 1개 싸마호트(자주포)대대가 집결한 것으로 증언했다.

적 제105기갑사단 3개 전차연대는, 당초에 서부 지역에서 적 제6사단을 지원했던 제203전차연대가 서남부 방면으로 진출한 것으로 보이고 의정부 방면으로 진출한 제107, 제109전차연대가 낙동강전선에 투입된 전차로 판단된다. 독립전차연대는 개전 초부터 적 제6사단을 지원했다.

이 무렵 적 제105기갑사단이 보유한 전차는 60대 이하라는 기록이 있는데 이는 추가로 지원된 20대를 포함한 것으로 보인다. 김일성은 8월 15일까지 대구만이라도 점령하라고 다그치면서 전차 32대를 보냈는데 12대는 UN 공군에 의하여 파괴되고 20대가 다부동으로 진출한 것으로 파악되었다.

60대 이하의 전차 중 10대 이상이 북쪽 낙동 부근에서 도하한 것으로 판단되고, 약목 부근으로 진출한 전차는 40대 정도로 볼 수 있다.

약목 부근으로 진출한 적

적 제3사단 및 제105기갑사단과 제15사단 포병연대, 제2사단 포병연대㈜ 등 다부동전선을 지원하는 전차와 중장비가 이곳 수중가도를 이용하여 도하한 것으로 보인다.

제7장 제2절 2. 「남한유격대의 말로」 참조

병력은 제3사단 약 6,000명,

  제105기갑사단 약 4,000명(+증원된 제208교도연대)㈜   다음 「오기완 씨 증언」

2개 포병연대 약 2,000명(추산)

계 1만 3,000명 규모이고

장비는 제105기갑사단 전차(약 40대) 외에 3개 사단(제15, 제3, 제2) 포병연대의 포와 대부분의 차량이 이곳으로 진출한 것으로 보인다.

전차 일부와 포는 낙동강을 도하하지 않은 것 같다. 포는 사정거리상(전선과 포가 위치한 강 대안과의 거리는 3km 안팎) 대안에서도 충분히 지원할 수 있으므로 도하할 이유가 없고, 일부 전차는 강 서안으로 진출하여 저들 제10사단을 지원한 것으로 볼 수 있다.

적 제3사단과 제105기갑사단의 이동 경로에 대한 증언

소위 인민의용군으로 입대하여 '충남예비부대'라는 이름으로 석적 전투에 참가한 C. S. H(익명)와 북한군 제105기갑사단 정치장교(대위)로 같은 전투에 참가한 오기완의 증언을 소개한다.

C. S. H는 퇴각 중에 자수하여 포로가 되었다가 반공포로로 석방되었고, 오기완 씨는 간첩으로 남파되었다가 귀순하여 국군에 편입하였다.

C. S. H – 서울의 K중학교 6학년

C. S. H는 인민의용군에 지원하여 2,000명으로 편성된 '충남예비부대'를 따라 김천에 도착했다. ▶ 제7장 제1절 3. 「의용군 모병의 실태」 동인의 증언 참조

"여기서부터 쌀을 등에 지고 왜관을 거쳐 약목에 이르니까 1개 분대에 M1이나 38식 총 등을 5자루씩 주더군요. ……그리고 건강이 좋은 자와 나쁜 자를 나누는데 나는 좋은 편에 끼었습니다. 여기서 우리에게 떨어진 명령은 길거리의 전주를 다 베어서 모으라는 거예요. 8월 15일부터 25일까지 한 열흘 동안 매일 이 짓을 했어요. 전주를 밧줄로 묶어서 뗏목을 만들고 낙동강의 얕은 목에 부교

를 놓으라고 해요. 죽을 고생을 해서 다리를 놓았더니 미군기의 폭격으로 하루 만에 날아갑디다.

그러자 부교 놓는 일은 충북에서 온 대대에 맡긴다면서 우리를 북한 공산군 제3사단과 105탱크사단에 분산 배치시키데요. 나는 3사단 7연대 1대대 4중대에 배치됐어요. 이땐 이미 북한 공산군 3사단 주력은 미 공군의 '전폭폭격'(全幅爆擊-융단폭격)과 국군의 공격으로 궤멸상태에 빠졌을 때입니다. 내가 배치된 중대는 특무상사가 중대장이고 원 공산군은 2명뿐이고, 나머지는 모두 신병으로 북에서 내려온 의용군도 많아요. 이 자들도 훈련이나 경험이 없다면서 벌벌 떨고만 있어요."

도망병이 속출하자 왜관까지 도망친 3명을 잡아와서 공개총살을 시켰다. 미군기가 드럼통에 휘발유를 끼얹으며 불을 지르는 바람(네이팜탄)에 화상을 입고 약목에 있는 사단의무대에서 치료를 받았고, 보행이 가능하니까 대전으로 가라고 해서 걸어서 대전에 갔다. 도립병원에서 입원치료를 받았는데 눈에 파편상을 입고 입원한 학우(楊君)를 만났다. 병원에서 UN군 인천상륙소식을 들었다.

"9월 25일인가 병원의 기간병이 '동무들은 마음대로 재주껏 후퇴하라.' 면서 가버리더군요. 나는 양군과 같이 계룡산 신도안으로 갔는데 어떤 자들은 게릴라가 된다면서 입산합디다. 이때 양군의 상처가 더 도졌는데 밀려서 미군 탱크가 보여 둘이 가서 자수를 하고 치료를 부탁했지요. 이렇게 해서 포로가 됐다가 반공포로로 석방됐습니다."

오기완 – 북한군 제105기갑사단 정치장교 대위

"북한 공산군에서 최강을 자랑하던 제105탱크사단이 낙동강전선에 도착했을 때에는 탱크는 거의 다 깨지고 사실상 보병사단이나 다름없었죠.

제208교도연대로부터 탱크와 전투요원의 보급이 있었어요. …… 우리 사단에 보충될 탱크 1개 대대 32대 중 도착한 것은 겨우 20대였어요. …… 김천에서 탱크가 대열을 갖추어 구미로 달리려고 할 때입니다. 해가 서산에 기울어 부지런히 행군 채비를 서두를 때에요. 미군 폭격으로 야간에만 행군하니까요. 숲 속에 감추었던 탱크, 트럭들이 모두 진로 한복판에 올라서고 사병들이 자기 위치를 정돈하여 막 출발하려고 하는데 미 공군 폭격이 시작되었어요.

이런 일이 전에는 없었어요. 16대로 4개 편대가 날아오더니 집중폭격을 가하는 거예요. 명중률도 기가 막히게 정확하구요. 나는 재빨리 은폐했던 숲 속으로 뛰어 들어가 정신없이 한참 엎드려 있었습니다. 고막이 찢어질 듯 한 폭음소리와 함께 화염에 싸이는 탱크들, 기총소사에 쓰러지는 병사들, 상대가 비행기고 급습을 받은 만큼 한 방의 대응사격도 못한 채 그저 얻어맞기만 했습니다. 한 30분 지났을까? 비행기는 사라지고 모두가 죽음의 생지옥이예요.

2개 탱크 연대와 1개 싸마호트대대는 탱크 및 전투요원이 3분의 2가 박살이 났고, 뒤따르던 보병연대의 사상자도 상당수에 달했습니다."

"이런 곤경을 겪으면서 낙동강전선에 왔을 때에는 피아간의 인적, 물적 역량은 엄청난 차이가 났어요. 우리는 간신히 방어나 할 정도의 전력으로 기적적인 방어를 하고 있는데 김일성의 공격 명령이 내린 겁니다. 이때 이 지역의 작전을 돕기 위해 보병 제15사단이 도착했습니다."

▶ 제7장 제1절 「3. 의용군 모병의 실태」 동인의 증언 참조

제3절 서부 방면 방어전

1. 왜관 지역 전투 – 미 제1기병사단

대구에 가장 가까이 온 적

미 제1기병사단은 김천에서 적 제3사단과 접전하다가 8월 1일 왜관 낙동강교를 건너서 왜관으로 이동한 후 북쪽은 왜관 북쪽 3km 지점 말가실(포남동)에서 국군 제1사단과 남쪽은 현풍에서 미 제24사단과 연결하여 낙동강 동안 35km에 이르는 넓은 정면에 방어진지를 구축했다.

대구 서북쪽 낙동강 방어선에는 북쪽 상아동에서 남쪽 현풍에 이르기까지 북으로부터 제6사단, 제1사단, 미 제1기병사단이 포진했다.

이 정면에 적은 북으로부터 제1, 제13, 제15, 제3, 제10의 5개 사단이 대구를 목표로 진출해 있었다.

왜관을 방어하고 있는 미 제1기병사단은 북에서 남으로 제5, 제8, 제7기병연대를 전개하였고, 전면 왜관 서쪽 낙동강대안에는 적 제3사단이 성주 방면에서, 적 제10사단이 고령 방면에서 진출하여 낙동강 도하를 시도하고 있었다.

이들 적이 대구에 가장 가까이 접근한 적이다.

금무봉(268고지) 전투

| 적 도하

8월 9일 03시 적 제3사단 제7연대가 왜관교 남쪽 노촌(老村)나루에서 강을 건너기 시작했다. 강물이 줄어 수심이 1.5m 정도에 불과하였으므로 적은 총과 옷을 머리 위로 치켜 든 채 걸어서 강을 건넜다.

미 제5기병연대는 적의 도하를 발견하고 이를 저지하기 위하여 야포와 자동화기로 집중사격을 하였으나 늦게 발견한데다가 미군병력배치가 조밀하지 못하였고, 화력도 부족하여 적의 도하를 효과적으로 저지하지 못하였다. 적은 증강된 대대 병력이 도하에 성공하여 야음을 타고 금무봉으로 올라왔다.

03시경 미 제1기병사단장 게이 소장은 대구에 있는 사무실에서 적이 왜관 남쪽에서 도하 중이라는 보고를 받고 좀더 상세한 정보를 알아보기 위하여 제5기병연대 정보장교를 도하지점으로 보냈다.

제5기병연대 정보장교 북크레이 중위가 지휘하는 수색대는 도하지점을 수색하던 중 일출 전 45분경에 적병이 금무봉 서북쪽 능선을 따라 빠른 걸음으로 올라가고 있는 것을 발견하였다. 750명 정도였다.

그는 사단장에게 이렇게 보고했다.

"사단장님! 저는 제 눈으로 적의 인원수를 세어 보았습니다. 네 사람 중에 한사람 꼴로 자동소총이나 기관단총을 가지고 있었습니다. 사단장님! 저는 흥분을 잘하는 그런 남자는 아닙니다. 저는 어디서 무엇을 보았고, 그것이 어디로 갔는지를 제 눈으로 분명히 확인을 했습니다." 주)

일본 육전사연구보급회 『한국전쟁』 [2] p220

이날 도하하여 다음날인 10일 금무봉에서 전사한 한 북한군병사는 9일 쓴 일기에 도하상황을 이렇게 적었다.

"우리는 조용히 낙동강을 향해서 전진하였다. 적의 포격은 맹렬하였다. 겨우 하안에 도달하였다. 적은 조명탄을 쏘아 올렸다. 강물로 들어갔다. 2백 미터 정도 건너갔을 때 적은 또 조명탄을 쏘아 올리고 이어 기관총사격을 개시하였다. 총성은 고막을 찢는 것만 같았다. 드디어 도하를 끝내고 고지를 점령하였다. 그 사이에 아침 해가 떠오르고 날이 밝았다." 주)   앞 같은 p218

일기를 쓴 사람은 7월 20일 서울에서 의용군으로 끌려온 학생이었다.

일본 육전사연구보급회『한국전쟁』2(p218~220)의 기술을 인용한다.

"미 제5기병연대는 북한군 도하부대의 후미 부분만 보고 '적 도하병력은 일부에 불과하다.'고 생각하고 '곧이어 주력부대가 도하할 것이다.'라고 판단한 다음 사격을 준비하고 대기하였다.

그런데 30분 후, 신기(新基)의 도하장에서 대부대의 도하가 개시되었다. 이것은 북한 제3사단의 주력인 제8, 제9연대가 동시에 도하를 개시한 것이었다. 조명탄은 대낮처럼 강 위를 밝혔고, 포병과 박격포의 탄막은 도하 중인 2개 연대를 포착하였다. 보·전·포의 최후저지사격이 실시되어 낙동강의 강물은 붉은 핏물이 되어 흘러내렸다. 그리하여 신기의 도선장에서 도하에 성공한 자는 극소수에 불과하였고, 도하 중에 있던 대부대는 거의 괴멸되었으며, 그 후속부대 또한 저지되었다.

이때, 북한군은 맹위를 떨치고 있는 미군 포병은 물론 도하부대를 사격하고 있는 동안(東岸)의 자동화기마저 제압하려고 하지 않았다. 북한군은 은밀한 정밀도하를 기도하였기 때문에 화력지원준비를 하지 않았던 것 같았다. 북한의 제8, 제9연대는 이 도하에서 전투력의 반 이상을 상실하였다.

노천에서 도하와 신기에서 도하에 약 30분간의 시차가 있었던 것은 방자(防者)에게 주력의 도하를 미리 알려 준 결과가 되었는데, 이 시차가 고의적인 것이었는지 아니면 작전상의 착오로 생긴 것인지는 분명치 않다. 포로들 진술을 종합해 보면, 작전상의 착오로 주력 방면의 도하가 늦어진 것으로 생각이 된다."*

* 저자는 북한군 제3사단이 금무봉으로 진출한 것을 부정하기 때문에 작전의 전모를 그대로 인용했다. 국방부 『한국전쟁사』 제3권도 같은 요지로 기술했다.(앞 「북한군은 어디로 도하했는가?」 「적 제3사단」과 다음 「적 제3사단은 궤멸했는가?」 참조)

금무봉 탈환

게이 사단장이 정보장교 북크레이 중위의 보고를 받은 지 몇 분 뒤에 미제8군사령관 워커 중장이 사단을 방문했다. 게이 사단장은 상황을 보고하고 금무봉의 적을 격퇴해야 한다고 주장하여 공격승인을 받았다.

금무봉(錦舞峰)은 왜관 서남쪽 약 4km 지점에 있는 268.4m 높이의 조그마한 봉우리다. 경부선 철도가 이산 북쪽 기슭을 지나고, 그 오른쪽에는 4번 국도(김천-왜관-대구)가 철도와 나란히 지나가 중요한 보급로 역할을 하고 있다. 서쪽으로는 3km 거리에 있는 낙동강이 한눈에 들어온다.

금무봉은 바로 이 철도 및 도로와 함께 낙동강을 감제하는 전략요충지이다. 적이 이 고지를 점령하면 미 제1기병사단의 퇴로가 차단되고 적이 경부축선으로 진출할 수 있는 발판이 마련되어 대구가 풍전등화가 된다.

워커 장군은 사단장 계획을 승인하면서도 그 공격을 다시 검토해 볼 것을 권고했다. 그 이유는 적이 노촌으로 도하하여 금무봉을 점령한 것은 주공을 은폐하기 위한 양동작전일 수 있고, 주공은 대구 서쪽 금호강과의 합류지점인 용포(龍浦) 부근에서 도하할 것이라고 생각했기 때문이었다. 용포는 지형상 가장 취약한 곳이고, 그 서쪽 12km 지점에 있는 고령에 적 대부대가 집결해 있다는 정보가 있었다.

그러나 그동안 북한군이 도하한 곳은 금무봉 뿐이고 용포 부근에는 이상이 없었기 때문에 게이 사단장은 금무봉을 공격하기로 하였다.

8월 9일 09시 30분경에 제7기병연대 제1대대(클레이노스 중령)에 M-4경전차 5대를 배속하여 금무봉을 공격케 하고 이어서 그 북쪽 154고지를 탈환하도록 명령했다.

클레이노스대대는 정오 무렵부터 제61포병대대의 포격지원을 받으며 공격을 개시했으나 금무봉에 1m가 넘는 억새풀이 무성하고, 2~3m 크기의 활엽수가 있어서 적병을 발견하기가 어려운 데다가 적은 수풀 속에 숨어서 사격을 하고 있어 진격이 쉽지 않았다. 더구나 이날 가마솥에 넣고 찌는 듯한 무더위가 맹위를 떨쳐 더위와 싸우는 것이 더 힘들었고, 일사병 환자까지 발생하여 공격은 진전을 보지 못하였다.

10일 10시경 공군과 야포가 금무봉을 집중적으로 강타하였다. 포로 진술에 따르면 적은 대혼란에 빠졌고, 극심한 피해를 입었다고 했다.

그럼에도 불구하고 클레이노스대대는 숲 속에서 소총사격으로 저항하고 능선 후사면에 숨어서 수류탄을 굴려내리면서 반격하는 적의 완강한 저항에 부딪쳐 고지정상을 공격할 수가 없었다. 이때 도로상에서 작전을 지휘하던 부사단장과 참모장 그리고 정보참모 일행이 적 게릴라의 습격을 받고 모두 부상했다.

게이 사단장도 이날 오후에 금무봉 동북쪽 국도상에서 부대대장으로부터 상황보고를 받고 있던 중 적 박격포가 집중하여 사단장과 부관은 다행히 생명을 구했으나 나머지는 모두 전사상하는 불상사를 당했다.

게이 사단장은 후방에서 지원사격을 하고 있는 경전차대를 왜관 방면으로 진출시켜 금무봉 후면을 공격하도록 했다. 전·후면에서 협공당한 적은 갑자기 붕괴되기 시작하여 16시경에 금무봉을 탈환하였다.

전장 정리 결과 금무봉에 300~400구, 소롱골(금무봉 서남쪽)에 200여 구의 적 시체를 확인했고, 포로 진술과 노획문서에 의하여 북한군 제7연대의 도하 병력은 약 1,000명이었는데 700여 명이 살상되고 나머지 300여 명은 10일 밤에 퇴각하여 간 것으로 판단되었다.

미군은 전사 14명, 부상 48명의 피해를 입었다.^{주)} 국방부 『한국전쟁사』 제3권 p202

적 제3사단은 궤멸했는가?

앞의 전투상황을 종합해 보면 적 제3사단 제7연대는 약 1,000명이 도하하여 그 중 700여 명이 사상하고 300여 명이 퇴각하였고,

북한군 제3사단 주력 제8연대와 제9연대는 저들 제7연대가 도하한지 30분 후에 동시 도하를 감행하다가 대부분 강물에서 살상되었고, 도하에 성공한 자는 극소수에 불과하였는데 이들 역시 대부분은 진전에서 포로가 되거나 흩어지고 말았다. 전사는 이렇게 평가했다.

"한때 영광에 빛났던 북한의 제3사단도 낙동강의 일전에서 크게 패하고 말았다. 8월 12일, 이 사단의 현재원은 2,500명에 불과하였다." ^{주)}

"북괴군 제3사단은 도하작전에서 실패하고 또 금무봉싸움에서 패전하여 사단 병력은 2,500명으로 줄어들었다."　　일본 육전사연구보급회 『한국전쟁』 [2] p225

"대구전선에서 치명적인 타격을 받고 드디어 전선에서 물러서게 되었다는 것이다." ^{주)}　　　　　　　　　　　　　　국방부 『한국전쟁사』 제3권 p202

하룻밤 사이에, 1개 연대가 1개 사단을 궤멸시킨 전투다.

적의 도하를 이렇게 효과적으로 완벽하게 저지한 예는 6·25전쟁에서는 없었던 일이다. 그런데 믿기 어려운 점이 많이 나타난다.

첫째, 국방부『한국전쟁사』는 「전투전의 개황」에서 간단하게 몇 줄 짚었고, 일본 육전사연구보급회『한국전쟁』은 「노촌의 도하」에서 남의 다리 긁는 형태로 '신기의 도하'를 몇 줄 서술해 놓은 것에 불과하다.

둘째, 전투상황을 너무 단조롭고 소극적으로 기술하였다.

"우리 조명탄은 강물에 뛰어든 적 2개 연대를 환하게 비쳐주고 있는 사이에 미 제5기병연대의 모든 화기와 지원포가 포구를 열고 사격과 포화를 집중하였다. 미군의 치열한 집중포격으로 대부분의 적은 강물에서 살상되었고, 소수 병력만이 도하에 성공은 하였으나 이들마저 대부분이 진전에서 미군들에게 생포되거나 혹은 산산이 흩어지고 말았다." (국방부『한국전쟁사』제3권 p200)

적 2개 연대가 어떤 형태로, 어떤 방법으로 도하를 시도했는지, 미 제5기병연대는 전투전개를 어떻게 했고, 밤중에 도하하는 적을 어떤 방법으로 탐지하여 조명탄을 밝혔는지 궁금한 것이 한두 가지가 아니다.

셋째, 북한군 지휘관이 아무리 멍청하기로서니 2개 연대가 동시에 물속으로 뛰어들어서 상대방에게 표적을 제공했을까? 대부분의 경우 도하지점을 탐색하고 선견대가 먼저 도하하여 도하교두보를 확보한 후 그의 엄호 하에 적정규모의 부대가 도하하는 것이 순서이다.

"은밀한 정밀도하를 기도하였기 때문에 화력지원준비를 하지 않았던 것 같다." (일본 육전사연구보급회『한국전쟁』 [2] p219)

지금까지 북한군이 취해 온 도하방법과는 너무 다르다.

넷째, 이 전투기록을 인정하면 앞 「석적 부근 전투」에서 제1사단 제13연대는 허수아비와 싸운 것이 된다.   ➡ 앞 「석적 부근 전투」 참조

적 제3사단 제8, 제9연대와 제7연대 주력은 제1사단 제13연대 정면으로 진출하여 8월 2일부터 30일까지 사상 최대의 살육쇼를 벌였다.

이곳으로 진출한 적은 적 제7연대 일부이다. 제8, 제9연대로 본 부대는

제7연대의 후속 병력으로 보는 것이 옳을 것이다.

적 제3사단은 건재하였다. 그 후 다부동(328고지) 전투에서 괴멸하였다.

용포교 혈전 - 적 제10사단 궤멸

북한군 제10사단은 개전 당시 후방예비사단으로 있다가 7월 25일 주둔지 평안남도 숙천을 떠나 철도편으로 천안에 도착하였고, 도보로 대전을 거쳐 무주 방면으로 남하 중 8월 초에 저들 제1군단으로부터

"신속히 왜관 북쪽에서 도하하여 제3사단과 함께 대구를 공격하라."

는 작전 명령을 받고 8월 8일 왜관대안 성주에 도착하였다.

8월 9일 밤에 실시한 신기나루 도하작전에서 저들 제3사단 제7연대가 비참하게 실패하자 갑자기 계획을 변경하여 8월 10일

"용포교(龍浦橋)에서 낙동강을 도하하여 대구와 부산 사이의 국도를 차단하고 제3사단과 협력하여 대구를 점령하라."

는 명령을 받았다.

용포교는 고령군 성산면 득성동(星山面 得成洞)과 달성군 논공읍 위천동(論工邑 渭川洞) 간에 있는 고령~대구 간 26번 국도상의 낙동강 다리다.

적 제10사단은 미군 항공기의 야간 정찰을 피해가며 10일 늦은 밤에 고령으로 이동하였고, 11일 늦은 밤에 도하준비에 들어갔다. 준비시간이 반나절에 불과하여 충분한 도하준비를 할 수 없었으나 당시 상황이 급속한 도하를 요구하였고, 더구나 적 제29연대는

"현풍으로 도하한 후 청도터널로 진출하여 대구~부산가도를 차단하라."

는 임무를 받고 있어 지체할 일순의 여유도 없었다.

12일 0시에 적 제10사단은 우 일선 제29연대가 제2대대를 선두로 현풍(玄風-달성군 현풍면) 낙동강돌출부 북안(용포교 남쪽 도상거리 약 6km)에 있

는 3개의 나루에서 도하를 시작하여 도섭으로 강을 건넜다. 이즈음 낙동강 수위가 줄어 수심이 어깨 부분에 이를 정도에 불과하였으므로 걸어서 강을 건너는 데는 적기였다. 그럼에도 불구하고 적은 도하 중 급류에 빠져 20~30명이 익사한 것으로 알려졌다.

이 지역은 미 제24사단이 담당한 전선이다. 미 제24사단은 그 하류 낙동강돌출부에서 연일 사투를 벌였고, 이 방면에 배치된 국군 제17연대가 이동한 뒤에 공병과 수색대 그리고 전차도 없는 전차대로 혼합 편성된 하이저부대가 투입되었으나 공간을 완전히 메우지는 못했다.

미 제8군과 제24사단은 적 제29연대의 동향에 대하여 비상한 관심을 가지고 주시하고 있었음에도 불구하고 저들의 도하를 알아차리지 못했다.

강을 건너온 적은 265고지(현풍 서쪽)를 거쳐 현풍을 감제할 수 있는 410고지를 점령했다. 이 고지는 미군이 점령하지 않고 버려져 있었다.

미 제24사단 제21연대는 잠복조가 미 제7기병연대와 연결하기 위하여 강을 따라 북상하다가 410고지에 적이 진출해 있는 것을 발견했다.

12일 03시 적 제10사단 좌 일선 제25연대가 용포교를 건너기 시작했다. 용포교는 미군이 부분적으로 파괴하여 차량은 통행할 수 없으나 사람은 건널 수 있도록 해 놓은 함정이었다. 이 다리를 적이 통과할 때 화력을 집중하여 공격하기 위해서였다.

미 제8군사령관 워커 중장은 이 용포교 부근에서 적의 주력이 도하하여 대구를 공격할 것이라고 예상하고 있었다. 그러나 이 지점을 방어하고 있던 미 제7기병연대 제2대대는 진지로부터 용포교까지의 거리가 2km 정도 떨어져 있는데다가 짙은 안개가 끼어 적의 도하를 알지 못했다. 날이 밝은 다음에 300~400명의 적이 갑자기 미군이 점령하고 있는 위천동(渭川洞-달성군 論工邑) 208고지로 돌진하여 중화기중대를 유린하고 도처에서 접전과

격투가 벌어져

'원시적인 전쟁으로 되돌아간 듯 했다.'

미 제7기병연대는 실 병력이 2개 대대뿐이었다.

미군은 야포와 박격포로 적 후속부대의 도하를 차단하면서 진지를 고수하다가 날이 밝은 뒤에 포병과 항공지원을 받고 역습하여 적을 강 서안으로 몰아냈다. 적은 중화기를 도하하지 못하여 전력이 보잘것없었다.

14일 06시경에 적 제10사단은 다시 용표교 부근에서 은밀히 도하를 시작했다. 이 무렵 왜관 북쪽에서도 적 제3사단의 증강된 연대 병력이 도하하고 있었다.

미 제7기병연대 전초병은 콩밭에서 부스럭거리는 소리를 들었으나 캄캄한 밤중이라 그것이 무엇인지 알지 못했다. 날이 밝자 적은 포병과 전차*의 지원을 받으며 위천고지를 향하여 돌진했다.

이때 미 제7기병연대는 콩밭에서 움직이는 적 약 500명을 목격했다고 했는데 이는 적 제25연대로서 실 병력이 1,700명이라고 했다.

* 이 전차는 왜관 북쪽 대안 약목 부근에 진출하여 저들 도하 부대를 엄호한 후에 일부가 이곳으로 진출한 것으로 보인다.

적 제10사단은 과감하게 주간에 15km를 동진하여 제7기병연대 제2대대를 공격했고, 제2대대는 위천에서 포위되어 백병전을 벌였다.

북한군은 지금까지는 날이 밝으면 미군 항공기의 공격을 피하여 공격을 중지하는 것이 보통이었으나 이날은 그렇지가 않았다. 09시경이 되자 또 다른 대부대(사단 주력 2개 연대)가 강변으로 진출하여 도하준비를 하고 있었고, 근처에 있는 작은 배들을 이용하여 중화기를 도하시켰다. 강 서안에서는 적 전차부대와 포병이 주력부대의 도하를 엄호하고 있었다.

적 제10사단은 이 한판 싸움에 사단의 운명을 걸고 있는 듯 혹은 대구공격에 총력전을 편 것으로 보였다. 이무렵 왜관 북쪽에서 적 제3사단의 증강된 연대가 도하하여 공격한 것이 그렇게 판단하게 한다.

적이 도하한다는 보고를 받은 게이 사단장은 사단예비대인 제7기병연대 제1대대를 투입하였고, 좋은 미끼를 발견한 미 제5공군은 폭격과 함께 기총사격을 퍼부었으며, 제77야전포병대대는 최대발사속도로 1,860발의 포탄을 퍼부었다.

미군 포화에 강타를 맞아 괴멸상태에 이르렀음에도 불구하고 일부의 적은 결사적으로 도하에 성공하여 위천동 북방으로 진출하였고, 미군은 항공지원과 포병지원을 받으며 반격하여 격퇴했다. 더 이상 공격이 먹혀들지 않자 적은 정오경 강 서안으로 철수하기 시작했다.

백주에 강을 건너왔다가 백주에 퇴각하는 적은 미군의 밥이었다. 미 제1기병사단 야포와 박격포 그리고 미군 전폭기가 강을 건너는 적을 그냥 두지 않았다. 북한군 제10사단 제25, 제27연대는 괴멸되다시피 했다. 미 제7기병연대는 낙동강 동안을 저녁 때까지 소탕했다.

미 제7기병연대는 3주일 전에 영동 전투에서 참패했는데 3주일 만에 완전히 달라진 모습으로 바뀌어 전통 있는 사단의 면모를 되찾았다.

미 제7기병연대는 적의 인명 손실을 1,500명으로 추산했으나 후일 조사한 바에 따르면 적 제10사단은 2,500명을 잃었고, 제25, 제27연대는 재기불능상태가 되었다. 위천고지 일대의 H중대는 267구, 용포의 G중대진지에서는 150구의 적 시체를 매장했다.주)   일본 육전사연구보급회 『한국전쟁』 [2] p231

미군의 피해는 전사 2명, 부상 3명이었다.

북한군 전사자 중에는 대좌와 중좌 등 고급군관이 있었고, 많은 문서를 노획했는데 문서 가운데에는 8월 13일 하달한 사단장 훈시가 있었다.

"김일성 최고사령관은 조선해방 5주년 기념일인 8월 15일까지는 승리를 얻을 수 있도록 지령하였다. …… 우리들의 승리는 바로 눈앞에 있다. 청년 장병 여러 동무! 여러 동무들이 이 최후의 승리를 얻기 위해서 전투에 참가한 것은 여러 동무들의 무상의 영예이다. 여러 동무들! 대구 점령의 열쇠는

첫째, 사단의 낙동강 도하 성공 여부에 달려 있으며, 조국의 인민, 3천만의 눈은 여러 동무들의 도하작전에 집중되어 있다. …… 우리는 맹세한다. 어떠한 고난, 어떠한 희생이 따르더라도 목숨을 걸고 이를 극복하여 낙동강도하를 성공시킬 것을 본관은 여러 동무들에게 요구한다. 적을 모조리 격멸하고 혁혁한 전과를 거둘 것을……" (일본 육전사연구보급회 『한국전쟁』 [2] p232)

"위대한 영도자 어버이 김일성 수령의 영광스러운 지령." 이

"최후의 승리를 얻기 위해서 충성스러운 인민군대의 생령(生靈)을 낙동강 물속에 수장하는 영예."를 안겨 주었다.

먹이지도 않고 총알도 주지 않고, 오직 '영광스러운 어버이 수령의 말씀'만으로 적화야욕을 채우고자 한 대가가 무엇인가를 똑똑히 보여주었다.

용포교혈전 참고문헌 : 일본 육전사연구보급회 『한국전쟁』 [2] 「2. 용포방어」(p225)

작오산(鵲烏山) 전투

왜관 동북쪽 작오산(303고지)에는 미 제1기병사단 제5기병연대 제2대대가 포진하였고, 고지 정상에는 G중대가 자리 잡고 있었다. 작오산은 동북쪽으로 328고지와 연결된다.

303고지는 왜관 철교 동북쪽에 위치해 있는 왜관 부근에서는 가장 높은 산이다. 서쪽에 낙동강이 흐르고, 강을 가로질러 동남쪽에서 서북쪽으로

경부선 철도와 경부국도(4번 국도)가 나란히 지나며, 고지의 끝자락에서 낙동강 철교와 인도교가 연결된다. 고지 서단에 철도터널이 있다.

고지 남쪽에 4번 국도와 갈라져 동쪽 다부동으로, 서쪽 인도교 입구에서 낙동강과 나란히 인동으로 가는 지방도가 나 있어 전략 요충이다.

8월 14일 왜관 북쪽 약 10km 지점에 가설한 수중가도로 도하한 적 제3사단의 증강된 1개 연대 병력이 제1사단 제13연대가 있는 328고지를 공격하는 한편 정오경에 일부 병력이 전차 2대의 엄호를 받으면서 303고지로 접근하였다.

이날 미군 전폭기가 적이 도하한 수중가도를 폭파했다.

15일 08시 30분경 303고지 미 제5기병연대 G중대와 H중대 박격포소대가 적에게 포위됐다. 미 제5기병연대장 콜럼버스 대령은 전차소대와 B중대를 지휘하여 포위망을 뚫으려고 시도했으나 적의 강력한 탄막사격 때문

왜관 쪽 상공에서 본 낙동강
오른쪽이 상류다. 인도교와 철교가 다 같이 두 번째 경간이 끊어졌다. 강 저편 오른쪽으로 서울 방향의 철도와 국도(4번)가 나란히 나 있고, 왼쪽은 성주·고령을 거쳐 진주로 이어지는 33번 국도다. 오른쪽 봉우리가 작오산(303고지)이다.

에 실패했다.

　16일 303고지를 포위한 적은 약 700명으로 추산됐다. 이날 종일 제61포병대대의 전 포와 제82포병대대의 B포대가 적진을 포격하였고, 포위망 속에 있던 G중대는 밤중에 빠져 나왔으나 박격포소대는 탈출하지 못했다. G중대가 나오면서 박격포소대를 찾았으나 보이지 않았다고 했다.

　왜관읍내는 주민들이 모두 피난하고 집들은 텅 비어 있었다.

　17일 미 제5기병연대는 제1, 제2대대가 전차의 지원을 받으며 303고지를 공격하였으나 적 박격포사격이 심하여 공격을 중지하고, 포격지원을 요청했다. 제61야포대대가 1,159발의 포탄을 적진에 쏟아 부었고, 14시경에는 공군 전폭기 편대가 와서 네이팜탄, 폭탄, 로켓포탄, 기총소사로 1시간 반 동안 적진을 초토화시켰다.

　폭격과 포격이 끝난 후 보병이 공격하여 16시에 적의 저항이 없는 가운데 303고지를 탈환했다. 고지정상에는 적 시체 200여 구가 처참하게 흩어져 있었고, 생존자는 모두 도망가고 하나도 찾아볼 수 없었다.

　잠시 후 정찰병이 박격포소대원 26명이 줄줄이 전선에 손이 묶인 채 다발총에 사살된 시체를 발견했다. 그 중에서도 양쪽 다리와 팔에 다발총을 맞아 중상을 입고도 살아있는 중박격포소대원 한 사람을 구출했다. 이렇게 현장에서 기적적으로 살아서 구출된 사람은 5명이었다.

　죽은 병사들은 어깨와 손이 꽁꽁 묶인 채 누워 있었고, 맨발로 산길을 많이 걸어 발이 피투성이가 되어 있었으며 시체는 굳어있었다.

　수색소대가 적 2명을 잡았다. 저들의 진술과 미군 생존자 진술을 종합하여 판단한 사건의 진상은 다음과 같았다.

　8월 15일 아침, 박격포 소대장은 밤사이에 적이 303고지에 침투한 사실을 알고 G중대장에게 전화를 걸어 상황을 보고했다. G중대장은

"국군 약 60명이 박격포소대를 증원하기 위하여 오기로 되어 있다."

고 하면서 아마도 국군일 것이라고 말했다. 이때 제5기병연대는 우 인접 제13연대와 협동작전을 펴고 있었다.

아침식사를 하고 있는데 약 200명이 넘는 보병이 전차 2대를 앞세우고 바로 발 아래 강변도로를 따라 남쪽으로 오는 것이 보였다.

얼마 후에 증원군으로 보이는 일단의 병력이 고지로 접근하고 있었다. 경계병이 큰소리로 수하를 했으나 상대방은 아무런 대답이 없이 사격을 했다. 그런데도 미군들은 국군이 증원 오는 것으로 믿고 있었다. 그러면서 확인하려고 올라오는 군인들을 주시하고 있었는데 가까워지면서 모자에서 붉은 별이 보였고, 그제야 적이라는 것을 알았으나 누구도 사격을 하려고 하지 않고 멍한 상태에서 보고만 있었다. 북한군은 오른손에는 다발총을 들고 왼손으로는 악수를 청하면서 접근해서는 손을 내미는 미군병사의 옆구리에 총을 들이대고 방아쇠를 당겼다. 미군병사들은 총 한 방 쏘아 보지 못하고 죽거나 잡히고 말았다. (일본 육전사연국보급회『한국전쟁』② 236~238)

이때의 광경을 적 포로는

"미군들은 정신을 잃었는지 멍한 채 서서 전혀 전의를 보이지 않았다."

고 하면서 포로가 약 40명쯤 된다고 전했다. 이들 적은 제105기갑사단 제206기계화보병연대* 소속이었다.주)   일본 육전사연국보급회『한국전쟁』② p237

* 인용문헌(주1)이 제26기계화연대라고 한 것을 제206기계화보병연대로 고쳤다. 그러나 이 연대는 적 제6사단에 배속되어 서남부로 진출하였고,(제8권「낙동강 방어선에 전개된 피아 전력」참조) 이곳으로 진출한 기록이 없다.

적은 미군포로를 끌고 산을 내려왔다. 그리고 과수원으로 데리고 가서 손을 등 뒤로 묶고 옷과 군화를 뺏은 후 "순종하면 서울에 있는 포로수용소에 보내준다."고 하였고, 이들은 후송하려고 낙동강 서안으로 가려고 했으나 미군의 저지사격을 받아 가지 못하고 고지로 다시 끌고 갔다.

17일 미군의 포격이 고지에 집중되고 전폭기의 공중공격이 무차별 가해지자 철수하면서 지치고 발에 상처까지 입어 걷지도 못하는 포로를 데리고 갈 수 없다고 하여 장교의 명령으로 포로를 사살했다고 했다.

제임스 라트(James M. Ratt) 상병은 팔과 다리에 3발의 총상을 입고 쓰러졌다. 이때 곁에 있던 전우가 자기 위에 쓰러지자 죽은 전우의 시체 밑으로 파고 들어가 살아남을 수 있었다. 이렇게 살아남은 사람이 5명이다.주) 1

18일 적진으로 너무 깊숙이 들어갔던 M-26전차 2대도 북한군 대전차포에 파괴되고 전차병은 포로가 됐다가 함께 학살됐다.주) 2

맥아더 UN군총사령관은 잔학한 포로학살행위를 비난하는 성명을 방송하고 북한군총사령관에게 보내는 비난 전단을 만들어 수송기로 전선에 살포했다.주) 3

1, 2, 3. 국방부 『한국전쟁사』 제3권 p207

8월 28일 북한군 제3사단장 이영호 소장은 총참모장 강건과 전선총사령관 김책이 서명한 포로 대우에 관한 명령을 하달받았다.

학살당한 미군포로

"지금부터 적 포로에 대한 살상을 엄금하다. 투항한 자는 포로로서 취급하고 사상적 정치적 교화에 노력하라. 포로 취급은 최고사령부가 지시한 규정에 의하여야 한다. 이 지시는 즉시 모든 장병에게 이해시킬 것이며 정치적 참모에 의해서 그 수행을 확인 감독하라." 주) 앞 같은 p207

이 지시는 9월에 노획한 문서에서 확인되었다.

2. 창녕 부근 전투(제1차) – 미 제24사단

낙동강돌출부 – 여자의 가슴

미 제24사단은 낙동강 서부 방면 중앙에 해당하는 북쪽 현풍에서부터 남쪽으로는 남강이 합류하는 남지(南旨-창녕군 남지읍)까지 하천거리 약 60km의 넓은 방어 정면을 담당하고 있었다.

미 제24사단 우측 낙동강 상류는 현풍에서 미 제1기병사단과 좌측 하류는 남지에서 미 제25사단과 연결하고 있었다.

미 제24사단이 낙동강돌출부에 전개한 병력은 배속된 제1해병여단, 제9연대전투단을 포함하여 약 8,000명이었다.주) 국방부 『한국전쟁사』 제3권 p218

미 제24사단은 병력이 4,980명으로 사실상 연대 수준에 불과하였다.

제19연대(무어 대령)가 1,910명

제21연대(스티븐스 대령)가 1,670명,

제34연대(뷰챔프 대령)가 1,402명이었다.주) 전쟁기념사업회 『한국전쟁사』 제3권 p318

포병의 경우도 105mm포 17문, 155mm포 12문밖에 갖지 못하였고,

전차는 중(中)전차는 없이 경전차만 배속되어 사단전력은 감소편제의 40%에 불과하였다.주) 일본 육전사연구보급회 『한국전쟁』 [2] p173, 174

미 제24사단은 출전 당시 감소편제였음에도 불구하고 병력은 16,965명, 경전차 1개 중대(17대), 155mm곡사포 1개 대대(2개 포대-12문), 105mm곡사포 3개 대대(6개포대-36문), 차량 4,773대를 보유하고 있었다.

그동안의 전투에서 엄청난 손실을 입었음에도 불구하고 병력과 장비를 보충하지 못한 채 구멍 뚫린 전선을 메우기에 바빴다.

이 구간의 낙동강은 강폭이 좁은 곳은 300m에서 넓은 곳은 1,000m에 이르고 평상시 유수(流水) 폭만 200~300m, 수심은 2~4m로 깊은 편이다. 좁은 곳은 양쪽 강기슭이 절벽으로 이루어졌고 수심이 깊으며, 넓은 곳은 강 양안이 넓은 모래밭과 들판으로 이어져 멀리서도 감제관찰이 용이한 이점이 있으나 수심이 얕아 도섭이 가능한 취약성을 가지고 있다.

남쪽으로 흐르던 강이 영산 맞은편에서 서쪽으로 방향을 바꾸면서 크게 감돌아 다시 동으로 방향을 바꾸어 남강과 합류하는 남지까지 약 10km 구간은 큰 반원을 그리는데 그 모양이 꼭 여성의 가슴 같다고 하여 미군들이 이곳을 '낙동강돌출부'라고 이름을 붙였다.

이 무렵 적은 부산을 공격하기 위하여 가능한 공격방향을 다음과 같이 4개 코스로 잡고 있었다.

첫째, 마산을 거쳐 부산에 이르는 코스,

둘째, 낙동강돌출부로 도하하여 밀양으로 진출한 후 도로와 열차를 이용하여 부산으로 진격하는 것,

셋째, 왜관과 다부동에서 대구를 통과하여 부산에 이르는 것,

넷째, 경주를 거쳐 동해안을 따라 부산으로 이르는 것.

적은 이상 네 개 진로를 동시에 활용하여 공격하기로 결정하였다.

미 제24사단은

남쪽 영산 서쪽 돌출부에 제34연대를,

낙동강 서안의 피난민과 동안의 미군

그 북쪽 창녕 서쪽에 제21연대를,
창녕 북쪽에서 미 제1기병사단과의 접촉지점까지의 구간에 배속된 국군 제17연대를 배치하였다.

미군이 6·25전쟁에 투입된 초기에 전투지경 내의 주민과 피난민 때문에 작전에 많은 지장을 받았을 뿐만 아니라 피난민 속에 잠입한 게릴라로 인하여 후방을 교란당하는 어려움을 많이 겪었는데 미 제24사단도 예외일 수 없었다.

처치 사단장은 작전지역이 될 낙동강 연안에 거주하는 주민 중 대구~마산간 국도 서쪽에 거주하는 주민은 그 동쪽으로 퇴거시켜 주도록 국군에 요청하였고, 육군본부에서는 정보국 장교를 현지에 파견하여 현지 행정관서의 협조를 받아 이 지역 주민을 도로 동쪽으로 소개시켰다. 이 조치에 불응하는 자는 적으로 간주하여 총살에 처한다는 강경한 내용의 포고문을 함께 발표하였다.

이 무렵 경상남도 서부 지역에서 온 피난민 10여 만 명이 낙동강을 건너려고 강 서안에 몰려 있었는데 이들의 도하를 허용하는 것은 곧 적 게릴라를 작전지역에 침투시키는 결과가 되므로 처치 사단장은 강력하게 저지하여 피난민들의 도하를 허용치 않았다.

처치 사단장은 워커 장군의 사수 훈시를 부드럽게 각색하여 다음과 같은 불퇴(不退)의 훈시를 하였다.

"방어를 함에 있어서 도로와 하천에 대한 경계를 엄중히 하고 통신을 완비하여야 한다. 각자는 자기의 임무를 숙지하고 언제 어떠한 사태가 일어나도 이에 대처할 수 있는 준비태세가 되어 있어야 한다. 후퇴는 용납될 수 없다. 각자가 부하(負荷)된 준비를 하고 있다면 후퇴할 필요가 없는 것이고 그 자리에서 싸우면 된다. 각자는 어떠한 상황 속에서도 화기와 탄약 및 삽과 곡괭이를 가지고 있어야 한다. 이것들이 없다면 자기를 수호할 수가 없다. 지금까지는 시간이 있어도 호를 파지 않았기 때문에 많은 손실을 받았던 것이다." 주)

국방부 「한국전쟁사」 제3권 p221, 222

북한군 최정예 제4사단

낙동강돌출부 하천선에는 미 제34연대가 배치되어 있었다. 그러나 2개 대대밖에 없는 연대는 제1대대(에이어스 중령)를 예비대로 후방에 두었으므로 실 방어 전면에는 제3대대(Gines Perez 중령)만이 진지를 점령하고 있었는데 방어정면은 직선거리가 13km에 이르고 하천거리는 19km에 이르렀으며, 방어 정면에는 도섭가능지점이 6개소나 있었다.

1개 연대 방어 정면을 1개 대대가 맡고 있었으므로 중대의 방어 담당 정면은 2~2.5km이고 중대와 중대간 간격은 4~5km나 떨어졌으며, 진지는, 개인호는 완성됐으나 자재 부족으로 지뢰를 매설하거나 철조망이 가설된 곳은 창녕 부근 일부뿐이었다.

미 육군 방어전술에 의하면 1개 사단 전투 면적이 10km로 되어 있는데 여기에서는 1개 대대가 1개 사단 전투 면적보다도 넓은 정면을 담당하고 있었으니 방어가 허술할 수밖에 없었다.

정면의 적은 북한군 최정예 제4사단이다. 이 사단은 서울점령 후 서울사단이라는 칭호를 받은 사단이다. 남원, 함양, 거창을 거쳐 8월 4일 합천에 집결한 후 낙동강에 진출하여 도하준비를 서둘렀다.

적 사단 병력은 약 7,000명 수준으로 줄어 있었고, 전투력은 전체적으로 30%가 감소된 것으로 알려졌다. 후일 포로가 된 적 제4사단 제16연대장 백모 대좌의 증언에 따르면 연대 병력이 2,300명 정도였는데 제1, 제2대대가 각각 500명이었고 제3대대가 800명이었으며, 포병대대가 300명, 기타 200명이었다고 했다.(주) 일본 육전사연구보급회보급회 『한국전쟁』 [2] p176

8월 5일 자정에 조명탄이 낙동강 상공에 올라갔다. 이를 신호로

적 제4사단 주력은 돌출부 북쪽 부곡(釜谷-적포교하류) 도선장에서,

적 제16연대 제3대대(병력 약 800명)는 부곡 남쪽 6km 지점에 있는 오항(烏項)나루에서 일제히 강을 건너기 시작했다.

적은 모두 옷을 벗어 무기와 함께 머리에 이고 어깨가 잠기는 강물을 건너왔고, 장비와 화기는 임시로 만든 뗏목에 싣고 건너왔으나 중화기와 박격포는 뗏목으로는 운반할 수 없어 두고 올 수밖에 없었다.

부곡으로 도하한 적 제4사단 주력은 지뢰지대에 걸린데다가 포와 기관총의 집중사격을 받고 강 건너로 퇴각하였다. 이 지역은 미 제34연대와 제21연대의 전투지경선으로 진지간 간격이 3km나 벌어져 있어 이 지역에 기관총을 집중 배치해 놓았었는데 이것이 이외로 수훈을 세웠다.

오항나루로 도하한 적 제16연대 제3대대는 미군에게 발견되지 않고 도하에 성공하여 강 동안에서 옷을 입고 미 제34연대 제3대대 방어정면으로 접근했다. 이들 적은 도하지점을 감제하고 있는 북쪽 고지의 I중대를 거들떠보지도 않고 I중대와 L중대 사이의 계곡을 타고 진출했는데 저들의 목적지는 영산으로 판단되었다.

이 지역을 담당하는 미 제34연대 I중대는 중대원 전원을 130m 정상 고지에만 배치해 놓고 오항 도선장에는 단 한 명의 경계병도 배치하지 아니하여 적이 도하한 사실을 알지 못했다.

적 제4사단은 도하장비를 충분히 갖추고, 탄약을 확보하여 우세한 화력을 발휘할 수 있을 때 도하공격을 실시하려고 하였으나 왜관 북쪽 적 제3사단의 도하와 적 제6사단의 마산공격에 보조를 맞추어 5일 밤중에 도하하라는 명령을 받고 준비가 덜 된 상태에서 무리하게 도하한 것이 사단 주력의 도하를 실패하게 만들었다.

오항나루로 도하한 적은 8월 6일 01시가 지날 무렵 미군 전방진지는 공격하지 않고 계곡을 타고 후방으로 침투하여 4.2인치 박격포진지를 격파하고 제3대대지휘소를 위협하였다. 사병들은 모두 후방으로 분산 도주하였고, 보병학교에서 전임한지 얼마 안 된 제3대대장 페레스 중령은 어떻게 할 바를 모르고 영산 방면으로 도로를 따라 후퇴하여 5km 후방에 있는 제1대대지휘소로 피신했다.

연대장 뷰챔프 대령은 6일 02시경 페레스 대대장으로부터 제3대대본부

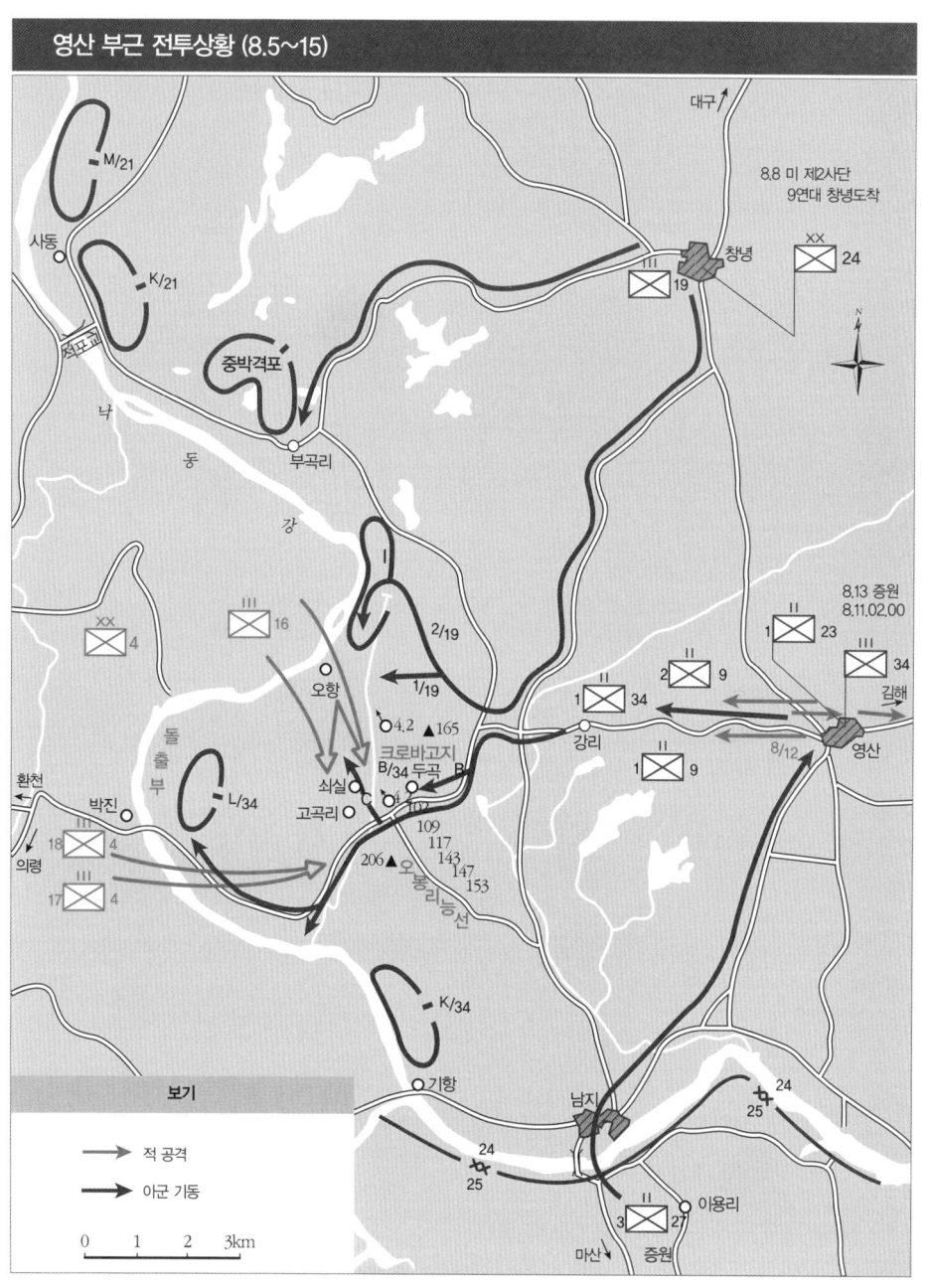

와 박격포중대가 공격을 받고 교란상태에 빠졌다는 보고를 받았다. 연대장은 즉시 정보를 분석하고 일선 중대에 확인해 보았으나 강안진지는 모두 이상이 없었고, 어느 중대도 북한군이 도하한 흔적을 발견하지 못하였다. 칠흑 같은 어둠 속에서 어떤 일이 어디서 어떻게 일어나고 있는지 상황을 확인할 방도가 없었다.

뷰챔프 연대장은 적 도하가 유일한 자동차 도섭장이고, 가장 중요한 접근로인 박진(朴津-오항 하류 약 4km)나루에서 이루어지고 있다고 판단하고 날이 밝으면 예비대를 투입하여 적을 격퇴시키겠다고 결심하였다.

미 제34연대 반격

8월 6일 05시 20분 연대장 뷰챔프 대령은 사단장에게 상황을 보고한 후 날이 밝으면 연락기를 보내달라고 부탁하고 제1대장에게는 날이 밝은 뒤에 역습하여 강안진지를 회복하라고 명령하였다.

제1대대장 에이어스 중령은 날이 밝은 뒤에 C중대를 직접 지휘하여 트럭에 태우고 영산에서 도로를 따라 강안진지로 진격했고, A중대 및 B중대와 중화기중대는 부대대장이 지휘하여 도보로 그 뒤를 따랐다.

C중대가 제3대대가 있던 지휘소에 도착하여 중대배치계획을 협의하고 있을 때 고곡리(鼓谷里-창녕군 南旨邑) 북쪽에 있는 전방고지에서 적이 사격을 했다. C중대가 공격했으나 중대장이 세 차례나 부상당하고 후송될 정도로 격전을 치르면서 희생만 늘어나고 진전이 없었고, 10시경에 이르렀을 때는 중대 병력이 35명밖에 남지 않았다.

전날 제3대대지휘소가 후퇴하여 동쪽이 완전히 적에게 노출된 제13야전포병대대 B포대는 10시 30분경 적의 공격을 받고 야포 4문과 차량 9대를 버린 채 포대장은 병사 50명을 이끌고 도로를 따라 철수했다.

제1대대장 에이어스 중령은 적 사격이 치열하자 이를 피하여 지하수로에 몸을 숨겼고, 그 곁에서는 화기소대가 60mm박격포로 탄약이 떨어질 때까지 적진에 포격을 가했다.

대대장은, 전세를 만회하려면 대대 주력으로 공격해야 되겠다고 판단하고 뒤따르고 있는 대대 주력이 있는 곳으로 가기 위하여 지하수로를 뛰쳐나와서 논을 가로질러 달려가다가 앞에 보이는 방앗간으로 일단 몸을 피했다. 대대 참모들이 뒤따랐고, 고전하고 있던 C중대 병사들이 합세했다.

C중대가 고전을 거듭하고 있는 동안 부대대장이 지휘하는 A중대와 B중대는 아침식사도 거른 채 도로를 따라 구보로 뒤따라오다가 도중에 동정리(東亭里-창녕군 丈麻面, 영산 서쪽 약 6km지점 7번 국도변)에서 적 정찰대를 만나 이를 격퇴한 후 M-16자주고사포 2문을 앞세우고 도로 양쪽에 전투대형으로 전개하여 전진을 시작하였다. 적의 저항은 경미하였으나 날씨가 무더워 진격이 늦어졌다.

에이어스 대대장은 대대 주력이 오는 곳으로 달려가 진격을 재촉하였다. 도로 북쪽으로 진격하고 있는 B중대는 적의 완강한 저지를 받아 자주고사포 1문이 파괴되자 공격을 중지하고 클로버고지의 하나인 165고지 동쪽 능선을 점령하였고, 도로 남쪽으로 진격하던 A중대는 소수의 사상자를 내면서 유린당한 포병진지를 지나 C중대가 괴멸된 것으로 알려진 고곡리 동쪽으로 진출하였다.

이때 경전차가 뒤따라 왔으므로 A중대는 경전차와 합세하여 방앗간을 공격하였다. C중대가 괴멸된 것으로 알고 있던 상황이라 방앗간에 있는 부대는 적이라고 판단했기 때문이다. 방앗간 안에 있던 C중대원 다수가 부상했다. 그동안 방앗간에서는 여러 차례 적의 공격을 받고 격퇴했는데 전사자의 시체를 쌓아 방어벽으로 삼고 격전을 치렀다.

A중대 전면에서 적 모습은 볼 수가 없었다. A중대는 C중대 잔류 병력과 합세하여 경전차를 앞세우고 적의 저항을 물리치면서 강안으로 진출하다가 마침 철수하고 있던 L중대를 만나서 20시경에 강안진지를 점령했다. L중대 90명은 모두 무사했고, A중대는 L중대 포병관측수의 무전기로 대대와 통신도 유지했다.

제1대대가 반격하고 있을 무렵 연대 우측면을 맡고 있던 제3대대 I중대는 진지를 버리고 북쪽 미 제21연대 지역으로 철수했다. 이때 같은 진지에 있던 중화기중대, 박격포소대, 제26대공자동화기대대의 A, B중대도 함께 철수했다.

I중대는 아무 일도 없었는데 이날 아침 적이 전면 오항 북쪽고지에 나타났다가 곧 동북으로 가는 것을 보고 포위당한 것으로 착각하고 미 제21연대지역으로 철수했던 것이다.

미 제21연대는 이들의 철수를 사단장에게 보고했다.

사단장은 제34연대장 뷰챔프 대령에게 명령 없는 철수를 중지하라고 지시하여 병사들을 원진지로 돌려보냈다.

영산 전투에서 분전하는 미군기관총

미 제24사단 반격

8월 6일 미 제24사단장 처치 소장은 날이 밝자 박진나루에서 부곡 정면에 이르는 도하지점을 항공기로 정찰하고 제34연대 제1대대의 반격을 주시하고 있었다. 그러고도 적이 오항나루로 도하한 사실을 알지 못했다.

사단장 처치 소장은 그동안 적이 돌출부 박진 부근으로 약 800명이 도하한 것으로 판단하고 예비 제19연대로 하여금

"영산가도를 연해서 역습을 하되 우선 강리(講里-장마면, 영상서쪽 약 4knm)로 전진하라."

는 명령을 내렸다. 이때 사단이 알고 있는 상황은

L중대와 고곡리에 있는 제3대대지휘소가 기습을 당했다는 것,

제1대대가 고곡리에서 고전하고 있다는 것,

두곡리 포병진지 전면에 적이 출현하여 포대가 철수했다는 것,

북한군이 박진~영산가도에 연해 있는 지역에서 활동하고 있다는 것

정도였기 때문에 적이 박진나루로 도하했다고 판단했던 것이다.

그 사이 L중대의 보고와 I중대 철수를 보고 적 도하지점이 오항나루라는 것을 알아냈고, 오항나루 부근에 적 주력이 있을 것으로 판단하고 미 제19연대를 투입하여 서쪽을 공격케 하였는데 제19연대는 오항 동쪽 청단(靑丹)부락에서 적 약 300명을 사살하고, 그 여세를 몰아 오항 북쪽과 청단 남쪽 고지를 공격하였는데 적의 필사적인 저항으로 실패했다.

워커 장군은 사태의 심각성을 깨닫고 군 예비대인 미 제2사단 제9연대 제1대대를 증원했다. 미 제34연대 제1대대는 끈질긴 공격으로 클로버고지*를 탈환했고, 이에 힘입어 제3대대 각 중대도 강안진지를 확보하여 적의 영산 진출을 봉쇄했다.

* 클로버(clover)고지
  165고지 주변에 같은 모양을 하고 있는 3개의 고지가 있는데 멀리서 보면 전체가 클로버잎 모양을 하고 있어서 이를 미군들이 클로버고지라고 불렀다.

    적은 후속부대가 여러 차례 오항과 박진, 부곡 도선장에서 도하를 시도했으나 전폭기와 야포가 어두워지기 전에 적 중원부대가 강기슭까지 도달하지 못하게 하였고, 어두워진 뒤에도 도하지역에 포격을 멈추지 않았다. 미 제24사단은 105mm곡사포 17문으로 37km에 이르는 전 전선을 지원했다.

    낙동강돌출부 전투가 한창인 때 국군 재편성으로 미 제24사단에 배속되었던 제17연대가 배속해제명령을 받았다. 미 제8군은 8월 7일까지 제17연대를 계속 잔류케 하였는데, 제17연대는 7일 새벽에 북한군이 현풍 방면으로 도하하는 것을 강 한복판에서 포착하여 격퇴하였다.

    8월 7일 제17연대는 대구로 이동하고, 이곳을 방어하기 위하여 잠정적으로 편성한 하이저(Hyzer)특수임무부대가 제17연대진지를 인수했다.

    하이저특수임무부대는 제3공병전투대 A중대 일부, 제78전차대대의 전차 몇 대, 제24사단 수색중대로 편성되었다.

    8월 7일 밤, 2개 대대로 추산되는 적 증원부대가 돌출부 서안 4개 지점에서 강을 건너왔다.

    미 제34연대와 제19연대는 사단장의 명령을 받고 돌출부에 대한 반격을 시도했으나 혹심한 더위에다가 식량과 식수 부족으로 고전을 면치 못하고 있었는데 설상가상격으로 우군 전폭기가 제19연대를 적으로 착각하고 기총사격을 하여 더욱 어렵게 만들었다.

    미 제34연대 제1대대는 전날 아침에 실종된 중박격포중대의 병사 몇 명을 구출한 뒤에 클로버고지에서 철수했다. 이로써 적은 클로버고지와 오봉리(吾鳳里) 능선 대부분을 점령했다.

클로버고지와 오봉리능선은 영산으로 뻗어있는 8km에 이르는 미군 보급로(79번 국도)와 영산 너머 밀양까지를 감제할 수 있는 전략요충으로 낙동강돌출부전투의 승패를 좌우하는 중요고지다.

1개 대대를 미 제24사단에 배속한 미 제9연대장은 미 제2사단장 카이저 소장으로부터 제9연대가 미 제24사단에 배속된 명령을 전달받았다.

미 제8군의 반격 - 미 제9연대 투입

미 제8군은, 북한군이 낙동강돌출부로 진출한 것을 두고 옆구리를 비수에 찔린 것과 같다고 표현했다.

8월 7일 워커 사령관은 미 제24사단 반격에 기대를 걸고 있다가 실패하자 적이 이미 교두보를 형성한 것으로 판단했고, 이날 아침에 미 제8군 기대 속에 실시한 남쪽의 킨 작전이 성공을 기대할 수 없게 된데다가 왜관 북쪽에서 적 제15사단이 낙동강을 도하하여 대구를 위협하고 있었으므로 적이 서측면에서 전면공세를 시작했다고 판단하고 돌출부의 적을 빨리 격퇴해야 하겠다는 생각에서 경산에 예비로 있는 미 제9연대 주력(제2대대. 제1대대는 이미 투입, -제3대대)을 영산으로 투입하였다.

이때 적도 미군 포병의 저지 사격 틈새를 이용하여 2개 대대로 추정되는 증원 병력이 투입되었다.

아침에 제34연대 A중대는 진지 아래쪽 도선장에서 10~12명씩 탄 6척의 나룻배가 강을 건너오는 것을 발견하고 항공지원을 요청하는 한편 0.5인치 기관총사격을 집중하여 격퇴했는데, 곧이어 나타난 미군 전폭기가 강안 일대를 공격하여 많은 손해를 입혔다.

적은 같은 방법으로 증원 병력이 지난밤에도 도하했었다. 쌍방이 다 같이 돌출부의 전략적 가치를 중시하고 병력증강 경쟁을 하고 있었다.

8일 01시 30분 미 제9연대장 힐(John G. Hill) 대령
은 연대 주력을 경산에서 도보로 출발시키고, 자신
은 당일 08시 30분경 밀양에 있는 미 제24사단사령
부에 가서 연대 출발을 신고하였다. 제9연대의 도
착을 기다리고 있던 처치 사단장은 힐 대령에게 즉
시 공격할 것을 지시했다. 연대 주력은 행군 중에

힐 대령

있었는데 적정도, 지형도 잘 모르는데다가 전투경험이 없는 부대였다. 힐
연대장은 이러한 이유로 공격개시 시간을 늦추어 줄 것을 건의하였으나 전
황이 이를 허락치 않았다.

미 제9연대는 클로버고지에서 물러난 제34연대 B중대 및 오봉리능선에
서 보병 전투를 하고 있는 중박격포중대와 교대하여 이날 16시에 클로버고
지 및 오봉리능선을 탈환하기 위한 공격을 개시했다.

미 제9연대는 제15야전포병대대 155mm곡사포 12문 및 105mm곡사포
와 공군지원을 받아 해질 무렵에 클로버고지와 오봉리능선 일부를 탈환하
는데 성공하여 반격이 순조로운 듯 보였으나 밤중에 적이 역습하여 많은
희생을 낸 뒤 도로 빼앗기고 말았다.

저녁 무렵에 적은 돌출부 남쪽 칠현리(漆峴里-남지읍) 165고지에 배치된
A중대진지에 야포와 박격포사격을 집중하였고, 곧이어 강기슭에 적 대부
대가 나타났다. 중대장 알폰소 대위는

"포격과 대부대의 출현은 오늘밤에 대규모의 야습을 감행할 징조."

라고 판단하여 대대장에게 철수를 건의하였고, 대대장과 연대장은 A중대
와 함께 우 인접 L중대의 철수를 허락했다.

A중대장 알폰소 대위는 중대를 철수하여 산을 내려왔다. 얼마 후 철수한
진지에 적의 맹포격이 집중되고 이어서 돌격대의 함성이 들려왔다.

A중대장은 안도의 한숨을 내쉬면서 대대 주력이 있는 오봉리능선 남쪽 끝을 향하여 이동했는데 길을 잘못 들어 능선 북단으로 접근하다가 첨병소대가 적의 기습을 받고 많은 피해를 입었다. A, L 양 중대는 9일 아침 해가 뜰 무렵에 오봉리 동쪽에 위치한 제1대대 주력과 합류했다.

9일 미 제9연대는 전날에 이어 클로버고지 및 오봉리능선 일대를 공격했으나 많은 장교가 희생됐기 때문에 전력이 약화되어 클로버고지 일부를 탈환했을 뿐 그 이상 진전은 없었다.

10일 아침 미 제24사단은 전 병력으로 공격을 개시했다.

제9연대는 돌출부에 투입된 후 세 번째 공격이다. 이때 적도 공격을 개시하여 양군은 거의 동시에 공격으로 맞붙어 일대 혼전을 벌였다. 미 제9연대는 희생이 늘어났는데 특히 장교의 희생이 많아 제2대대는 각 중대에 장교가 1~2명에 불과하였고, 부대가 완전히 지쳐 있어 더 이상 버티지 못하고 클로버고지에서 완전히 물러났다. 미 제9연대는 돌출부 전투에 투입된 이후 이틀 동안 힘겹게 얻어낸 전과를 모두 잃고 말았다.

이 무렵 우측 미 제19연대 제2대대는 많은 희생을 무릅쓰면서 결사적인 공격을 감행하여 적의 도하지점을 감제할 수 있는 오항 북쪽 고지를 탈환했으나 대대 병력이 100명 수준으로 줄어 더 이상 전투력을 유지하기가 어려워졌다.

미 제24사단장 처치 소장은 6일부터 연이은 사단 공격이 실패한 것은 그동안 많은 증원부대가 도착하여 단위부대가 늘어났는데도 사단이 이를 효과적으로 지휘통제하지 못한 데 원인이 있었다고 보고 돌출부에 투입된 부대를 한데 묶어서 선임자인 제9연대장 힐 대령으로 하여금 통합지휘케 하였다. 힐특수임무부대라고 이름을 붙였다.

소소된 부대는 다음과 같다.주)　　일본 육전사연구보급회 『한국전쟁』 [2] p192

제9연대(힐 대령)

제19연대(무어 대령)

제34연대(뷰챔프 대령)

제21연대 제1대대(스미스 중령)

제24사단 포병

공병 1개 중대

처치 사단장이 힐특수임무부대를 편성하고 최후 5분간에 승부를 결정지으려고 구상하고 있을 때 적도 최후의 결전을 준비하고 있었다.

적 제4사단은 8일부터 10일까지 계획으로 박진 및 오항나루에 수중가도를 가설하기 시작하여 10일 완성하고 밤에 야포 14문을 비롯하여 박격포 및 각종 차량과 전차를 포함한 중장비 그리고 예비대인 제18연대가 도하했다. 적 제4사단은 도하를 시작한지 5일 만에 전 병력과 장비를 낙동강 동안으로 이동시키는데 성공했다.^{주)} 　　　　일본 육전사연구보급회 「한국전쟁」 [2] p193

영산을 적의 수중에 – 미 제27연대 투입

8월 11일 오전 힐특수임무부대는 적을 단번에 강 서쪽으로 밀어내기 위한 공격을 개시했다. 그러나 미 제9연대와 제19연대는 적 제4사단의 저지에 막혀 공격 개시선에서 한 발자국도 나아가지 못하였고, 미 제21연대 제1대대는 집결지에서 공격을 준비하고 있던 중에 급습을 받아 철수하고 말았다.

돌출부 전투에서 새로운 양상이 나타났다. 적은 야포를 6문 혹은 4문씩 3개 반으로 편성하여 클로버고지와 오봉리능선 후방 1.5km 지점 고곡리 부근에 포진지를 설치하고 개전 후 처음으로 탄막사격을 실시했다. 이것은 북한군 결의가 비상하다는 것과 탄약이 충분하다는 것을 과시한 것이고, 영산시내에까지 포격을 하여 후방을 교란하였으며 이에 호응하는 듯 게릴라 부대가 영산시내에 침투했다.

밤중에 1개 대대로 추산되는 적이 영산 어귀에 침투하여 독립가옥 마당에서 자고 있는 영산의용소방대원 조(趙) 모에게 영산지서로 길을 안내하라고 위협했다. 지서에는 경찰병력 약 30명이 있었다. 적군이 지서 앞 50m 지점까지 진출하는데도 누구 하나 발견하는 사람이 없었고 심지어 개도 짖지 않았다.

적군은 지서의 병력 수를 조 모로부터 들어 알고 있었으므로 더 이상 접근하지 않고 보초를 유인하라고 일렀다. 어쩔 도리가 없어 조 모는 평소에 잘 알고 있는 김 모 순경을 큰소리로 불러 "급한 환자가 있으니 좀 도와 달라."고 하면서 유인하였고, 김 순경은 멋모르고 나왔다가 생포되었다. 같은 방법으로 경찰관을 유인하려고 했을 때 낌새를 이상하게 여긴 경찰관의 발포로 교전이 시작되어 경찰관 대부분이 희생되고 일부가 탈출했다. 이 틈을 타서 조 모는 탈출했으나 잡혀있던 김 순경은 사살됐다.

이렇게 하여 영산은 깊은 밤 잠자는 사이에 점령되고 말았다.

저들은 남진하여 남지에서 낙동강다리를 지키고 있는 미 제34연대 K중대 1개 분대를 기습하여 전멸시키고 남지교(南旨橋)를 점령했다. 이 다리가 적 수중에 들어감으로써 영산에서 마산에 이르는 도로가 차단되었고, 미 제24사단과 제25사단을 연결하는 유일한 병참선이 단절되었다.

힐특수임무부대 공격은 실패했고, 연산 남쪽 상황은 대혼란에 빠졌다.

처치 사단장은 비상수단으로 제14공병전투대대를 영산에 투입하였다.

미 제8군사령관은 미 제24사단의 위급에 대처하기 위하여 군 예비로 마산에 있는 미 제27연대 제2대대(머치 중령)를 투입하여 남지교를 탈환하고, 영산 후방에 침투한 적을 소탕하도록 명령하였다.

미 제27연대 제2대대는 11일 마산을 출발하여 차량 편으로 남지를 향하였다. 칠원(漆原-함안군 칠원면)을 지나면서 도로에는 10여 만 명에 이르는 피난민이 길을 메워 전진이 어려웠다.

피난민 사이를 뚫고 차량이 겨우 빠져나가는데 남지교 가까이에 이르렀을 때 차량을 피하던 피난민 달구지가 전복되었다. 뜻밖에도 넘어진 달구지에서 소총 15정과 많은 양의 탄약이 쏟아져 나와 대소동이 벌어졌다.

게릴라 12명이 피난민을 가장하여 침투한 것인데 8명을 사살했다.

미 제27연대 제2대대는 계속 전진하다가 남지교 2km 지점 이룡리(二龍里-함안군 漆西面)에 이르렀을 때 약 200명으로 추산되는 게릴라로부터 공격을 받았고, 또 산비탈 밭에서 일하던 농부가 갑자기 사격을 해 오는 등 예상치 않은 저항에 부딪쳐 어려움을 겪었으나 모두 격퇴하고 계속 진격하여 자정 무렵 저항하는 적을 격퇴하고 남지교를 확보하였다.

이날 밤까지 적은 많은 병력을 투입하여 영산 동쪽 도로를 봉쇄하는 한편 영산 동쪽 5km까지 진출하였고, 12일 미명에 영산 동쪽 3.5km 지점에서 구급차중대를 습격하여 몇 대의 트럭과 구급차가 불에 타서 차량의 잔해가 도로를 막아 사단보급로가 폐쇄되는 사태가 벌어졌다. 힐 대령은 제9연대 F중대와 박격포 1개 소대를 긴급 투입하여 이 적을 격퇴케 하였으나 적의 반격을 받아 실패했다.

8월 12일 영산 사태가 악화되자 밀양에 있는 미 제24사단 본부에서는 적이 밀양으로 돌진해 올 것을 우려하여 사단본부에 있는 행정병, 취사병, 헌병 등 본부요원 150명으로 하폐멘특수임무부대를 긴급편성하고 본부중대장이 지휘하여 밀양~영산 간 도로에 있는 지피실고개에서 밀양으로 진출하는 적을 저지하도록 하였다. 여기에 전차 2대를 배치했다.

이 특수임무부대는 밀양으로 진출하고자 하는 적으로부터 맹렬한 공격을 받고 장갑차로 탄약, 휴대식량, 음료수 등을 세 번에 걸쳐 보급을 받아

가면서 적을 격퇴하여 특수임무부대 편성이 큰 효과를 발휘했다.

지난밤에 남지교를 확보한 미 제27연대 제2대대는 영산의 위기를 구하기 위하여 공군지원을 받으면서 도로를 따라 영산을 공격했다. 박격포 지원을 받으면서 강력하게 저항하는 적을 격파하여 저녁 무렵까지 100여 명을 사살하고 기관총 12정을 노획하는 전과를 올렸으나 적의 완강한 저항에 이은 반격을 받아 영산을 구하지는 못했다.

이날 현재 영산 상황은 전선이 따로 없고, 전투정면도 없었다. 전투지구 내에는 피아의 부대가 섞여 있어 식별도 할 수 없는 지경에 있었다.

워커 사령관은 영산 지역에 진출한 적을 2개 대대 규모로 판단하고 마산에 있는 군 예비 미 제27연대 주력(제3대대)을 투입하여 영산 남쪽을 공격하도록 하였다.

후일 포로 진술에 의하여 적 제4사단은 11~12일 밤에 낙동강 도하를 완료한 것으로 확인했다.^{주)}　　　　　일본 육전사연구보급회 『한국전쟁』 [2] p196

이날 현재 남쪽 미 제25사단 지역에서 킨 작전이 적의 반격을 받아 밀리고 있었고, 대구 서남쪽 용포나루에서는 적 제10사단이 추가로 도하하였으며, 동해안 국군 제3사단이 압박을 당하는 등 전 전선 상황이 불리하게 돌아가 어느 전선에서도 증원을 필요로 하지 않는 곳이 없었다.

미 제8군은 그 중에도 낙동강돌출부를 가장 중요시하여 가장 강력한 예비대를 이곳에 투입한 것이다.

8월 11~12일 사이에 대구 서남방 용포나루에서 적 제10사단 일부가 도하하였는데 이 적이 남진을 하면 창녕으로, 동진을 하면 청도로, 북진을 하면 대구로 진출할 수 있는 위치에 있어 낙동강 서부 방면 작전에서 가장 어려운 고비를 맞이하고 있었다.

이때까지도 워커 사령관은 북한군 제4사단이 돌출부로 도하한 사실을 모르고 있었다. 미 제8군사령부 정보참모부는 남쪽 킨 부대 정면의 적이 너무나 완강하기 때문에 전에 접촉해 본 경험에 비추어 이 적이 적 제4사단 일부일 것이라는 생각을 했고, 또 용포나루로 도하하여 현풍으로 진출한 적이 제4사단일지도 모른다는 생각을 하고 있었기 때문이다.

워커 사령관은 미 제24사단이 겨우 2개 연대 규모의 적을 격퇴하지 못하고 오히려 압박을 받고 있는 상황에 대하여 크게 실망하였다.

미 제8군사령관 워커 장군은 13일 정오에 밀양에 있는 미 제24사단지휘소를 방문하고 회담하는 자리에서 처치 사단장이

"적 제4사단이 도하를 완료하고 전 병력이 돌출부로 진입하고 있다."

고 보고하자 "그런 사실을 들은 일이 없다."고 일축하고, 힐특수임무부대장에게 물었다.

"귀관은 영산동쪽의 적을 격퇴시킬 수 있겠는가?"

"예, 할 수 있습니다. 오늘밤 안으로는 소탕될 것으로 생각합니다."

처치 사단장은 영산 공격을 명령했다.주)　　일본 육전사연구보급회 『한국전쟁』 ② p198

워커 사령관이 사단사령부에 있는 동안 전선에서 보고되는 상황은 워커가 알고 있는 것과는 거리가 먼 것이었다. 비로소 워커 사령관은 처치 사단장 보고를 이해하고 미 제2사단 제23연대 제1대대를 미 제24사단에 배속하여 영산 공격에 합류하도록 했다.주)　　일본 육전사연구보급회 『한국전쟁』 ② p198, 199

미 제23연대는 8월 5일 한국에 도착하여 대구 근교에 머물고 있다가 이번에 처음으로 전투에 투입되었다.

8월 13일 아침에 추가로 증원된 미 제27연대 제3대대는 제2대대와 합류하여 영산을 공격하였고, 15시경에 영산 동쪽 고지를 탈환하고 힐특수임무부대와 연결하였다. 이 공격에서 야포 4문을 노획했는데 2문은 미군의 105mm곡사포이고 2문은 소련제 76mm곡사포였다.

미 제2사단 제23연대 제1대대는 밀양에서 전진하여 영산을 공격하고 적을 소탕하면서 영산 동쪽에서 미 제27연대와 만났다. 영산 동쪽과 남쪽 일대에 침투한 적은 미 제27연대와 제23연대의 협공에 걸려 많은 희생자를 내고 퇴각하여 밀양으로의 진출기도가 좌절됐다.

첫 전투에 참가한 미 제23연대 제1대대는 일사병 환자가 9명이 발생했고, 부상병은 단 1명이었다.

영산시내 주민의 희생은 많지 않았으나 가옥 2/3가 소실되었다.

클로버고지와 오봉리능선 반격전

| 미 제19연대, 미 제34연대, 미 제9연대

8월 14일 미 제25사단 제35연대 일부 병력이 증원되어 남지교 미 제27연대와 교대하였고, 미 제27연대는 제8군 예비가 되어 대구로 갔다.

처치 사단장은 힐특수임무부대에 클로버고지와 오봉리능선을 공격하도록 명령했다. 공격에 전투기 100대와 모든 포가 집중 지원하였다.

정면의 적은

제17연대*가 클로버고지 북쪽 미 제19연대 전면에,

제16연대가 클로버고지와 오봉리능선 일대에,

제18연대는 제16연대 후방에 각각 주력이 배치되어 있었고,

일부 병력이 돌출부 남쪽과 동쪽에 집결해 있었다.주)

국방부 「한국전쟁사」 제3권 p233, 234

* 인용문헌은 「창녕·영산 부근 전투」의 참전부대를 적 제4사단 제16, 제17, 제18연대로 표시해 놓고(p218) 「전투경과의 개요」에서는 제5연대, 제16연대, 제18연대로 기술하였다.(p233, 234) 본문에서는 제5연대를 제17연대로 기술했다.(제8권 「낙동강전선에 전개된 피아 전력」 「북한군 사단 소속연대」 참조)

힐 부대의 공격력은

제9연대 제1대대 599명, 제2대대 609명으로 70% 수준을 유지하였고,

제34연대 제1대대는 전투 병력이 약 1개 중대 이하이고,

제19연대 2개 대대는 전투 병력이 약 200명에 불과했으며,

각 중대에 장교는 거의 없다시피 했다.^{주)} 일본 육전사연구보급회 『한국전쟁』 [2] p200, 201

105mm곡사포 33문, 155mm곡사포 12문이 지원됐다.

병력이 가장 많은 제9연대 E중대의 경우는 10일부터 17일까지 사이에 중대장을 맡은 상사가 다섯 번이나 바뀌었고, 그 사이사이에 조단 하사가 다섯 번이나 중대를 지휘해야 할 정도였다.

미군 편제상 1개 대대의 정원이 883명인 것에 비하면 엄청난 손실을 보고 있었다. 적의 병력 손실을 감안하더라도

"이 병력을 가지고 적을 격퇴할 수 있을까?" 의문을 갖지 않을 수 없다.

돌출부 상공에는 구름이 낮게 깔리기 시작하더니 03시경부터 비가 내리기 시작했다. 기상 조건으로 공중지원은 중지되고 야포의 지원만으로 공격을 개시했는데 제13포병대대의 경우도 병력과 장비가 40%로 감소하여 충분한 지원을 기대할 수 없었다.

약 10분간에 걸친 준비 포격이 있은 뒤에 보병이 공격을 개시했다.

제34연대 B중대는 오봉리능선 상봉을 점령했다가 08시경 물러났다.

제9연대 2개 대대는 클로버고지를 공격했다. 치열한 격전 끝에 육박전이 벌어졌는데 제1대대는 1시간 동안에 60명이 전사하였다. 제9연대 전과는 클로버고지 한쪽을 점령하는 것으로 만족해야 했고 병력 부족으로 더 이상 전과를 확대할 수 없었다.

북쪽 제19연대는 아무런 소득이 없었고, 오봉리 남쪽 제21연대 제1대대는 적에게 완전 포위되어 많은 사상자를 내고 15일 03시경에 철수하여 새

로운 방어진지로 이동했으며, 제34연대 K중대와 L중대도 강기슭 진지에서 철수하고 말았다.

8월 15일 아침에 힐특수임무부대는 다시 공격을 시작했다. 비가 계속 내려서 공중지원이 불가능하여 공격성공 가능성은 희박했다. 제34연대 A중대와 B중대는 오봉리능선 중앙고지(117고지)로 돌진했다.

콜린스 중사가 지휘하는 A중대 제2소대는 산 정상으로 돌진하여 10보 거리에서 돌격사격이 시작됐고, 50분에 걸친 백병전 끝에 소대원은 10명으로 줄었다. 콜린스소대의 분전에도 불구하고 117고지는 점령하지 못했다. 대대에는 이를 지원할 예비 병력이 없었다.

콜린스소대 잔존 병력 10명은 부상자 9명을 데리고 철수하였는데 구호소에 도착했을 때는 모두 숨져 있었다.

제19연대와 제9연대 상황도 마찬가지였다.

힐 부대는 그동안 손실이 너무 큰데다가 사기마저 떨어져 전투력을 거의 상실한 상태에 있었다.

처치 사단장은 힐 부대지휘소를 방문하고 상황을 검토한 결과 적 제4사단도 전력이 많이 감소되어 곧 공격력이 상실될 것으로 판단되었으므로 전력이 회복될 때까지 공격을 중지하고 현진지를 고수하게 하였다.

워커 미 제8군사령관은 미 제24사단이 돌출부에서 적을 몰아내지 못한데 대하여 불만을 가지고 있었는데 한 술 더 떠서 공격을 중지하고 방어만 하겠다고 한 보고를 받고 밀양으로 달려갔다. 그러나 현재의 전투력으로는 다시 공격을 시켜 보았자 효과가 없다고 판단하고,

"해병여단을 줄 테니 하루 빨리 돌출부의 적을 구축하라."

고 했다. 그의 말에는 노기가 띠어 있었다. 워커 사령관의 이 말은 누구와도 협의 없이 혼자 결정한 것으로 그동안 미 제24사단의 공격 실패와 방어

만 하겠다는 사단장의 소극적인 태도에 화를 참지 못하고 돌발적으로 내뱉은 말 같다고 했다.주)   일본 육전사연구보급회 『한국전쟁』 [2] p203

워커 사령관은 대구로 돌아와서 해병여단을 투입하여 17일 아침에 반격하도록 지시했다.

북한군 제4사단 상황도 비참한 상태였다. 도하지점에 대한 미군 항공기의 폭격과 포격으로 사단 후방이 차단되면서 최소한도의 실탄과 식량이 보급되지 않아 영산에 진출한 제18연대의 경우 14일 이후 소화기 실탄은 한 발도 보급되지 않았고, 식사는 정량의 반으로 줄어 체력을 유지할 수가 없었으며, 의약품이 부족하여 치료를 못 받은 중상자는 대부분 죽게 버려두었으므로 살아있는 사람의 사기가 극도로 저하되었다.

보충병은 무기가 없었고, 훈련도 제대로 되지 않아 사역병으로만 활용했다. 그나마도 전황이 긴박해지자 반 이상이 탈영하여 제4사단은 전투의욕을 완전히 상실한 상태에 있었다.

15일 클로버고지 공격 때 있었던 일이다. 한 미군병사는 갑자기 호 속에서 뛰어나온 북한군 병사와 마주쳤다.

"이제는 저놈에게 잡혀 죽었구나?"주)   일본 육전사연구보급회 『한국전쟁』 [2] p202

체념하고 있었는데 오히려 북한군이 항복하겠다고 빌어서 안도하고 생포했다. 북한군의 사기가 어느 정도인가를 말해 주는 한 예다.

미 제8군 정보참모부는 11일 밤 이후 현풍 서쪽 돌출부에 숨어서 움직이지 않는 적이 북한군 제10사단 제29연대 주력이라는 것을 알아냈다. 미 제8군은 이 부대 동향에 대하여 비상한 관심을 가지고 주시했지만 도대체 움직이지 않아 기분 나쁠 정도라고 했다.

저들은 전의를 잃고 있었을 뿐 다른 이유는 없었다.

16일 클로버고지 일부를 점령하고 있는 미 제9연대가 적의 공격을 받고 많은 희생자를 내면서 진지를 내주었고, 미 제19연대와 제34연대도 확보하고 있던 오항고지에 적이 공격하여 격전을 벌이다가 후퇴했다.

후퇴 과정에서 많은 미군이 포로가 됐다.

힐 부대 병사들은 피로에 지쳐 호 속에서 구원병 오기만을 기다리고 있다가 기습공격을 받은 것이다.

▌미 제5해병연대, 미 제9연대

오봉리능선은 북에서 남으로 약 2km 가량 길게 병풍처럼 뻗어 영산과 돌출부를 가로막았고, 북쪽 102고지를 비롯하여 남쪽으로 109, 117, 143, 147, 153고지 등이 솟아있는 가파르면서 종심이 얕은 능선이다.

처치 사단장은 제5해병연대장 머레이(Raymond L. Murray) 대령 의견에 따라 먼저 해병대가 공격하여 목표인 오봉리능선 고지를 점령한 후에 미 제9연대가 클로버고지를 공격하기로 하였다. 해병대가 오봉리고지를 공격할 때는 사단 전 화력을 동원하여 지원하고, 해병대가 오봉리고지를 점령한 후에 제9연대가 공격할 때는 해병대가 지원하기로 하였다.

머레이 연대장은 적 주 진지를 오봉리능선 너머에 있는 206고지로 생각하고 오봉리능선에 있는 적을 가볍게 보고 한 판단이었다.

공격 개시 시간은 8월 17일 08시.

07시 25분부터 해병대함재기와 야포가 공격능선에 예비사격을 하고 공격개시 후에도 공격부대를 엄호하기 위하여 기총소사를 하게 하였다.

야포 총 49문이 적 주진지로 생각한 206고지를 집중 포격했고, 해병여단을 전담지원하는 함재기는 감감무소식으로 있다가 공격개시시간 직전에 야 전폭기 18대가 나타나서 오봉리능선을 단 한 차례 공격했는데 그 위력은 과히 장관을 연출했다.

오봉리 능선에서 돌진하는 미 제5해병연대 제13중대 할레 상병

해병연대는 제2대대가 오봉리능선을 공격하고 주력이 적 주진지로 인정되는 206고지를 공격하기로 하였다.

08시 정각 D중대와 E중대가 기동했다. 공격제대는 각 중대 30명씩으로 편성된 2개 소대로 계4개 소대 120명이 전부였다.

양 중대는 공격개시 지점인 125고지를 나와 개활지와 논을 가로질러 아무런 저항을 받지 않고 오봉리능선으로 접근했다.

D중대가 목표지점 102 및 109고지 5~6부 능선에 접근했을 때 갑자기

우측면 클로버고지 남단에 있는 두곡(頭谷) 부락으로부터 맹렬한 기관총사격을 받았고, 이어서 오봉리 부락으로부터 배후 사격을 받았으며, 잠시 후에는 공격제대 정면에 박격포의 탄막사격이 개시됐다.

D중대는 사상자가 속출하여 이대로 가다가는 전멸할 위기를 맞게 된다. 중대는 은폐물을 이용하여 몸을 숨기고 공격기회를 엿보고 있다가 돌격지원사격이 개시되었을 때 109고지 정상으로 돌진했다. 고지정상까지 돌진한 소대는 싱카(Michael J. Shinka) 소위가 지휘하는 D중대 제3소대 12명이었다. 적은 맹렬한 포격에 견디지 못하고 고지정상에서 물러나 피해 있었는데 미 해병대가 정상에 돌진하자 우측면에서 기관총 사격을 집중했고, 정상너머에 숨어있던 적은 방망이수류탄을 정신없이 던졌다.

순식간에 부상자 5명이 발생하여 더 버틸 수 없었다. 싱카 소위는 부상자 전원을 옷으로 말아서 질질 끌고 철수했다. 해병대 특유의 투혼을 엿보는 상황이다.

E중대는 제1, 제2소대가 143고지와 147고지 바로 밑에 있는 오봉리부락을 집중공격했다. 적의 심한 사격을 받아 공격이 좌절되자 예비 제3소대를 투입하여 E중대는 한 사람도 빠짐없이 공격에 가담하였다. 제2소대는 소대장이 전사하여 분산되었는데 이때 대대 81mm박격포가 정확하게 지원사격을 해 주어 다시 분기하여 잘 싸우고 있었다.

11시 30분경 중대 일부가 목표한 고지정상에 접근했다가 함재기가 공중폭격을 하는 바람에 물러났다.

미 해병연대는 오봉리능선 경사면으로 전폭기를 유도하여 폭탄과 기총사격을 우박처럼 쏟아 붓게 하고, 전차를 진출시켜 두곡리와 오봉리에 사격을 가하면서 재차 공격을 감행했다. 이번에는 클로버고지로부터 측면 사격과 고지 배사면(背斜面)으로부터 수류탄 세례를 받고 물러났다. 이번에도 고지정상에 접근한 소대는 싱카 소위의 제3소대 9명이었다.

싱카 소위는 이 전투에서의 공으로 동성훈장을 받았다.

정오 무렵 제5해병연대 제2대대는 4시간에 걸친 전투에서 전사 23명, 부상 119명의 인명손실을 보았다.

해병연대장 머레이 대령은 제2대대를 제1대대와 교대시켰다.

적도 해병대공격과 야포 및 함재기공격으로 막대한 손실을 입었다. 함재기와 야포는 적 전후방의 모든 목표물을 공격하여 야포와 박격포를 많이 파괴했고, 집결지와 보급소를 분쇄하여 적을 대혼란에 빠뜨렸다.

17일 16시 미 제24사단장 처치 소장은 전 사단에 공격명령을 내렸다. 해병대는 오봉리능선을, 제9연대는 클로버고지를 동시에 공격하도록 하였다. 지난번에 따로 공격한 것이 잘못이었다고 판단한 머레이 해병연대장의 건의에 따른 것이다.

공격개시 직전에 포병 화력을 오봉리와 클로버고지에 집중하는 한편 오봉리능선 각 고지 배사면에 깊이 호를 파고 숨어있는 적을 살상하기 위하여 VT신관(전파 작용에 의하여 지상의 일정 높이에서 폭파하도록 한 신관)을 사용하였고, 전폭기도 거의 수직으로 하강하여 호 속에 기총사격을 퍼부었다. 적진을 그야말로 초토화시켰는데 미 공간사는

"생지옥을 방불케 하였다."

고 그 참상을 표현하였고, 어떤 사람은

"포격과 폭격으로 오봉리능선이 허공에 뜬 것처럼 보였다."

고 했다.주) 일본 육전사연구보급회 「한국전쟁」 [2] p209, 210

포격에 힘입어 중앙으로 진출한 미 제9연대는 클로버고지를 무난히 점령했다. 해병연대 제1대대는 병풍처럼 깎아지른 오봉리능선에서 내려다보면서 사격하는 적과 맞서 고전하고 있었는데 클로버고지를 점령한 제9연

대가 우측에서 협공하여 마침내 북단 102고지를 17시경에 탈환하였고, 이를 발판으로 109고지와 117고지를 순차적으로 탈환하였다. 그러나 곧 좌측 143고지로부터 사격을 받고 117고지에서는 철수했다.

우측 미 제19연대는 오항 북쪽 고지를 탈환했고, 미 제34연대 주공 L중대는 배후로부터 사격을 받고 피해가 발생하여 공격이 좌절되었다.

이날 사단공격은 돌출부의 공격 중 최대 성과를 올렸고 전세를 유리한 국면으로 전환하는 계기가 되는 듯 했다.

앞서 해병연대장 머레이 대령이 적의 주진지를 오봉리능선 너머 해안 쪽에 있는 206고지로 판단하였으나 그것은 오판이었다. 후일 확인된 바에 따르면 적은 저들 제18연대와 제16연대 1개 대대를 오봉리능선에, 제16연대 주력을 클로버고지에 배치하고 어떠한 희생을 치르더라도 이를 확보한다는 결의를 다지고 있었던 것이다.

17일 20시경 오봉리능선 102고지를 탈환한 해병대 B중대는 적의 역습에 대비하여 진지를 구축하고 있었다. 저녁 무렵 T-34전차 4대가 석양빛을 받으며 앞서고 뒤에 보병 수백 명이 붙어서 도로를 따라 접근하는 것을 발견했다. 낙동강돌출부 전투가 시작된 이래 처음으로 등장한 전차다. 해병 제1대대장은 M-26퍼싱 중전차 3대와 75mm무반동총, 3.5인치 로켓포 2문을 추진시켜 대비하면서 항공지원을 요청했다.

해병함재기 F-51 무스탕 3대가 날아와서 전차를 공격했으나 효과가 없었다. 전차는 흙먼지를 일으키며 계속 접근했다.

선두전차가 고개 모퉁이에 모습을 나타냈을 때 90m 거리에서 로켓포를 발사했다. 무한궤도에 명중한 것 같았는데 전차는 기관총과 85mm전차포를 난사하면서 계속 돌진했다. 두 번째 로켓포탄이 명중되었을 때 거의 동시에 무반동총탄도 명중했다. 전차동체에 구멍이 뚫리면서 전차는 멈췄으나 사격은 계속되었다. 선두에 있던 퍼싱전차가 100m 지점에서 90mm주 포로 직격탄을 퍼붓자 적의 전차는 화염을 토하며 사격이 멎었다.

두 번째 전차는 로켓포탄 한 발로 격파했고, 세 번째 전차는 고개 모퉁이에 나타났을 때 두 번째 퍼싱전차가 한 발의 직격탄으로 파괴했다.

네 번째 전차는 고개 남쪽에서 F-51 무스탕기가 파괴하였고, 전차를 따르던 보병은 괴멸되었다.

102고지를 점령한 해병대원들은 눈 아래에서 펼쳐지고 있는 이 광경을 구경하면서 쾌재를 불렀다.

해병연대 우측 미 제34연대와 제19연대는 오후 늦게 공격을 시작하였다. 이때는 공군기와 야포가 오항고지를 강타한 뒤였다. 제34연대 L중대는 사상자가 많이 났고, 제19연대는 해질 무렵 오항고지를 점령했다.

오봉리능선 탈환 – 적 제4사단의 패주

17일 밤, 해병연대 B중대는 102고지에서 109고지와 117고지 사이에 있는 안부(鞍部)에 방어진지를 구축하였고, A중대는 117고지 동쪽 비탈에 방어진지를 구축하여 B중대와 연결하였다.

밤에 미 해병대 무전기에 북한군의 전파가 잡혔는데 그 교신 내용은 돌출부 지휘관인 듯한 사람이 탄약이 떨어진 것을 이유로 철수를 건의하자 상급지휘관인 상대가 화를 내면서 이를 불허하고 최후까지 싸울 것을 독려하며 역습을 명령하는 내용이었다.

해병대는 병력의 1/4만 배치하고 나머지는 휴식 중에 있었는데 즉시 비상배치하여 역습에 대비했다.

18일 02시 30분경 청색신호탄이 오르면서 117고지에서 적 기관총이 불을 뿜기 시작했고, 각 소대진지에는 수류탄이 날아들었다. 해병연대 제1대대는 81mm박격포로 조명탄을 발사하여 부근 일대를 대낮같이 밝혔다. 적은 117고지에서 기관총이 불을 뿜으면서 지원사격을 계속했고, 공격부대는 수류탄 조와 다발총 조로 나누어 교대로 육박했다.

A중대 제2소대는 육박하는 적 1개 소대를 맞아 자체 병력으로 30분에 걸쳐 3차례나 공격을 물리쳤으나 03시경 진지를 빼앗겼다. 이어서 이 적은 제2소대 등 뒤에 있는 A중대지휘소를 기습하여 중대지휘소가 철수하였고, 좌측면이 노출된 제1소대마저 철수할 수밖에 없었다.

A중대 철수보고를 받은 대대장 뉴턴(George R. Newton) 중령은 대대적인 해병여단의 포격지원을 받으면서 대대 81mm박격포를 가세시켜 적진지를 불바다로 만들었다.

새벽에 적은 아군포격에 대부분이 희생되었고, 살아남은 자는 117고지의 기관총 엄호를 받으면서 퇴각했다.

미 해병연대는 지난밤 전투에서 많은 손실을 입었다. B중대는 195명 중에서 110명이 살아남았고, A중대는 185명 중에서 90명이 살아남았다.

A중대와 B중대 전면에서 적 시체 183구를 확인했다.주)

국방부 『한국전쟁사』 제3권 p248

해병 제1대대는 손실이 커서 재편성한 후 A중대 제3소대가 117고지를 공격했다. 적은 기관총을 응사하면서 완강하게 저항했다. A중대장 요청으로 해병함재기 1대가 날아와서 적진에 폭탄 250kg을 투하했다.

제3소대가 고지정상에 진출했을 때 적은 모두 죽어 있었고 세차게 끝까지 불을 뿜어대던 기관총은 파괴되어 있었다. 제3소대는 이어서 143, 147, 153고지 등 오봉리능선을 모두 점령했고, 경미하게 저항하던 적은 모두 도망쳤으며 일부의 적은 사살되었다.

해병 제3대대는 제1대대가 오봉리능선을 공격하고 있는 동안 강안의

206고지와 강쪽 마지막 능선인 311고지를 탈환했다.

해병 제3대대가 입은 피해는 전사 66명, 실종 1명, 부상 278명이었다.

미 제19연대와 제34연대는 해병대 우측면에서 서진하여 강안 일대를 점령하고 19일 아침에 낙동강에서 해병대와 만났다.

미 제19연대 병사들은 오항고지를 점령한 후 북한군 병사 약 100명가량이 10~15명씩 조를 짜서 낙동강 서쪽으로 이동하는 것을 멀리서 보았고, 곧 전투기가 날아와서 저들을 기총소사로 섬멸했다고 말했다.

미 해병대는 이 전투에서 122mm곡사포 등 각종 포 34문, 중기관총 18정, 경기관총 63정, 3.5인치 로켓포 1문과 SCR-300무전기 다수를 노획했고, 적 시체 1,200여 구를 매장했다.주) 일본 육전사연구보급회 『한국전쟁』 [2] p216

미 해병대는 노획한 포를 수리하여 18문을 낙동강전선에 배치하였다.

포로가 된 북한군 군관의 진술에 따르면 이 전투 마지막 무렵 적 제4사단 총 병력은 3,500명이었고, 보병연대 병력은 300~400명 수준이라고 했다.

북한군 최정예사단의 면모다.주) 일본 육전사연구보급회 『한국전쟁』 [2] p216

더욱 웃기는 일은 적 제4사단이 낙동강에서 패주한 다음 날인 8월 19일 북한군총사령부는 적 제4사단이 대전을 점령한 공을 치하하여 수호사단(守護師團)이라는 칭호를 내렸다.주) 국방부 『한국전쟁사』 제3권 p250

이 사단은 존재조차 없어졌다가 50년 12월에 재편성되었다.

미 제5해병연대는 8월 19일 미 제8군 예비가 되어 창원으로 이동했다.

3. 마산 부근 방어전

마산의 위기 – 시간과의 싸움

　7월 30일 UN군 주력이 김천에서 영덕에 이르는 선에서 격전을 치르고 있을 때 생각지도 않게 서남부로 우회한 적 제6사단의 강편치를 맞고 진주가 함락되면서 부산 관문 마산방어가 화급을 요하게 되었다.

　이때가 워커 사령관이 말한

　'미군의 중원부대가 부산에 도착하는 것이 빠른가?'

　'적이 부산을 점령하는 것이 빠른가?'

라는 소위 시간과의 싸움이 카운트다운에 들어간 상태였다.

　워커 사령관은 이 시간과의 싸움에서 가장 취약지구로 판단한 곳이 마산이었다. 만약에 마산이 적의 수중에 들어가면

　"적의 부산 점령이 빠르다."고 보고 이 위급에 대처하기 위하여 보은가도에서 지연작전을 마치고 왜관에 집결한 미 제8군 유일한 예비대 미 제27연대를 급히 마산으로 이동시켰고, 이어서 7월 31일 부산에 도착 예정인 미 제5연대전투단을 마산에 투입하기로 결정하였던 것이다.

　이 시간과의 싸움이 절박했던 상황을 전사는 이렇게 표현했다.

　"7월 30일, UN군 주력이 김천에서 영덕에 걸친 선에서 격전을 치르고 있을 때, 진주가 위급하게 되자 부산의 관문인 마산의 방어가 화급을 요하는 상황이 되었다. 이때가 미 본토로부터의 중원부대가 부산에 도착하기 직전이었다. 즉 7월 31일에는 하와이의 미 제5연대전투단, 미 제2사단 제9연대. 8월 2일에는 미 제1해병여단, 3일에는 제8072중전차대대, 5일에는 미 제23연대, 7일에는 3개 중전차대대 등이 각각 부산에 도착하기로 되어 있었다. 그러나 당장 내일이라도

북한군이 부산으로 쇄도한다면 이러한 증원부대를 상륙시킬 항구가 없어지게 될 순간이기도 하였다.

「북한군이 부산을 점령하는 것이 빠른가, 증원군이 부산에 상륙하는 것이 빠른가?」의 경쟁, 다시 말해서 '시간과의 싸움이 시작된 셈이었다. 부산을 안전하게 방어하려면 무엇보다도 마산을 확보해야만 가능한 일이었으나, 미 제24사단에게는 그러한 힘이 없었다."(일본 육전사연구보급회『한국전쟁』2 p50, 51)

실제 상황에 있어서는 부산이 아니라 마산이었다. 마산은 부산에 가장 가까우면서 가장 위급한 상황에 처해 있었기 때문이다. 그래서
"증원군을 마산에 투입하는 것이 빠른가, 적이 마산을 점령하는 것이 빠른가?"의 싸움이었던 것이다.

마산은 부산 서쪽 45km 지점이다.

마산은 인구 15만 명으로 경상남도 제2의 도시다. 호남 방면과 서부경남 지역에서 부산에 이르는 서쪽 관문이고, 경전선 철도와 부산~목포 간을 잇는 2번 국도가 지나간다.

진주에서 마산에 이르는 길은

① 진주~무촌리~진전~진동~마산 서쪽으로 이어지는 2번 국도(남쪽 길)

② 진주~무촌리~군북~함안~마산 북동쪽으로 이어지는 도로(북쪽 길, 경전선 철도 및 1004번 지방도와 병행)

③ 진주~사천~고성(33번 국도)~진동(14번 국도)을 거쳐 ①로 이어지는 코스(남해안 길)가 있다.

마산에서 부산에 이르는 길은

창원~김해~부산(14번 국도)과

창원~진해~부산(2번 국도)으로 이르는 도로가 있고,

5번 국도를 통하여 대구로 이어진다.

미 제24사단이 혈전을 치르고 있는 남지~창녕을 거치는 길이다.

전면 적은 우리에게 많은 궁금증을 불러일으킨 적 제6사단이다.

이 사단은 천안에서부터 행방이 묘연한 상태에서 7월 22일 전주를 점령하고 광주를 거쳐 제13연대는 목포로, 제14연대는 보성으로, 제15연대는 여수로 각각 갔다가 순천에 집결한 후 동진하여 진주를 점령하였는데 그때서야 비로소 미 8군은 이 적이 제6사단이라는 것을 알았다.

적 제6사단은 부산을 목표로 마산으로 진출하였다.

미 제24사단 제19연대는 8월 1일 진주고개에서 철수하여 진주~마산 간 북쪽 길 중암리(中岩里-함안군 郡北面) 서쪽에 있는 패방산(掛榜山 455고지-일명 큰어식재) 능선을 점령하였다.

제1대대(리어 중령)를 우 일선에,

민 부대(약 600명)를 좌 일선에

각각 배치하고,

제2대대(맥그레일 중령)와 산청에서 철수한 제29연대 제1대대(윌슨 중령) 및 하동에서 패주한 제29연대 제3대대(모트 중령)는 휴식과 재정비가 필요하므로 중암리에 집결시켜 예비대로 두었다.

미 제19연대 병력은 1,273명으로 제29연대 제1대대 745명, 제3대대 317명, 배속된 민 부대 약 600명이었다.주) 일본 육전사연구보급회 『한국전쟁』 [2] p62

미 제19연대가 패방산에 방어진지를 점령하기에 앞서 7월 31일 저녁에 제1대대가 진주고개를 지키고 있었기 때문에 진주~마산 간 북쪽 길은 통제할 수가 있었으나, 진주~마산 간 남쪽 길과 사천~고성을 거치는 우회도로는 무방비상태에 있었다.

워커 사령관은 이 길목을 통제하기 위하여 두 길이 합쳐지는 진동리(鎭

東里-마산시 진동면, 마산 서남쪽 약 8km 지점) 방면에 미 제25사단 제27연대를 투입하여 방어선을 형성하도록 하였다.

7월 31일 밤 미 제24사단장 처치 소장은 미 제19연대장 무어 대령과 제27연대장 미카엘리스 대령을 마산 서북쪽 중리(中里-마산시 內西邑)로 불러 회합을 갖고 구두로 위와 같이 부대를 배치하도록 지시하였다.

제19연대는 중암리에 집결 중이었고, 제27연대는 이동 중이었다.

미카엘리스 대령은 처치 사단장 지시를 반대로 이해하여 미 제27연대가 중암리를 점령하는 것으로 잘못 알고 있었다.

미군이 S형으로 굴곡진 가파른 산악으로 진군한다.

8월 1일 03시 연대가 도착하자 중암리에 집결시켜 놓고 연대를 배치하기 위하여 쾌방산을 정찰하던 중 정찰 나온 미 제19연대 작전주임 보좌관을 만나 잘못 이해한 사실을 알게 되었다.주)   국방부 『한국전쟁사』 제3권 p254

미카엘리스 대령은 그동안 무방비상태가 된 남쪽 도로를 이용하여 적이 마산에 침투했을 것 같은 위기감 속에서 즉시 부대를 진동리로 이동하여 이날 오후에 진동리 서쪽에 있는 곡안리(谷安里-마산시 鎭田面) 서쪽 도로(2번 국도)변에 부대를 배치했다.

미카엘리스 연대장이 정찰을 위하여 곡안리로 나갔다가 처치 사단장을 만났다. 사단장은 미 제27연대의 배치를 지도하기 위하여 진동리까지 갔다가 연대가 보이지 않자 곡안리로 연대를 찾아 온 것이다.

이러한 와중에서 부대전개가 늦어지는 사이 적은 이미 곡안리 전방 산악지대에 진출하였으므로 수색대를 침투시킬 수 없었다.

쾌방산 전투 - 미 제19연대

8월 1일 미 제24사단장 처치 소장은 전날 양 연대 전방의 지형과 적정을 살펴봤는데 별다른 적의 움직임이 발견되지 않았다. 처치 사단장은

"과연 적 제6사단이 여기까지 진출해 왔을까?"

하는 의문을 갖게 되었다. 진실로 적 제6사단이 이 정면에 와 있다면 이런 전세의 분기점에서 가만히 있을 리 없다고 판단됐기 때문이다.

만약에 적이 전면에 와 있다면 앞으로의 전투지휘를 위하여 적 주력의 위치를 알아내야만 했었다. "무슨 방법이 없을까?" 하고 궁리하던 중에 전차 1개 중대가 마산에 도착했다는 보고를 받았다.

이 전차가 제5연대전투단에 배속된 제89전차대대 A중대의 M-26퍼싱전차* 14대다.주)   일본 육전사연구보급회 『한국전쟁』 [2] p81

7월 31일 부산에 상륙하여 이날 마산에 도착한 것이다.

> * 인용문헌(주)은 다른 쪽(p64)에서 "M-4A-3로 개조한 50대의 중전차로서 임시로 편성한 제8072전차대대(제89전차대대의 한국도착 전 이름)의 A중대"라고 하여 전차의 형을 M-4A-3인 것으로 기술하였고, 또 국방부 『한국전쟁사』 제3권(p29)도 A중대의 전차를 M-4A-3으로 기술하였는데 그렇게 되면 제89전차대대는 M-4A-3전차만을 보유한 것이 되어 뒤 문헌(p316)이 각 전차대대는 "M-26퍼싱전차와 M-4A-3인 셔먼전차를 균등히 갖고 있었다."는 기술과 다르므로 본문은 A중대의 전차를 인용문헌에 따라 M-26퍼싱전차로 정리하였다.

처치 사단장은 이날 저녁에 전차 1개 소대씩을 각 연대에 배치하고

"다음날 06시에 사용 가능한 모든 전차를 기동하여 진주를 향해 공격하면서 위력 정찰을 실시하라." 고 명령했다.

미 제27연대장 미카엘리스 대령은 제1대대에 정찰임무를 맡겼다.

미 제19연대장 무어 대령은 위력수색 명령을 받고 별로 내키지 않았으나 도리 없이 배속된 제29연대 제1대대에 위력수색을 지시하였다.

8월 2일 05시경 미 제29연대 제1대대는 배속된 전차 1개 소대(중전차 5대) 및 장갑차 4대와 트럭 22대 그리고 공병1개 소대로 차량화정찰대를 편성하고 C중대원 5명씩을 전차와 장갑차에 태워 정찰에 나섰다.

중암리를 출발한 차량화정찰대는 07시경 미 제19연대 제1대대가 배치되어 있는 큰어식재를 통과하여 선두전차가 100m 가량 내리막길을 내려갔고, 그 뒤를 따르던 트럭 13~14대가 막 고개를 넘어섰을 때 200m 전방에서 적 기관총 3대가 불을 뿜어댔다. 전차에서 내린 사병들은 대부분 총에 맞았고, 일부는 도랑으로 뛰어들었는데 그곳에는 이미 적이 잠복해 있어 격투가 벌어졌다. 전차에는 도랑에서 기어 올라온 적병이 거머리처럼 달라붙었다. 전차병은 이들을 떨쳐버리려고 기관총을 쏘면서 400m를 넘게 달려가다가 적의 박격포탄이 선두전차에 명중하여 전차병 2명이 전사하고

전차는 멈추었다.

뒤따르던 장갑차와 트럭이 되돌아가려고 했을 때 후미 트럭이 대전차포에 맞아 불타는 바람에 퇴로가 막혀 장갑차와 트럭은 모두 공격을 받아 불에 탔고, 트럭에서 내린 사병들은 도로가 논둑으로 산개했으나 적에게 포위되어 모두 포로가 되었다.

고개 바로 밑에서 자고 있던 제19연대 제1대대장 리어 중령은 치열한 총소리와 포 소리에 잠이 깨어 고개로 올라왔다가 그 곳에 있는 제29연대 제1대대장 윌슨 중령을 만났다. 리어 중령은

"조심하게! 연못이 있는 저 쪽은 적이야. 내가 지원을 해 주지."

하고는 윌슨대대를 지금 적이 공격하려고 하는 정면으로 밀어 넣고 말았다.

이번 사태를 유발한 원인은 이렇다.

괘방산진지를 점령하기 위하여 일선부대가 산으로 올라갔을 때는 날이 어두워져서 착오가 발생하고 있었는데 아무도 모르고 있었다.

민 부대가 점령할 진지는 제19연대 제1대대 좌측면 오봉산(五峰山-525고지)에서 뻗어 내린 지맥이었는데, 밤중에 지형을 분간하지 못하고 길게 뻗은 산맥 가장 높은 곳을 점령한 때문에 진지가 좌측으로 치우치게 되어 우측면 제19연대 제1대대와 사이에 2.5km나 되는 간격이 생겼다.

미 제19연대 제1대대는 우측 괘방산을 점령하기로 되어 있었으나 정상을 점령할 B중대가 가파른 정상을 밤중에 올라가기가 어렵게 되자 다음날 아침에 점령하기로 하고 8부 능선 은폐된 지점에서 잠을 잤다.

그리고 무슨 이유인지 제29연대 제1대대가 위력수색을 한다는 사실을 제19연대 제1대대는 알지 못했다. 그로 인해 전면에 배치된 제19연대로부터 작전상의 협조나 지원을 받지 못하여 제29연대 제1대대는 무방비상태로 노출되고 말았다.

이렇게 하여 무어 연대장이 구상한 패방산진지는 커다란 구멍이 생겼고, 우측면 거점을 점령하지 못한 채 날을 맞이했던 것이다.

2일 날이 밝기 전에 적은 다른 방향에서 패방산 정상을 점령하고 있다가 8부 능선 은폐지에서 자고 있는 B중대를 발견하고 기습공격하여 중대장과 수명을 사살한 후 도로로 내려와서 도로 부근에 배치된 미 제29연대 제1대대와 제19연대 제1대대를 공격했고, 또 기계화정찰대를 공격한 정면의 적은 도로가 도랑에서 미군 포로를 방패로 앞세우고 도로로 진출하였으며, 저들 적 일부가 제19연대 제1대대와 민 부대 사이로 침투하여 후방 중박격포진지를 유린한 다음 도로를 차단했다.

제19연대 제1대대와 제29연대 제1대대는 고개를 확보하고 있었으나 서로 뒤섞인 상태에서 사방으로부터 사격을 받았고, 은밀히 침투한 적에 의하여 교란되면서 백병전이 전개되었는데, 설상가상격으로 우군기의 오폭까지 받아 대혼란에 빠졌다.

이 와중에서 제29연대 제1대대 C중대가 패방산 정상을 탈환하여 우측면의 위협을 제거하였다. C중대는 12명의 사상자를 냈는데 이는 아군의 오인사격 때문이었다. 이처럼 피아의 식별이 어려운 상황이었다.

제19연대 제1대대(리어 중령)와 민 부대 간격을 이용하여 침투한 적은 예비대인 제19연대 제2대대(맥그레일 중령)가 역습하여 격퇴했는데 역습과정에서 민 부대를 적으로 오인하고 사격하는 바람에 민 부대는 앞뒤에서 협공을 당하는 것으로 착각하고 철수하는 해프닝이 벌어졌다.

무어 연대장은 민 부대의 철수로 공백이 생긴 지역에 제29연대 제3대대(모트 중령)를 투입하여 위기를 모면하였으나 주변에 5개 대대 병력이 혼합되어 서로의 부대를 식별할 수 없었다.

오후가 되면서 적의 공격은 멈추었다.

전투가 끝나자 정면에 나타난 적 규모에 대한 판단이 나왔는데 사람에 따라서 1개 연대에서 2개 중대까지로 의견이 달랐다. 후에 확인된 바에 따르면 적은 제13연대 1개 대대 또는 2개 대대 규모로 판단되었다.

미군 피해는 약 90명으로 밝혀졌다.주)   일본 육전사연구보급회 『한국전쟁』 [2] p68

진동리 전투 - 미 제27연대

8월 2일 04시 미 제27연대 제1대대장 체크 중령은 미 제8야전포병대대 A포대와 셔먼전차 1개 소대(4대)를 배속받아 차량화정찰대를 편성하고 진동리를 출발하여 진주에서 마산 방향 북쪽 길과 남쪽 길의 갈림길인 무촌리(武村里-진주시 寺奉面) 쪽으로 진격했다.

정찰대가 대천리(大川里-진주시 一班城面) 부근에 이르렀을 때 길가에서 적병 약 30명이 모포를 뒤집어쓰고 자고 있는 것을 발견하고 기습하여 대부분을 사살하고 2명을 포로로 잡았으며 일부는 도주했다.

09시경 목표지점 무촌리에 이르렀을 때 장군대산(將軍臺山, 482고지)의 진주고개에서 내려오는 적 보급차량 행렬과 마주쳤다. 기습사격을 하자 적은 차량을 버린 채 도주했고 보급차량 10여 대를 노획했는데, 차량에는 식량, 탄약, 피복, 의약품 등이 가득 실려 있었다.

미군 정찰기에서 통신통을 투하하여 다음과 같은 정보를 주었다.

"적의 후속 차량종대가 고개에서 되돌아가고 있다."

정찰대는 이 정보를 듣고 전차 4대를 고개로 진출시켰다. 이때 미군 전폭기 편대가 와서 이 적을 공격했고, 정찰대도 이에 합세하여 공격에 가담했다. 적은 병력을 점점 증가하여 시간이 갈수록 저항이 완강해졌다. 정찰대는 보병 진격을 멈추고 전차 4대만이 진격하였는데 우 전방 65m 지점 부락에서 적 대전차포 3문이 포격하여 순식간에 2번 전차가 주저앉았고, 3번 전차가 불타기 시작했다. 이때 지원포병이 적 대전차포를 제압하여 보병이 이 포를 노획했다. 75mm평사포였다.

체크 대대장은 주저앉은 전차를 수리하여 공격을 계속했으나 뜻대로 되지 않았고, 이러는 동안 후방으로부터 적의 사격을 받기 시작했다.

미 제27연대장 미카엘리스 대령은 07시가 지나서야 미 제19연대장 무어 대령으로부터 통보를 받고 괘방산 전황을 알았다. 이때는 체크 대대 후방이 차단되었고, 발산고개로 진출한 E중대가 공격을 받고 있었다.

2일 15시경 미카엘리스 연대장은 포로 진술과 정보를 종합 판단한 결과 전면에 나타난 적은 제6사단 선견대이고 주력은 진주고개에 있는데 곧 공격을 개시할 것이라는 사실을 알았다.

미카엘리스 연대장은 정찰 목적이 달성되었으므로 정찰대에 철수명령을 내렸다.

17시가 조금 지난 시각에 연락기가 체크 대대에 통신통을 투하했다.

"귀 대대는 복귀할 것. 대대 후방은 적에 의하여 전부 차단되었다. 전차를 선두로 하여 돌파하라. 포 사정거리에 도달하면 지원할 것이다."

체크 대대장은 불탄 전차를 견인하는 전차를 앞세우고 나머지 전차와 장갑차를 후위로, 보병은 양쪽 고지를 통하여 철수를 시작했다. 상공에서 우군기가 엄호했다. 적은 곳곳에 함정을 만들어 놓고 여러 차례 기관총과 소총사격을 하면서 공격했으나 전차포를 쏘고 보병이 돌격하여 제압하면서 봉쇄지역을 돌파하여 봉암리에 이르렀고, 지원포병이 철수부대를 엄호하기 시작했다. 포병은 아군 뒤를 따라오는 1개 대대 규모의 적에게 포격을 집중하여 250여 명을 사살했다.[주]1

3일 01시 체크 대대는 무사히 철수하여 진동국민학교에서 야영에 들어갔다. 체크 대대의 피해는 30명이 사상했다.[주]2   1, 2 국방부 『한국전쟁사』 제3권 p258

미 제27연대 제1대대장 체크 중령은 보병, 포병, 전차, 공병으로 편성한 차량화정찰대를 훌륭하게 지휘한 공으로 십자훈장을 받았다.

진동리에 있는 진동국민학교에는 미 제27연대본부와 제1대대가 주둔하고 있었고, 교정에는 제11포병대대 A포대(155mm곡사포)가 포진하고 있었으며, 근처에 제8야전포병대대의 진지가 있었다.

진동리는 진주에서 마산에 이르는 남쪽 길에서 북쪽 길 함안으로 이어지는 도로 분기점이다.

3일 07시경 연대본부와 체크대대(제1대대)가 아침식사를 끝내고 휴식을 취하고 있을 때 학교 뒤쪽 255고지에서 적이 기관총을 포함한 대규모 화력으로 기습사격을 했다. 255고지에는 분초가 나가 있었으나 보초병은 태연하게 접근해 오는 적병을 보고 이웃에 배치된 국군이 지원오는 것으로 착각하고 아무런 경계도 하지 않았고, 일부는 자고 있다가 기습을 받았다.

기관총과 다발총 그리고 수류탄이 집중되자 순식간에 학교 안은 아수라장이 되었다. 이 와중에 발광한 병사 한 사람이 기관단총을 주위의 전우에게 난사하는 불상사가 발생하여 혼란은 극에 달했는데 어떤 장교가 그 병사의 팔을 쏘아 진정시켰다.

연대장과 대대장이 집중되는 적탄을 무릅쓰고 운동장으로 뛰어나와서 차량 밑에 숨어 들어간 병사들을 끌어내 공격하도록 독려하고, 보·전·포 합동으로 적의 화력을 제압하여 간신히 혼란을 수습했다.

체크 대대장은 A중대장 웨스턴 대위에게 255고지 적을 제압하라고 명령하였다. A중대는 고지를 공격하여 저항하는 적을 물리치고 고지를 점령했다. 중대장 웨스턴 대위는 공격 중에 발에 부상을 입자 내려와서 응급치료를 받고 다시 올라가서 공격을 했다. 이렇게 3번을 부상하고도 공격을 계속하여 고지의 적을 완전히 격퇴했다.

A중대가 255고지를 점령한 얼마 후 북한군을 만재한 30여 대의 차량종대가 함안도로를 따라 남진하여 진동리 북쪽 1km 지점에서 하차하였는데 제8포병대대가 이 좋은 표적을 놓치지 않고 포격을 집중하여 거의 섬멸하다시피 하였고, 일부가 산 속으로 숨어 들어갔다.

적은 시체 600여 구를 버리고 13시경에 완전히 자취를 감추었다. 적 시체가 가장 많이 버려져 있는 곳은 집중포격을 받은 하차지점이었다.

미 제27연대 제1대대는 이 전투에서 전사 13명, 부상 40명을 내는 피해를 입었다.주) 　　　　　　　　　　　　　　　국방부 「한국전쟁사」 제3권 p259

적 제6사단장 방호산은 미군의 방어태세가 흐트러진 틈을 타서 방어병력이 없는 진동리와 마산을 공격하면 쉽게 점령될 것으로 생각하였다.

방호산은 제14연대가 공격하여 일부 병력으로 진동리를 점령하고 주력으로 마산을 공격키로 하고 3일 아침에 1개 대대가 진동리 연대지휘소와 포병진지를 습격했는데 뜻밖에도 보병부대의 반격을 받아 큰 손실을 입고 퇴각하게 되자 이를 회복하기 위하여 1개 대대를 차량으로 증원했는데 이마저 하차지점에서 섬멸되고 말았던 것이다.

적장 방호산은 무촌리에 나타난 체크 정찰대가 철수한 사실은 알았으나 진동리에 와 있다는 사실은 모르고 있었던 것이다.

미 제27연대 통신대는 적이 도로변에 가설된 체신전화선을 이용하여 통신을 유지하고 있는 사실을 알고 도청했다. 적 제6사단장 방호산이 제14연대장에게 작전 실패의 책임을 추궁하였고, 사단 보급소가 서북산(西北山-739고지) 서북쪽 광산촌 둔덕(屯德-마산시 진전면)에 있다는 것과 예비 제15연대가 공격을 준비하고 있는 사실을 알았다.주)일본 육전사연구보급회 「한국전쟁」 [2] p73

동북의용군 출신으로 개전 이래 승승장구하면서 기고만장하던 적 제6사단은 제13연대가 쾌방산에서 참패하고 제14연대는 진동리에서 괴멸되어 사단 전투력이 반으로 감소했고, 전차와 장갑차는 연료 부족으로 움직일 수 없게 되었다. 부산점령의 꿈은 허망하게 무너졌다.

8월 3일 마산서부지구에서 전투가 한창일 때 미 제25사단이 마산으로 이동했고, 새로 한국전에 투입된 제5연대전투단이 마산에 집결하여 미 제8군이 우려한 서남부 방면의 최대 위기는 모면했다.

시간 싸움에서 미 제8군이 이긴 것이다.

진동리 전투 – 한국 해병대

8월 1일 13시 김성은 중령이 지휘하는 해병대(김 부대)는 진주에서 마산으로 철수하여 부대를 정비할 여유도 없이 서부지구전투사령관 이응준 소장으로부터 다음과 같은 작전명령을 받았다.

"해병대는 마산으로 진격하는 적을 군북에 배치된 민 부대와 협동하여 진동에서 저지 섬멸하라."

마산 북쪽 길은 미 제19연대가 패방산 일대에서 방어선을 형성하였고, 남쪽 길은 미 제27연대가 진주고개에서 적을 저지하고 있었는데 이 미군 양 연대 중간을 국군 해병대와 민 부대가 메우기로 한 것이다.

22시 30분 해병대는 진동을 거쳐 고사리(姑舍里-마산시 진전면)에 부대지휘소를 설치했다.

적정은 진주를 점령한 적 일부가 고성으로 우회하여 진동 서남쪽 12km 지점 배둔리(背屯里-고성군 會華面, 마산~고성 간 14번 국도변)에 진출했고, 무촌리에서 동진하는 적은 봉암리로 진출할 것이 예상되어 해병대는 제3중대를 봉암리 북쪽 능선에, 제7중대를 그 후방 344고지에 배치했다.

중화기 중대인 제1중대는 차량이 부족하여 함께 이동하지 못하고 2일 오후 고사리로 이동하였는데 진동을 지나 곡안리 부근에 이르렀을 때 기습을 받고 중대장 이하 9명이 부상했다. 기습한 적은 1개 분대 규모 정찰대로 민간복장을 하고 있었으나 이를 간파하고 공격하여 격퇴했다.

중대장은 전방에 더 많은 적이 있을 것으로 예상하고 더 나아갔다가는 함정에 빠질지도 모른다는 판단 아래 중대를 이끌고 진동리로 되돌아 와서 본대와 연락을 유지하려고 애를 썼으나 본대의 행방을 알지 못하고 있다가 4일에야 비로소 본대가 함안에 있다는 것을 알고 합류했다.

3일 미명에 약 1개 대대로 추산되는 적이 전차와 모터사이클을 앞세우고 무촌리에서 봉암리에 있는 제7중대진지로 접근하였다. 제7중대와 제3중대는 전투준비를 하고 있다가 적이 100m 거리까지 접근했을 때 사격을 집중하였고, 불의의 기습사격을 받은 적은 혼란상태에 빠져 빈 몸으로 도망쳤다. 해병대는 전차 2대를 비롯하여 트럭 4대와 지프 2대, 기관총과 소총을 노획하는 전과를 올렸다.

06시쯤 배둔리로 우회한 적 일부가 제7중대진지 후방 469고지에서 사격했다. 제7중대는 배후의 적을 공격하였고, 제3중대는 측면에서 60mm박격포로 화력을 집중하였다. 08시경 적은 물러갔고, 해병대진지에서는 함성이 울려 퍼졌다. 해병대가 469고지를 점령하고 아래를 보니 적이 길 남쪽 담안의 소로를 따라 아군 진지로 접근하는 것이 보였다.

제3중대가 박격포와 기관총 사격을 집중했는데 이때 적은 제7중대를 공격하고 있는 저들 우군이 오인사격하는 것으로 착각했는지 수건을 흔들면서 사격을 중지하라는 신호를 보냈다. 해병대는 사격을 중지하고 저들이 접근하기를 기다렸다가 적이 소총사거리 안에 접근했을 때 사격을 집중하였고, 적이 당황하여 우왕좌왕하고 있을 때 미군 제트전투기가 와서 기총소사를 퍼부었다. 적은 지리멸렬하여 일부가 도주했다.

김성은 부대장은 무전기 고장으로 이응준 사령관과는 연락이 되지 않자 일단 부대를 철수하여 함안으로 떠났는데 이때 진동리는 이미 적에 의하여 차단된 것으로 판단했었다.

부현(夫峴, 일명 부대-진동 서북쪽 도상거리 7km)에 배치된 제2중대는 연락병을 보내서 철수하게 하였다. 그러나 연락병이 늦게 오는 바람에 부대가 철수하는 것을 모르고 있던 제2중대는 본대가 철수하여 접근하자 적으로 오인하고 사격했고, 본대 역시 제2중대를 적으로 알고 응사하여 잠시 사격전이 벌어졌으나 곧 우군임을 알고 중지하여 참화는 면했다.

해병대는 서북산에 이르러 정찰병이 철수로를 탐색하던 중 적과 조우하여 교전 끝에 장교 2명과 사병 2명을 사살하고 권총과 장총을 노획하였다. 김 부대장은 적이 서북산 일대에 침투하였다고 판단하여 사주방어를 하면서 밤을 새우고 다음날 06시에 기동하여 13시 40분 함안에 도착했다. 3일부터 연락두절로 보급이 안 되어 물 한 모금, 쌀 한 톨을 구경하지 못한 해병대는 심신이 극도로 지쳐 있었다. 그러나 사기는 높았다.

김성은 부대장은 부하장병에게

"해병대의 새로운 역사를 우리들의 손으로 창조하고 있다."

고 격려했다.

이 전투에서 해병대의 전과는 적 109명을 사살하고, 포로 6명을 잡았으며, 전차 2대, 트럭 4대, 지프 2대를 파괴하고 기관총 8정, 장총 19정, 다발총 28정, M1소총 3정, 카빈소총 8정, 권총 2정을 노획했다.

피해는 6명이 부상했다.

8월 4일 해병대는 미 제25사단으로 배속이 변경되었다.

5일 해병대는 미 제25사단 차량으로 진동리로 전진하여 함안도로 좌측 덕곡리(德谷里)와 부산리(富山里-이상 마산시 鎭北면, 진동 서북쪽) 능선 일대에 진지를 점령하고 서북산 쪽에서 침투하는 적에 대비했다.

이 지역에는 미 제27연대가 8월 1일부터 방어를 맡고 있었다.

6일 미명, 3일 전에 미 제27연대 제1대대에게 타격을 받고 물러났던 적 제14연대가 병력을 정비한 다음 야반산(夜半山, 342고지 - 일명 여우고개)을 점령하여 마산~진동 간 병참선을 위협하기에 이르렀다. 미 제27연대가 일부 병력을 투입하여 역습했으나 지형이 불리하여 탈환하지 못하였다.

06시 해병대 제3중대는 야반산을 반격하여 2시간에 걸친 격전 끝에 적을 격퇴하고 야반산을 점령했다. 고지정상에는 적병 시체 3구가 유기되어 있었고, 일대는 유혈이 낭자하여 치열한 일전이었음을 증명해 주었다. 해병대도 전사 2명에 부상 5명의 손실을 입었다.

16시 30분 진지를 미 제27연대에 인계하고 진동리로 철수했다.

8월 7일 해병대는 다시 마산에 집결하였는데 엄청난 선물이 기다리고 있었다. 그것은 8월 5일부로 전 장병 1계급 특진명령이었다.

해병대는 병력 155명을 보충받고 19시에 진동리로 이동하여 민 부대 및 경찰대와 함께 진동리 방어를 담당하게 되었다.

4. 킨 작전 - 킨특수임무부대

워커 사령관의 구상

미 제25사단은 8월 1일 상주에서 이동을 개시하여 8월 3일 마산에 도착하였다. 200km 거리를 70시간이 넘는 동안 도보와 차량, 철도를 이용한 세계전사에 드문 대장정의 모험을 한 사단의 기동이었다.

8월 4일 현재 마산 정면에는 다음과 같은 부대가 집결해 있었다.

미 제25사단

미 제5연대전투단(미 제25사단에 배속)

미 제87중전차대대(M-4·미 제25사단에 배속)

미 임시 제1해병여단(군 예비)

국군 민 부대와 김 부대(해병대)

이들 부대의 전투력을 모두 합치면 병력은 2만 명, 중(中)형전차 100대, 포 100문 이상이었다.^{주)}   국방부 『한국전쟁사』 제3권 p267

미 제25사단은 마산으로 이동한 후 미 제29연대(2개 대대)를 흡수하여 제27연대와 제35연대에 1개 대대씩 편입하였다. 이로써 미 제25사단의 각 연대는 3개 대대의 완전편제를 갖추게 되었다.

마산 북쪽 길의 패방산에서 전투를 해 온 미 제24사단 제19연대는 3일 창녕에 있는 본대로 복귀했다.

마산 서쪽을 괴롭히던 적 제6사단은 진동리 전투 이후 조용히 숨을 죽이고 있었다. 정보를 종합분석한 결과 적은 이외로 손실이 커서 병력은 7,500명 수준이고, 전차 20대[*1]와 포 36문을 가지고 있는 것으로 판단됐다. 그러나 그 후 확인된 바에 의하면 적 제6사단 병력은 6,000명 정도였고, 제105기갑사단 제206기계화보병연대[*2]가 배속되어 있었는데 미 제8군사령부는 이것을 탐지하지 못하고 있었던 것이다.

이 시점에서 마산 정면의 전력 비율은 병력은 3:1, 전차와 포는 5:1로 아군이 절대 우위를 유지하고 있었다.^{주)}   일본 육전사연구보급회 『한국전쟁』 [2] p126

*1 국방부 『한국전쟁사』 제3권은 "전차 25대로 추산하였고,"라고 기술(p267)
*2 제206기계화보병연대 명칭(제8권 「1950. 6. 24현재 38선 대치전력」 참조)

미 제8군은 북한군 주공이 대구로 지향하고, 대구 정면 서쪽과 북쪽 지역에 적 6개 사단이 투입되어 있는 것을 탐지하였으며, 후방예비로 있다가 전선으로 이동 중인 것으로 알려진 신편 제7, 제9, 제10사단이 어느 방면으로 증원될 것인가에 관심을 쏟고 있었다. 만약에 이 3개 사단이 대구 방면으로 진격한다면 대구방어가 위험하게 된다.

미군의 경우도 8월 8일 미 제2사단 주력과 3개의 중전차대대가 도착될 예정에 있어 적 증원에 대한 대비책은 마련되어 있었다.

미 제8군사령관 워커 장군은 이상과 같은 상황을 감안하여 개전 후 최초로 마산 정면에서 공세를 취하기로 하였다.

이와 같은 워커의 결심에 대하여 많은 이견이 제시되었다.

전선 모두 방어밀도가 약한데 이 전면에만 치중시킬 필요가 있는가?
대구 정면이 약한데 굳이 마산 정면에 증원할 필요가 있는가?
국군의 방어력에 문제가 있는데 이를 지원할 필요가 있지 않느냐?
공세를 취하는 것은 시기상조가 아닌가?주) 일본 육전사연구보급회 『한국전쟁』 [2] p127

워커의 공세작전 목적은 부산에 대하여 최대 위협을 주고 있는 마산 정면의 적을 격멸함으로써 미 제8군 좌측 후방을 안전하게 하는 동시에 대구 정면에 집중하는 북한군과 서울 부근에서 남하 중인 후속부대를 마산 정면으로 유인하여 대구에 대한 압박을 완화시키자는 데 있었다.

워커 장군은

"방어밀도가 약한 곳에 증강하고 싶은 생각은 태산 같지만 그것은 결국 병력을 분산시키는 것과 같다. …… 최후에는 공세로 이전해야 할 것이고 그때를 위해서라도 각 부대에 공격 경험을 갖게 하는 것이 필요하다."

는 생각을 가지고 있었다.주) 일본 육전사연구보급회 『한국전쟁』 [2] p127, 128

미 제8군사령부 작전참모부는 2개의 공격 계획안을 마련하였다.

하나는 8월 5일과 10일 사이에 현 병력으로 마산에서 진주로 공격하는 간단한 역습 계획이고,

다른 하나는 미 제2사단이 도착하는 8월 중순에 미 제2, 제25의 2개 사단으로 공세를 취하여 진주~순천을 탈환한 후 북으로 선회하여 전주~논산 도로를 축으로 금강선까지 진출하는 것이었다.

두 개 안을 검토한 결과 제1안을 채택했다.주) 일본 육전사연구보급회 『한국전쟁』 [2] p128

제2안을 실행하기에는 2개 사단으로는 부족하고, 병력수송과 군수지원이 어려우며, 북한군 공세징후가 뚜렷한 현재 상황으로 미루어 8월 중순까지 어떠한 상황변화가 있을지 예측할 수 없기 때문이었다.

8월 6일 워커는 미 제25사단장 킨 소장에게 해병여단을 배속시켜

"8월 7일 남강 남안선을 따라 진주를 향하여 공격하여 남강 남안선인 중암리~무촌리~진주선과 진동~사천선을 확보하라."

는 작전 명령을 내리고, 마산 정면 전 부대의 지휘권을 킨 소장에게 위임하였다. 이 작전을 '킨 작전(Counter-attack Task Force Kean)'이라고 명명했고 부대이름을 '킨특수임무부대'라고 하였다.주) 일본 육전사연구보급회 『한국전쟁』 [2] p128

킨 작전에 동원된 가용 전력*은
미 제25사단(-제27연대), 미 제5연대전투단, 미 임시제1해병여단,
민기식부대, 한국해병대, 경찰대 등 병력 약 2만 4,000명에
미 제87전차대대 2개 중대 M-4A-3 중형전차 87대와
제5연대전투단 및 해병여단 M-26퍼싱전차 14대 등 전차 101대다.주)

일본 육전사연구보급회 『한국전쟁』 [2] p146

* 동원된 가용 전력
국방부 『한국전쟁사』 제3권 병력 20,000명, 전차 100대, 포 100문(p267)
전쟁기념사업회 『한국전쟁사』 제3권 병력 20,000명과 전차 100대, 포 100문(p313)
인용문헌(주)은 「공격계획」에서는 "공격 가용 병력은 약 2만 4천여 명, …… 101대의 전차"라고 했고, 「킨 작전의 태동」에서는 "인원 2만 명, 전차 1백대, 포 1백문 이

상이었다."다르게 기술하였다.(p126)

킨특수임무부대는 8월 7일 06시 30분 현 접촉선에서 출발하여 세 갈림길을 따라 진주로 진격하도록 하였다.

미 제35연대는 현재 위치 중암리에서 무촌리를 공격한다.(북쪽 길)

미 제5연대전투단은 진동리에서 봉암리~무촌리를 공격하고(남쪽 길) 무촌리에서 두 연대가 합세하여 진주고개로 진격한다.

미 임시제1해병여단은 해안도로를 따라 고성~사천으로 우회하여 진주 동남쪽을 공격한다.(남해안 우회도로)

미 제24연대는 서북산 일대에 잠복하여 보급로를 위협하고 있는 적을 소탕하고 중간산악지대를 장악하여 함안가도를 확보한다.

국군 민 부대와 김 부대 그리고 경찰대는 미 제24연대에 배속되었고, 미 제27연대는 군 예비대로 남았다.

워커 사령관은 미 제5공군사령관에게 적 후방을 차단하여 전장을 고립시키는 동시에 적 제6사단 후방을 집중 공격해 줄 것을 요청했다.

공격 여건

작전지역은 마산과 진주 사이. 남강과 진해만에 끼어 있는 남북 16~26km, 동서 약 40km로 마산 서쪽에 주산(主山, 763m)과 광노산(匡盧山, 758m)이 솟아 있고, 함안가도 서쪽에 서북산(738m)이 병풍처럼 둘러져 있으며 이 세 산 사이에 기복이 심한 높이 100~300m의 산들이 이어졌고, 산은 숲으로 뒤덮였으며 경사도는 40~60도에 달하는 곳이 많다.

서북산 서쪽에 장군대산(482m)이 있고, 남쪽 기슭에 진주고개가 있다.

마산에서 진주에 이르는 북쪽 길은 2차선 도로이고, 이와 병행하여 경전선 단선철도가 지나간다. 남쪽 길과 남해안도로 그리고 남북도로를 연결하는 도로는 1차선 도로이다. 도로는 모두 비포장이다.

8월 6일 공격전야에 미 제35연대는 쾌방산진지를 점령하였고, 미 제5연대전투단은 진동리 서쪽 신기리(新基里) 뒷산 옥녀봉(玉女峰-181고지)에서 야반산(일명 여우고개)에 이르는 진지를 점령했다.

미 제24연대는 마산 남쪽과 북쪽과 진동리 북쪽에 각 1개 대대를 배치하여 마산과 진동리를 방어하고 있었다. 미 제24연대장이 화이트 대령에서 챔페니(Arthur S. Champeny) 대령으로 바뀌었다.

미 제27연대는 예비대로 진동리에 있었는데 여기에는 국군 해병대와 미 제1해병여단이 함께 집결해 있었으므로 좁은 공간에 병력과 포 그리고 각종 차량이 밀집하여 북새통을 이루고 있었다.

챔페니 대령

오후 함안 방면에 진출하여 정찰활동을 하던 미 제24연대 L중대가 함안 북쪽에서 적 게릴라의 습격을 받아 12명이 전사하고 많이 부상하여 중대가 괴멸상태에 빠졌다.

서북산 정상과 중암리 등 아군진지를 감제할 수 있는 오봉산 정상에 적인 듯한 사람 모습이 가끔 보였고, 서북산 남쪽 끝자락 야반산이 공격을 받았다.

진동리 북쪽과 동북방에는 게릴라가 매복해 있었고, 제35연대진지 우측 거점 쾌방산 정상이 기습을 받아 빼앗긴 상태에 있었다.

이와 같이 아군 진지 전 정면에서 심상치 않은 징후가 나타나고 있었지만 공격 준비에 열중하느라고 상황을 감지하지 못하였거나 별로 관심을 끌지 않고 지나쳤다.

괘방산 반격전 - 미 제35연대

8월 7일 아침 킨특수임무부대는 예정대로 일제히 공격을 개시하였다. 이때 적 제6사단도 공격하여 맞불이 붙었다.

미 제35연대는 06시 30분에 공격을 개시했다. 동시에 어제 저녁에 점령당한 괘방산 정상의 적으로부터 사격을 받았으나 제2대대가 역습하여 괘방산을 탈환하고 계속하여 도로를 따라 전진하였다. 얼마 안 가서 자주포의 지원을 받은 약 500명의 적이 공격하여 격전이 벌어졌고, 곧 백병전으로 이어졌다. 제2대대는 정오 무렵까지 5시간이나 격전을 벌였는데 이때 항공기의 지원을 받아 적을 물리치고 무촌리까지 진출했다.

진격 도중 반성(班城, 진주시 일반성면, 경전선 역) 부근에서 적 제6사단사령부로 추측되는 곳을 습격하였다. 제6사단사령부로 추측하는 이유는 이곳에 문서와 함께 소련제 대형 무전기가 있었기 때문이다.

미 제35연대는 이 전투에서 적 시체 350구를 확인했고, 3명을 포로로 잡았으며, 전차 2대를 파괴했고, 자주포 1대, 대전차포 5문, 탄약차 4대, 문서함 및 무전기 1대를 노획했다.주) 　　　일본 육전사연구보급회 『한국전쟁』 [2] p150

진동리 혈전 - 미 제5연대전투단, 미 제5해병연대

미 제5연대 제2대대는 미 제27연대를 증원하여 2일 야반산을 점령하였고, 나머지 대대는 6일 미 제27연대와 교대하여 진동리로 진출했다.

8월 7일 미 제5연대전투단은 공격을 개시했다.

연대의 기동 계획은

제1대대가 곡안리 서쪽 고지를 탈환한다.

제2대대는 점령하고 있는 여우고지를 해병 제2대대에 인계하고 제2공격제대로 발산고개를 탈환한다.

제3대대는 무촌리로 진격하여 제35연대와 함께 진주고개를 공격한다.

아침에 진동리 해안에 짙은 안개가 끼어 항공지원을 받을 수 없었다. 20분간 공격준비포격만 하고 07시 20분에 공격을 개시하였다.

제1대대는 진동리 서쪽 진주와 고성 방향 도로교차점을 점령하고 순조롭게 전진하였는데 무슨 영문인지 목표지점 우측 곡안리(2번 국도)로 가지 않고 좌측 고성 방면으로 진격하여 정오경 우색고개(牛色峙, 14번 국도 남쪽)를 점령하였다.^{주)}

일본 육전사연구보급회 『한국전쟁』 ② p151

낡은 지도를 잘못 판독한 때문일 것이라고 후일 판단했다.

이때 야반산 후방에 진지를 점령하고 있는 적은 미 제5연대전투단 본부와 포병진지 그리고 주 보급로를 완전히 내려다보고 있었다.

안개가 걷히자 진동리 동북쪽 255고지의 적이 마산으로 통하는 도로를 차단하였고, 진동리와 포병 진지에는 박격포탄이 떨어지기 시작했다.

255고지 중턱에 있던 미 해병 제3대대는 마산에서 온 미 제24연대 제2대대와 합세하여 항공과 포병 및 전차지원을 받으면서 하루 종일 255고지를 공격했으나 수류탄과 기관총으로 저항하는 적을 뚫지 못했다.

미 제159야전포병대대 2개 포대는 이날 포탄 1,600발을 발사하여 255고지의 모습을 바꾸어 놓았다.^{주)}

일본 육전사연구보급회 『한국전쟁』 ② p152

미 제5해병연대 제2대대는 미 제5연대 제2대대와 교대하기 위하여 11시경에 야반산 밑 지산리(智山里-마산시 진북면)에 도착하였는데 도착하자마자 인근 고지에서 적이 맹렬한 사격을 집중했고, 해병대가 반격하여 혼전

상태에 빠졌다.

전장이 얼마나 혼란했는지 한 해병장교는 이렇게 말했다.

"누가 누구를 공격하고 있는지 알 수가 없을 정도였다."

체감기온이 섭씨 44도에 이르는 불볕더위가 겹쳐 일사병 환자가 전사상자의 6배에 이르렀다.^{주)} 일본 육전사연구보급회 『한국전쟁』 [2] p152

야반산을 점령하고 있는 미 제5연대 제2대대도 아침부터 적의 포위공격을 받았다. 그래서 바로 발밑에서 싸우는 해병대대를 지원해 줄 여유가 없었다. 물과 탄약과 기타 필요한 보급품을 공중 투하했는데 첫 번째 투하한 보급품은 적진에 떨어졌고, 두 번째 보급품은 적과 대치하고 있는 중간지

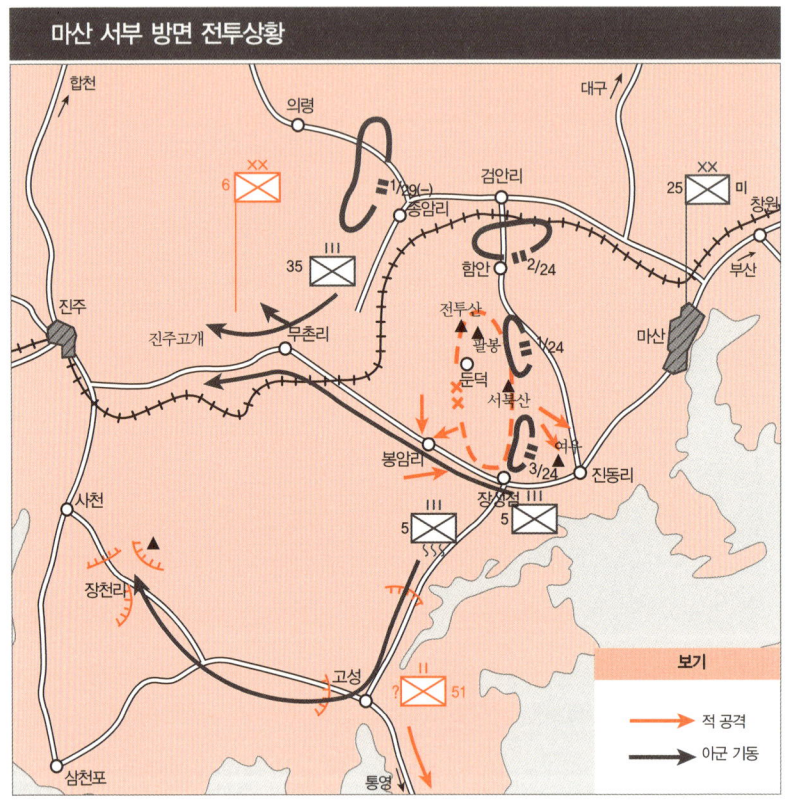

점에 떨어졌으며, 세 번째 보급품만이 제대로 투하됐다.

255고지의 적 박격포는 하루 종일 진동리 포병진지와 보급소를 포격했고, 미군포병은 포를 동서남북 사방으로 돌려가며 사격해야 했으며, 주변 고지에서 킨 부대 위치와 움직임을 낱낱이 내려다보고 있는 적은 미군 정면을 피하고 우측 후방을 공격하여 킨 부대를 혼란에 빠뜨렸다.

이러한 와중에 미군 전차가 통과하면서 마산과 진동리를 연결하는 전화선을 끊어 킨 부대장의 부대지휘가 불가능하게 되었다. 킨 부대장은 진동리의 부대지휘를 해병여단장 크레이그 준장에게 위임하였다.

8일 해병 제3대대와 미 제24연대 제2대대는 255고지를 탈환하지 못했다. 항공 및 포병지원을 받으면서 하루 종일 공격했으나 적은 많은 희생을 내면서도 병력을 계속 투입하여 고지를 확보하고 있었다.

미 해병 제2대대는 격전 끝에 이날 정오경 야반산 정상에 진출하여 미 제5연대 제2대대와 연결하고 진지를 인수했다. 공격 주역을 맡았던 해병대 D중대는 전사 8명, 부상 28명의 손실을 입었고, 적은 150~400명이 사상한 것으로 추산됐다.^{주)}

일본 육전사연구보급회 『한국전쟁』 [2] p153

미 제5연대 제2대대가 해병대에 진지를 인계하고 하산하였을 때 이들에게는 새로운 명령이 기다리고 있었다. 그것은 서쪽으로 전진하여 109고지(2번 국도 북쪽 인접)를 공격하라는 명령이었다. 이 고지는 전날까지 제1대대가 점령하고 있다가 전진해 간 뒤 적이 점령한 고지다. 이 고지를 점령해야만 해병대가 고성으로 전진할 수 있다.

미 제5연대 제2대대(John L. Throckmorton 중령)는 즉시 공격을 개시했으나 2개 중대(G, E)밖에 없는데다가 야반산에서 1주일 동안 치른 전투의 피로가 겹쳐 공격이 부진하였다. 킨 부대장은 연대장을 대동하고 현지에 나와서 공격을 독려하였다. 드록모턴 대대장은 전차 3대, 4.2인치 박격포 4문과 81mm박격포 4문의 화력지원을 받고 야간공격을 감행하여 109고지를 점령했다. 미군이 한국전에서 실시한 최초의 야간공격이었다.

미 제5해병연대 제1대대(뉴턴 중령)는 이날 06시에 연대장으로부터 고성 방면으로 진격하라는 명령을 받고, 진동리 부근에서 출발하여 신기리(新基里)에 이르렀을 때 미 제5연대전투단 제1대대 하사 한 사람을 만났다. 그는 제1대대가 해병대 진출 방향으로 잘못 들어간 것을 보고하고 새로운 지시를 받기 위하여 대대장이 연대장에게 보낸 연락병이었다.

그는 우색고개에서 오다가 도중에 적의 기관총사격을 받았다고 하면서 논바닥에 뒹굴었는지 온 몸이 논흙으로 뒤덮여 있었다.

이와 같은 상황을 알게 된 킨 부대장은 해병 제1대대로 하여금 우색고개를 점령하게 하고 미 제5연대전투단 제1대대는 계획대로 중앙도로를 따라 진격하도록 지시하였다.

해병 제1대대가 22시에 우색고개 밑에 이르렀을 때 미 제5연대 제1대대는 이미 철수하여 도산리(桃山里) 부근에 이르렀고, 해병대대는 밤중에 길 안내도 받지 못하고 헤매다가 겨우 주민의 안내를 받아 고지에 도착하였을 때는 9일 아침이었다.

미 제35연대는 무촌리에 진출한 후 진격이 너무 빠른 것을 걱정한 킨 부대장 지시에 따라 미 제5연대가 진출할 때까지 기다리고 있었다.

9일 미 제24연대 제2, 제3대대와 미 해병 제3대대는 항공지원을 받으면서 255고지를 공격하여 정오경에 탈환했다.

이로써 진동리 주변은 조용해졌다.

공격의 주역을 맡았던 해병 H중대는 전사 16명, 부상 35명의 피해를 입었고 해병대대에서 70명의 사상자를 냈는데 그 반이 일사병 환자였다.

북한군은 600여 명의 인명 피해를 입은 것으로 추정되었는데 산 정상에

북한군 시체 120구가 버려져 있었다.주)　　일본 육전사연구보급회 『한국전쟁』 [2] p156

포병의 묘지 봉암리 계곡

8월 9일 미 제5연대 주력은 미약한 적의 저항을 물리치면서 무촌리를 향하여 도로를 따라 진격하였다. 시간이 가면서 적의 저항이 점차 강화되었으므로 2개 대대를 병진시켜 양측의 야산을 하나하나 탈취하면서 진격하는 바람에 그 속도가 많이 떨어졌다.

10일 제5연대 주력은 점증하는 적의 저항을 물리치고 12시경 봉암리(鳳岩里-마산시 진전면)에 진출한 후 진동리 부근에 대기하고 있는 제3대대로 하여금 연대 주력을 앞질러 무촌리로 진출케 하였다.

제3대대는 아무런 저항을 받지 않고 발산고개(봉암리 서북쪽에 있는 2번 국도상의 고개)를 통과하였다.

미 제5연대 주력은 제3대대 뒤를 따라 무촌리로 진출하였는데 봉암리 북쪽에서 대규모 적이 출현하여 발산고개를 봉쇄하였으므로 더 전진할 수 없게 되었다. 제5연대장 오드웨이 대령은 부대를 봉암리와 대정리(大井里) 사이 골짜기에 집결시켜 다음날의 공격을 준비했다. 이곳에는 미 제5연대를 직접 지원하는 제555포병대대가 포진하고 있었다.

밤중에 적은 미 제5연대와 포병진지를 포위 공격했다. 이 공격으로 제1대대장 존스(Jones) 중령과 포병대대장 페리 중령이 부상했고, 포병이 큰 타격을 받았다. 적 공격은 새벽까지 계속되었고, 날이 새면서 지원공군이 공격하여 퇴각시켰다.주)　　　　　　　　　　국방부 『한국전쟁사』 제3권 p273

11일 아침에 제3대대는 무촌리에 도착하여 미 제35연대와 합류한 후 협동으로 진주고개를 점령하고 진주시내를 바라보았다. 진주시내에 적의 대병력이 있는 것 같지는 않았다.

미 제5연대 주력은 간밤에 기습을 받아 혼란해진 부대를 오전 중에 수습하고 오후에 무촌리로 진출하려고 했으나 사방에서 적의 복병이 사격을 했고, 발산고개 너머에는 적의 대부대가 잠복하고 있는 것 같았다.

연대장 오드웨이 대령은 부상한 제1대대장 후임에 대대장 경력이 있는 정보주임 롤롭스(Roelofs) 중령을 임명하고 제1대대로 하여금 발산고개를 공격하여 확보케 한 후 일몰 후 연대가 고개를 통과하기로 하였다.

킨 부대장은 제5연대 진출이 부진하자 무전으로 진격을 독촉하였다. 오드웨이 연대장은 현재 눈으로 보고 있는 상황을 그대로 설명하였으나 킨 부대장은 제5연대 전면 적정을 믿으려고 하지 않았다.

미 제5연대는 전면 적으로부터 계속 시달리고 있었고, 공군이 봉암리 북쪽과 북한군 보급기지로 보이는 둔덕 부근을 맹렬하게 폭격을 하고 있었지만 과연 어느 정도의 적이 전면에 있는지는 파악하지 못하고 있었다. 어떤 사람은 2개 중대 정도로 보고 있는가 하면 또 사단 주력부대가 있는 것으로 판단하는 사람도 있었다. 오드웨이 연대장은 큰 규모의 부대가 있는 것으로 생각하는 반면에 킨 부대장이나 미 제8군에서는 진동리 전투 결과나 미 제35연대가 무촌리에 진출해 있는 것으로 보아 제5연대 전면에는 적의 대부대가 있을 리 없다고 판단하고 있었다.

킨 부대장은 오랫동안 교신한 끝에 미 제24연대의 1개 대대를 증원하기로 하였다.

미 제5연대는 제1대대가 전차 1개 소대와 포병지원 아래 공격을 개시하여 날이 어둡기 전에 발산고개 오른쪽 고지를 점령하였다. 이어서 남쪽에 있는 제2대대가 21시에 철수하여 전위가 되고 연대본부, 포병대대, 제1대대 순으로 무촌리로 전진하려고 할 때 킨 부대장으로부터

"제2대대와 1개 포대만을 전진시키고 나머지 부대는 현 위치에서 내일

날이 밝을 때까지 대기하라."
는 명령을 받았다. 이유는 말하지 않았다.

연대장은 이 명령대로 할 경우 봉암리에 남게 되는 부대가 위험하기 때문에 전 부대를 전진시킬 것을 건의하려고 하였는데 이 중요한 시기에 무전이 통하지 않았다.

오드웨이 연대장은 숙고 끝에 군 사령관이나 사단장은 연대장보다는 대국적 견지에서 상황을 판단하였을 것이라고 생각하고

"오직 충실하게 명령에 복종하면 된다."
는 판단 아래 명령에 따르기로 결심했다.

제2대대(드록모턴 중령)가 도로를 따라 진출했는데 얼마 후 통신이 두절되었다. 제2대대는 가벼운 적의 저항을 물리치고 12일 미명에 무촌리 못 미친 개암리(開岩里)까지 진출했다.

제1대대는 발산고개 남북능선에 배치되어 있었고, 제555포병대대 제159

불덩이를 토하는 미군 155mm곡사포

포병대대(이상 105mm), 제90포병대대(155mm), 중박격포중대, 근무중대, 의무중대와 연대본부가 봉암리와 대정리 중간 계곡에 남아있었다.

12일 01시쯤 발산고개에서 신호탄이 올라가고 총·포 소리가 요란하게 들리면서 발산고개 북쪽 능선을 점령하고 있는 C중대와 통신이 끊어졌다. 심상치 않은 상황이 벌어지고 있었다. C중대에 연락병을 보냈으나 찾지 못하고 되돌아 왔다. 제1대대장은

"야간에는 전 부대가 계곡으로 피하는 것이 좋겠다."

고 연대장에게 건의하였으나 연대장은

"나머지 부대는 현 위치에서 대기하라."

는 킨 부대장의 명령을 어길 수가 없어서 결심을 못하고 있었다. 그러나 C중대가 밀리고 있는데다가 사방에서 적이 육박해 오고 있는 것을 확인한 대대장은 다시 연대장에게 전진이냐, 탈출이냐? 결정해 줄 것을 요청하였다.

사방에서 산발적으로 들려오는 총소리는 연대가 완전히 포위되었음을 알려주고 있었다. 증원하기로 약속한 미 제24연대 제3대대는 그때까지도 소식이 없었다. 이때 증원부대는 도중에 적의 저지에 막혀 있었다.

이러한 상황에서 적이 계곡을 공격해 온다면 전멸할 것은 뻔한 노릇이었다. 연대장은 이번에는 현실 상황에서 독자적인 결정을 내렸다. 날이 밝기 전에 이곳을 빠져나가 무촌리로 진격하기로 했다.

8월 12일 04시에 전 부대에 전진(轉進)할 것을 명령했다.

20분이면 발산고개를 통과할 수 있을 것으로 생각했고, 새벽까지 이 기분 나쁜 계곡을 벗어나고자 했던 것이다.

연대본부 차량종대가 앞서고, 다음에 포병부대가 따르며 제1대대는 차량통과를 엄호한 후에 후위로 따르기로 했다. 차량 대열이 전진을 시작한

지 얼마 못 가서 전진속도가 떨어지더니 곧 정지하고 말았다. 원인은 의무중대 구급차가 본부중대 대열에 무리하게 끼어들다가 도랑에 빠지면서 좁은 도로를 막아버린 것이다.

날이 밝아오자 산 위에 있는 적이 장사진을 치고 이동하고 있는 차량대열을 발견하고 산발적인 사격을 해 오기 시작했다. 필사적인 작업으로 구급차를 끌어올려 도로를 튼 후 차량종대가 출발하여 연대장과 연대본부는 무사히 발산고개를 통과했다.

뒤이어 제555야전포병대대가 도로상에 차량을 정렬시키고 있는데 적이 3개 방면에서 미친 듯이 제555, 제90야전포병대대를 공격했다. 공격부대는 북한군 제13연대로 밝혀졌다. 적은 먼저 선두차량을 공격하여 차량대열을 움직이지 못하게 해 놓고, 사방에서 화력을 집중했다.

둔덕계곡에 있는 제90포병대대 155mm포진지는 적 전차 2대와 자주포 몇 대가 공격하기 시작했다. 둔덕에 적의 보급기지가 있다고 판단하고 이 방면에 전차 2대를 배속 받은 A중대 1개 소대가 배치되어 경계하고 있었는데 소대장은 "대대장으로부터 철수 명령을 받았다."고 하면서 중대장 지시 없이 무단 철수하였고, 이 때문에 적 전차가 쉽게 진출했다.

무단 철수한 소대장은 심한 정신적 피로로 다음날 후송됐다.

포병은 155mm포로 적 전차를 공격하고자 했으나 너무 가까이 접근하여 공격할 수 없었다. 4.2인치 박격포로 사격하다가 사수들이 전사하여 중단되었고, 호 속에서 기관총과 소총으로 응사하며 처절한 자위력을 발휘했으나 육박전으로 달려드는 적을 당할 수 없었다.

제555포병대대와 제90포병대대는 궤멸했고, 제159포병대대의 피해도 컸다.

날이 밝자 함재기가 출격하여 적을 공격했다. 조종사들은 어느 때와는 달리 적과 아군을 잘 가려서 효과적으로 공격하여 적을 격퇴시켰다.

제1대대장은 길가에 나와서 대대를 수습하였다. 그곳에는 4.2인치 박격포소대와 기관총소대가 남아있었고, 부상자도 많이 남아있었다. C중대는 180명 중 23명이 살아남았다. 봉암리 쪽에서 미군 전차 3대가 나타났는데 제1대대장은 그곳에 그때까지 전차가 남아있는 줄 몰랐다.

제1대대장은 10시경 전차의 엄호를 받으면서 서쪽으로 진출하다가 연대장을 만났다. 차량종대를 이루고 있던 모든 차량은 불에 타 있었다.

구사일생으로 사지에서 탈출한 제555포병대대장의 보고를 받은 제5연대장 오드웨이 대령은 개암리에 진출해 있는 제2대대로 하여금 포병부대를 구출하도록 명령했다. 그러나 제2대대가 12시경에 발산고개에 도착했을 때는 전투는 이미 끝나 있었다. 제2대대는 대정리의 적을 격퇴하고 오후에 차량으로 무촌리를 거쳐 마산으로 이동했다.

이 참상을 알게 된 킨 부대장은 미 제24연대 제3대대의 증원이 여의치 않자 고성에서 사천으로 진격 중인 미 해병 제3대대를 봉암리로 전진시켰다. 해병 제3대대는 16시경 곡안리의 적을 격파하고 함재기의 지원을 받아 날이 어둡기 전에 봉암리 동쪽 고지대를 점령했다.

미 제24연대 제3대대는 서북산 남쪽에서 적의 공격을 받고 진지를 빠져나오지 못하여 끝내 증원되지 못했다.

13일 아침에 해병 제3대대는 봉암리 남쪽고지를 탈환한 다음 봉암리로 진입하고자 하였으나 사방 고지에서 적이 사격을 집중하여 진입할 수 없었다. 해병연대장 머레이 대령은 헬리콥터로 현장에 내리려고 하였으나 불가능하였고, 헬리콥터에서 내려다본 산 위에는 북한군이 쥐새끼처럼 몰려들어 미군 시체를 뒤지고 있었다.

킨 작전 중지명령이 내렸다. 해병대대는 철수했다.

봉암리 계곡에서의 포병의 피해는 엄청나게 컸다.

제555포병대대 : 전사 약 100명, 부상 80명, 105mm포 8문과 전 차량 파손.

제90포병대대 : 전사 약 100명, 부상 60명, 실종 30명, 155mm포 6문과 차량 26대 파손.

5주일 후에 미군이 진격했을 때 대정리 어느 민가에서 제555포병대대 소속 시체 55구를 발견했고, 제90포병대대 소속 시체 20구는 모두 머리에 관통상을 입고 있는 것이 발견되었다.

미군들은 봉암리 계곡을 포병의 무덤(Artillery Gravy-Yard) 또는 피의 계곡(Bloody Gulch)라고 불렀다.

북한은 155mm포 9문, 105mm포 12문, 전차 13대, 차량157대를 노획 또는 파괴했다고 방송했다.

8월 15일 킨 소장은 작전실패의 책임을 물어 제5연대장 오드웨이 대령을 해임하고 후임에 제2대대장 드록모턴 중령을 임명하였다.

참고문헌 : 국방부 『한국전쟁사』 제3권 「미 제5연대전투단의 불행」(p274)
일본 육전사연구보급회 『한국전쟁』 [2] 「피로 물든 협곡」(p158)

사천 전투 – 미 제5해병연대

8월 9일 오후 미 제5해병연대는 고성을 향하여 공격을 개시했다. 미 항공모함 시실리(Sicily)와 바동스트레이트(Badoeng Strait)에서 출격하는 함상 전투기(F-44기 일명 해적이라는 이름의 코르세어기)의 공중지원을 받으면서 순조롭게 진격하다가 배둔리 동쪽에 있는 무명천 다리가 전차 중량을 못 이겨 주저앉는 바람에 진격이 중단되는 사태가 벌어졌다.

10일 해병연대는 배둔리 남쪽에서 저항하는 적을 물리치고 순조로운 진격을 하였다. 미군으로서는 한국전 참전 이래 처음인 이 쾌속적인 진격에

고무되어 맥아더사령부에서는

"적은 철수 중에 있다." 또는

"적은 혼란 상태에 빠졌다."

등으로 발표했고, 신문은

'추격상태'라고 보도하기에 이르렀다.주) 일본 육전사연구보급회 「한국전쟁」 [2] p156

그런 중에도 일사병 환자가 많이 발생하여 어려움을 겪었다.

11일 해병연대 제3대대는 고성을 점령하고, 이어 고성을 지난 10km 지점 삼거리에 이르렀을 때 아군 포탄이 우연히도 위장한 적 차량을 명중하였다. 놀란 적은 저들 진지가 노출된 줄 알고 사천 방면으로 퇴각했고, 해병연대는 이 적을 추격하였다.

이 적은 북한군 제6사단에 배속된 제105기갑사단 제206기계화보병연대 주력으로 병력과 탄약을 가득 실은 트럭, 지프, 사이드카로 이루어진 200여 대의 차량 종대였다. 퇴각하던 적은 상공을 계속 배회하면서 엄호하던 함재기가 발견하고 파상 공격을 하여 섬멸했다. 지상부대가 도착하여 확인한 결과 도로에는 200여 구의 시체와 트럭 45대, 지프 31대, 모터사이클 24대를 비롯하여 저들이 버리고 간 많은 장비와 탄약 잔해가 떼주검을 한 개미떼 행렬처럼 참혹하게 널려 있었다.주) 앞 같은 p158, 국방부 「한국전쟁사」 제3권 p277

12일 13시경 해병연대 제1대대는 별 저항을 받지 않고 사천 동남쪽 9km 지점 신촌리(新村里)까지 진출했다. U자형으로 된 험한 고갯길 입구에 이르렀을 때 병풍처럼 가파른 산 위(우측 301고지와 좌측 202고지)에서 북한군이 움직이고 있는 것이 보였다. 이들은 북한군 제6사단 제15연대 제2대대와 제206기계화보병연대 병력인데 미 해병대를 기습하기 위하여 V자형으로 진지를 점령하여 매복하고 있었다. 해병연대 제1대대는 함재기와 포병지원을 받으면서 공격하여 저녁 무렵에 적이 점령하고 있는 301, 205, 202고지를 탈환했다.

이 작전이 쉽게 성공한 것은 해병항공대 함재기가 효과적으로 지원했기 때문이다. 코르세어 함재기는 평소에 해병대와 합동으로 상륙훈련을 해 왔기 때문에 공지 협동이 조화를 이루었고, 특히 지상의 해병과 상공의 조종사 사이에는 정신과 정신의 교감이 형성되어 지상부대가 원하는 곳에 어김없이 공격을 해 주었다. 더구나 함재기는 항상 상공에 떠 있다가 해병대가 요청하면 적기에, 저공비행으로 적소에 한 치의 오차도 없이 가려운 곳을 긁어주는 것을 자랑으로 삼고 있었다.

13일 아침에 해병대는 마산으로 철수하라는 명령을 받았다. 13시에 제3대대는 미 제5연대를 지원하기 위하여 곡안리로 떠났고, 제1대대와 제2대대는 진동리로 집결했다.

킨특수임무부대 해체

8월 14일 킨특수임무부대의 작전은 사실상 끝났다.

킨 작전은 실패했다. 킨 작전의 목적은

부산에 대하여 최대 위협을 주고 있는 마산 정면의 적을 격멸하여 미 제8군 좌측 후방을 안전하게 하고,

대구 정면에 집중되는 적과 서울 부근에서 남진하는 적의 후속부대를 마산 정면으로 유인하여 대구에 대한 압박을 완화시키고,

8월 5~10일 사이에 진주까지 진격한다는 것이었다.

목표는 달성하지 못했고, 정면의 적을 돌파하지도 못했다.

대구 방면 적은 물론 대구 정면으로 증원되는 적을 유인하지 못했다.

7,500명으로 추산되는 적을 상대로 2만 4,000여 명 병력이 항공지원과 막강한 화력지원을 받으면서 작전을 편 결과는 지형의 특수성과 북한군의

특이한 전법으로 인하여 소기의 성과를 올리지 못하였고, 오히려 후방이 기습당하여 이외의 피해만 보았다.주)   일본 육전사연구보급회 「한국전쟁」 [2] p168

적 제6사단도 킨 작전에 의한 피해가 커 병력 손실만 4,000명 이상으로 남은 병력이 4,000명 미만으로 파악되었다.주)   일본 육전사연구보급회 「한국전쟁」 [2] p169

8월 16일 킨특수임무부대는 해체되었다. 제25사단은 본연의 임무로 복귀했고, 임시 제1해병여단은 미 제8군 예비대로 복귀하였다.

국군 민 부대를 대구로 복귀하고, 해병대의 배속을 해제하였다.

5. 서남부 산악전 – 미 제25사단

산악 방어선 편성

14일 킨 부대 주력은 북으로부터 미 제35연대, 제24연대, 제5연대 순으로 전개하여 남강 남안으로부터 십이당산(十二堂山-271고지)~미군이 전투산(戰鬪山)이라고 부른 미산령(615고지)~필봉(筆峰-742고지)~서북산~야반산(여우고개)~옥녀봉(玉女峰-181고지)을 잇는 산악 방어선을 편성하였다.

적 제6사단은 북으로부터 제13연대, 제15연대, 제14연대 순으로 배치되어 미 제25사단과 대치하였고, 제14연대는 주변에서 가장 높은 서북산(739고지)을 점령하여 미 제25사단을 한 눈에 내려다보고 있었다.

킨 작전에 참가한 부대에서 임시 제1해병여단과 국군부대가 복귀하고 미 제27연대는 군 예비로 차출되어 남은 전투 병력은 약 1만 4,000명이었다.

미 제25사단이 점령한 방어선은 험준한 산악으로 이루어졌다. 서북산 능선은 바위와 절벽이 많아 등산용구가 필요할 정도였고, 정상까지 도보로 6~8시간이 소요되어 한국인 노무자 500명이 보급을 추진하였다.

차량을 장비하고 있는 미군이 가장 좋아하지 않는 방어선이다.

북한군 제6사단은 병력이 반으로 줄었다. 8월 12일 2,000명을 보충하였고, 8월 21일경 다시 2,500명의 신병을 보충하여 전투 병력이 약 8,500명에 이르렀으나 신병은 1주일 정도의 훈련밖에 받지 못한데다가 대부분이 무기를 갖지 못하였고, 그나마 대부분이 탈출하거나 전투 중에 희생되어 전력에 크게 보탬이 되지 못하였다.주) 국방부 「한국전쟁사」 제3권 p282

전차는 12대를 보유하고 있었으나 기름이 없어서 마음대로 움직이지 못하였고, 식량은 7월 하순 이래 정량의 반으로 줄어 병사들이 체력을 제대로 유지할 수 없었다.주) 일본 육전사연구보급회 「한국전쟁」 2 p171

적 제6사단장 방호산은 초조한 나머지 점령지역에서 청년들을 강제로 색출하여 수류탄만으로 무장시킨 채 전선으로 내몰았다.

이 무렵에 북한군 제7사단이 제6사단 후방으로 이동했다. 이 사단은 6·25남침 직후 38경비 제7연단이 승격한 사단이다. 개전 후 기존 병력 4,000명에, 해주에서 17~37세의 청·장년 2,500명을 모집하여 제77연대를 창설하고, 7월 말경 개성에서 포병연대를 창설하였으며, 점령지에서 신병 2,000명을 보충하여 총 1만 명의 병력을 확보한 후 8월 5일 대전에서 제7사단으로 정식 호칭을 하게 되었다.주) 국방부 「한국전쟁사」 제3권 p282

8월 1일 서울을 출발하여 대전~전주~남원~함양을 거쳐 1개 연대는 통영으로, 1개 연대는 여수로 가서 후방지역 경계업무를 담당하고, 주력은 8월 15일 진주에 도착하여 적 제6사단 예비로 대기하고 있었다.

십이당산 전투 - 미 제35연대

8월 18일 03시경 적은 1시간에 걸친 공격준비사격을 한 후 제13연대 일부 가 04시경 미 제35연대가 있는 십이당산 쪽으로 대대적인 공격을 했다.

적은 진주~마산 간 도로를 확보하고 부대를 동진시키려면 이 고지를 점령해야 했다.

적은 십이당산 남쪽 능선 일대의 미 제35연대 제1대대 우측면을 돌파하여 후방을 차단함으로써 미 제25사단 방어선을 분열시키고자 집요하게 공격하여 일진일퇴 공방전이 5일간 계속되었고 이후 9월 20일까지 한 달 동안 진해만으로 돌출된 해발 6~700m의 고지 일대에서 시산혈해(屍山血海)의 참혹한 쟁탈전이 이어졌으며, 무모한 돌격을 감행하다가 적 제13, 제14연대장이 전사하는 비운을 맞게 된다.^{주)} 일본 육전사연구보급회 『한국전쟁』 [2] p172

적의 기도를 파악한 연대장 피셔 대령은 한국 전투경찰대 2개 중대(300명)와 제3대대에 편입된 제29연대 A중대를 증원하였고, 적 대대 병력이 십이당산으로 진격해 오자 항공지원을 요청하는 한편 포격을 집중하였다. 제1대대 지원포는 1시간당 200발 이상의 포탄을 발사했다.

적은 350명이 넘는 인명 손실을 입고도 무모한 공격을 계속했다.

22일 한밤중에 적은 4중으로 된 철조망을 뚫고 대대 규모의 병력이 다발총과 수류탄으로 육박공격을 감행하였다. 제1대대는 3시간에 걸친 사투 끝에 적을 물리치고 진지를 확보했다.

5일간에 걸친 전투에서 적 제13연대는 많은 병력 손실을 입고 더 이상 지탱할 수 없게 되자 퇴각했다.

이 전투는 어느 쪽이 더 많이 죽느냐의 무모한 경쟁의 싸움이 되었다.

열아홉 번 주인을 바꾼 전투산 - 미 제24연대

미 제24연대는 미 제25사단 방어선 중앙 산악지대를 맡고 있었다. 적이 점령한 서복산 정상을 마주하고 있었고, 그 서쪽 둔덕은 광산지대로 폐광의 갱도가 산재하여 좋은 엄폐호 역할을 했다. 그래서 적은 이곳을 집결지와 보급기지로 삼아 적 제6사단 공격기지로 활용하고 있었다.

8월 18일 적은 십이당산 미 제35연대를 공격한 같은 시각에 미군이 전투산이라고 부르는 661고지 북쪽에 있는 미 제24연대를 공격하여 난투전이 벌어졌다. E중대장이 전사하고 다음날 C중대가 분산하자 장교들이 병력 40명을 수습하여 결사적으로 저항하여 진지를 고수했다.

필봉에서는 한국경찰대 56명이 끝까지 진지를 지켰다.

20일 계속된 전투에서 C중대는 중대장과 사병 25명만 남고 모두 분산 퇴각하였다. 진지를 무단이탈한 사병들은 후방으로 도망가서

"중대장이 전사하고 진지가 적에게 점령당했다." 주) 국방부 『한국전쟁사』 제3권 p285

고 보고했다. 연대장은 연대 박격포를 총집중하여 C중대진지에 가격했고, 전폭기는 38회에 걸쳐 네이팜탄과 기총 사격을 퍼부었다.

C중대장은 사병 25명과 함께 20시간을 엄폐물을 이용하여 진지에서 버티다가 결국 물러났다. 북쪽 E중대 1개 소대도 진지를 포기하였다.

연대 왼쪽 K중대에 배속된 한국 경찰대가 탐색활동 중 적 제6사단 제15연대장 조관(趙寬) 대좌를 사로잡았는데 얼마 후 도주하다가 사살됐다. 그의 시체 속에서 중요한 작전서류를 발견했다.주) 국방부 『한국전쟁사』 제3권 p285

21일과 22일 사이에 미 제5연대 제1대대와 미 제24연대는 교대로 서북산을 공격하여 정상쟁탈전을 벌였다. 서북산에서 필봉을 잇는 능선은 암벽으로 이루어져 공중 공격이나 포격이 위력을 발휘할 수 없었다.

C중대는 661고지를 탈환기기 위한 반격에 나섰다. 적은 낮에는 공중공격과 포격을 피해 암벽 속에 숨어 있고, 밤에 공격하는 수법을 써서 낮에는 미군이 고지를 점령하고 밤에는 적이 고지를 점령하는 쟁탈전을 반복했다. 결국 미군 병사들이 겁을 먹고 움직이지 않아 철수하였다.

661고지는 심한 포격으로 산이 벗겨져 황토색으로 변했는데 미군들은

이 고지를 늙은 중머리라고 불렀다.

　23일 경찰대가 증원되고 81mm와 4.2인치 박격포가 적의 접근로를 강타하는 화력 지원에 힘입어 661고지를 탈환하는데 성공하였다.

　25일과 26일 능선을 따라 공격하는 적을 격퇴하였고, 전폭기가 둔덕 개활지에 집결한 적 약 100명을 네이팜탄과 기총사격으로 몰살시켰다.

　28일 날이 밝기 전에 적은 박격포 지원을 받으면서 중대 병력이 661고지를 공격하여 종일 격전을 벌이다가 29일 02시 45분경 진지를 적에게 내주었고, 날이 밝으면서 포와 항공지원을 받아 저녁에 진지를 회복하였으며, 23시경에 공격을 받고 다시 진지를 내주었다가 30일 날이 밝으면서 공중공격과 포의 지원을 받아 14시경에 다시 탈환했다.

　미 제24연대와 적 제15연대는 매일 같은 방법으로 전투를 반복하여 661고지는 19번이나 주인이 바뀌는 쟁탈전을 벌였고, 8월 18일부터 8월 말일까지 전투가 매일 계속되었다.^{주)}　　　　　　국방부 『한국전쟁사』 제3권 p287

　미군들은 이 고지를 전투산이라고 불렀다.^{주)} 일본 육전사연구보급회 『한국전쟁』 [2] p170

　남쪽 서북산에서도 미 제5연대전투단 제1대대가 같은 기간 중 매일같이 전투를 벌였다.

　서북산 전투에서 제5연대 C중대 핸드리치(Melvin O. Handrich) 상사는 관측병 임무를 훌륭하게 수행했다. 8월 25～26일 사이에 포 지원을 정확히 유도하여 중대진지 한 모퉁이를 사수하였고, 부상을 입고도 끝까지 포 지원을 유도하다가 전사했다. 그 후 아군이 진지를 회복했을 때 핸드리치 상사 주변에 적 시체 70여 구가 뒹굴고 있었다.^{주)}　　국방부 『한국전쟁사』 제3권 p287

인명 색인

ㄱ

가빈(Crump Garvin) 81
가와구치 기요타케(川口) 195
강건(姜健) 338
강기웅(姜基雄) 287
강기천(姜起千) 204
강동호(姜東皓) 265
강문봉(姜文奉)
　　　　　136, 229, 231, 234
강순희 166
강영걸(康永傑) 266
게이(Hobart R. Gay)
　　　　32, 40, 324, 326, 327, 333
고근홍(高根弘) 222, 238
고익수(高益洙) 292
고자와(Jimmy S. Gozawa)
　　　　　　　　　　　　 173
고주찬(高冑燦) 291
권도문 131
권영승(權寧昇) 275, 278
김달삼 226
김대식(金大植) 188
김덕기(金德基) 290, 291
김덕진(金德鎭) 230
김동빈(金東斌) 268, 277, 280
김동성 93
김동수(金東洙) 222
김만규(金晩圭)
　　　　　　160, 163, 164, 165
김무정(金武亭)
　　　　　111, 119, 183, 184, 208
김방경(金方慶) 87, 88

김백영(金白泳) 276
김백일(金白一) 210, 211, 234
김병곤(金炳坤) 301, 304
김복룡(金福龍) 130
김봉석(金鳳錫) 270
김삼수(金三洙) 123, 127, 128
김상향 131
김상호(金相昊) 226, 227
김상화(金相和) 144
김석원(金錫源)
　　　 40, 161, 162, 164, 165, 166,
　　　　168, 186, 187, 189, 191, 192
김성룡(金成龍)
　　　　264, 296, 297, 300, 303, 308
김성은(金聖恩)
　　　　　　　40, 383, 384, 385
김소남 141
김순기(金淳基) 222, 223
김술용(金述用) 295
김영덕(金英德) 271
김영조 133
김영진(金永眞) 286, 293
김용배(金容培) 222
김용배(金龍培) 254, 255
김용섭(金龍燮) 161, 164, 169
김용주(金龍周)
　　　　63, 204, 233, 234, 235, 236
김웅(金雄) 119
김원희(金元熙)
　　　　297, 298, 300, 301, 302, 303
김일성(金日成)
　　　　23, 46, 47, 48, 49, 82, 83,

86, 118, 163, 176, 184, 208,
227, 262, 319, 322, 334
김일호(金一虎) 162, 164
김재명(金在命) 271, 275
김점곤(金點坤)
　　　　　264, 268, 297, 300
김제선(金濟善) 24, 259
김종수(金鍾洙) 254, 255
김종오(金鍾五)
　　　　　40, 250, 254, 258
김종운(金鍾運) 65
김준식(金俊植) 267
김준태 93
김지혁(金志赫) 259
김진위(金振暐) 287, 292, 293
김책(金策) 118, 338
김치련(金致鍊) 164
김태득(金台得) 128
김학묵(金學默) 209
김호정(金灝鼎) 271
김홍걸(金弘傑) 191
김홍일(金弘壹)
　　　 201, 202, 206, 208, 210,
　　　　217, 218, 229, 234, 236
김활란 91
김희동(金熙童·金熙董) 230
김희준(金熙濬)
　　　　　40, 204, 212, 216

ㄴ

나얄 280
남상선(南相瑄) 165
남상휘(南相徽) 188

뉴턴(George R. Newton) 369, 396	16, 18, 21, 24, 25, 26, 27, 29, 44, 74, 85, 86, 93, 116, 193, 215, 216, 338	박종우(朴鍾禹) 292
니미츠 193		박준호(朴俊鎬) 231
니콜라스 298		박찬문(朴贊文) 308
ㄷ	머레이(Raymond L. Murray) 363, 366, 367, 402	박춘관(朴春光) 276
다리고(Darrigo) 215		박치옥(朴致玉) 222, 238
데이비드슨(Davidson) 220	머치(Gordon E. Murch) 355	박필로(朴弼魯) 149
데이비드슨 (Garrison H. Davidson) 24, 25	멜로이(Guy S. Meloy) 219	박한진 61, 62
	모트(Harold W. Mott) 373, 378	박헌영(朴憲永) 48
도조히데키(東條英機) 85		박효삼(朴孝三) 41
드록모턴 (John L. Throckmorton) 395, 399, 403	무솔리니 84	박효칠 137
	무어(Ned D. Moore) 339, 354, 374, 376, 378, 380	밴더그리프트 (Alexander A. Vandegrift) 194
딘(William F. Dean) 21	무초(John J. Muccio) 26, 27, 75, 94	방호산(方虎山) 40, 111, 382, 407
ㄹ		백남권(白南權) 206, 236, 237
라덕자(羅德子) 165	문정식(文正植) 255	백남원(白南垣) 291
라미옥(羅美玉) 165	문종섭(文鍾燮) 314	백선엽(白善燁) 40, 66, 222, 223, 267, 270
롤롭스(Roelofs) 398	문지남(文志南) 300	
루스벨트 154	문창식(文昌埴) 147	백윤기(白潤基) 264
류경수(柳京洙) 40	미카엘리스 (John H. Michaelis) 14, 374, 375, 376, 380	백인엽(白仁燁) 40, 164, 210
류석천(柳錫千) 145		변덕인(邊德仁) 149
류정탁(柳貞鐸) 203		북크레이 324, 326
류창훈(柳昌燻) 212	민기식(閔機植) 40, 197, 198, 199, 256	뷰챔프 (Charles E. Beauchamp) 339, 344, 346, 348, 354
류하연(柳河演) 145		
류형석(柳亨錫) 142	민병권(閔炳權) 247, 248, 252	
류홍식(柳洪植) 211, 212	**ㅂ**	브란트 55
리어(R. L. Rhea) 373, 377, 378	박기병(朴基丙) 268, 297, 300, 304, 313	브래들리(Joseph S. Bradley) 213, 214
ㅁ		**ㅅ**
마루야마 사다오(丸山政男) 196	박덕원(朴德源) 277	손관도(孫官道) 197
	박병수(朴炳洙) 264, 296	손병준(孫炳俊) 275
마상철(馬相喆) 40	박선문(朴善文) 286, 294, 295	손한종(孫漢鍾) 123, 126, 128
맥그레일 (Thomas M. McGrail) 373, 378	박성용(朴晟用) 286, 293	송달준 245
	박성철(朴成哲) 40	송요찬(宋堯讚) 210, 211
맥아더 (Douglas A. Macarthur) 15,	박영석(朴榮錫) 197	송효석(宋孝錫) 297, 298, 303
	박인표(朴仁杓) 166	
	박종수 132	

송희경(宋喜慶) 186	342, 346, 347	이명흠(李明欽) 136
스기야마(杉山) 194	오기완(吳基完) 319, 320, 321	이방남(李芳南) 40
스미스(Charles B. Smith) 354	오덕준(吳德俊) 63, 64	이방우(李芳雨) 204
스탈린 24, 82	오드웨이	이백우(李白雨) 63, 200
스트라일리 79	(Godwin L. Ordway)	이봉갑(李鳳甲) 152
스티븐스	34, 40, 397, 398, 399, 402, 403	이상발(李相撥) 124
(Richard W. Stephens)	오백룡 40	이선호(李善浩) 293
217, 339	오카무라(岡村) 193	이성가(李成佳) 185, 204,
신문현(申文鉉) 146	오하영 92	208, 221, 238, 240, 243, 244
신성모(申性模)	워커(Walton H. Walker) 12,	이성근(李成根) 114
27, 92, 93, 144, 308	14, 15, 16, 18, 21, 23, 24, 25,	이소동(李召東) 200
신익희(申翼熙) 92, 94	26, 27, 29, 30, 33, 35, 55, 114,	이승만(李承晩)
싱카(Michael J. Shinka)	116, 187, 189, 192, 213, 214,	23, 26, 27, 28, 48, 77, 80,
365, 366	216, 217, 219, 263, 326, 331,	90, 91, 92, 93, 94, 161, 192
○	342, 349, 351, 357, 358, 361,	이신국(李信國) 290
아몬드(Edward M. Almond)	362, 371, 373, 388, 389, 390	이영규(李暎圭 · 暎奎 · 瑛奎)
15	웨스턴 381	197, 199, 256, 258, 260, 261
아이언 모리슨 280	위티(Robert Witty) 215	이영호(李永虎) 40, 338
아이젠하워 85	윌슨(Weseley E. Wilison)	이용(李龍) 197
안광영(安光榮) 285	373, 377	이우근 166
안병길(安炳吉) 285	유명욱(劉明郁) 162, 164	이운산(李雲山) 255, 260, 261
안봉근(安奉根) 131	유상희(劉相姬) 165	이원근(李元根) 291, 292
안영걸 161	유재성(劉載成) 293	이원익 222, 240
안창건(安昌健) 273	유재흥(劉載興) 254	이원희 304
안창엽(安昌燁) 272	유해준(兪海濬) 204, 205	이응준(李應俊) 383, 384
안현필 121	유흥수(劉興洙) 203, 236	이익성(李益成) 41
알폰소 352	윤용승(尹龍昇) 270	이재인(李載仁) 275
애치슨(Dean G. Acheson) 105	윤태일(尹泰日) 229, 230	이재정(李在正) 146
애틀리 55	윤한수(尹漢壽) 131	이정랑(李正朗) 277, 278
양정보 133	이경종 138	이정실(李正實) 292
엄규열(嚴奎烈) 260	이계송(李啓松) 138	이종찬(李鍾贊) 63
에머리치	이권무(李權武) 40	이주항(李柱亨) 255, 257
(Rollinse S. Emmerich)	이규락, 이구락(李圭洛) 151	이주희(李周熙) 280
187, 213, 218	이기건(李奇建) 205	이창률(李昌律) 221, 222, 245
에이어스(Harold B. Ayres)	이두황(李斗璜) 270	이창범(李昌範)

인명 색인 413

	197, 198, 232, 243, 245, 246	
이춘길(李春吉)	135
이치업(李致業)	200
임부택(林富澤)	247, 256
임상빈(任尙彬)	135, 136
임의택(林義澤)	266
임익순(林益淳)	222, 223, 224
임일재(林一宰)	132
임종은(林鍾垠)	129
임충식(任忠植)	203, 216, 233

ㅈ

장도영(張都暎)	230
장영종(張永鍾)	294
장윤석	140
장창국(張昌國)	120, 141
장택상(張澤相)	92, 93, 94
잭슨(Jackson)	217
전경진(田敬鎭)	230
전상동(全相東)	306
전우영(全禹榮)	205, 210
정대연(鄭大衍)	138
정상만(鄭祥萬)	202
정순기(鄭順基)	221, 222
정영조(鄭永朝)	
	297, 298, 300, 303
정영홍(鄭永洪)	269, 284
정일권(丁一權)	21, 23, 24, 25,
	88, 115, 144, 192, 234, 298
정점봉(鄭點棒・鄭點峰)	285
정진(鄭震)	136, 204,
	231, 232, 233, 243, 244, 245
제임스 라트(James M. Ratt)	
	338
젠슨(Carl C. Jensen)	218
조관(趙寬)	409

조기백(趙基伯・基栢)	
	267, 305, 306
조남철(趙南喆)	172
조남철(趙南哲)	282
조단	360
조병옥(趙炳玉)	
	27, 91, 92, 93, 298
조봉암	92
조성래(趙成來)	267, 295
조소앙(趙素昻)	91
조영구(趙暎九・趙榮九)	205
조한섭(趙漢燮)	255
조항래(趙恒來)	269
존스(Jones)	397

ㅊ

차갑준(車甲俊)	
	270, 272, 285
차기호(車基鎬)	260
차대진(車大振・車大鎭)	280
차용호(車龍浩)	246
차원조(車元兆)	230
채명신(蔡明新)	224
채병덕(蔡秉德)	63, 233
챔페니(Arthur S. Champeny)	
	389
처치(John H. Church)	40,
	219, 220, 341, 342, 349, 352,
	353, 354, 355, 358, 359, 361,
	363, 366, 367, 374, 375, 376
천일환(千日煥)	59
체크(Gilbert H. Check)	
	379, 380, 381, 382
최노수(崔魯洙)	304
최덕신(崔德新)	
	40, 221, 223, 225, 236

최병순(崔炳淳)	286, 294
최복룡(崔福龍)	153
최영구(崔榮九)	127
최영구(崔泳龜)	240
최영식(崔永植)	287, 291
최영희(崔榮喜)	66, 294
최용진(崔鏞鎭)	40
최일영(崔一嶸)	285
최정호(崔正浩)	229
최주종(崔周鍾)	231, 232
최창륜(崔昌倫)	231
최창식(崔昌植)	261
최창언(崔昌彦)	
	243, 245, 246, 259
최창화(崔昌華)	269
최철	135
최충국(崔忠國)	40
최태도(崔泰度)	148
최현(崔賢)	41
충렬왕	87

ㅋ

카이저(Laurence B. Keiser)	
	213, 351
콜럼버스	335
콜린스(J. Lawton Collins)	361
콜터(John B. Coulter)	
	216, 217, 218, 219
크레이그	395
크리토퍼 버클리	280
클레이노스(Peter D. Clainos)	
	327
킨(William B. Kean)	
	35, 40, 389, 395, 396,
	398, 400, 402, 403
킨저	193

ㅌ

트루먼(Herry S. Truman)
　　　　　　　　　45, 73

ㅍ

파트리지(Earle E. Partridge)
　　　　　　　　　215
패치(Alexander M. Patch)
　　　　　　　　　196
페리(Perry)　　　　397
피셔(Henry G. Fisher)　408
페레스(Gines Perez) 342, 344
피처　　　　　　　79

ㅎ

하명윤(河命潤)　133, 136
하병래(河炳來)　222, 223
하쿠타케 하루요시
(百武晴吉)　　194, 196
하토리　　　　　194
한길수(韓吉洙)　278, 280
한만형(韓萬炯)　267, 305
한보석(韓普錫)　　306
한순화(韓順華)　　267
한신(韓信)　　　　124
할레　　　　　　　364
함경호(咸景浩)　　134
함병선(咸炳善)　　247
핸드리치
(Melvin O. Handrich)　410
허순오(許順五)　　224
헌트(Lewis A. Hunt)　80
현덕진(玄德鎭)
　266, 300, 301, 302, 303, 304
혼도 다구　　　　88
홍림　　　　　　　40
화이트(Horton V. White) 391

황경진(黃慶塡)　59, 60, 125
황성수　　　　　　93
황운성(黃云性)　　276
히로히토(裕仁)　84, 85, 86
히틀러　　　　　　84
힐(John G. Hill)
　　　　352, 353, 354, 356

6·25전쟁사

낙동강 제5권

초판 1쇄 인쇄 2010년 12월 21일
초판 1쇄 발행 2010년 12월 30일

지은이 ㅣ 류형석
펴낸이 ㅣ 김세영
펴낸곳 ㅣ 도서출판 플래닛미디어

주소 ㅣ 121-839 서울 마포구 서교동 381-38 3층
전화 ㅣ 3143-3366
팩스 ㅣ 3143-3360
등록 ㅣ 2005년 9월 12일 제 313-2005-000197호
이메일 ㅣ webmaster@planetmedia.co.kr

ISBN 978-89-92326-88-9 04910
      978-89-92326-83-4 (전8권)

ⓒ류형석 2010

* 책값은 겉표지에 있습니다.
* 잘못 만들어진 책은 구입처나 본사에서 교환해 드립니다.

다부동지구 전선

제10연대 | 제11연대

← 팔공산
가산 901고지
다부동
674고지
천생산
유학산 837.
← 옥골
← 해평